brit morf

count down 2012

ein report aus der zukunft

SILBERSCHNUR

*grossen dank an artie, meinen freund und mentor,
ohne ihn wäre dieses buch nie zustande gekommen.
ebenso danke ich allen personen,
die wissentlich oder unwissentlich dazu
beigetragen haben.*

isbn 3-931 652-91-2

1. auflage 2001
2. auflage 2002
3. auflage 2005

lektorat: rené coudris   cover + satz: studio phoenix   druck: Finidr, s.r.o. Cesky Tesin
illustration: georg gakopulos

www.silberschnur.de   e-mail: info@silberschnur.de

erinnere dich!

wir schreiben das jahr 2011. die situation auf der erde gestaltet sich schwierig. arbeitslosigkeit und armut nehmen überhand. auf allen kontinenten plagen riesige umweltprobleme die menschen. gesellschaftliche macht ist auf einen kleinen kreis konzentriert. dieser hat neben den ökonomischen kräften auch eine geheimgehaltene ausserirdische gruppe von ›beratern‹ hinter sich. gemeinsam üben diese potentaten globale mentale kontrolle aus. sie wollen alleinig über die erde verfügen.

aber es gibt menschen, die dies nicht einfach akzeptieren. darum laufen auf allen ebenen bestrebungen nach veränderung. diesen rebellen wird kosmische hilfe gewährt, denn das universum macht einen schritt hin zu seinem ursprünglichen zustand von höchstem licht, höchster liebe und höchstem bewusstsein. eine erinnerung an alles, was ist und alles, was nicht mehr ist, dämmert auf. an diesem universalen geschehen sind zahllose wesen beteiligt, die sich alle voller hingabe einsetzen.

die hypertransformation verschiebt die erde auf eine viel höher schwingende daseinsebene. allein dafür haben sich an die 5 millionen nichtirdische wesen als menschen auf erden inkarniert. sie sind aus fernen universen und von anderen dimensionen hierher gekommen, um die verschiebung zu vollziehen. viele leisten nahezu unbemerkt exzellente vorarbeit, obgleich sich eine grosse anzahl dessen noch nicht bewusst ist. trotzdem sind ihnen die machthaber auf der spur und versuchen, sie allesamt auszuschalten.

doch die metamorphose der erde ist unaufhaltsam und geht schon seit vielen jahren voran. sie erreicht nun bald ihren wendepunkt. die entscheidende schwingungserhöhung steht an und eine dadurch ausgelöste realitätsverschiebung.

countdown 2012

ein report aus der zukunft

1 kontakte und visionen 7
2 noch mehr visionen 19
3 enthüllungen und erkenntnisse 41
4 träume werden wahr........................ 71
5 neue strukturen brechen auf 91
6 dinge drehen und wenden sich 117
7 der plan entfaltet sich 147
8 ein paar vorletzte schritte 193
9 die verschiebung formiert sich 215
10 das kind bereitet sich vor................ 243
11 der stern und das mädchen 289
12 zeit der erinnerung 309

epilog 329

1

kontakte und visionen

shannon fährt etwas nervös aus der city hinaus. es könnte irgendeine amerikanische stadt sein, portland in maine beispielsweise oder selbst new york. shannon hingegen ist nicht irgendeine frau. noch weiss sie selbst nicht, was sie von den meisten unterscheidet. aber gerade das ist es wiederum, was sie mit all den menschen zutiefst verbindet, an denen sie gerade vorüberfährt, und mit allen anderen auch. shannon dreht am rückspiegel und lächelt sich selbst zu. ein ansehnliches gesicht mit etwas kühlen blauen augen schaut sie an. die lippen sind ziemlich rot geschminkt, das blonde haar trägt sie zurückgekämmt.

die strasse vor shannon ist fast leer, sie befindet sich längst in einem ruhigen vorort. also riskiert sie nochmals einen blick, direkt in ihre augen. vieles liegt darin und sie kann ihren blick einstellen: auf stärke, auf schmerz oder auf eine schier grenzenlose weite und tiefe. es ist jene warme unendlichkeit, in die shannon gerne hineinschaut.

du bist in ordnung, sagt sie zu ihrem spiegelbild.

minuten später hat shannon mias wohnort erreicht. es ist ja nicht das erste mal, dass sie diese hellseherin aufsucht. shannon steigt aus dem wagen und streicht sich ihr rotes kostüm glatt, ihre arbeitskluft, wie sie es nennt. sie schnappt sich die schwere aktentasche, gefüllt mit unterlagen von der redaktion und klappert mit ihren pumps zum hauseingang 127. kaum hat sie geläutet, öffnet mia die tür.

»komm rein, ich warte schon auf dich!«

shannon folgt der etwas fülligen frau den flur entlang in ein grosses, farbenfrohes zimmer. dort nimmt sie auf einem breiten, rosafarbenen sofa mit rosa kissen platz.

»wann haben wir zuletzt eine sitzung gehabt? weisst du das noch?«

shannon denkt nach.

»das muss so vor einem jahr gewesen sein - damals hatte ich viel ärger am hals.«

»und jetzt? wie fühlst du dich? warum bist du gekommen?«

mias glitzernde augen sind fest auf shannon gerichtet, als wollte sie etwas in ihr entdecken.

»tja, das ist eine gute frage. eigentlich war es kims idee.«

shannon lächelt verlegen.

»wir haben uns wieder einmal vorgenommen, uns einen tollen mann zu finden. dabei weiss ich gar nicht, ob ich überhaupt einen will - es geht mir ganz gut ohne.«

»du kannst dir die schuhe ausziehen und es dir auf dem sofa bequem machen, meine liebe.«

mia starrt immer noch in shannon hinein.

»haben wir das letzte mal nicht auch über männer gesprochen?«

»vermutest du es, oder weisst du das noch?«, fragt shannon zurück.

mia lächelt ihr argloses lächeln.

»weisst du, irgendjemand ist schon da für dich, hier bei mir, den ganzen tag lang. es ist ein mann, und was für einer! er hat eine unglaubliche energie.«

»ach ja?«

»ja, ja. aber lass uns jetzt ganz ruhig anfangen.«

mia setzt sich in ihren grossen lehnstuhl und richtet ihre aufmerksamkeit nach innen. es ist nun ganz still. shannon versucht, entspannt zu atmen. was solls, was kann ihr schon passieren. immerhin ist sie über dreissig und seit bald fünf jahren ein gut funktionierender single. obwohl ihr das viele nicht glauben wollen - gott sei dank!

zur selben zeit, tausende von kilometern weit weg, draussen im all, sitzt jemand mit geschlossenen augen in seinem raumschiff. alaje fokussiert sich auf mia. sein feines gesicht strahlt kraft und harmonie aus. eine gelassenheit, um die sich shannon so oft vergeblich bemüht hat. bald umspielt ein freudiges lächeln seine lippen, der telepathische kontakt ist hergestellt.

auf erden seufzt mia und öffnet ihre augen. mit einer etwas kehligen stimme bittet sie jetzt shannon, ihre fragen zu stellen.

»ich? ach, ich habe noch gar nicht an eine konkrete frage gedacht! ja, ich dachte ich komme einfach mal und schaue, was passiert.«

»was passiert?«

»ja, genau. vielleicht siehst du etwas?«

shannons nervosität ist wieder da und mia sinkt zurück in ihre trance.

»aach ja!«, sagt sie nun mit lauter stimme und räuspert sich, bevor sie die folgende botschaft channelt:

»ich grüsse dich, meine liebe! ich bin alaje und stamme von pethal, einem der plejadischen planeten. im augenblick schwebe ich mit meinem raumschiff weit über dir. ich bin erfüllt mit freude, denn jetzt ist der moment, da ich in dein tagesbewusstsein trete. schon seit du auf der erde bist und viel länger noch zieht es mich immer wieder zu dir. denn wir sind zusammen, auch wenn du das noch nicht erfährst. gewähre mir von nun an raum in deinen tagträumen. lass es zu, dass unsere verbindung in deiner realität erwacht. erinnere dich, denke an deine träume. du weisst, wer ich bin und hast mich schon öfter gesehen. ich liebe und begehre dich. das ist es, was ich dir zu sagen habe.«

shannon sitzt kerzengerade und mit offenem mund auf dem sofa.

»na toll!«, ruft mia noch halb in trance und lacht vor sich hin, *»toll! er sieht echt toll aus. aber wirklich anders - ich kann ihn deutlich sehen.«*

»und?«

mehr worte bringt shannon nicht heraus.

»gott, wie soll ich ihn beschreiben! er hört mir ja zu. und dieser gesichtsausdruck, den er hat, sowas gibt es bei uns gar nicht. - was für ein mann! er ist sehr gross, ich schätze über zwei meter, und er hat langes blondes haar, das ihm bis über die schulterblätter fällt. das gibt's einfach nicht! ich weiss nicht, wie ich ihn beschreiben soll. er hat ein sehr feines und doch männliches gesicht. sein mund ist sinnlich mit aufgeworfenen lippen, aber er wirkt auch sehr vergeistigt - ach, mir fehlen die worte!«

alaje betrachtet den monitor, auf welchem er die beiden frauen erfasst hat, und geniesst diese momente, doch er will die situation nicht überstrapazieren. also beruhigt er mia telepathisch und übergibt ihr die information, shannon solle sich an einen traum erinnern, den sie kürzlich hatte. dann wisse sie genau, wie er aussehe. mia atmet auf, als alajes bild in ihr langsam verblasst. sie ist augenblicklich wieder ganz bei sich und bringt sich routiniert zurück ins hier und jetzt. sie blickt ironisch, aber auch respektvoll zu shannon hinüber, welche die fassung ein bisschen verloren hat.

»wie geht's? möchtest du etwas trinken?«

»ich glaube, ich brauche jetzt bloss ein glas wasser, dann bin ich bestimmt wieder okay. danke mia.«

alaje stellt den monitor ab. in gerader haltung durchquert er geschmeidig wie eine katze seine privaträume und geht auf die brücke zurück. die lage ist ruhig, trotzdem gibt er den befehl, schnell zur flotte zurückzukehren.

was für einen süssen augenblick er gerade erlebt hat! wieder strahlt sein gesicht vor freude und lust an diesem reizvollen geschehen.

shannon muss dieses ereignis unbedingt jemandem erzählen. einfach nach hause gehen kann sie jetzt sowieso nicht. also biegt sie wieder ab auf eine autobahn in richtung city, denn kim wohnt am anderen ende der stadt. shannon ist aufgeregt, aber gleichzeitig spürt sie eine grosse, innere zentriertheit, ohne die sie wohl zerspringen würde. jetzt nur nicht den verstand einschalten, sagt sie zu sich. es dunkelt bereits, als shannon endlich kims haus erreicht und in die küche hineinstürmt, wo die freundin gerade das abendessen für ihre drei kinder zubereitet. shannon hat vom auto aus telefoniert und kim schon fast alles erzählt, ohne jedoch das persönlichste preiszugeben. die beiden frauen umarmen sich. sie kennen sich seit der highschool und haben einander stets ins vertrauen gezogen. selbst als kim noch verheiratet war. auch sie ist jetzt aufgeregt. ihre wangen sind leicht gerötet und ein permanentes lächeln sitzt in ihren mundwinkeln.

»hilf mir doch schnell, das essen auf den tisch zu bringen. dann gehen wir in mein schlafzimmer hoch und reden darüber, einverstanden?«

»natürlich.«

kaum hat kim ihre tochter und die beiden kleinen söhne zusammengetrommelt, verschwinden die freundinnen in kims geräumiges schlafzimmer. shannon lässt sich aufs bett fallen.

»das ist ja ein ding«, sagt kim und will noch einmal alles hören.

shannon erzählt schnell und leise. sie schaut dabei zur decke hoch. plötzlich hält sie jedoch mit dem sprechen inne, als hätte sie etwas interessantes dort oben entdeckt.

»was ist?«

»der traum! ich erinnere mich an den traum!«

»welcher traum?«

»der traum, den der ausserirdische angesprochen hat! er hat sich mir in diesem traum gezeigt - und jetzt erinnere ich mich daran!«

kim blickt nun ebenfalls zur decke hoch, als würde der traum sich dort auch ihr enthüllen.

»ich kann ihn sehen«, flüstert shannon nun sichtlich berührt.

»er lächelt mir zu, und er ist so schön.«

tränen rinnen ihr die wangen hinab. kim schweigt gerührt. später macht sie shannon den vorschlag, an ihrem yogaunterricht teilzunehmen, der bald beginnt.

»ruh dich jetzt noch etwas aus und nimm eine dusche, das beruhigt.«

kim legt shannon bequeme kleidung aufs bett.

»ich gehe und schaue nach den kindern. oder möchtest du, dass ich bei dir bleibe?«

»nein, nein, ich bin jetzt ganz gerne ein bisschen alleine. geh nur.«

kurze zeit später sitzt shannon zusammen mit etwa zwanzig anderen frauen in kims grossem meditationsraum. kim leitet atemübungen und führt die frauen in eine tiefe entspannung, einen zustand des loslassens. nach innen gerichtet sitzt sie vor ihren schülerinnen. das dunkelrote kraushaar hat sie zu einer krone zusammengebunden, die augen sind geschlossen. in diesem moment ist kim eine yogini, frei von raum und zeit. auch shannon schliesst ihre augen und versucht, nicht zu denken.

an diese yogastunde werden sich die freundinnen noch lange erinnern, beschert sie doch beiden vielversprechende visionen von der qualität einer einweihung. hier hat vieles begonnen, hier ist ein bann gebrochen worden, werden die beiden später rückblickend erkennen.

shannon sieht in diesem augenblick nichts anderes als alaje vor ihrem inneren auge. eine traumgestalt, die zurückschaut und dann auf sie zukommt. ein eigenes wesen, das sie umarmt. shannon versteht dies nicht, aber sie weiss, dass es wirklich geschieht! und sie will diese umarmung von alaje. seine knappe zärtlichkeit, angefüllt mit dieser unglaublichen energie. es ist eine kraft, die sie ebensowenig beschreiben kann wie die gute mia. shannon legt ihre arme um alajes taille und möchte einfach so mit ihm stehen bleiben. doch kim verlangt von ihren schülerinnen eine positionsänderung, was shannon wieder ganz in den meditationsraum zurückholt. am schluss der übungsstunde legen sich alle hin und entspannen sich nochmal. kim hat das schon unzählige male getan. diesmal aber kommt sie nicht in jene dunkle, warme, schwebende ruhe hinein. vielmehr beginnt ein film vor kims innerem auge abzulaufen: sie sieht sich schnell durch die luft fliegen. ein kleines, schwarzgekleidetes wesen mit einem fast weiss leuchtenden kopf und einem schlapphut hält sie dabei am arm! was geschieht hier? kim bewegt sich leicht, als wollte sie diesen eigenartigen flug ausblenden. doch es gelingt ihr nicht. der film läuft weiter. und sie sieht etwas dunkles über sich in der luft. ein raumschiff?! schon ist das wesen mit ihr dort hineingetaucht. kim schwebt immer noch und klammert sich nun von alleine an ihren begleiter.

plötzlich ändert sich die szene. kim sieht sich in einem grossen, bevölkerten und grünlich beleuchteten raum. sie sitzt halb auf einer art liegestuhl und schaut sich um. viele menschen sind da, aber es ist ihr, als nähme sie auch andere, bloss menschenähnliche wesen wahr. alles kommt ihr wirr und unordentlich vor. und sie versteht nicht, wie auf den liegestühlen rechts und links von ihr menschen schlafen können. kim konzentriert sich auf ihre nachbarn. augenblicklich geht oder schwebt sie diese bizarre reihe entlang. vor einem aber bleibt sie wie angewurzelt stehen. ihr lieber freund daniel liegt vor ihr und schläft scheinbar friedlich!

kim öffnet die augen. was bedeutet das? das war mehr als ein traum. eine erinnerung? aber woran?

daniel kommt so gegen 22:00 nach hause. er ist schlecht gelaunt, wie so oft in letzter zeit. automatisch streift er schuhe und jacke ab und lässt seinen anrufbeantworter laufen. es sind alles frauenstimmen, die etwas von ihm wollen. die letzte interessiert ihn am meisten. kim spricht schnell, und was sie sagt, scheint dringend zu sein.

»wenn du hören willst, was los ist, komm bitte. wie immer in lucys saloon. shannon und ich warten schon auf dich.«

daniel zieht sich etwas bequemeres über und steigt wieder in seinen wagen. dort fährt er sich noch schnell durch die schwarzen haare, die diesen schönen kontrast zu seinen hellen augen bilden.

kurze zeit später hört sich daniel bei einem bier die geschichten von shannon und kim an. dabei wiegt er vielsagend seinen kopf hin und her. irgendwie will ihm das ganze gar nicht gefallen. besonders kims geschichte nicht, die verdächtig nach etwas bestimmtem riecht. aus gewohnheit blickt sich daniel beiläufig um, während er zuhört. für einen moment stockt ihm dabei der atem. in der nähe des ausgangs an der bar erkennt er eine gestalt wieder, die gerade dabei ist, wegzugehen. daniel überlegt eine weile, dann entschliesst er sich, seine beiden freundinnen über gewisse dinge aufzuklären. dinge, mit denen er als entwicklungsingenieur in der flugzeugindustrie nur zu sehr in berührung gekommen ist, und über die er gar nicht reden dürfte.

»ihr erinnert euch sicher noch an den streit, den wir kürzlich erst hatten«, beginnt daniel. dabei hält er seinen blick auf die tischplatte gerichtet, als ob er auf diese weise für andere unsichtbar und unhörbar würde.

die frauen nicken.

»wir stritten über die neuesten kontrollverfahren der regierungen. richtig?«

wieder nicken die frauen.

» shannon, du hattest recht. die unterlagen, von denen du gehört hast, sind echt. es handelt sich dabei um geheime dokumente der westlichen zentralregierung. und jeder, der mit ihnen unermächtigt zu tun bekommt, ist in grosser gefahr. - darum habe ich versucht, das ganze zu bagatellisieren und zu relativieren. und weil ich selbst einer dieser gottverdammten geheimnisträger bin.«

»was?«, flüstert shannon erschrocken.

»das darf doch nicht wahr sein!«

»ja, es ist so. aus lauter naivität und ehrgeiz bin ich da hineingeschlittert. ich war damals erst fünfundzwanzig und wollte bloss karriere machen. zu spät habe ich erkannt, dass sie mich mit ihren versprechungen eingefangen hatten. zuerst mit reinen versprechungen und dann mit saftigen drohungen. - seither haben sie mich dreimal für geheime entwicklungsprojekte engagiert. doch ihre spezialkontrolle über mich läuft lebenslänglich. und nicht nur über mich. glaubt mir, es ist noch viel extremer, als dieses aufgetauchte dokument vermuten lässt. die früheren, auf sexueller und emotionaler basis operierenden kontrollsysteme sind buchstäblich nichts gegen das, was heute praktiziert wird. es gibt jetzt technologien, mit denen man in den geist des menschen eindringen kann, direkt in sein wesen. ich sage euch, es ist eine richtiggehende übernahme, die nunmehr global und auch in diesem augenblick geschieht .«

»dann ist es also wirklich so schlimm wie befürchtet. - ich darf gar nicht an meine kinder denken.«

»das alles ist leider tatsache, kim.«

»aber die gute nachricht gibt es doch auch«, meint shannon, weil sie diesen abrupten stimmungswechsel nicht einfach hinnehmen will. *»ich glaube an die vielen, globalen gegenbewegungen. immer mehr menschen widersetzen sich dem legalen terror, sogar öffentlich.«*

»da hast du recht«, pflichtet kim bei, *»ihre strategien überzeugen mich sogar.«*

shannon schaut daniel genau an.

»worauf willst du eigentlich hinaus? es tut mir leid, was du uns da eröffnest, wirklich, aber gibt es noch etwas anderes, das du uns beibringen willst?«

daniel lächelt gezwungen.

»okay, frau journalistin - sag du es mir.«

shannon zieht hörbar die luft ein.

»was du sagen willst, ist unglaublich, daniel. so gut können sie nicht sein. punkt.«

auch kim dämmert es jetzt.

»daniel! wenn das wahr ist...«

»hört mir zu, ihr beiden. vielleicht, nur vielleicht, möglicherweise sind eure erlebnisse gefaked, manipuliert, eingeblendet oder einfach verbogene wahrheiten. vielleicht ist dieser blonde wundermann, der zu dir gesprochen hat, nur eine falle. und vielleicht wollen sie dir nur angst machen, kim. aber es könnte auch anders sein. shannon, ich will dir dein erlebnis nicht vergällen, doch finde unbedingt heraus, mit wem du es hier zu tun hast. sei auf jeden fall vorsichtig und lass dich nirgendwo hinlocken. und was deine vision betrifft, kim, ich werde dem nachgehen. wenn das eine erinnerung ist, will ich wissen, was genau sie mit uns machen.«

»und wer sind sie?«, fragt kim unbehaglich.

»weil ich keine ahnung habe, wer alles an uns herummanipulieren könnte, sage ich einfach sie.«

»und du übertreibst nicht?«

»ach shannon. ich glaube in dieser hinsicht kann man gar nicht mehr übertreiben.«

die drei reden leise weiter über dies und jenes, aber bald brechen sie auf und trennen sich.

zuhause hängen sie noch lange ihren gedanken nach. gedanken, von denen sie nicht wissen, inwieweit es ihre eigenen sind. wie frei sind gedanken überhaupt, abgesehen von möglichen technischen manipulationen? kim kann nicht anders. sie muss das ganze auf eine freundlichere ebene bringen. gedanken gehören ohnehin nicht einem individuum, glaubt sie. gedanken sind energien aus dem kollektivbewusstsein. und es ist unsere entscheidung, welche gedanken wir zu uns ziehen. ausserdem kann man gedanken neutralisieren. sie hat das gelernt und geübt. und man kann mit neuen gedanken alles verändern. daran halte ich fest, sagt sie sich. ich weiss zudem, wie ich gedanken von mir fernhalten kann. ich kann satelliteneinstrahlungen abfangen. ich kann das alles, und ich werde eben noch einmal mit daniel darüber sprechen. warum nur bin ich dann so beunruhigt und so traurig? nein, ich bin entschlossen, kraft meines geistes meine realität selbst zu erschaffen! so ist es, sagt sich kim. trotzdem hat daniel recht. sie müssen herausfinden, was hier vor sich geht.

shannon schält sich zuhause endlich aus ihrem engen kostüm. sie mixt sich einen milchshake und versucht vergeblich, etwas ordnung in ihre gedanken und gefühle zu bringen.

»scheisse!«, sagt sie bloss.

»scheisse, scheiiiisse!«, widerhallt es übertrieben in ihrem kopf.

oder antwortet ihr da jemand und macht sich lustig über sie? shannon muss plötzlich laut lachen. das lockert und gibt ihr ein angenehmes gefühl. es geht ihr jetzt schon viel besser, und sie beschliesst, ein heisses bad zu nehmen. bewusst hält sie alaje aus ihren gedanken heraus, aber es scheint, als hätte er einen anderen zugang zu ihr gefunden. ach was, denkt sie. hauptsache, ich fühle mich wieder besser.

daniel ist der einzige von den dreien, der in dieser nacht deprimiert und geplagt von seinem fast schon chronischen zorn ins bett steigt. was ist nur aus seinem leben geworden. aus seiner karriere, die ihm freiheit schenken sollte. stattdessen begegnet er überall widerstand. fremden interessen, die sich ihm in den weg stellen. er kann nicht so arbeiten, wie er will, nicht reden und handeln, wie er will. und da ist diese resignation. zumindest soweit es ihn betrifft. aber er wird nicht zulassen, dass sie nun auch kim und shannon da hineinziehen, schwört er sich, was ihm erleichterung verschafft.

in den nächsten zwei tagen lässt daniel seine kontakte spielen. dabei nimmt er das risiko in kauf, zur rede gestellt zu werden. mehr noch. er fühlt sich wie ein kamikazeflieger. was ihm kraft gibt und die nötige tollkühnheit personen anzusprechen, die er besser in ruhe liesse. bereits am dritten tag seiner intensiv betriebenen nachforschungen ist es soweit: ein sicherheitsagent kommt unangemeldet in sein büro und fordert ihn auf, unverzüglich mitzukommen. in einem wagen wird daniel zu einem benachbarten gebäude gefahren. dort geht es per lift tief in die erde hinunter und dann lange, enge gänge entlang. unerwartet steht er plötzlich in einem hellen, freundlichen raum, der ganz in warmen gelbtönen gehalten ist. drei militärpersonen erwarten ihn dort. auch sie geben sich ausgesucht freundlich. daniel blickt schnell umher und versucht, die lage zu erfassen.

»was ist das problem, jago5?«, lächelt einer der männer.

jago5 ist daniels einsatz-code.

»freunde von mir werden angesprochen und das ist gegen unseren vertrag.«

»welche freunde?«

daniel schweigt.

»bei uns läuft nichts dergleichen jago5, sie täuschen sich«, sagt ein anderer der männer jovial, aber bestimmt.

»andererseits gibt es in allen sektionen laufend neue programme und testreihen. - tja, wie können wir ihnen da helfen. lassen sie mich nachdenken.«

»ich vermute zum beispiel erinnerungsprogramme oder auch gewisse deckprogramme«, wagt sich daniel vor.

»aber sie können uns nicht sagen, woran sie im einzelnen denken.«

»nein«.

»ha!, vergessen sie's am besten wieder.«

»ich würde mir gerne einmal die laufenden programme anschauen, auf meiner geheimhaltungsstufe natürlich.«

»natürlich!«

auf diese weise geht das gespräch noch etwa zehn minuten weiter hin und her, hin und her.

»oh, jetzt kommt mir etwas in den sinn«, sagt schliesslich einer der militärs.

»unsere zentralregierung hat kürzlich ein spezielles erinnerungsprogramm in auftrag gegeben. dort werden personen verschiedensten erinnerungen ausgesetzt - auch eigenen. soviel ich weiss, arbeitet man dort an einem bestimmten reaktionsprofil. sie wissen ja, wie das geht, rein technisch, meine ich.«

der militär lächelt.

»und dafür ist kürzlich erst eine grosse anzahl neuer testpersonen rekrutiert worden. vielleicht auch eine ihrer freundinnen. könnte sein, nicht wahr?«

daniel ist wütend und verärgert, aber er hat gelernt, sich nicht viel anmerken zu lassen.

hinter den militärs öffnet sich nun eine tür in der wand, die daniel vorher gar nicht wahrgenommen hat. zwei männer, die aussehen wie medizinisches personal, betreten den raum, fassen daniel und führen ihn ins hinterzimmer, bevor dieser realisiert, was geschieht. man zwingt ihn dort auf einen behandlungsstuhl und verabreicht ihm blitzschnell eine kleine spritze in den nacken. augenblicklich ist daniel weggetreten.

er erwacht erst wieder bei sich zu hause auf seinem braunen sofa und hat fürchterliche kopfschmerzen. blendendes nachmittagslicht erfüllt das zimmer. daniel rümpft die nase. riecht er wirklich so nach schweiss und alkohol? und warum ist er nur mit seinem karierten seidenkimono bekleidet, der nicht einmal zugebunden ist? daniel schaut und wartet. aber sein hirn will nicht funktionieren. erst als er schritte in der wohnung hört, rappelt er sich vom sofa hoch. angela, seine gegenwärtige freundin, kommt zur tür herein mit einer kanne kaffee. sie blickt ernst und vorwurfsvoll vor sich hin.

»angela, mein engel, bitte erkläre mir, was ich hier tue. und sag mir, was heute für ein tag ist.«

»was denkst du, was heute für ein tag sein könnte?«, fragt die hübsch zurechtgemachte frau spitz zurück. immerhin hält sie daniel heissen kaffee unter die nase, wofür dieser dankbar ist.

»ich tippe auf samstag«, seufzt er und reibt mit einer hand seinen kopf.

»falsch. es ist schon sonntag nachmittag«, triumphiert angela.

daniel ist verwirrt. als er nichts sagt, fährt sie fort.

»für den samstagabend, mein liebling, hatten wir konzertkarten. ich habe mir extra dafür ein tolles kleid organisiert. aber der herr war nicht auffindbar. heute mittag bin ich nochmals vorbeigekommen, um mit dir darüber zu reden. das heisst, ich habe dich gesucht, um mit dir zu reden, und siehe da, ich finde dich, vergammelt vor deiner haustür liegend. du warst so verladen, dass du nicht einmal bemerkt hast, wie ich dich zu wecken versuchte. das hat mich noch wütender gemacht. also bin ich wieder gegangen. du warst ja sozusagen schon daheim.«

angela schaut für ein paar sekunden vor sich auf den teppich.

»hörst du mir zu?«

»sicher, aber ich verstehe nichts.«

»gut. drei stunden später mache ich nochmals den ganzen weg. natürlich liegst du immer noch da. wer sollte dich auch klauen. einer deiner lieben nachbarn und ich schleppen dich also hier herein. wir ziehen dir deine durch und durch verschmutzten klamotten aus und betten dich liebevoll aufs sofa. und hier bist du ja noch.«

»danke für die informationen - und für deine fürsorge.«

daniel schlürft etwas kaffee.

»nur, das bringt keine klarheit in die sache«, meint er schliesslich.

»warum sagst du mir zum teufel nicht einfach, wo du dich herumgetrieben hast!«

»weil ich das himmel nochmal selbst nicht weiss!«

»na gut. wenn es dir wieder einfällt, kannst du ja anrufen. ich habe meine arbeit hier getan, ich gehe«, erklärt angela aufgebracht.

sie klemmt ihre tasche und jacke unter den arm und verschwindet geräuschvoll. daniel schliesst die augen, um noch etwas vor sich hinzudösen. er kann jetzt weder denken noch sich von diesem sofa erheben. dafür geht es ihm einfach zu schlecht.

2

noch mehr visionen

tage vergehen. die aufregungen bei allen dreien haben sich etwas gelegt, daniel ist wieder wohlauf und in seiner vorstellung bestätigt, dass sie ihn nunmal in der hand haben. von angela hat er nichts mehr gehört. im augenblick verspürt er auch keine lust auf eine begegnung mit ihr. er denkt bloss an seine recherchen, die er später wieder aufnehmen will.

dafür strahlt shannon wie eine kleine sonne. und da sie es zu unterdrücken versucht, wird es nur noch augenfälliger. aber sie ist nicht verliebt im landläufigen sinn. es ist etwas anderes. etwas, das viel tiefere schichten von ihr berührt. dieser plejadier hat eine tür in ihr geöffnet und lässt subtile dinge mit ihr geschehen. das alles muss sie erst einmal genauer verfolgen. später werde ich alles ordnen und mir gedanken darüber machen, sagt sich shannon.

die einzige, die in diesen tagen ernsthaft grübelt, ist kim. sie hat mit shannon telefoniert, mit daniel, und beide geben ihr anlass zur sorge. darüber hat sie fast ihre eigene situation vergessen: die ungute erinnerung. aber kaum ist kim wieder ganz in ihren alltag eingetaucht, erwacht sie eines nachts in einem völlig ungewohnten zustand. benommen setzt sie sich im bett auf und erinnert sich ganz klar an den traum, den sie gerade hatte: zuerst sah sie nur ein gesicht vor sich. das gesicht einer zarten, starken frau. majestätisch, weiss, mit kirschenaugen und dunklem, hochgestecktem haar. ein ruhiges gesicht, das wärme und wohlwollen ausstrahlte. zudem war diese gestalt von enormer intensität. kim fühlte sich im traum wie in einem unwiderstehlichen sog zu ihr hingezogen.

dann ein schneller bildwechsel. sie befand sich wieder in einem raum mit leuten. doch diesmal schien alles ganz anders in ihrer vision. dieser raum war ebenfalls gross, jedoch in ein warmes licht getaucht. er wirkte aufgeräumt und wohlgeordnet. die vielleicht zwanzig personen im raum machten einen disziplinierten eindruck. sie selbst sass mit diesen männern und frauen zusammen. alle schauten nach vorne, wo ein hochgewachsenes, menschliches wesen etwas wie ein holografisches kino aktivierte.

das heisst, in einer breiten, vom fussboden bis zur decke reichenden säule erschien wie auf knopfdruck die erde schwebend und dreidimensional! ja, kim erkannte sie augenblicklich. dann durchlief diese erdkugel vor ihren augen verschiedene zustände. ihr aussehen, ihre farben, ja ihre lage und drehgeschwindigkeit veränderte sich ständig. doch nicht genug. während dieses wohl gerafften vorgangs war der planet zudem in wechselnde energien und felder getaucht. manchmal verschwand er sogar gänzlich darin. am schluss leuchtete der planet auf, wie ein weisser stern. in diesem augenblick sank eine zweite erde in das helle licht hinein! sogar die holografische säule selbst bekam dadurch eine andere farbe. im traum blickte kim gebannt auf das resultat dieser verschmelzung: eine neue, andere erde, deren oberfläche sich verändert hatte. es herrschte nun eine neue verteilung von meer und land. kim sah mehrere monde und fantastischerweise kreiste diese erde um zwei sonnen! eine grosse helle und eine kleinere rötliche. aber dieser planet war immer noch die erde, das wusste kim im traum genau.

kim blickt ins halbdunkel ihres schlafzimmers. und da sieht sie wieder dieses gesicht vor sich. die fremde frau lächelt und entblösst dabei hübsch schimmernde zähne. sie spricht sogar, doch es ist wohl eher gedankenübertragung, denn kim kann keine stimme hören.

›ich bin misja und ich komme von weit her‹, sagt die frau, *›von viel weiter als dieses universum. aber ich bin zu dir gekommen mit dem notwendigen wissen. du kennst nun die anstehende transformation der erde und des ganzen universums. sie ist in dir gespeichert. gehe diesen weg mit, schritt für schritt. ich begleite dich.‹*

langsam verschwindet das lichtvolle gesicht wieder. kim ist jetzt hellwach. sie macht licht, klettert aus dem bett und setzt sich unverzüglich an ihr multi-com, um sofort alles aufzuschreiben, bevor sie auch nur das kleinste detail vergessen hat. sie ist so beschäftigt, dass sie nicht hört, wie jemand hinter ihr ins zimmer tritt.

»mama, was tust du, es ist noch nicht einmal vier uhr morgens?«

kim fährt zusammen. ihre 14-jährige tochter amanda steht da, mit zerzaustem haar in einem ihrer riesenshirts.

»habe ich dich geweckt, süsses?«

»ich weiss nicht, irgendwie bin ich aufgewacht. - was ist los, mama?«

kim überlegt einen augenblick.

»machen wir ein geschäft?«

amanda lächelt.

»klar.«

»ich beende diese schreibarbeit und du kochst mir inzwischen einen starken kaffee. dann werde ich dir berichten. einverstanden?«

»na gut.«

»du kannst dich natürlich auch wieder hinlegen, wenn du willst.«

»ach mam, jetzt bin ich schon wach.«

fünfzehn minuten später machen es sich beide auf kims bett gemütlich. kim mit ihrem kaffee, amanda mit einem stück kuchen und einem grossen glas fruchtsaft.

»wie beginne ich jetzt am besten«, überlegt kim laut.

»frag mich etwas«, schlägt amanda gewitzt vor.

»gut! also, sag mir, ob du schon jemals etwas vom ende unserer zeit aufgrund einer transformation der erde gehört hast. die erde soll sich dabei in eine andere dimension hinein bewegen.«

»klar. in der schule sprechen sie oft darüber.«

»was!?«

kim ist baff.

»erzähl!«

»einige der kids sind ganz wild darauf. mam, hast du das jetzt auch schon mitbekommen?! ich dachte, du wüsstest davon«, neckt amanda ihre mutter.

kim wundert sich, will dies aber nicht zeigen.

»was hältst du davon, süsses?«

»warum soll es nicht so sein? fast alle wollen eine veränderung, nicht wahr? ich jedenfalls. warum? hast du etwas interessantes darüber erfahren?«

»das kann man wohl sagen. ich habe gerade davon geträumt.«

»ach!«

jetzt ist amanda ihrerseits erstaunt.

»kein schlechter einstieg, mam!«

»sei nicht immer so ironisch, ich mag das nicht. und ich möchte ernsthaft über diese sache reden.«

»entschuldigung. ich bin nunmal so.«

»die entschuldigung ist angenommen. friede?«

»friede«, antwortet amanda.

aber irgendwie mag kim jetzt nicht mehr darüber sprechen. warum wissen die kinder davon und sie hat das nie mitbekommen?

»hör zu amanda, ich drucke jetzt aus, was ich über diesen traum geschrieben habe, und du kannst dich damit in dein bett verkriechen. morgen ist auch noch ein tag.«

amanda gehorcht brav und nimmt mutters traumtext mit in ihr bett. auch kim liest noch einmal, was sie geschrieben hat. dann ist sie müde genug, um wieder einzuschlafen.

in den nächsten tagen erfahren auch daniel und shannon in ähnlicher weise von misja. kim organisiert deswegen sogar ein treffen unter freunden. sie will diesen träumen auf den grund gehen. mia und deren mann sind auch eingeladen.

sobald kim an diesem abend alle reichlich verpflegt hat, kinder und freunde, serviert sie ihren berühmten espresso im wohnzimmer.

»kaffee ist nunmal mein einziges laster«, erklärt sie kategorisch und setzt die duftenden tassen sorgfältig auf dem tisch ab, dann macht sie es sich neben daniel gemütlich.

»lasst uns einmal überlegen, was mit uns zur zeit geschieht«, schlägt sie als gastgeberin vor.

während des essens konnten sie nicht so recht reden, da die kinder herumschwirrten, und auch weil man beim essen nicht ernsthafte dinge diskutieren soll.

»was immer es ist, es scheint euch gut zu bekommen«, meint mia.

shannon lächelt strahlend. in ihrer bequemen sporthose, dem weiten pulli und den offenen haaren wirkt sie anders als sonst.

»jetzt siehst du wieder aus wie damals im college«, registriert kim.

shannon lacht.

»ich muss sagen, ich fühle mich wirklich supergut, so ein bisschen abgehoben. obwohl ich mir natürlich meine gedanken mache. entscheidend ist für mich jedoch, dass ich mich anders fühle, seit alaje und misja sich gemeldet haben. wenn ich an alaje denke, an seinen namen, und mich ruhig darauf konzentriere, kann ich ihn spüren. wirklich. ich habe jedoch keine ahnung, wie ich das beschreiben soll. ihr wisst ja, ich mache seit jahren gezielte energiearbeit, bekomme regelmässig meine shiatsu-sitzungen und meditiere. energiearbeit ist sozusagen mein hobby. dabei habe ich wirklich schon einiges erlebt und oft auch subtile energien gespürt. doch diese erfahrung ist anders. es ist eine wirkliche begegnung. als wäre er bei mir, jedoch nicht so eindeutig lokalisierbar. er ist mir auch nicht fremd - ich kenne ihn, wenn er mich feinstofflich umarmt. ich habe dabei auch gar keine angst. und ich erinnere mich nun an viele momente aus der vergangenheit, in denen ich ihn bereits wahrgenommen habe. ich habe das damals einfach nicht so beachtet. oder besser, ich habe es anders interpretiert, als folge meines meditierens oder meiner entspannungsübungen vor dem schlafengehen. dabei hätte ich wirklich erkennen können, dass da noch etwas anderes dahinter steckt. denn manchmal, wenn es mir besonders schlecht gegangen ist, bin ich plötzlich in eine süsse, angenehme energie gehüllt worden. die wirkte so stark, dass ich mich schon nach einer minute viel besser fühlte. eigenartigerweise habe ich nie zu jemandem darüber gesprochen. ich vergass es auch immer wieder schnell. man gewöhnt sich eben selbst an solche dinge. - rückblickend verstehe ich das allerdings nicht so ganz.«

»da geht es dir wie mir«, bestätigt kim.

»auch ich wundere mich sehr, warum ich nicht schon vor jahren auf die theorie der erdtransformation gestossen bin - ich interessiere mich doch brennend für so etwas. warum weiss meine tochter einiges darüber und ich bis vor kurzem gar nichts?«

»fassen wir zusammen«, unterbricht shannon,*»wir haben beide ungewöhnliche dinge vergessen, übersehen, verbummelt. dinge, die uns offensichtlich etwas angehen, bei denen wir uns zuhause fühlen. bis jetzt. denn nun ist plötzlich alles anders. was sagt ihr dazu?«*

shannon blickt zu mia und daniel. der lächelt säuerlich.

»ihr wisst ja, woran ich zuerst denke, wenn ich so etwas höre.«

»ach komm!«

die frauen wehren sich.

»vergiss mal deinen hang zur paranoia«, sagt kim liebevoll.

»ich lasse mich nicht so leicht gängeln, auch nicht von irgendwelchen machthabern. man muss sich dagegen abgrenzen.«

»ausserdem haben kim, mia und ich nicht einfach menschen gesehen«, hilft ihr shannon.

»sondern wesen, die von überwältigender kraft, souveränität, schönheit und intensität sind. wie soll dieser eindruck künstlich von unseren technikern hervorgerufen worden sein? müssten sie dafür nicht selbst diese geistige kraft und grösse besitzen? ausserdem geniale kenntnisse, was sie beides wohl kaum haben.«

»also, ich kann nur eines sagen«, schaltet sich jetzt mia ein.

»was ich bei dir kim und bei shannon wahrnehme, macht einen absolut guten eindruck auf mich. ich sehe da keine bösen manipulationen und auch keine schlechten gestalten im hintergrund. im gegenteil. ihr seid mit etwas phänomenalem in kontakt gekommen. euer leben wird sich dadurch total verändern. das ist wunderbar! und ihr könnt mich jederzeit dafür einspannen, nehmt mich beim wort.«

»na, so begeistert habe ich dich schon lange nicht mehr gesehen«, meldet sich mias mann zu wort.

»kunststück. meistens kommen die leute mit problemen zu mir, nicht mit etwas so hoffnungsvollem.«

»da hast du recht. trotzdem, ihr frauen, lasst uns zwei männer jetzt nicht einfach links liegen, weil wir nicht so schnell einsteigen wie ihr.«

»keine angst, mein lieber. euch fehlen zur zeit direkte erfahrungen, aber die werden noch kommen«, versichert mia in ihrer beruhigenden art.

»ich glaube einfach an diese sache. und vermutlich haben kims traum und shannons kontakt etwas miteinander zu tun.«

alle trinken schweigend kaffee. mia blickt zu kim hinüber, die sprühend aussieht, wie elektrisch geladen. vielleicht rufen die violetten glanzsträhnen in ihrer dunklen mähne diesen eindruck hervor. jedenfalls verbindet sich kims haar effektvoll mit dem lilafarbenen kleid, das sie trägt.

kim streicht freundschaftlich durch daniels haar.

»was machen wir nur mit dir?«

»überzeugt mich und liebt mich!«, gibt daniel keck zurück.

»was willst du zuerst?«

»immer das eine natürlich.«

alle schmunzeln.

auch mia nimmt daniel jetzt ins visier. sie kennt ihn kaum, aber dieser mann gefällt ihr gut, obwohl er offenbar in schwierigkeiten steckt. sein trainierter körper, den er sichtlich gerne zeigt, strahlt trotzdem viel lebensbejahung aus.

»du bist sportler, nicht wahr?«, fragt sie deswegen.

»ja, ich trainiere verschiedene kampfsportarten, hauptsächlich judo. sieht man's?«

mia lächelt.

»und er lässt sich gehörig mit massagen verwöhnen«, verrät shannon.

»natürlich. meistens sogar ganz seriös.«

»das prüfen wir wohl besser nicht nach.«

mias mann gluckst vor sich hin. schliesslich kommt kim mit einem frisch beladenen tablett voller snacks und drinks aus der küche zurück, und die runde wird wieder ernsthafter.

»ich möchte doch noch einmal etwas ansprechen, das ihr nicht gerne hören werdet.«

daniel kann es einfach nicht lassen.

»also, schiess los«, seufzt shannon.

»ihr sagt, dass ihr plötzlich und praktisch gleichzeitig auf wichtige dinge stosst, die ihr vorher nicht wahrgenommen habt - vereinfacht ausgedrückt. auch wenn es noch zu früh ist für eine beurteilung, deutet das doch auf eine absicht hin, die dahinter steckt, auf system, auf eine operation. oder?«

»das sehe ich auch so, daniel«, wirft mia ein.

»da muss was dahinter stecken. zuerst wurde den beiden etwas vorenthalten, dann wird es ihnen spektakulär präsentiert. und das ist bestimmt erst der anfang.«

»warum willst du dann die naheliegendste erklärung nicht akzeptieren? diejenige, die mir der militär gegeben hat?«

»zum teil gerade deswegen«, kontert mia.

»die sind so stark, die können es sich leisten, die wahrheit zu sagen.«

»das glaube ich nicht unbedingt. hör zu daniel, bald werden wir mehr wissen. die zeit wird es zeigen. aber ich möchte dir jetzt einen vorschlag machen. sei mutig und sage ja.«

»sowas habe ich schon mal gehört.«

»ich möchte gerne mit dir eine kleine sitzung machen, jetzt, vor den andern. was hältst du davon?«

»nichts!«

»mia, was hast du vor?«

kims olivgrüne augen schauen etwas kritisch.

»ich folge nur einem impuls.«

»du kannst meiner frau vertrauen, daniel. sie wird dich schon nicht blamieren.«

auch shannon möchte, dass sich daniel bereit erklärt.

»vielleicht hilft uns das weiter. du willst doch auch klarheit.«

»wie stellst du dir das vor, mia? ich dachte, man kommt mit einem anliegen zu dir.«

»hast du keines?«

daniel grinst. mia ist offenbar nicht so harmlos wie sie aussieht.

»nun, da wir das quasi alle miteinander machen, könnten wir einfach beim thema bleiben. und das thema heisst: worum geht's hier eigentlich? für etwas anderes könnt ihr mich nicht haben.«

alle schauen zu mia.

»einverstanden. komm und leg dich hierhin, sodass ich bei deinen füssen sitze.«

»brauchst du etwas, mia? eine decke oder so?«

»das wäre nett von dir, kim. und rick, holst du mir bitte meine tasche?«

mias mann nickt.

die hellseherin lässt sich ganz von ihrem inneren leiten. langsam bringt sie sich selbst und daniel in einen tranceartigen zustand. es sieht so aus, als ob sie ihn hypnotisieren will. doch bald hält mia inne und sitzt für eine weile schweigend da, mit geschlossenen augen. sie sieht, das kann rick an ihrem gesicht erkennen.

»daniel, deine probleme sind im grunde belanglos«, sagt sie endlich mit ruhiger, kehliger stimme.

»noch beschäftigen sie dich, aber bald wird sich alles von selbst lösen. du wirst in einem meer von licht davongetragen werden. in einem einzigen meer von energien, licht und farbe.«

»dann werde ich also sterben!«

»ach wo! du wirst endlich zu leben anfangen! es ist, als ob sich kosmisches licht in dir inkarnieren würde. - das ist ganz wichtig: du bist teil eines kosmischen planes, das sehe ich deutlich. - das alles ist ganz wichtig.«

»woher weisst du das, mia?«

»ich weiss es einfach. wenn du im wissen bist, gibt es keine informationsquelle, wie du dir das vorstellst. - trotzdem kann ich dir im augenblick nicht mehr sagen, nichts konkreteres.«

»gut«, lenkt daniel ein, es ist nicht der moment, um zu diskutieren.

»gibt es etwas, das du in bezug auf unser treffen hier siehst?«

»ich sehe nur eine starke verbindung zwischen euch dreien. sie ist energetisch. ihr seid alle drei betroffen von dem, was hier geschieht. und das wird euch sehr stark zusammenschweissen.«

mia lehnt sich zurück, öffnet die augen und lächelt ihr liebes, freundliches lächeln.

»komm auch wieder zu uns, daniel.«

mütterlich klopft sie ihm auf die schenkel.

»bin schon da.«

daniel setzt sich auf. seine blicke schweifen durch den raum, dann zu kim und shannon hinüber. eine weile herrscht schweigen. immerhin ist daniels gesicht jetzt viel heiterer.

»schick deinen verstand mal für eine weile in die ferien«, rät shannon vorbeugend.

»ja, lass das einfach ein bisschen wirken«.

wieder hat kim das bedürfnis, daniel zu berühren.

»vielleicht habt ihr recht.«

daniel lässt sich von kim den nacken massieren. diese kleine sitzung hat ihn beeindruckt. aber er kann sich keinen reim darauf machen.

»nun, dann ist es jetzt wohl zeit für meine frage an dich, kim«.

rick lehnt sich nach vorne und redet mit leiser, fast verschwörerischer stimme.

»hast du dich in den letzten tagen etwas schlau gemacht über diese transformation der erde? was hast du herausgefunden?«

kim lässt daniel leicht überrascht los.

»mir scheint, dass du einiges darüber weisst.«

ricks gutgenährte wangen werden noch runder.

»zuerst du«, meint er spitzbübisch.

»ich muss ehrlich sagen, gross recherchiert habe ich noch nicht. ich habe mir vielmehr meine eigenen gedanken gemacht, habe mir dinge zusammengereimt, mich an kleinigkeiten erinnert, die mir plötzlich in einem anderen licht erscheinen. - auch an träume, die ich mir aufgeschrieben habe, zum teil schon vor zwei, drei jahren.«

»und?«

»ich bin zum schluss gekommen, dass mit mir schon länger etwas vor sich geht. und dieser misja-traum vor ein paar tagen könnte eine antwort auf vieles sein. zum beispiel dürfte er meinen einsatz für den geist erklären, einfach für alles, was mit der multidimensionalität von uns menschen zu tun hat. - die gesellschaftlichen strukturen hier auf diesem planeten, die kluft und das gefälle zwischen den völkern, die absichten hier, die menschlichen beziehungen, die sexualität, all das genügte mir nie, war mir immer viel zu eng. und mehr noch, ich konnte stets sehen, warum dinge nicht funktionieren, habe sackgassen erkannt, wo andere eine autobahn vor sich glaubten. ich habe mich damit natürlich nicht beliebt gemacht und bin auch oft missverstanden worden. dabei habe ich nie begriffen, warum meine mitmenschen nicht kapieren wollten. es hat mich mehr als dreissig jahre meines lebens gekostet, um herauszufinden, woran es liegt: sie sehen die welt mit anderen augen an als ich. mit augen, die nicht sehen, was ich sehe - vielleicht schaue ich ja aus der zukunft zurück! jedenfalls von einem anderen standort aus. - aber du hast recht, rick, ich sollte einiges auskundschaften. amanda hat mir bereits erklärt, diese informationen seien versteckt, irgendwie codiert. doch sie kann mir den zugang dazu verschaffen.«

»gut, kim! ich denke es ist ganz wichtig, dass du jetzt diese aufarbeitung machst, deinen prozess des erkennens. nimm dir zeit dafür«, ermuntert sie mia.

»mir geht es ganz ähnlich«, fügt shannon hinzu.

»bei nichtigkeiten, kleinen auslösern, denen ich nie beachtung geschenkt habe, fällt es mir plötzlich wie schuppen von den augen. dann stehe ich da, und die welt sieht auf einmal anders aus. - das ist aber erst so, seit ich bei dir gewesen bin, mia.«

»das freut mich!«

alle schweigen und warten.

»also gut«, murmelt rick, *»aber eines muss ich euch gleich sagen: falls wirklich etwas wie eine transformation stattfindet, so ist ihr geheimnis noch nicht gelüftet. immerhin gibt es überzeugende indizien dafür. tendenzen und entwicklungen, die darauf schliessen lassen, wenn man diese these stützen will. ich habe einiges darüber gelesen. texte, die nicht öffentlich erhältlich sind. und das, was ich daraus entnommen habe, will ich gerne mit euch teilen.«*

»wir bitten darum.«

selbst daniel ist jetzt neugierig.

»seid ihr echt so ahnungslos oder tut ihr nur so?«

rick mustert die drei ungläubig.

»so unverständlich es auch ist, wir haben in dieser hinsicht einen blackout. ihr müsst uns das glauben. denkt ihr, es gefällt mir, als journalistin festzustellen, dass bei mir ganz wichtige vorgänge in der gesellschaft durch die maschen meines gedächtnisses gefallen sind?«, fragt shannon ehrlich bekümmert.

»es ist unheimlich, rick, aber es ist so. darum erzähl uns besser alles, was du weisst«, drängt daniel.

warum sagt er jetzt nicht, was offensichtlich ist, nämlich dass man ihnen ein programm einverleibt hat? sonst hält er mit solchen dingen doch nicht zurück. shannon will daniel darauf aufmerksam machen, aber rick besitzt bereits die aufmerksamkeit der anderen.

»in den 80er jahren des 20. jahrhunderts hat man schon begonnen, über eine bevorstehende transformation der erde auf eine höhere ebene zu spekulieren. aber da wart ihr noch zu klein, um etwas davon mitzubekommen«, gluckst rick sichtlich amüsiert.

der ist genau wie sein braves frauchen, denkt daniel.

»gut, irgendwie und irgendwann müssen diese informationen damals reingekommen sein. durch nichtirdische wesen natürlich. solche, die uns menschen fördern wollen. diese information ist vor zwanzig, dreissig jahren auf einen sehr fruchtbaren boden gefallen. denn gegen ende des jahrhunderts sind neue geistige einsichten schnell verstanden und verbreitet worden. trotzdem ist es selbst heute noch nur eine minderheit der menschen, die sich in die multidimensionalität aufmachen und sich auf das wagnis eines ganz neuen selbstverständnisses einlassen möchte. was in den jahren 2002 bis 2005 geschah, wisst ihr ja. die welt erlebte den bankrott ihrer religionen. die fundamentalistischen gläubigen haben nacheinander die nerven verloren. die ›gotteskriege‹ fanden statt. wobei noch ganz andere strukturen und inhalte in sich zusammenbrachen. in jenen jahren entstanden die zwei neuen, tragenden gebilde in der bereits gänzlich verglobalisierten gesellschaft. es gab damals offenbar einen entscheidenden nullpunkt. ein strukturelles vakuum, wenn ihr so wollt. - aber diese dinge wisst ihr noch oder gehören sie auch schon zu eurem blackout?«

die drei schütteln ihre köpfe, was alles heissen kann.

»wir wissen schon«, antwortet shannon, *»jedoch haben wir nie gross darüber nachgedacht oder zusammenhänge gesehen. - wir sind durchaus unseren weg gegangen. aber offenbar gab es da immer vieles, das in uns keine resonanz gefunden hat und insofern auch nicht wirklich existent gewesen ist. nicht wahr?«*

die andern beiden nicken wieder.

»okay, soll ich weitermachen?«

»ja, erzähl nur. mal sehen, ob wir uns später noch daran erinnern können«, meint kim.

»also, wo war ich stehengeblieben? ach ja, beim historischen nullpunkt. es gibt untersuchungen von verschiedenen quellen über diesen nullpunkt und was in der folge geschehen ist oder geschehen sein soll. jedenfalls muss es ein ereignis kosmischen ausmasses gewesen sein. hoffentlich erzähle ich euch hier nichts neues.«

»das doch nicht«, lächelt daniel. *»aber mach nur weiter, man kann nie wissen.«*

»wie du willst. - binnen tagen haben also gut vorbereitete kreise aus dem finanzwesen, der armee und politik die macht auf dem planeten ergriffen. eine absolute macht, vorerst, soweit es die materielle, existenzielle ebene der menschen betraf. es formten sich in kürzester zeit zwei zentralregierungen, eine westliche und eine östliche mit ihren verschiedenen standorten. verbunden mit diesen zentralen wurden sternförmig regionale satellitenregierungen eingerichtet. und diese struktur

gilt heute noch. vertieft und erweitert hat sich bloss der kontrollwille der mächtigen. seit einigen jahren soll gezielt an einem hochmodernen überwachungs- und manipulationssystem gearbeitet werden, das laufend weiterentwickelt und verändert wird, obwohl es bei weitem noch nicht voll installiert worden ist. und jetzt kommt's: der nullpunkt hat nicht nur einschränkungen nach sich gezogen, sondern ebensosehr ›die befreiung des menschlichen geistes‹ ausgelöst. wobei unter ›geist‹ die kombination von licht, liebe und bewusstsein zu verstehen ist. aus diesem erwachenden ›geist des menschen‹ hat sich etwas entwickelt, das am ehesten mit neuen zuständen des seins beschrieben werden kann. nicht eine bewegung ist daraus entstanden, sondern ein höheres sein hat sich manifestiert. ein global vorhandenes sein, das jedoch der individuellen umsetzung bedarf.«

rick räuspert sich und mia ergreift sogleich die gelegenheit, um das ganze auf ihre spezifische art zu vertiefen:

»stellt euch folgendes vor: es gibt einen orientierungslauf. gestartet wird beim nullpunkt, irgendwann im jahre 2005. jeder, der an den start geht, bekommt eine landkarte, auf der start und ziel eingezeichnet sind. das ziel ist die transformation, die abgeschlossene verschiebung unseres raum-zeit-gefüges. dorthin zieht prinzipiell jeder für sich alleine los. auf seinem eigenen pfad, der gleichzeitig auch der weg aller anderen ist. natürlich kann man sich gegenseitig helfen und einander unterstützen dabei. stellt euch vor, endlose menschenmengen schwärmen aus, jeder einzeln und doch alle miteinander in die gleiche richtung. mehr noch füreinander. denn zuletzt werden alle zusammen durch das ziel gehen. etwa so muss man sich das vorstellen.«

»ohne regeln, ohne gemeinsame wahrheit?«

daniel blickt mia mit hochgezogenen brauen an.

»die gemeinsame wahrheit ist der geistige aufbruch. - und der führt früher oder später zur gleichen erfahrung. alle haben zugang zu denselben höheren zuständen, doch jeder geht individuell damit um. die antwort ist demnach ja und nein.«

rick blickt angestrengt vor sich hin.

»und es ist dieses neue sein, das euch auf den weg schickt mit der landkarte und mit den nötigen geistigen werkzeugen.«

»vielen dank rick, und auch dir, mia! ihr seid wirklich gute freunde.«

kim strahlt.

»ich bin zutiefst berührt. wisst ihr eigentlich, dass meine täglichen geistigen übungen von ausserirdischen aus einer höheren dimension stammen? und sie funktionieren. darum werde ich auf diesem weg weitergehen, es ist der richtige für mich.«

»das ist es, kim.«

mia umarmt ihre freundin spontan. danach wendet sich kim an ihren ewig skeptischen freund.

»daniel, glaube mir, wenn du dich ganz für den geist einsetzt und deine eigene macht zurückforderst, bis du es geschafft hast, dann können dir selbst die mächtigsten fieslinge nichts anhaben. und zuletzt werden sie so sein wollen wie du«.

nun fährt daniel kim liebevoll durchs haar. die anderen geben dieser geste gerne raum.

»warum sollten die so sein wollen wie ich, hmm?«

»weil das höhere sein stärker ist als alles andere. die liebe, in die du menschen einhüllst, gibt ihnen die möglichkeit, sich zu verwandeln. etwas in ihnen wird es wollen, weil es natürlich ist - abgrenzung hingegen ist unnatürlich.«

kim und daniel schauen einander an. sie sind sich im augenblick sehr nahe, aber kim fürchtet, daniel könnte sie nicht ernst nehmen. dabei meint sie wirklich, was sie sagt.

»ich möchte noch etwas zur sprache bringen, da wir schon mal beisammen sind.«

shannon rutscht auf ihrem platz hin und her.

»aber jetzt sind gefühle da. darum weiss ich nicht, ob meine frage angebracht ist.«

»shannon, raus damit, bevor du dich selbst noch mehr verunsicherst.«

daniel lächelt fast vergnügt.

»also gut, grosser häuptling, meine frage oder feststellung geht nämlich an dich. wir drei sind offensichtlich einem blocker-programm unterworfen, das uns gewisse informationen vorenthält und gewisse dinge vor uns verbirgt. einem programm, das dich verunsichert, um bei diesem wort zu bleiben. ist das so, weil es anders ist als alles, was du kennst?«

»ja.«

»ist es möglicherweise eine nichtirdische technologie?«

»getroffen.«

»und wir haben keine ahnung von wem.«

»ist das eine frage?«

shannon schüttelt nur den kopf. daniels gesicht ist wieder härter geworden, und sie kann seine gedanken nicht erraten.

»vielleicht haben wir glück!«, ruft kim dazwischen.

»nicht wahr, mia? was uns geschieht, könnte mit der transformation zu tun haben. wahrscheinlich haben misja und alaje eine strategie«.

»es wird sich zeigen, in was ihr da verwickelt seid.«

»ach mia, tu nicht so. die transformation ist die folge unserer absicht, und ich will alles wissen. möglicherweise ist der moment der verschiebung schon ganz nahe.«

»sie werden es uns wohl nicht sagen«, wendet shannon ein.

»denn wir sind diejenigen, die auf dem weg sind. - sofern wir wirklich auf diesem weg sind.«

das gespräch läuft noch etwas weiter, aber bald löst sich die runde leise auf. man will die kinder nicht wecken. die beiden freunde helfen kim noch in der küche, bevor auch sie gehen.

daniel nimmt auf dem heimweg einen letzten verdauungsdrink zu sich. shannon hingegen fährt direkt nach hause. sie möchte alleine sein. euphorisch und zugleich müde schlüpft sie in ihr silbergrau bezogenes bett. sie löscht das licht und sieht in diesem moment etwas wie einen ätherischen körper im zimmer. shannon erschrickt, kann den blick aber nicht davon abwenden. zuerst ist es, als ob dieser körper, oder besser das licht darin, etwas stärker würde, dann jedoch verblasst die gestalt langsam.

shannons herz klopft sehr schnell. sie knipst das licht wieder an und macht eine entspannungsübung. während sie innerlich loslässt, breitet sich völlig unerwartet in ihrem körper eine süsse, sexuelle energie aus, die sie gut wahrnehmen und fühlen kann! alaje umarmt shannon energetisch, ohne sie physisch zu berühren. dass so etwas möglich ist! shannon kann es nicht fassen. leicht verstört stellt sie fest, wie diese energie sie erregt, physisch und überhaupt. sie hat das bedürfnis, sich in diese erfahrung hineinzubegeben, was ihr erst gelingt, als sie alajes person innerlich sieht. diese faszinierende erscheinung mit den fremden gesichtszügen, die ihr trotzdem vertraut sind. alaje schaut sie an, durch dimensionen und ebenen hindurch. mit seinen unergründlichen augen taucht er in sie hinein. er begehrt sie, und shannon ist glücklich darüber. sie lässt sich in alajes umarmung gleiten, als ob sie das schon hunderttausendmal getan hätte.

nun erscheinen bilder vor ihrem inneren auge. shannon sieht, wie sie sich küssen, wie sie einander schwebend umarmen. sie rutscht auf alajes körper, gleichzeitig wälzt sie sich in ihrem bett. dieser film, bei dem sie akteurin und zuschauerin gleichzeitig ist, alajes energien, die sie feinstofflich und physisch wahrnehmen kann, ihre reaktion darauf, das alles ist realität. es geschieht in diesem moment. shannon hat so etwas noch nie bewusst erlebt. auch nicht diese mehrschichtigkeit der begegnung. es gibt momente, wo sie noch einmal in eine andere ebene eintritt. hier spürt sie die sexualität nicht mehr, dafür nimmt sie alaje auf eine ganz andere, losgelöste art wahr. sie erkennt genau, wie er zu ihr steht, seine zuneigung, seinen willen, sich mit ihr zu verbinden. sie ist seiner seele nahe. nach diesen sekunden in der stillen mitte ihrer umarmung wird shannon wieder gepackt von dieser wundervollen sexuellen kraft, die sie beide uferlos durchströmt.

alaje lässt sich erlöst in shannons entzückenden energien treiben. endlich kann dies auf einer bewussteren ebene geschehen. endlich kann er ganz bei ihr sein. sich mit ihr vereinigen. aber es ist noch etwas anstrengend für shannon, das sieht er. schon gleitet sie ihm halbwegs in den schlafzustand. also löst er sich von ihr. alaje betrachtet shannon, während sie ganz einschläft und lässt die aufgebauten energien noch eine weile weiter zwischen ihnen und in sich kreisen.

stunden später, so gegen 3:00 früh, erscheint alaje wieder in shannons schlafzimmer, jedoch mit einer anderen absicht. er ruft shannons code-wort und schwebt zusammen mit ihrem energiekörper davon. nach wenigen augenblicken befinden sich die beiden in seinem raumschiff. alaje hockt sich mit angezogenen knien auf einen bequem aussehenden, hellroten liegestuhl. shannon nimmt auf alajes grossem, beinahe dreieckig geformten ruhebett platz.

»unsere treffen sind ab jetzt nicht mehr dieselben, das kannst du dir denken«, sagt alaje zu ihr.

»ja, ich weiss.«

shannons energiekörper, der auf dem schiff nochmals eine andere dichte angenommen hat, sieht leicht verändert aus. ihre haare sind länger und lockiger. ihr gesicht wirkt jung und strahlend schön. sie trägt in diesem zustand ein weites, dunkelrotes kleid, während alaje ganz in weiss gekleidet ist, wie so oft. sein gewand ist lang, eng geschnitten und gegen unten leicht ausgestellt. sodass sein männlicher körperbau schön zur geltung kommt. alaje ist shannon zugewandt. sein ganzes wesen leuchtet. fast kann shannon das licht in seinen tiefblauen augen erkennen.

»du bist nun viel bewusster und klarer. vor allem wird das, was du hier bekommst, für dich auf der erde viel zugänglicher sein, als bisher. darum werde ich

einiges wiederholen. du sollst dich bald in deinem irdischen wachzustand daran erinnern.«

»einverstanden.«

»gut, shannon, dann werde ich jetzt ein paar dinge noch einmal für dich zusammenfassen.«

sie lächeln einander zu.

»also, liebste, nimm zur kenntnis, dass du zu etwa 30% eine plejadierin bist. du bist zwar auf der erde geboren worden, aber deine herkunft ist eine andere. das heisst, deine energetische und genetische struktur ist eine andere. besonders jene genetische struktur, die sich nicht in deinem physischen körper befindet. du bist ein wahres kind des universums, nur mit dem besten ausgestattet. das ist aus gutem grund so. einiges darüber kann ich dir bereits enthüllen, anderes noch nicht. du hast mit vielen wesen zusammen eine bestimmte aufgabe übernommen, betreffend der transformation der erde. shannon, du bist ein kosmischer profi, spezialisiert auf transformation, auf die verschiebung und veränderung von realitätsebenen. nur zu diesem zweck hast du dich auf der erde inkarniert. viele dinge werden sich dir nun bald offenbaren. die zeit des wartens und der vorbereitung ist vorbei.
wir beide werden einander jetzt immer näher kommen, auf verschiedenen ebenen. aber erst nach der erfolgten transformation der erde werden wir ganz zusammenkommen. und wir werden lange beieinander bleiben, denn gemeinsame projekte erwarten uns. auf einem jungen planeten werden wir eine neue welt erschaffen. das ist alles bereits in die wege geleitet. nimm dies in dich auf, bis tief in deine zellen hinein.«

alaje macht eine pause, um shannon etwas zeit zu geben.

»hast du fragen, meine prinzessin?«

shannon hat eine, kann sich aber nicht erinnern welche.

»ich habe eine frage, die mich auf der erde beschäftigt. was war es denn nur?«

»wenn du hier bist, ist dein erdenleben wie ein traum für dich. und du hast mühe, dich an träume zu erinnern. - übe das, es ist wichtig.«

»kannst du mir nicht helfen?«

»ich kann schon. aber will ich?«

»also gut, ich versuch's noch einmal selbst.«

alaje amüsiert sich darüber, wie mädchenhaft sie sein kann.

»ich glaube, ich hab's! ich muss etwas wissen über programmierungen auf der erde.«

»über ein bestimmtes programm, genau genommen!«

»über ein programm, das mich beunruhigt.«

»was noch?«

»alaje, sag's mir bitte.«

»gut. ihr drei, du, kim und daniel, lauft unter einem programm, das tatsächlich nicht von der erde stammt. es wurde euch aus bestimmten gründen für eine bestimmte zeit eingegeben. doch ich bin nicht ermächtigt, mehr darüber zu sagen. aber es gibt keinen grund, sich sorgen zu machen, ausserdem wird es bei euch gerade gelöscht.«

»du hast damit nichts zu tun?«

»nein.«

»und misja, die zu kim gesprochen hat?«

»frag sie selbst. ich kann nicht für sie antworten. nur eins will ich dir zu misja sagen: sie ist ein wunderbares wesen. eine grossartige frau. als oberste kommandantin leitet sie vor ort die gegenwärtige transformation von ganzen universen und dimensionen.«

»oh!«, shannon ist sprachlos.

»folge mir nun bitte in den auffrischungsraum.«

alaje nimmt ihre hand und ganz selbstverständlich gehen die beiden seite an seite durch die gänge des raumschiffes. shannon reicht dem plejadier gerade so bis zum brustkorb. aber sie hat sich schon daran gewöhnt. ausserdem ist sie überzeugt, dass er seine grösse verändern kann. bei nächster gelegenheit will sie ihn darauf ansprechen.

»wir gehen wieder ins grüne zimmer?«

shannon erinnert sich plötzlich an diesen raum, gegen den sich etwas in ihr sträubt. alaje antwortet mit einer ihm eigenen, bejahenden geste.

»es tut dir gut, wenn ich dein hirn nochmals für die aufnahme und verarbeitung der höheren ströme ausrichte. wie du weisst, haben wir das schon vor jahren bei allen menschen auf einer allgemeineren, energetischen ebene vollzogen. in etwas

anderer weise auch bei den tieren und pflanzen. wobei wiederholungen laufend nötig sind. bei dir ist mir jetzt daran gelegen, dass du dich besser und schneller erinnern kannst. es geht dabei nicht nur um uns. deine aufgabe auf der erde verlangt es.«

shannon fragt nichts über ihre aufgabe. ihr aussergewöhnlicher geliebter ist unnachgiebig, wenn es um fragen geht, deren zeit noch nicht gekommen ist. alaje sagt stets nur, was er für angebracht hält, oder was er sagen darf. so bringt sie die sprache noch einmal auf feinstoffliche manipulationen, die an allen menschen vorgenommen worden sind. alaje geht geduldig darauf ein.

»dürft ihr das denn? eine ahnungslose menschliche bevölkerung manipulieren?«

»es kommt darauf an. wenn wir das körperliche system einer bevölkerung an stattfindende veränderungen anpassen, ist das eine notwendige arbeit. wir greifen dabei nicht in deren entscheidungen ein. wir führen nur das pferd zur tränke, wie ihr so schön sagt. euer hirn und euer nervensystem sind werkzeuge, nichts anderes. und die müssen euren wachsenden möglichkeiten angepasst werden. wie ihr diese werkzeuge gebraucht und ob überhaupt, ist eine andere sache.«

»und eure energetischen eingriffe wirken sich natürlich auch physisch aus.«

»über kurz oder lang immer. der höher schwingende geist bestimmt den niedriger schwingenden, die energiekörper wiederum den physischen körper. diese änderungen wirken auf der erde, glaube mir. viele menschen sind bereits zu einer höheren geistigkeit erwacht und leben sie auch.«

»so, hier sind wir wieder.«

alaje lässt shannon in einen kleinen raum eintreten, der mit einer grünen, glasartigen flüssigkeit gefüllt ist, die nicht nässt, was shannon irritiert. sobald sich ihre lunge mit dieser ›flüssigkeit‹ gefüllt hat, kann sie normal atmen und fühlt sich ausgesprochen ruhig.

»so liebste, setz dich bitte auf diesen stuhl.«

gutwillig tut shannon, wie ihr geheissen. alaje legt ihr ein stirnband um, und sie lässt es geschehen. alles ist nun in grün getaucht: alajes gesicht, seine haare, nur seine weissen augäpfel und sein weisses kleid nicht. die behandlung beginnt. shannon gleitet in einen etwas anderen zustand, aber das macht ihr nichts aus. sie kennt das von der erde zur genüge. jetzt spürt sie energien, besonders im kopf, aber das tut ja nicht weh, sondern erzeugt bloss einen ziemlichen druck. schon nach ein paar minuten ist es vorbei, und der plejadier geleitet shannon wieder in seine privaten räume zurück.

»entspanne dich hier noch ein bisschen.«

shannon legt sich auf das rote bett und der geliebte setzt sich zu ihr. ihre körper haben nicht dieselbe dichte. sie können sich zwar berühren, doch eine umarmung wäre schwierig. ausserdem ist jetzt nicht der zeitpunkt dafür. alaje ist in diesen dingen sehr strikt. also sitzt er einfach bei ihr und hält liebevoll ihre hand. da er weiss, wie neugiering shannon ist, braucht er nur auf ihre nächste frage zu warten.

»die leute auf deinem schiff können mich sehen, nicht wahr?«

»ja, so wie ich dich sehen kann.«

»aber warum reagiert dann niemand auf mich?«

»weil es ihnen nicht erlaubt ist. wärst du mit deinem angepassten physischen körper hier, wäre es anders. nur wenn du mit deinem vollen bewusstsein auf dem schiff bist, dürfen sie dich ansprechen. diese regelung ist für alle sehr hilfreich. glaube mir, du kennst diese leute bereits gut, auch wenn du heute nicht mit ihnen kommuniziert hast. ausserdem freut sich meine teilweise schwester schon darauf, dir bald zu begegnen.«

damit hat alaje shannon zum abschied etwas zum nachdenken gegeben und lacht über ihre reaktion.

»deine teilweise schwester?! was ist denn das?«

shannon macht grosse augen.

»ihr seid beide transformationsfachleute. karju, meine schwester, auf dieser ebene und du auf einer anderen. teile von ihr stammen aus der siebten und sogar aus der achten dimension, um in euren irdischen begriffen zu sprechen. weisst du, eure vorstellungen von multidimensionalität sind noch recht naiv. aber das wird sich bald ändern. also, karju ist hier inkarniert, um diese ebene in dieser dimension zu transformieren. wir sind natürlich auch in den grossen prozess eingebunden, doch bei uns läuft das ganz anders ab. nicht so dramatisch wie bei euch. wir sind uns alle der sache sehr bewusst und arbeiten so gut wir können mit. unsere realität verändert sich sukzessive, ohne eine verschiebung in der art, wie ihr sie auf der erde erleben werdet. das hat mit unserem bewusstsein zu tun. karju ist eigens hierhergekommen, um uns das neue wissen über unsere künftigen lichtschiffe zu geben, sie ist ingenieurin. aber wie du musste auch sie sich bei uns regulär inkarnieren. das ist ein kosmisches gesetz. eine realität muss von innen her transformiert werden. aussenstehende können nur helfen, unterstützen, die neue ebene heranführen, mehr nicht. die eigentliche veränderung muss von jedem

einzelnen vollzogen werden, der sich in dieser realität legal aufhält und somit ihr träger ist. um dem gerecht zu werden, müssen sich also leute in eine realität voll und ganz hineinbegeben. von dort dürfen sie dann die entscheidenden impulse setzen. sie schaffen letztlich die voraussetzungen, dass sich ein planet transformieren kann, eine ganze galaxie und immer weiter.«

alaje schweigt jetzt. sein blick ruht auf shannons gesicht. es ist ein kostbarer augenblick, in dem sich zwei tief verbundene seelen begegnen.

der wecker klingelt laut und holt shannon zurück auf die erde. sie erwacht mit bleischweren gliedern, dafür ist ihr inneres federleicht. shannon fühlt sich grossartig, nur fast zu müde, um aufzustehen. schliesslich rappelt sie sich hoch, und in dem moment erinnert sie sich an ihren ›traum‹. diesen unvergesslichen traum. ihn aufzuschreiben ist gar nicht nötig. trällernd begibt sich shannon ins badezimmer und unter die dusche. sie ist nun ganz wach. alaje hat ihr gesagt, sie müsse sich keine sorgen machen wegen der programmierung. diese werde bald gelöscht und hätte mit der transformation zu tun. kim hatte also recht. das muss sie unbedingt daniel sagen, bevor er sich wieder in schwierigkeiten bringt.

seit langem zieht shannon heute wieder einmal ihr cremefarbenes kostüm an. dazu goldenen modeschmuck und einen goldenen haarreif, um das offene haar wenigstens ein bisschen zusammenzuhalten.

»so und jetzt hinunter ins gewühl«, sagt shannon laut zu sich, während sie ihre wohnung verlässt und mit dem lift in die garage hinab fährt. unten tänzelt sie mehr, als dass sie zu ihrem wagen geht.

»na, so ein gutgelaunter und hübscher single möchte ich auch mal sein!«, ruft ihr ein mitbewohner des hauses zu, der auch eben zur arbeit wegfährt. shannon winkt und schenkt ihm ein umwerfendes lächeln.

3

enthüllungen und erkenntnisse

wieder vergehen tage. intensive tage. die drei erfüllen nach wie vor ihre alltäglichen pflichten, trotzdem hat sich einiges für sie verändert. shannon hat heimlich ein gut verschlüsseltes dossier über alles angelegt, was sie zum stichwort transformation der erde finden kann. es ist dies eigentlich die arbeit, die kim tun wollte. stattdessen sitzen shannon und amanda manchmal nach büroschluss zusammen und gehen mit hilfe von shannons com-terminal auf entdeckungsreise. shannon stellt jedoch nicht nur vorhandene informationen zusammen. sie hat ausserdem begonnen, ihre ›inspirationen‹ aufzuschreiben und zu ordnen. oftmals wacht sie mitten in der nacht auf und ist voller ideen. zum ersten mal in ihrem 34-jährigen leben hat shannon das gefühl, etwas wirklich aussergewöhnlichem auf der spur zu sein. endlich arbeitet sie an einem knüller, an der grossen sensation, und das resultat wird sehr viel mehr sein als bloss ein artikel. shannon lebt auf und ist einfallsreich wie noch nie. alaje ist jetzt in ihren stillen stunden und bewegenden nächten oft bei ihr.

daniel steht an einem ganz anderen punkt. seine lethargie hat er zwar überwunden und sein blick auf das leben ist wieder um sehr vieles freundlicher. er ist wirklich interessiert an den aufdeckungen, die ihm in letzter zeit zuteil geworden sind. vielleicht ist das eine morgenröte, die am horizont seiner düsteren ansichten aufgeht. shannon hat von ihrem traum erzählt und ihm geraten, zumindest am arbeitsplatz eine weile nicht mehr aufzufallen. sie hat ihm ausserdem ein buch mit dem titel ›aufbruch der frauen‹ in die hand gedrückt. daniel ist an diesem thema nicht sonderlich interessiert. trotzdem hat er am letzten verregneten sonntag darin geschmökert und es schliesslich in einem zug durchgelesen. danach ist er stundenlang herumgesessen und hat nachgedacht.

das buch handelt vom dritten zentralen ereignis, das in den jahren 2002 bis 2006 geschehen ist. neben den unerfreulichen politischen umstrukturierungen und der enormen geistigen öffnung hat sich offenbar noch etwas verändert, das daniel nie so bewusst aufgenommen hat. in den jahren der weltweiten religiösen auseinandersetzungen haben frauen massenweise und völlig unspektakulär die alten gesellschaftlichen strukturen hinter sich gelassen. es geschah sehr schnell und unangreifbar. sie haben sich nicht etwa lauthals gegen autoritäten erhoben oder sich ihren männern verweigert. nein, viele millionen frauen haben sich einfach gruppenweise zusammengetan und in eigenregie ihre lasten, pflichten und verantwortungen gemeinsam organisiert. sie haben damit die bröckelnden männergesellschaften einfach unterlaufen. diese frauen haben sich von jeder autorität losgesagt, um ihr mühsames leben besser in den griff zu bekommen. damit ist das eingetroffen, wovor sich viele männer heimlich gefürchtet haben. warum ist das so plötzlich geschehen? die frauen sind so unangreifbar in ihrem tun und haben gute, praktische gründe dafür. viele von ihnen sorgen überdies weiterhin für ihre ehemänner, sofern diese nicht im krieg umgekommen oder sonstwie abwesend sind. frauen in afrika, südamerika und dem fernen osten rackern sich oft in zwei haushalten ab, neben dem geldverdienen. aber irgendwie gibt es keine macht mehr, die sie abhalten kann, nach getaner arbeit in ihr eigenes zuhause zurückzukehren. auf dem indischen subkontinent heiraten die frauen schon gar nicht mehr, und weibliche verwandte bilden neue sippen. so müssen keine ruinösen brautpreise mehr aufgebracht werden. und auch hier existiert kein nennenswerter, einschüchternder widerstand. ähnlich leben die frauen im westen als singles oder sind geschieden. der heiratswille ist überall auf der welt katastrophal schlecht, und die geburtsraten sinken in allen ländern auf beängstigende weise. hier wie dort versteht niemand, was vor sich geht - vor allem die männer nicht. was nützt es, auf privilegien zu pochen, wenn keiner mehr zuhört? was bringt es, überlegenheit zu zelebrieren oder seine macht, wenn diejenigen, die es angeht, nicht mehr da sind?

aber was hat das mit ihm zu tun?, denkt daniel. sollen die frauen doch machen, was sie wollen. er braucht etwas zeit, ein üppiges abendessen lang, bis er sich eingestehen kann, dass wohl viele männer in den letzten jahren auf dem boden einer harten wirklichkeit gelandet sind. und da stehen sie jetzt: alleine, fragil, wütend. laut dem buch sind am anfang dieser bewegung doch viele frauen von wütenden männern umgebracht worden. aber wie die lemminge sind die frauen einander gefolgt und schliesslich waren es einfach zuviele. trotzdem, zahllose männer müssen ausgerastet sein, in den jahren zwischen 2002 und 2006.

daniel schämt sich. diese scham geht tief und tut ihm gut. sie bringt ihn über seine ständige, unterbewusste kampfhaltung hinaus. was für eine erlösung, die waffen zu strecken! daniel denkt das nicht einmal, sondern er fühlt es. was für eine erlösung für die männer, endlich die waffen zu strecken. daniel sitzt allein in seinem wohnzimmer. sein blick schweift davon. wie war das doch gleich mit diesen ledigen inderinnen? sie lassen ihre geliebten kommen und schicken sie dann wieder fort? - es ist also noch nicht alles verloren.

was geht ihn das letztlich an, ihn, daniel, der nie gemein war zu einer frau, im gegenteil! er hat ganz schöne biester von frauen kennen gelernt. aber darum geht es hier nicht. es geht um etwas allgemeineres. um eine verschiebung zwischen den geschlechtern: um eine transformation? eine, die nur noch besseres bringen kann. nein, eigentlich ist gar nichts verloren, oder? daniel grübelt. wo steht denn er eigentlich als mann? ist er etwa auch ein verstossener? jedenfalls als geliebter kann man sich noch immer bei den frauen einschleusen. freischaffend sozusagen. daniel lächelt schief. im grunde ist das alles ja traurig, da gibt es nichts zu leugnen.

kim ist mehr denn je innerlich im umbruch. sie hat die kinder in die obhut ihrer eltern gegeben, die ohnehin in der nachbarschaft wohnen. hat ihren alten chrysler mit unterlagen bepackt und ist unterwegs in ein langes klausurwochenende. sie will in das alte strandhaus ihrer eltern, welches nur knapp drei stunden fahrt entfernt liegt. das haus in den wäldern im norden wäre ihr eigentlich lieber. sie teilt dieses refugium nach wie vor mit ihrem exmann, der sich jedoch nur selten blicken lässt. aber der weg dorthin ist mehr als doppelt so lang. ausserdem wohnt tante jess gerade im strandhaus, was kim nur recht ist.

unterwegs hat sie noch etwas wichtiges vor: sie will sich die haare schneiden lassen, ganz kurz. kim sehnt sich nach diesem wohltuenden ritual. die krause, rote mähne ist ihr eine last geworden, passt nicht mehr. damals, nach ihrer scheidung hat sie auch ihren schädel befreien müssen von überflüssigem ballast. und jetzt ist es eben wieder so weit. sie findet einen ansprechenden salon, wo ein figaro sie wirklich gut bedient. danach ist ihr etwas flächiges gesicht endlich wieder freigelegt. und jetzt kommen sie wieder zur geltung, ihre dunkelgrünen, bodenlosen augen, auf die kim schon oft angesprochen worden ist. wie klar und bestimmt ihre gesichtszüge jetzt sind. der mund wirkt immer noch locker, fast weich. kim ist zufrieden mit ihrem spiegelbild.

»darf ich ein büschel meiner haare mitnehmen? ich will sie dem feuer übergeben.«

»verstehe! warten sie, das haben wir gleich.«

kim bedankt sich freundlich und fährt mit ihren haaren im plastiksack das letzte stück bis zum strandhaus.

noch am selben abend entfacht sie zwischen felsen am strand ein feuer. sie hat sachen bei sich, die sie verbrennen will, nicht nur ihr haar. kim konzentriert sich ganz auf diesen vorgang. es geht hier um reinigung, klarheit, ums loslassen. die eigene person loslassen, nicht mehr und nicht weniger. werfe ich mich jetzt ins feuer? kim stellt sich vor, wie sie ihre persönlichkeit ins feuer wirft, und wie der gott des feuers diese in seinen armen auffängt. was von ihr übrigbleibt ist ganz still und zentriert. kim will in ihr höheres wissen eintauchen, wie mia so schön sagt. ihr höheres bewusstsein anzapfen.

nachdem sie das feuer gelöscht und die stelle sorgfältig mit sand zugedeckt hat, sucht sich kim einen felsen, auf dem sie bequem sitzen kann. sie blickt aufs meer hinaus. die sicht ist klar, und die goldene sonnenscheibe steht schon dicht über dem wasser. ruhig und zufrieden wartet kim auf den sonnenuntergang.

man wird zum meister, indem man ein meister ist. ich bin ein universeller meister. das universum ist mein anliegen, sagt sie sich. das ist eines ihrer mantren und wie immer löst das wort universum ein aufatmen in ihr aus. ich bin die ich bin, eins mit allem, was ist und allem, was nicht ist. ich bin der brennpunkt meines fokus. und ich bringe jetzt alles in diesen brennpunkt. meine absicht zu wissen und zu erkennen. meine kraft, die verbunden ist mit der göttlichen kraft. jene energien, die ich bewegen und heranziehen kann. alle meine verschiedenen selbste leuchten in diesem moment im brennpunkt meines fokus auf. kim ist ganz zentriert. sie atmet ruhig. ihr blick ist auf jenen punkt am horizont gerichtet, wo die sonne jetzt langsam ins meer taucht. mein sein bewegt sich in alle richtungen gleichzeitig in die dimension des höheren wissens hinein. ich weiss. ich bin wissen. alles wissen, das ich jetzt brauche, fliesst in mein system hinein und steht mir im richtigen moment zur verfügung. ich bin ein universeller meister, der jetzt auf der erde seinen weg geht. in die transformation hinein und über sie hinaus. immer weiter. ich bin die ich bin.

kim sitzt noch lange auf dem stein. ohne zu denken, ohne zu fühlen, einfach im sein. ich bin. gott, ich bin.

auch die anderen beiden tage verbringt kim ausschliesslich mit geistiger aktivität. dazwischen isst sie mit grossem appetit und führt amüsante gespräche mit ihrer tante, die mindestens so eigenwillig ist wie sie selbst. das muss in der familie liegen.

daniel geht es in diesen tagen zunehmend besser. abends trainiert er fast täglich. er macht besondere konzentrationsübungen, um ganz im hier und jetzt aufzugehen. wer selbst zum augenblick wird, tut immer das richtige. etwas ist neu und anders, wenn er jetzt diese übungen macht. daniel spürt ein fliessen, eine harmonie, die er bisher noch nicht gekannt hat. als ob er aus gewissen verstockungen und stauungen in seinem inneren herausgefunden hätte. und weil es ihm relativ gut geht - selbst ohne angela - hat er sich shannons ratschlag zu herzen genommen und seine recherchen noch nicht weitergeführt. ein, zwei nicht besonders ergiebige gespräche sind trotzdem zustande gekommen, mehr nicht. man hat ihm ohnehin einen schwierigen job zugeschoben, der ihn zeitlich voll beansprucht.

darum überrascht es daniel völlig, als eines vormittags ein mann in sein büro tritt, den er noch nie gesehen hat. ein mann mit einem ziemlich groben gesicht, der ihn mit harter stimme auffordert, ihm zu folgen. wieder wird daniel ins nachbargebäude geführt, wieder in denselben hellen raum, in dem er vor kurzer zeit erst dumm dagestanden hat. doch die personen, die ihn erwarten, sind nicht dieselben. vier männer, drei militärs, ein zivilist und eine frau. daniel stutzt. wie sieht die frau denn aus? ähnlich wie eine chinesin und doch auch nicht! so eine mischung hat er noch nie gesehen. eigenartig. und dann ist sie auch noch gross, massig sogar. die frau scheint seine gedanken zu erraten oder zu kennen. jedenfalls schaut sie ihn mit augen an, die nicht nach innen sehen lassen. sie hat etwas hypnotisches in ihrem blick - sodass daniels gedanken verschwimmen. sein kopf ist plötzlich leer, wie von geisterhand leergefegt.

»was habe ich getan, warum bin ich hier?«

er sagt einfach etwas.

»jago5, wir brauchen nochmals einen check von ihnen«, eröffnet ihm einer der männer im üblichen, freundlichen ton.

»meinen gesundheitscheck habe ich vor drei monaten erst absolviert. es war alles in ordnung.«

»den meinen wir auch nicht.«

daniel bekommt ein trockenes gefühl im hals.

»es ist ihre codierung als geheimnisträger jago5, die muss überprüft werden - das ist nichts zum zittern, freund.«

daniel sieht das jedoch anders.

nach ein paar praktischen hinweisen wird er noch weiter ins erdinnere hinabgeführt. nur um wieder in einen medizinisch eingerichteten raum zu gelangen. dort bekommt er abermals eine spritze, die ihn sofort einschlafen lässt. in diesem zustand wird daniel nun in ein kleines transporterraumschiff gebracht. zwei der vier männer, der zivilist und ein militär sowie die frau steigen mit ein. zusammen mit daniel werden gegen zwanzig schlafende abtransportiert, in eine unterwasserbasis weit vor der küste floridas.

general kenero, ein ausserirdischer vom rigel-system, hat dies höchstpersönlich angeordnet. eine grosse besprechung ist anberaumt. darum werden von überall auf der erde fälle eingeflogen und verantwortliche zur rechenschaft herbeordert. es geht um ein problem, das je länger desto weniger einer lösung zugeführt werden kann. so sieht es zumindest aus. doch kenero hat nicht die absicht, das einfach hinzunehmen.

in zwei, drei stunden sollten die neuesten resultate vorliegen, da die meiste fracht bereits angekommen ist. dann würde er sich einen schonungslosen und exakten überblick verschaffen. es musste doch herauszufinden sein, warum bei so vielen programmierten die einspielungen nicht mehr richtig greifen.

es existiert eine beträchtliche anzahl abgespaltener untergrund- und terrorgruppen, die gegen die eingeführten machtstrukturen rebellierten. meistens natürlich, weil sie selbst zu wenig einbezogen worden waren. aber bis jetzt gibt es keine hinweise darauf, dass die probleme dort liegen könnten. idealistische gruppierungen, die gegen seine absichten kämpfen, gibt es hingegen praktisch keine. eine tatsache, die kenero nicht behagt. jedenfalls wäre das aufspüren von illegalen programmen, die über die eigentlichen programme gelegt worden sind, der günstigste fall. mit solchen terrorakten könnte er umgehen und das problem wäre schnell gelöst. bis jetzt deutet aber leider nichts auf diese möglichkeit hin. im gegenteil: seine eigene spezialeinheit ist der meinung, die programme würden von kosmischen einstrahlungen unbekannten ursprungs durcheinandergebracht. rona12, eine seiner engsten, persönlichen mitarbeiterinnen, vermutet gezielte fernstörungen riesigen ausmasses. in diesem fall wären technologien im einsatz, denen kenero nicht viel entgegenzusetzen hat. dazu kommen zunehmende natürliche turbulenzen über und auf der erdoberfläche, die ebenfalls verantwortlich sind für gewisse verzerrungen der eingesetzten frequenzen, mit denen programme gesteuert werden.

bis jetzt hatte sich alles so gut entwickelt. der ganze, sorgfältig ausgeklügelte plan funktionierte. die erdbevölkerung und ihre vertreter waren einfach zu handhaben. die galaktischen föderationen und räte mussten ihn und seine leute gewähren lassen, weil er ja mit den eingeborenen zusammenarbeitete, mit deren erklärtem einverständnis.

während kenero so vor sich hinbrütet, werden seine erstaunlich hellblauen, schrägliegenden augen zu schmalen schlitzen im grauen, furchigen gesicht. sein kahler schädel, mund und nase drücken nur eines aus: kontrolle. obwohl kenero mit seinen 1,70 meter eher klein und sehr kompakt ist, besitzt er eine geradezu phänomenale ausstrahlung. er ist ein magier und manipulator grossen stils, mit seinem willen absolut unwiderstehlich. seine kraftvolle, faszinierende persönliche macht war es auch, die ihn zum oberkommandierenden für die übernahmemission auf der erde prädestiniert hat. kenero ist nicht bloss intellligent, sondern höchst brilliant - ein perfekter stratege, der über leichen geht. keneros wesen ist kalt, damit klar und einfach in seinen rein mentalen vorstellungsszenarien. das leben kann ihn nicht beeinflussen. er ist hier, um schrittweise die menschheit zu übernehmen. der auftrag ist präzise, wie auch die getroffenen massnahmen. aber etwas geht schief. die erde hätte schon vor der jahrtausendwende seinem volk gehören müssen. stattdessen scheint der planet dem general langsam aber sicher zu entgleiten. dieses szenario darf niemals realität werden. kenero tritt in einer ungewohnten aufwallung von empörung ans fenster.

gerade rechtzeitig. wie ein blitz trifft ihn der anblick einer eleganten person, die gelassen über den platz vor dem gebäude geht. es ist eine sehr grosse, schlanke dame, ganz in schwarz. misja, sein fürchterlicher feind - das, womit er nie gerechnet hat. wie immer löst misja ein stechen in seiner herzgegend aus. er ruft nach rona12.

»sie ist wieder im anzug.«

»wer?«

»na wer?! der eindringling. warum zum teufel kommt sie immer noch an den wachen vorbei? von welchen banausen bin ich denn hier umgeben?«

»general, sie ist uns einfach überlegen. wir haben alles versucht. vergebens. wir haben noch nicht einmal herausgefunden, wie sie überhaupt auf die basis kommt.«

rona12 steht in ihrer rotschwarzen uniform an keneros schreibtisch. es ist die ›chinesin‹, der daniel vor ein paar stunden begegnet ist.

»ich hole jetzt ihre medikamente, general.«

»tun sie das.«

kenero setzt sich, faltet seine leicht zittrigen hände zusammen und sammelt seine kräfte, zumindest versucht er es.

bevor rona12 zurück ist, steht misja bereits vor ihm.

»sie schon wieder«, lächelt kenero schwach.

»ja, lieber general.«

misja setzt sich schwungvoll und anmutig auf einen besuchersessel. sie schlägt ihre langen beine übereinander und wartet, bis keneros augen daran hinabgeglitten sind, bis zu den schuhen. dann erst pflegt er misja ins gesicht zu schauen. das ist ihr gemeinsames, kleines ritual.

misja, diese verfluchte hexe und mysteriöse kommandantin, die ihn noch ruiniert und zerstört. misja, die ätherische fee jenseits aller beschreibungen, jenseits aller logik.

er hat oft und lange über sie nachgedacht. dieses ungreifbare phänomen, das über alle seine physischen und metaphysischen kenntnisse hinausgeht. sie hat ihn dazu gebracht, auf gebieten nachzuforschen, die hinter seinem wohlgeordneten horizont liegen. er hat immer auf dinge gesetzt, die ihm verständlich waren, nachvollziehbar und erstrebenswert. auf der erde ist es neben der direkten befehlsgewalt auch geld oder manchmal sex. doch misja kontaktiert ihn weit weg von all dem, quasi im luftleeren raum. da wo er sich nicht auskennt, wo er hilflos ist.

noch hat kenero nicht herausgefunden, was er verpasst oder übersehen hat. was er sträflicherweise als unwichtig abgetan hat.

»wie geht es ihnen gesundheitlich, general?«, will die fee wissen.

wieder muss kenero lächeln.

»ich zerfalle, commander. das herz, der kreislauf. der kopf ist zum zerspringen. wollen sie noch mehr hören?«

misja blickt kenero forschend an.

»ich möchte wirklich nicht, dass ihnen etwas geschieht, mein lieber.«

wieder, wie schon so oft in den letzten zwei, drei jahren, lässt sie vorsichtig, ja fast zärtlich, ihr hochfrequentes sein durch kenero hindurchfliessen. ihre liebe, welche die liebe des universums ist. ihr bewusstsein, das keneros feinstoffliches und physisches nervensystem fast verbrennt. ihr licht, das in seine zellkerne, in sein zentrum eindringt, in der festen absicht, den general in die erinnerung zu bringen, zu seinem selbst. misja ist dabei sehr aufmerksam, denn sein system ist wirklich ziemlich aus dem gleichgewicht. da erscheint auf ihrem schönen, transparenten gesicht ein uferloses lächeln, das kenero angst macht, weil er es nicht nachvollziehen kann. es stammt aus einer freude, zu der er in diesem leben noch nicht gelangt ist.

kenero ist bald so weit, misja kann es sehen. seine prägungen sind gott sei dank am verwischen.

»ich will sie heute nicht allzu lange stören, general, denn ich weiss, sie haben eine wichtige sitzung vor sich. darf ich etwas dazu sagen?«

»wenn ich nein sage, schweigen sie dann?«

»selbstverständlich.«

»reden sie, misja, reden sie. sie sind der einzige feind, der mir immer alles im voraus sagt.«

»und der trotzdem gewinnt, nicht wahr?«

»ich gebe zu, ich bin noch nicht dahinter gekommen. warum können wir sie nicht einfach erschiessen? was wollen sie für ihren tod, misja?«

»ach kenero, wo haben sie nur ihren esprit gelassen! - im ernst, sie sind verzweifelt, general. wissen sie das? ich sage ihnen jetzt nur noch zwei sachen, dann bin ich für heute verschwunden. hören sie mir aber gut zu.«

»einer frau wie ihnen muss man doch einfach zuhören.«

»mein freund, ich wäre ihnen so dankbar dafür. also, die neuen kosmischen einströmungen machen ihnen sorgen, nicht wahr? dabei erzähle ich ihnen seit fast drei jahren, was hier vor sich geht. es findet eine schwingungserhöhung statt, die universell ist und darüber hinaus. die menschen verändern sich und es ist wichtig, dass sie diesen prozess mit durchlaufen, aus gründen, die ich ihnen noch offenbaren werde. general, sie haben nicht die mittel, um das alles aufzuhalten. wie lange wollen sie sich dem noch verschliessen? sie werden ihre ziele nicht verwirk-

lichen. - doch sie werden viel mehr erreichen. öffnen sie sich nur dafür. - ich will ihnen nicht das leben nehmen, ich will es ihnen geben. denn ich liebe sie. ich weiss wer und was sie sind. und ich werde nicht aufhören, für sie dazusein. so, das wär's. bringen sie den notwendigen kurswechsel zur sprache, kenero. er ist die einzige lösung, die ihnen bleibt.«

misja erhebt sich und ist so blitzschnell verschwunden, als wäre eine schar gazellen durch sein büro gesprungen.

kenero bekommt wieder seinen anfall. zittern, schweissausbruch, übelkeit, schwindel, und das herz. rona12 ist aufgehalten worden. jetzt findet sie den general in seinem bürostuhl hängend. schnell flösst sie ihm seine medizin ein. sie legt ihn auf den boden und verschafft ihm linderung, wie der general es ihr gezeigt hat. noch auf dem fussboden packt kenero die grosse frau kräftig am handgelenk. verbissen faucht er sie an:

»ronie, sie wissen, ein wort von dem, und ich lasse sie auf der stelle als verräterin hinrichten. verstanden?«

»verstanden, general.«

rona12 hastet aus dem büro. der general braucht noch mehr sachen. und sie selbst hat einen starken kaffee nötig, dazu eine ihrer kleinen stimmungstabletten, um fit zu sein für die sitzung.

es wird immer schlimmer. alles. sie könnte heulen. und rona12 ist immer noch nicht sicher, wer vertrauenswürdig ist, wen sie in diese katastrophe einweihen muss. schliesslich geht es auch um ihr überleben.

nachdem alle angeordneten tests und kontrollen bei daniel durchgeführt worden sind, ist er wieder frei. die resultate haben zu keinen neuen anhaltspunkten geführt. seine programmierungen wirken einfach nicht mehr richtig. die programmierer und andere verantwortliche haben getan, was sie konnten. sie haben daniel mehrfach vernetzt und zusätzlich mit einem neuen sicherungssystem versehen. letzteres ist die grosse und momentan noch einzige hoffnung von keneros leuten. wird diese alarmanlage in daniels und anderen hirnen geknackt oder ausser betrieb gesetzt, weiss niemand mehr rat.

es ist samstagabend, nur hat daniel keine ahnung davon, als er irgendwo in der stadt wieder zu bewusstsein kommt. er weiss von nichts, nicht einmal mehr, wie er heisst. zittrig, mit gliedern, die ihm kaum gehorchen, macht er sich auf den weg.

»können sie mir bitte helfen?«, fragt er zwei passanten, *»ich weiss nicht mehr, wo ich bin und wer ich bin. könnten sie mir vielleicht sagen, was ich tun muss?«*

daniel hat nichts bedrohliches an sich, darum zeigen sich die herren hilfsbereit.

»kommen sie mit. wir bringen sie zum nächsten krankenhaus. einliefern müssen sie sich dort aber selbst.«

»kein problem. vielen dank!«

so findet sich daniel zwanzig minuten später vor einem städtischen spital wieder. zögernd geht er hinein und setzt sich in der empfangshalle auf einen stuhl.

zur selben zeit bereitet sich kim auf einen langen abend mit grant vor. sie haben sich schon zwei monate nicht mehr gesehen, dabei sind sie gern zusammen. ab und zu schlafen sie miteinander und grants körper ist kim angenehm. in ihren gedanken ist grant jedoch immer noch der gute freund ihres exmannes. das ist ziemlich irritierend. grant mit seinen braunen locken und den grauen strähnen darin. grant, der drahtige mann mit lachgrübchen in den wangen. der etablierte psychologe, der integrierte, angepasste grant. kim zieht ein fast strenges, schwarzes kleid an, in dem sie mit den kurzen haaren ganz anders aussieht als sonst. dabei wird sie ständig gestört von den kindern. amanda kommt verärgert ins zimmer gerannt und wirft schmutzige kleider auf den teppich.

»das hier wollte ich heute für meine party anziehen! du hast versprochen, sie noch zu waschen.«

»das habe ich glatt vergessen, liebes. wirklich! ich hatte so viel zu tun mit dem neuen kurs, den ich vorbereite. verzeih mir.«

»und was soll ich jetzt bitte anziehen? oder willst du, dass ich mich vor allen blamiere?«

also geht kim amandas garderobe inspizieren. dabei hat sie gar keine zeit dafür. wenigstens ist jetzt die grossmutter aufgekreuzt, um die beiden kleinen herüberzuholen. gerade rechtzeitig sind schliesslich alle verabschiedet, versorgt und eingekleidet. kim legt sich noch ihr breites bernsteinarmband um, und schon läutet es unten.

beim essen mit grant mag kim noch nicht über das reden, was ihr auf der zunge brennt. erst später, in einem nachtlokal beim tanzen rückt sie mit der sprache heraus. grant drückt ihren körper an den seinen, aber nicht zu sehr.

»was hältst du eigentlich von dieser transformationstheorie, nach der sich die erde und die menschen in relativ kurzer zeit stark verändern werden?«

kim löst ihr gesicht von seinem hals und sieht, wie seine wangengrübchen sich vertiefen.

»ich habe schon davon gehört, aber, um ehrlich zu sein, es hat mich nicht interessiert. diese dinge sind ein bisschen zu weit weg für mich, zu abstrakt. ich bin

kein berufener, lily (er nennt kim als einziger lily), *du magst es sein, ich bin es nicht. mein hirn ist beschäftigt mit vielen kleinen, konkreten dingen. die menschen stecken voller probleme. wie soll sich das einfach so ändern?«*

er blickt durch seine randlosen brillengläser auf kim hinunter und sieht ihre leidenschaft für diese sache. er lächelt immer noch, aber jetzt ein bisschen melancholisch. er will ihr da nicht folgen.

»du glaubst also im ernst, man kann die welt retten?«

grant sagt das fast wie zu einem kind, was kim ziemlich stört. er zieht sie deshalb fester an sich, spürt dabei den druck ihrer brüste und ihres bauches. eine weile schweigen sie.

»es ist jedenfalls eine faszinierende geschichte. die kids in den schulen sprechen darüber. amanda hat mir erzählt, dass es zirkel und gruppen gibt, die regelmässig geistig für die transformation arbeiten. und ich weiss von leuten, die in diesem zusammenhang ganz aussergewöhnliche erfahrungen gemacht haben.«

grant bringt kim mit einem kuss zum schweigen.

»und du bist auch eine von denen, nicht wahr? du bist etwas besonderes lily, ich weiss das. und ich will dir ja auch nichts wegnehmen. nur liegen diese dinge einfach ausserhalb meines horizontes. versprich mir, dass du mir ein seil hinunter wirfst, wenn du diesen berg bestiegen hast. mehr kann ich dazu nicht sagen.«

»du bist der bergsteiger, grant, nicht ich.«

»auf meinen bergen ja, aber nicht auf deinen.«

in einer bittersüssen stimmung tanzen die beiden weiter. diese ferne zwischen ihnen und zugleich körperliche, sexuelle nähe reizt grant. er will unbedingt mit ihr schlafen. das blut schiesst ihm bereits in die lenden.

»gehen wir zu dir, süsse, duftende lily, wie abgemacht?«

für einen kleinen augenblick zögert kim, dann aber nickt sie, und grant führt sie sofort von der tanzfläche. bei ihr zuhause lässt sich grant geduldig noch mit kühlem sekt und warmen, selbstgemachten erdbeertörtchen bewirten. dann endlich darf er sie ausziehen, ihr helles, weiches, gutgenährtes fleisch berühren und küssen. doch kim kann sich nicht ganz gehen lassen. obwohl sie grants umarmung geniesst. wie er sie anfasst, und wie sein penis sich in ihr windet, schier endlos zu seinem ziel drängt. es gibt auch den moment, wo sich die empfindungen in ihrem unterleib überstürzen und gefühle erzeugen. oh ja, sie mag diesen körper, diesen mann. trotzdem weiss kim, dass sie das letzte mal mit ihm schläft. eine woge von traurigkeit brandet bei diesem gedanken in ihr herz.

nach dem sex ist grant tief befriedigt, obwohl er diese traurigkeit auch spürt. trotzdem schläft er bald ein, um zwei, drei stunden später wieder zu erwachen. er hat einen lärm gehört, wie wenn ein lastwagen vorbeigefahren wäre. grant dreht sich zu kim hinüber und findet niemanden neben sich. sie ist wohl gerade auf der toilette. das hat ihn also geweckt. er dreht sich um und will wieder einschlafen. stattdessen wird er immer wacher. das haus ist still, und lily kommt nicht aus dem badezimmer zurück. ein bisschen verstimmt steigt er schliesslich aus dem bett, um sie zu suchen.

»lily, bist du in der küche?!«

keine antwort. grant sucht im ganzen haus. selbst im garten ruft er nach ihr. lily bleibt verschollen. ratlos geht er zurück ins schlafzimmer. ihr verschwinden schmerzt grant mehr, als dass es ihn erschreckt. was soll er nur unternehmen? er ist plötzlich sehr müde und legt sich hin, um nachzudenken. doch kaum im bett, ist er auch schon wieder eingeschlafen. grant schläft wie ein stein und erwacht erst gegen 10:00. nun fährt ihm wirklich der schrecken in die glieder, denn immer noch liegt niemand neben ihm im bett.

»lily, wo bist du?!«

seine stimme ist ängstlich und laut.

kim bereitet unten in der küche das frühstück für sie beide zu.

»was ist, grant? ich bin hier unten!«

sie läuft zum fuss der treppe.

»da bist du ja!«

grant ist unsäglich erleichtert. mit der kelle in der hand wartet kim auf eine erklärung.

»ich habe dich gesucht - du warst in der nacht plötzlich verschwunden.«

beide starren einander verwundert und fragend an.

»du musst geträumt haben.«

»lily, es war nach drei uhr morgens, und du warst weg. ich habe dich überall gesucht!«

kim steht mit offenem mund da. grant spürt, wie nun ärger in ihm aufkommt.

»ich gehe jetzt erstmal unter die dusche. vielleicht fällt dir inzwischen ja ein, wo du gewesen bist. abgesehen davon musst du es mir natürlich nicht sagen. unter umständen will ich es auch gar nicht wissen.«

kim kann sich an absolut gar nichts erinnern. sie steht in der küche und zittert vor aufregung am ganzen körper. jetzt kühl überlegen und handeln. das fon. vielleicht ist mia erreichbar. die gute mia, die einen immer beruhigen kann. tatsächlich nimmt diese den hörer ab, und kim schildert ihr mit ein paar worten die lage.

»wir werden herausfinden, wo du warst, liebes. wichtig ist jetzt, was du grant sagen willst. du sagst die wahrheit oder erzählst ihm, du seist eine schlafwandlerin. vielleicht nimmt er dir das ab.«

kim bedankt sich herzlich. bis grant die treppe herunter kommt, hat sie sich wieder etwas gefasst und das frühstück zubereitet.

sie küsst grants frischen, nach zahnpasta schmeckenden mund.

»da ich mich nicht erinnern kann, bin ich eben wieder einmal im schlaf in der gegend herumspaziert«, sagt sie später.

»ich habe das früher öfter getan. es tut mir leid, wenn ich dich dadurch beunruhigt habe.«

kim macht ein treuherziges gesicht, doch grant bleibt misstrauisch. gerade deshalb.

»die nacht war trotzdem schön, und dein frühstück schmeckt wie immer ausgezeichnet. - das nächste mal bin ich wieder dran mit verwöhnen, einverstanden?«

kim schweigt.

»also, ich will ehrlich sein zu dir«, ergreift grant fast gezwungenermassen minuten später wieder das wort.

»vielleicht bist du wirklich schlafgewandelt, vielleicht auch nicht. das ist deine sache. aber ich möchte dich warnen. es ist gefährlich, heutzutage in irgendwelche verbotenen sachen verwickelt zu sein. dass unsere regierungen von einer oder auch mehreren ausserirdischen rassen unterwandert sind, ist mittlerweile ein offenes geheimnis. und diese wesen spassen nicht mit uns. die haben uns in der hand. ich hoffe nur, lily, du bist nicht so dumm, ihnen ins messer zu laufen.«

»grant, wenn alle so denken wie du, sind wir wirklich verloren. jetzt ist nicht die zeit, sich zu verstecken. wir müssen handeln. du hast recht, wir sollten nicht provozieren, aber es gibt noch andere möglichkeiten. es gibt geistige lösungen, daran halte ich fest.«

»wenigstens sagst du jetzt nicht, es gäbe nur eine lösung.«

grant kaut wie automatisch an einem brötchen. sein bewusstsein ist anderswo.

»ach lily, warum musst du mir sorgen bereiten. glaube mir, ich weiss, was sie mit dissidenten manchmal tun. ich habe schon solche leute gesehen. sie schalten sie einfach aus. diese armen hunde laufen dann herum wie roboter oder zombies. - versprich mir, dass dir so etwas nie widerfahren wird.«

»ich verspreche es grant, wirklich.«

»und noch etwas: halte mich da bitte heraus. verwickle mich nicht in verschwörungen und ähnliche dinge. wirst du meinen wunsch respektieren?«

»selbstverständlich.«

grant verlässt kim an diesem morgen früher als geplant. beide brauchen zeit, um ihre innere ruhe wiederzuerlangen. kim versucht es mit einer langen und ausgiebigen dusche. sie weint ein bisschen unter dem wasserstrahl. nachdem sie sich geistig bewusst stabilisiert hat, will sie shannon anrufen. im selben augenblick läutet ihr fon. es ist shannon. sie will wissen, wo daniel steckt.

»ich suche ihn seit tagen. weisst du etwas über ihn?«

kim erschrickt. sie hat auch nichts mehr von ihm gehört.

»ich habe zwar gerade andere sorgen, shannon. eigentlich wollte ich mit dir darüber reden. aber vielleicht sollten wir zuerst daniel ausfindig machen. was meinst du?«

»ich habe mir gedacht, du könntest eventuell einen ort auspendeln. dann fangen wir dort zu suchen an. aber sag mir trotzdem, was mit dir los ist.«

kim erzählt kurz und verspricht shannon zu pendeln.

»ich rufe zurück, sobald ich einen anhaltspunkt habe.«

shannon bedankt sich. sie ist nun noch mehr beunruhigt. die nachricht von kims nächtlichem verschwinden hat sie in einem schlechten moment erreicht.

kim holt ihr pendel hervor. sie hat es schon seit urzeiten und braucht es nur noch selten, aber sie will shannon den gefallen tun. zudem ist kim jetzt nicht ruhig genug, um direkt in ihrem inneren die antwort zu finden. in diesem fall ist pendeln vielleicht gar keine schlechte idee. sorgfältig macht sie alles bereit und konzentriert sich ganz auf die frage. das resultat lässt nichts gutes erwarten. daniel muss in einem krankenhaus sein. in einem grossen, mitten in der stadt. unverzüglich machen sich die freundinnen auf den weg. es gibt nur drei krankenhäuser, die in frage kommen, sollte das pendel richtig geantwortet haben. und tatsächlich: im dritten spital werden die beiden fündig. aber erst nach zähem reden und ringen dürfen sie zu daniel. nachdem kim sich als seine verlobte ausgegeben hat.

daniel steckt immer noch in einer fast totalen amnesie. er konnte jedoch problemlos identifiziert werden, da er seine papiere bei sich trug. weil bei ihm zuhause niemand das fon abgenommen hat und weil sonntag ist, konnte jedoch niemand benachrichtigt werden.

daniel versucht, sich zu erinnern. seine augen studieren kim, ihren körper und ihr gesicht. dummerweise hat er sie mit den kurzen haaren noch gar nicht gesehen. wenigstens bei shannons anblick huscht ein lächeln über daniels mund. shannon nähert sich vorsichtig und nimmt seine hand.

»ich, ich kenne dich. ich weiss, wer du bist, aber ich weiss nicht mehr wie du heisst. du bist meine freundin, nicht wahr?«

eine träne rollt aus daniels augen.

»ja, ich bin shannon, deine freundin! und das da ist auch eine freundin von dir.«

wieder mustert daniel kim.

»sie da ist mein schutzengel«, sagt er schliesslich, mit der hand auf kim zeigend.

kim weint nun auch und umarmt daniel sanft.

es muss etwas geschehen. so kann das nicht weitergehen mit ihm. shannon nimmt sich vor, ihrerseits der sache nachzugehen. wenn daniel nur wieder ganz gesund wird. die beiden frauen bleiben noch eine weile beim patienten, dann gehen sie zu shannon nach hause und besprechen dieses neueste ereignis. daniel muss unbedingt zu einem untergetauchten arzt, wenn er aus dem spital herauskommt. der kennt sich mit programmierungen und eingesetzten chips aus. und er hat erfahrung mit entsprechenden verletzungen oder abweichungen im gehirn. kim will ihn ausfindig machen für daniel, auch wenn dies nicht ganz einfach sein sollte. und was ihr eigenes problem betrifft, will sie bei mia eine sitzung organisieren, um auch in diese angelegenheit licht zu bringen.

gleich am montagmorgen ruft shannon amy an, eine ziemlich unverfrorene berufskollegin. shannon weiss jedenfalls von ihr, dass sie heisse informationsquellen besitzt. amy ist schnell bereit für ein treffen, schliesslich haben sich die beiden seit etwa einem halben jahr nicht mehr gesehen.

»vielleicht bringe ich noch jemanden mit. dann kannst du dich aus erster hand mit eindrücken bedienen.«

noch bevor shannon etwas dagegen einwenden kann, hat amy schon aufgelegt.

zwei tage später ist shannon nach der arbeit unterwegs zum treffen. amy hat ihr eine kleine, unscheinbare kneipe als treffpunkt genannt, die gar nicht leicht zu finden ist. endlich steigt sie in den ersten stock eines langweiligen gebäudes. das lokal dort sieht aus wie ein privater club, einfach, ohne türsteher und auch sonst entdeckt sie keine muskelmänner, die herumhängen. shannon ist beruhigt. ausserdem hat sie ihren alarm bei sich. ein minisender, der einen notruf und laufend ihre position an jene nummern sendet, die sie als empfänger eingegeben hat. shannon entdeckt amy gleich an einem tisch nahe bei der tür. sie ist in begleitung. eine grosse, breite frau mit eigenartig schmalen, durchdringenden augen und ebenso eigenartig aussehendem, schwarzem haar sitzt bei ihr. die frau ist rona12 und sie löst einen kleinen schauer in shannon aus.

»darf ich dir loredana vorstellen, sie arbeitet in einem büro bei der gesamtamerikanischen luftwaffensektion.«

amy ist erfreut, shannon zu sehen.

»du siehst einfach toll aus! dein gesicht ist ja ganz zart geworden! bist du etwa verliebt?«

»ach hör auf«, wehrt sich shannon, *»du siehst auch gut aus!«*

während die frauen komplimente austauschen, schiessen loredanas augen wie laserkanonen blicke auf den ankömmling. diese frau sieht ja gar nicht aus wie ein mensch, durchfährt es shannon. ein gefühl der angst will in ihr aufsteigen. doch im selben moment erfüllt eine schöne energie ihr herz und bringt sie in einen liebevollen, entspannten zustand. shannon strahlt die fremde frau an, was sich auf deren gesicht spiegelt.

»amy hat mir von ihnen erzählt«, sagt loredana, alias rona12, mit einer dunklen stimme.

shannon schweigt.

»sie vermuten neue, geheime aktivitäten der regierungen in der bevölkerung? da kann ich nur sagen, sie haben richtig geraten.«

loredanas roter mund lächelt unaufhörlich. shannon betrachtet ihr gegenüber und hat eine heftige reaktion von mitgefühl. dieses wesen sehnt sich nach zuwendung. man möchte es umarmen, über alles trennende hinweg. natürlich gibt shannon ihrem impuls nicht nach. dafür bemüht sie sich, freundlich und interessiert zu antworten.

rona12 ist hingerissen von shannon und hat mühe, ihre fassung wiederzugewinnen. sie ist schliesslich hier, um herauszufinden, wie die menschen möglicherweise die aktivitäten der regierung, bzw. keneros anordnungen unwirksam machen. sie ist hier, um den frauen lügen zu erzählen und dabei die beiden zu erforschen. aber shannon hat eine verheerende wirkung auf die klarheit von rona12s verstand und absichten.

nun fragt diese shannon auch noch wo sie, rona12, herkommt! amy wiederholt, was sie der kleinen, brünetten frau aufgetischt hat: nämlich eine herkunft als mongolischstämmige chinesin.

»was? und ich dachte, sie seien eine hybride«, entfährt es shannon völlig unbeabsichtigt - *meine güte, was habe ich da gesagt?!* - gerade kann sie noch verhindern, dass sie sich die hand vor den mund hält.

»was denken sie! hybriden laufen doch nicht frei herum.«

so etwas hat rona12 gebraucht. nun ist sie wieder ganz auf dem boden.

»abgesehen davon wäre es wohl ganz interessant, eine hybride zu sein. es soll ja viele von ihnen geben, vor allem aber draussen, im universum.«

»ich hoffe, ich bin ihnen da nicht zu nahe getreten.«

wieder könnte sich shannon auf die zunge beissen. was bringt sie dazu, solche sachen zu sagen?

»keineswegs. wie gesagt, es gäbe schlimmeres. - wer weiss, vielleicht existiert gerade von ihnen ein solcher mischling da draussen«, antwortet loredana kühl, einer plötzlichen eingebung folgend.

»ja, wer weiss, vielleicht habe ich selbst ein kind da draussen!«, lacht shannon hell auf.

rona12 wird es warm ums herz, als sie shannon so übermütig lachen sieht, die natürlich recht hat. sie ist eine hybride, zudem noch eine manipulierte. ein konstruierter versuch. eine arbeitsbiene, wie sie von einigen spöttisch genannt wird. sie hat keine freizeit, keine beziehungen. 24 stunden am tag steht sie kenero zur verfügung, und sie ist ihm über alles rechenschaft schuldig. dabei fühlt sie sich nicht einmal unglücklich. sie funktioniert einfach. manchmal fast wie ein roboter, aber sie ist keiner. nein, das hat sie ganz genau recherchiert. soweit sind keneros ingenieure noch nicht. loredana ist kein biologischer roboter, sie ist bloss eine hybride.

während rona12 ihren gedanken nachhängt, führt sie ein gespräch mit den beiden journalistinnen. sie erzählt ihnen von deprogrammierungs- und säuberungsaktionen, von einem - tatsächlich! - geschwächten kenero, dessen hartes durchgreifen nicht mehr geduldet würde. von neuen generälen und einer bevorstehenden umstrukturierung innerhalb der regierungen weltweit. amys etwas naive fassade täuscht. sie ist sich voll bewusst, dass loredana eine spionin ist. alle wahrscheinlich zutreffenden inhalte, die unvermeidlich in jeder falschinformation drinstecken, würden später aus dem aufgezeichneten gespräch von spezialisten herausgefiltert werden.

rona12 ist es inzwischen egal, ob die frauen ihr diese geschichten abnehmen oder nicht. was hätte sie schon davon, wenn sie den menschen helfen würde? sie brächte nur sich selbst in todesgefahr. amy hat sich das sicher schon längst ausgerechnet. warum aber spielt sie dieses spiel weiter? was hat sie von loredana? verdammt nochmal, was führen die menschen im schilde? sind sie etwa unterschätzt worden? haben sie wirklich eigene kräfte entwickelt, mit denen sie programme aufbrechen können? wie? und was ist das für eine ausstrahlung, mit der shannon arbeitet? fast hätte diese sie ganz aus dem konzept gebracht. rona12 lächelt nicht mehr. beinahe hat sie auch noch vergessen, diese blonde frau zu durchleuchten! aufgepasst! rona12 konzentriert sich kaum wahrnehmbar auf ihre hellsichtigkeit. dann weicht die farbe aus ihrem ohnehin schon hellen gesicht. steht doch der oberste kommandant aller plejadischen raumflotten, die im universum offizielle polizefunktionen ausüben, in nichtphysischer form hinter shannon!! sie ist seine frau! rona12 sieht diese verbindung! einer seiner flottenverbände hat die erde schon lange im visier. die plejadier warten nur darauf, bis jemand einen fehler macht, und sie dann eingreifen können. doch solange die gewählten irdischen politiker ausserirdische regenten vor ort gewähren lassen und niemanden um hilfe ersuchen, können die plejadier nichts unternehmen. ihre diplomatischen vorstösse sind bis jetzt auch alle gescheitert.

rona12 atmet tief durch. oh schreck, was für eine falle man ihr da gestellt hat! die frau des kommandanten - wie kommt das? shannon ist doch eine hiergeborene, das hat sie selbst abgeklärt. was geht da vor sich?!

amy und shannon beobachten loredana.

»woran hast du dich eben gerade erinnert?«, will amy wissen.

»das kann ich dir leider nicht sagen. es ist etwas, das ich gleich an die hand nehmen muss. hat nichts mit euch mädels zu tun. bitte verzeiht mir, wenn ich sofort aufbreche, aber das kann nicht warten. ich habe da wirklich etwas sehr wichtiges vergessen.«

sie blickt shannon direkt in die augen, entdeckt darin aber kein zeichen. dieses luder. was wäre geschehen, wenn sie diese frau auf einer basis hätte untersuchen lassen?! nicht auszudenken. und das alles wird sie erst noch rapportieren müssen.

auch shannon fragt sich, was hier abgeht. es scheint, als sei loredana plötzlich nicht mehr empfänglich für die liebevolle energie, in der shannon förmlich badet. sie befindet sich nach wie vor in einem wunderbaren zustand. wer hat ihr dieses geschenk gemacht? hat loredana etwa plötzlich angst davor gekriegt?

rona12 verschwindet so schnell sie kann. der frau des kommandanten darf sie nie wieder begegnen, eigentlich schade. amy ist beeindruckt und neugierig.

»wie hast du das eben fertiggebracht?«

»was?«

»loredana hat gerade vor dir die flucht ergriffen!«

»glaubst du?«

»hallo, hübsche, wo bist du?«

»also ich weiss jetzt wirklich nicht, amy. ich bin nur in der liebe drin gewesen, das ist alles, und sie hat darauf reagiert.«

»schön, aber das dürfte ihren abgang nicht ausgelöst haben. du hast etwas bei dir oder in dir, was leute wie loredana ganz klar als feindlich identifizieren. etwas, das sie kennen. na?«

shannon denkt an alaje. könnte er damit zu tun haben? soll sie ihn erwähnen?

»sag es einfach so, wie es im augenblick angebracht ist.«

amy ist wirklich ein cleveres und hartnäckiges mädchen.

»aber bitte häng es nicht an die grosse glocke. wahrscheinlich besteht ohnehin kein zusammenhang.«

»ich höre.«

»ich bin in kontakt mit einem plejadier. das ganze ist aber rein persönlicher natur.«

»wer sagt's denn!«

amy ist nur noch mund und augen.

»ausgerechnet unsere shannon und einer dieser attraktiven, blonden kerle! gratuliere und hut ab. aber glaube ja nicht, dass so etwas rein persönlicher natur ist. die plejadier haben den ruf, extrem effizient zu sein. der hat bestimmt noch etwas anderes laufen mit dir. er wird dich speziell fördern oder so.«

»himmel nochmal amy, woher weisst du das alles! hast du schon einen getroffen? du scheinst bei diesen dingen ja total in deinem element zu sein.«

»ach woher. das kommt nur davon, weil ich nicht geschlafen habe, während du auf weiss ich was gewartet hast.«

»ich möchte nicht, dass du so redest.«

»natürlich nicht. entschuldige, das ist nur der neid.«

»hör auf, du hast ja einen mann.«

»wir sind seit drei monaten getrennt.«

»das tut mir aber leid, amy. ihr wart so ein süsses trio mit eurem kleinen.«

»nur keine erinnerungen im augenblick, bitte. ich möchte eigentlich gar nicht darüber reden, wenn es dir recht ist.«

»natürlich. ich kann dich verstehen.«

»weisst du, wenn es so weitergeht zwischen den männern und frauen auf diesem planeten, werden wir aussterben, bevor die transformation vollendet ist«, seufzt amy.

»wenigstens hast du deinen humor nicht verloren.«

»sag mir ehrlich shannon, was machen wir alle denn falsch?«

»woher soll ich das wissen?«

»hättest du sonst einen dieser plejadier an der leine?«

shannon lacht. amy ist wirklich eine nudel.

»ich möchte gerne wissen, warum er sich mit dir abgibt, wo doch das universum voller superfrauen sein muss. frauen, die nicht auf einer primitiveren ebene leben als er - damit sage ich nichts gegen dich, du verstehst was ich meine?«

»klar amy, ich habe mich das natürlich auch gefragt. du hast recht, von uns aus gesehen, ist so eine beziehung gänzlich unlogisch. wenn du aber multidimensional denkst, also holografisch, und zeit und raum relativierst, gibt es erklärungen.«

»zum beispiel?«

»zum beispiel ist es für eine beziehung entscheidend, auf welcher ebene sie geschlossen wird. verbindest du dich ausserhalb von raum und zeit mit jemandem, gibt es keine trennung. und egal wie weit verschiedene inkarnationen solche paare voneinander wegtragen, ihre beziehung existiert weiter, bewusst oder unbewusst. darum wird sich derjenige, der höher inkarniert ist als sein partner, um den ›schwächeren‹ teil kümmern, sofern er das bewusstsein und die möglichkeit dazu hat. jedenfalls nehme ich an, dass dies öfter geschieht.«

»wie schön das klingt! überzeuge mich.«

»überleg dir, wie sich bei uns paarbeziehungen abspielen. geht es hier nicht oft um recht oberflächliche vorstellungen? nicht zwei ewige seelen vereinigen sich, sondern zwei physische persönlichkeiten wollen sich befriedigen und absichern. beziehungen, die aus einem gefühl des mangels heraus geschlossen werden, können meiner meinung nach nicht halten, ausser auf kosten des einen partners oder beider.«

»es gibt nur einen haken bei der sache: wie transzendiere ich raum und zeit in einer beziehung!?«

»hey, wir sind doch alle miteinander unterwegs in diese richtung.«

»nur dass du offenbar bereits dort gewesen bist.«

»du weisst ja, wir sind alle viel mehr als nur dieser körper, diese inkarnation. ich würde die zusammenhänge selbst gerne besser kennen.«

»vielleicht bist du auch eine ausserirdische! ausserdem hast du loredana ganz schön angemacht in dieser hinsicht.«

»erstens: darüber habe ich noch nie nachgedacht, würde mich wundern. zweitens: ich wollte loredana gar nicht darauf ansprechen. das wort ›hybride‹ ist mir nur so herausgerutscht.«

»vielleicht hat sich dein freund eingemischt.«

» wollen wir noch etwas trinken oder gehen wir?«

shannon streckt sich und setzt sich bequemer hin. diese letzte bemerkung ignoriert sie einfach. amy akzeptiert das und winkt dem kellner.

»gib uns noch zwanzig minuten. vielleicht finden wir jetzt schon heraus, warum loredana gegangen ist.«

»also gut. aber sag mir noch schnell, warum du überhaupt mit ihr verkehrst, sie lügt bestimmt.«

»sicher, aber auch falsche informationen sind informationen. wir erforschen einander gegenseitig.«

»irgendwie hat mich diese frau berührt«, gesteht shannon.

»sie wirkt gejagt. so einsam wie jemand, der sich von allen benutzen lässt. ich hätte sie am liebsten in die arme genommen.«

»und sie ist ein richtiges biest«, rundet amy das bild ab.

»na, wenn schon!«

»du hast mir schon immer gefallen, meine hübsche. jetzt gefällst du mir noch mehr.«

»oh, danke, danke!«

amy war schon immer so, und nicht nur mit ihr. sie ist eben etwas spezielles. shannon nippt bedächtig am frisch servierten punsch.

»lass uns nachdenken«, fordert amy, *»ich gehe davon aus, dass loredana deinen plejadier kennt. zumindest weiss sie, wer er ist. irgendein ausserirdischer hätte sie nicht erschrecken können. oder du selbst bist der auslöser gewesen. was ist dir lieber?«*

»ich könnte ihn ja einfach fragen.«

»du redest bewusst mit ihm?«

»manchmal. aber hier wird es kaum klappen.«

amy ist enttäuscht.

»komm noch auf einen kaffee zu mir, dann werden wir sehen«, lenkt shannon ein. sie fühlt bereits alajes nähe.

daniel erholt sich unglaublich schnell. sein gedächtnis ist wieder erwacht und scheinbar gesund. nun kann kim ihre nachforschungen weitertreiben. es ist wichtig für sie, dass ihre beiden freunde da miteinbezogen sind. darum treffen sich alle drei an einem lauen frühlingsabend bei mia. diese hat noch einen hypnosetherapeuten zur sitzung eingeladen.

der therapeut soll kim hypnotisieren. in diesem zustand will sie herausfinden, was in jener nacht, als sie verschwand, passiert ist.

wieder werden die vorbereitungen bei mia von einem raumschiff aus beobachtet. diesmal ist es misja, die auf einem holografischen monitor zuschaut, wie kim auf ein sofa gebettet wird, und wie die andern sich setzen. ein weiterer ausserirdischer, vom gleichen typ wie sie selbst, steht neben ihr. sie unterhalten sich angeregt.

»ich werde hier gleich eingreifen«, sagt misja, *»die zeit ist reif. ich werde die erinnerungen und das unterbewusstsein unserer schlüsselpersonen von nun an lockern und öffnen.«*

»das scheint mir richtig«, antwortet der andere.

»alle vorbereitungen sind soweit abgeschlossen, und der vibrationspegel auf dem planeten hat die notwendige mindestfrequenz auch bereits überschritten.«

»das wollte ich von ihnen hören, morin, danke. viele unserer inkarnierten leute auf der erde sind mittlerweile zu neuen realitäten erwacht und initiieren dadurch die geplanten, tiefgreifenden veränderungen. es ist sogar schon bald an der zeit, dass die code-leute erfahren, wer sie sind und was sie zu tun haben.«

misja ist sichtlich zufrieden.

kim gerät unterdessen in einen leicht hypnotisierten zustand. das erste, was sie nun sieht, ist das wohlbekannte, liebenswerte gesicht misjas. kim sitzt vor misja und spricht mit ihr.

»wisse, dass ich kim bin«, sagt misja, *»ich bin ein aspekt deines höheren selbst. deine seele lebt viele inkarnationen, ich bin eine davon. von nun an denke gross. sehe dich mit meinen augen. du bist ein wundervolles wesen. liebe alle teile von dir und sei mitfühlend «*

misja macht eine kleine pause und vergewissert sich, ob kim alles aufgenommen hat.

» - es existieren auch teile von dir, die nicht dasselbe, scheinende licht verkörpern wie du. nimm diese in dein herz auf. so gibst du ihnen die möglichkeit, sich in deiner liebe zu transformieren. und sie werden es tun, glaube mir. das ist alles, was ich dir im moment zu sagen habe, geliebtes wesen des lichts.«

misjas bild verblasst, aber ihre worte verharren eingebrannt in kims geist.

sie sieht nun eine andere szene: kim erkennt sich selbst in einem grossen raum voller militär. unter ihnen entdeckt sie auch grauhäutige ausserirdische und eine reihe von menschen, die auf leichten, aber scheinbar bequemen stühlen liegen. sie ist eine von ihnen. halb bewusst liegt sie dort, in einer art blauem pyjama. kenero tritt nun in das bild vor ihrem inneren auge, worauf kim sich nervös auf dem sofa bewegt. der hypnotiseur beruhigt sie. sie will weitermachen und erklärt dem therapeuten, es sei gerade jemand aufgetaucht, den sie kenne.

»aber ich will keinen kontakt mit ihm!«

fast wirkt kim wütend. sie öffnet ihre augen und sagt beinahe tonlos:

»obwohl ich ihn sehr gut kenne.«

»kannst du das erläutern?«, will jemand wissen.

»er ist meine seele, auf dieselbe weise wie misja! ich weiss das.«

es herrscht nun ein intensives schweigen.

»wer ist er?«, fragt endlich der therapeut.

»ein scheusal!«

»möchtest du hier aufhören?«

»nein, ich möchte noch einmal da hinein.«

also schliesst kim erneut die augen und lehnt sich zurück. augenblicklich ist das bild wieder da: einige leute im raum gehen auf kenero zu, sobald er aufgetaucht ist. sie fragen ihn dinge. jedenfalls ist er die absolute autorität. das sieht kim schon an seiner haltung. er ist auf dem weg zu den menschen, wird aber immer wieder aufgehalten. kim wagt fast nicht mehr zu atmen. kenero steht jetzt am anderen ende der menschenreihe. er beugt sich über den ersten schlafenden und berührt dessen stirn. sofort erwacht der junge mann. dann blickt kenero einfach in die augen seines opfers, mehr nicht. dasselbe ritual führt er der reihe nach mit jedem durch. kim ist die zweitletzte, doch schon beugt er sich über sie. sie sieht sein gesicht, seine schillernden augen: ihn, mächtig, verführerisch, unwiderstehlich und abgrundtief schlecht. kim liegt starr auf dem sofa. sie schaut durch schneidende kälte, unendlich weit weg vom warmen, pulsierenden, lebendigen sein. dann geschieht etwas unerwartetes: kenero hebt den kopf und schaut plötzlich aus dem bild hinaus, forschend, erstaunt, durch kims inneres auge hindurch, was ein kribbeln und zittern in ihrem körper auslöst.

»er sieht mich! jetzt, wie ich hier liege! oh, er ist so gefährlich. mit seiner kraft macht er einen schwach und angstvoll. was soll ich nur tun?!«

der therapeut holt kim aus der trance zurück. alle schauen sie an.

»ich bräuchte jetzt einen kaffee.«

sofort geht mia in die küche, um ihren wunsch zu erfüllen. kim reibt sich das gesicht. sie fühlt sich ziemlich flattrig.

»ich glaube, ich habe im augenblick nichts dazu zu sagen - muss zuerst darüber nachdenken«, meint sie schliesslich.

im rechten moment kommt mia zurück mit dem kaffee, den sie schon vorher zubereitet hat, und kim trinkt mit genuss. diese pause ist ihr sehr willkommen.

»wo wir gerade alle beisammen sind, hätte ich jetzt lust, mit euch über etwas ganz anderes zu sprechen, selbst wenn ihr das etwas sonderbar finden mögt.«

kim lächelt hinter ihrer kaffeetasse.

»habt ihr euch in letzter zeit einmal gedanken darüber gemacht, wer ihr eigentlich seid? generell und auch im besonderen? klar, die frage ist nicht neu. es kommt nur darauf an, wann sie gestellt wird.«

freundliche zustimmung geht durch die runde. da niemand anderer das wort ergreifen will, fährt kim fort:

»habt ihr schon einmal überlegt, ob ihr vielleicht das universum seid? - abgesehen davon, dass wir ohnehin eins mit allem sind. - versteht ihr mich?«

»das universum?«, der hypnotiseur hat ernstlich mühe, schritt zu halten.

»ja. das bedeutet, wir erschaffen alles, in jedem augenblick, auch das universum.«

»wir sind gott, meinst du?«

»warum nicht?«

kims blick gleitet über alles hinweg.

»wir alle sind eins mit gott und erschaffen aus dem nichts. das prinzip ist ganz einfach. es beginnt mit unserer absicht, unserem fokus. wir lenken unseren fokus ins nichts, in die dunkelheit. und schon sind wir die lichtbringer, weil wir licht sind - licht, bewusstsein und liebe.«

»und das scheusal?«, fragt daniel.

kim antwortet ohne zu zögern:

»sein licht stagniert und ist verschmutzt. von der quelle abgetrennt.«

»bevor wir wieder abschweifen, möchte ich folgendes festhalten«, interveniert der therapeut, *»erstens werde ich diese sitzung protokollieren und mia zukommen lassen. ich werde erwähnen, dass es sich hier möglicherweise um einen fall von unbewusster teleportation handelt. dem müsste man noch weiter nachgehen. zweitens haben wir erst einmal den einstieg geschafft. es bleibt herauszufinden, was genau mit dir geschehen ist, und wer dieser graue ausserirdische ist.«*

»du hast recht. wir müssen noch weitere sitzungen abhalten. ich bin einverstanden«, versichert ihm kim.

»ja, ich möchte auch endlich mal etwas stichhaltiges über diese ausserirdische rasse erfahren, die unsere abgeordneten vermutlich schon längst zu blossen hampelmännern degradiert hat«, pflichtet daniel bei, *»es scheint jedoch, dass wir hier langsam aber sicher von noch höheren mächten vereinnahmt werden. seht mich an, ich bin wieder gesund und wohlauf. dabei haben die wahrscheinlich mein gehirn durch den wolf gedreht. und was ist das resultat? ich bin praktisch derselbe wie vorher. - da geht einiges nicht mit rechten dingen zu. - wer hat uns schlussendlich in der hand, das ist wohl die frage. oder seht ihr das anders?«*

kim und shannon sehen das in der tat ganz anders. shannon kommt der freundin zuvor:

»vergiss mal dein denken in kampf- und machtkategorien, daniel, und ziehe neue möglichkeiten in betracht. jetzt gerade, wo du geredet hast, habe ich eine eingebung gehabt. sind nicht wir diejenigen, um die es hier geht? ja, wir sind diejenigen, auf die wir warten! wir sind die mächtigen ausserirdischen, die uns knechten oder erhöhen können. - ihr könnt mir nicht so recht folgen, hmm? - also, ich versuch's nochmal: vielleicht sind wir diejenigen, die die transformation vollziehen, die sich dafür entschieden haben, sich einsetzen und die verantwortung tragen. wenn wir die experten sind, dann müssen wir uns dessen nur noch bewusst werden. nehmen wir unsere macht zurück und handeln wir! kooperieren wir, mit wem wir wollen, aus unserer souveränität heraus.«

»shannon, das hört sich wirklich gut an«, wird sie von mia ermutigt.

»ich spüre, du hast einen wichtigen punkt getroffen.«

»glaubst du wirklich, wir hätten die kraft dazu? der gute wille allein genügt wohl kaum.«

daniel blickt mit seiner gewohnten skepsis in die runde.

»du hast recht, daniel«, räumt kim ein, *»die absicht allein genügt nicht. es ist wie beim autofahren oder wenn wir in unseren communicator-systemen drin sind. als anwender braucht man gewisse kenntnisse und instruktionen, wann welche knöpfe zu drücken sind. seit mitte der 90er jahre werden solche informationen durchgegeben. komplette, geistige tool-systeme, die von ausserirdischen stammen. wissen, mit dem man sich selbst und die welt verändern kann. da gibt es heutzutage wirklich phänomenale sachen. dabei geht es um einen direkten kontakt mit den informationsquellen. es sind wahrnehmbare einweihungen durch nichtirdische wesen. diese ausser- oder besser überirdischen verankern direkt, was sie vermitteln. sie öffnen energiezentren und bereiten unsere verschiedenen körper langsam auf höhere dimensionen vor. schliesslich sollen wir uns in neuen welten und weiten des seins bewegen können. seit jahren ist das mein grösstes ziel. mittlerweile bin ich so weit, dass ich einen kurs darüber halten könnte, und vermutlich werde ich das auch tun. geistiges arbeiten ist einfach, wenn man einmal gewisse grundlegende dinge begriffen hat.«*

»das wichtigste?«

daniel zwinkert kim zu.

»absicht, kraft und leichtigkeit«, gibt diese zurück, *»und ein bisschen hirntraining ist zudem nötig, damit es keinen kurzschluss produziert!«*

»ich habe mich schon oft gefragt, kim, wie unser körper, unser gehirn, das nervensystem und überhaupt alle organe mit diesen neuen energien fertig werden. gut, es wird alles transformiert. aber wie?«

»der körper wird schrittweise den veränderten bedingungen angeglichen, shannon. dies ist ein natürlicher vorgang und geschieht teilweise automatisch. aber ich glaube, leute wie wir sollten das bewusst unterstützen. damit der stein richtig ins rollen kommt. wenn wir uns als wegbereiter betrachten, müssen wir wissen, wie wir mit diesen dingen umgehen können. wie wir damit unsere zellkerne verändern und vieles mehr. darum sollten sich die menschen informieren. sie sollten sich geistige instrumente aneignen - was zu ihnen passt - und überhaupt vom grossen, vielseitigen und noch nie dagewesenen wissen profitieren.«

»wie immer hast du eine überzeugende wirkung auf mich«, witzelt daniel, *»ich melde mich hiermit offiziell für deinen kurs an.«*

»du bist registriert!«

»wie kommt denn das heraus, wenn jeder nach seinem gusto die welt verändern kann! tut mir leid, aber da komme ich nicht mit.«

der irritierte therapeut ist ehrlich neugierig auf kims antwort.

»jeder verändert und bestimmt seine welt, nicht die welt. das geschieht heute schon, nur unbewusst, ziellos. wir hatten immer die macht dazu und die verantwortung. nur, wenn du deine macht missbrauchst, bist du selbst mitten drin in den schwierigkeiten, die du damit kreierst. deine kraft reisst dich hinein in die trennung, in die abspaltung von der liebe und vom licht. so sind die engel gefallen. aber glücklicherweise sind überall natürliche, energetische sperren eingebaut. dort fällst du nur durch, wenn dein energieniveau entsprechend low ist.«

erst später, beim heimfahren, kann kim über kenero nachdenken und über misjas worte: *›wir sind also zwillingsstrahlen, misja, das scheusal und ich - eine seele.‹* irgendwie tut diese offenbarung gut, bis in die zehenspitzen und weiter. nun würde sie einen anderen zugang zum grauhäutigen finden und nicht nur zu ihm, das weiss sie. ihre angst ist beinahe schon verflogen.

wieder empfindet kim diese geliebte, tiefe ruhe. mehr und mehr taucht sie ein in den strom und das glück des seins. dies geschieht ganz bewusst. kim freut sich, denn sie fühlt sich frei. einen moment lang unbehelligt von diesen allgegenwärtigen schwärmen herumkreisender gedanken und gefühle mit ihren schwabbeligen energien.

mit gedanken und gefühlen kann sie schon etwas umgehen. im grunde sind sie reine werkzeuge, die man sich holt und dann wieder entlässt. niemand muss sich von ihnen gängeln lassen. nur wer sie mit seiner realität verwechselt, ist ihr opfer.

kim ist zuhause angekommen. noch vor der tür hört sie bereits, wie die kleinen ausser rand und band sind. wo steckt nur amanda! sie sollte doch aufpassen.

kim bringt mehr als sich selbst zurück aus der region, in der sie gerade geschwelgt hat. darum betritt sie das haus gelassen. amanda hat sich mit einer freundin in ihr zimmer verkrochen und die beiden jungs herumtoben lassen. kim drückt die kleinen an sich, dann räumt sie zusammen mit ihnen das chaos wieder auf.

auf ihrer plattform im raum draussen ruft misja ihre leute zu einer sitzung zusammen. sie erklärt den augenblicklichen plan:

»zuallererst müssen wir jetzt den neu erreichten energiepegel auf der erde stabilisieren.«

misja erscheint fast schwebend vor ihren mitarbeitern. wie so oft trägt sie keine offizielle kleidung, sondern diesmal eine silbrig gemusterte hose, darüber eine schmale jacke im selben material. nur ihr rangabzeichen trägt sie stets an sich. misja wirkt weich und fliessend, immer glasklar, wie die flüsse der hochentwickelten planeten. ihr stab blickt wohlgefällig auf seine hohe kommandantin. es ist eine besondere auszeichnung, mit ihr arbeiten zu dürfen.

»also, wir fixieren zuerst gemeinsam mit den erwachten code-leuten auf dem planeten. wir stabilisieren die energieebene, die energietore und die energiehalter. das muss alles fest und gut verankert sein. daneben haben wir noch an den verbliebenen niedrigenergieregionen zu arbeiten. - ich werde darauf zurückkommen. dann, meine lieben, können schon in absehbarer zeit die letzten beiden schritte im transformationsprozess der erde getan werden.«

misja geht mit ihren leuten zu einem holografischen grossmonitor. dort wird ihnen die gegenwärtige situation in, auf und über der erde visuell präsentiert. und tatsächlich: der aktuelle energiepegel des planeten hat die realität bereits transformiert, aber noch nicht bis in die angepeilte fünfte dimension hinein. das ganze ist jedoch ziemlich unruhig. es sind beträchtliche fluktuationen sichtbar, energien, die in alle richtungen wellen. die gruppe vor dem holomonitor studiert und kommentiert die bewegungen aufmerksam, während misja die verantwortung für bestimmte gebiete auf ihre leute verteilt.

»ihr seht, die stabilisierung des planeten dürfte keine probleme mit sich bringen. unterstützt vor allem die kanäle und energiehalter, also unsere menschlichen mitarbeiter vor ort. veranlasst verschmelzungen mit den neuen energien, wo und wann immer es möglich ist. ermuntert dazu. fröhliche arbeit und gutes gelingen!«

misja entlässt ihre leute bis auf morin und eine junge plejadierin.

»so, und wir werden uns nun intensiv um die niedrigen energiezonen kümmern. ihr wisst, wir haben es hier mit resistenten, von ihrem selbst abgespaltenen wesen zu tun. also denn, lasst uns gehen.«

bald betreten sie einen ganz anders gearteten raum. er ist fast leer, nur gefüllt mit eigenartigem licht und einer rotviolett schimmernden energie. in der mitte des raumes befindet sich eine kleine bühne, umgeben von leuchtenden, kristallartigen formationen.

»wir reisen nun in das am stärksten abgetrennte gebiet«, informiert misja die beiden, *»morin und ich werden dort ein torähnliches feld aufbauen. es wird von mir ausgehen und in kim und kenero verankert sein. morin, sie halten das feld von aussen stabil.«*

mit einer graziösen bewegung wendet sie sich nun an die blonde frau.

»und sie, verehrte karju, sie werden das feld laden und steuern, wie sie es mir demonstriert haben. ich bin neugierg auf das resultat.«

misja berührt karju leicht an der schulter und lacht vergnügt.

vom schiff aus wird die mission der drei mitverfolgt. misja deponiert, fixiert und verankert schliesslich bestimmte lichtenergien in kims und keneros energiefeldern.

dies ist ein vorgang von tagen, während denen kim mit grippeartigen symptomen darniederliegt. kenero hingegen muss wegen ernsthafter herzprobleme ins spital, obwohl misja die prozedur so sanft wie möglich gestaltet. sie muss froh sein, wenn es überhaupt klappt bei kenero. alle drei sind nun über dieses feld miteinander verbunden, und morin ist mit dem stabilisieren beschäftigt. erst wenn das feld genügend fest und stark ist, wird karju mit ihrer arbeit beginnen.

nun manifestiert misja ein doppel ihrer selbst, das wie ein mensch aussieht. misja nährt es mit ihrer lebensenergie, dann spaziert diese sozusagen irdische misja selbstbewusst aus einer öffentlichen toilette in der city von portland und macht sich auf den weg.

der operator des holomonitors auf misjas schiff wechselt noch einmal visuell die ebene. das lichtfeld zwischen kim, kenero und misjas doppel wird jetzt sichtbar. es besteht ein energiefluss zwischen den dreien. weil dieses energetische feld noch sehr variabel ist, wechseln die farben in ihm und seine helligkeit laufend. fünf, sechs tage erdzeit später sieht es bereits viel ruhiger aus. das feld ist zwar noch schwach, und misjas doppel hat sehr viel arbeit mit kenero. aber zurzeit herrschen bereits ein schönes rosa und ein wirklich beeindruckendes blauviolett in ihm vor. während einige von misjas leuten noch mit der auswertung der qualität dieser kreation beschäftigt sind, hat sich die eigentliche misja bereits wieder auf ihre raumstation teleportiert. morin und karju wirken unterdessen von einem schiff innerhalb der erdatmosphäre aus.

frisch, strahlend und amüsiert erzählt misja ihren engsten mitarbeitern, wie keneros reaktion auf den energieschub von unfreiwilligem humor begleitet war.

»er reagierte augenblicklich mit heftigem durchfall, und die arme rona12 musste ihm frische kleider besorgen. habt ihr zugeschaut, wie die beiden miteinander umgesprungen sind? das war überaus interessant! wir werden sehen, ob er fähig ist, dieses licht zu akzeptieren und zu halten. ich glaube, er kann es. er wird bloss mehr zeit brauchen, als unsere liebe kim.«

»warum commander, sind sie bei kenero so sicher?«

»weil es ihm endlich ein gefühl der zusammengehörigkeit gibt, wenn auch nur unbewusst. er mag das bestimmt. dann haben wir ja noch karju, die subtil auf ihn eingeht.«

4

träume werden wahr

»hey kim, hallo! wie geht es dir?«

shannon platzt regennass in kims küche, wo amanda erschrocken von einem glas milch aufschaut.

»hallo shannon. mam hat sich gerade etwas hingelegt, aber ich denke sie ist wach.«

»danke süsse, kann ich zu ihr hoch?«

»warum nicht.«

»komm nur rein, freundin, ich kann dich brauchen!«

»ich dich auch!«

shannon wirkt schlapp und etwas blass im gesicht.

»aber zuerst zu dir, kim. geht es besser?«

»ja. ich denke, es ist überstanden. ich bin nur noch ziemlich müde, und die schwindelgefühle kommen manchmal wieder.«

»warst du nochmal beim arzt?«

»nein, wozu auch. ich glaube nicht, dass ich krank bin. aber du könntest krank werden, wenn du so durchnässt dasitzt.«

»ich bin im regen herumgelaufen, ohne schirm. werde dir nachher sagen warum.«

»da bin ich aber gespannt. hol wenigstens ein badetuch und frottiere dir die haare. am besten nimmst du schnell eine heisse dusche und lässt die kleider trocknen.«

»einverstanden, mam«, imitiert shannon gekonnt amanda.

es geht kim wirklich besser. zehn tage lang ist sie mit den wildesten symptomen im bett gelegen, derweil ihr hausarzt keine ursache für kims zustand finden konnte, keinen virus, nichts. abwechslungsweise hat kim gelitten oder ist in eine art trance abgedriftet. zwischendrin hat sie mit ihren kindern auf dem bett herumgeblödelt und ›delirium delarium suppenstiel‹ gesungen. kurz, kim hat eine total verrückte zeit hinter sich - sämtliche symptome, die man bei einer energieüberladung haben kann, hat sie gehabt, alle miteinander versteht sich. sie kann es zwar nicht in worte fassen, aber es war kim die ganze zeit über klar, was hier ablief. irgendeine energetische geschichte, für die man sie benutzt. sie ist im einsatz. dabei hat man sie nicht einmal gefragt, hat ihr keinen einblick gewährt. aber kim spürt, dass dies sehr wohl ihre geschichte ist. zudem fühlte sie sich die ganze zeit über stark mit misja verbunden. auch jetzt noch.

kim weiss nicht, dass diese energetische ›dreiecksgeschichte‹, in die sie verwickelt ist, kenero auf die intensivstation eines militärspitals gebracht hat. die ärzte stehen vor einem rätsel. sie haben keine ahnung, was mit dem general passiert ist, und warum es plötzlich wieder zügig aufwärts geht mit ihm. kenero ist aus dem koma erwacht und seither wie ausgewechselt. seine engsten mitarbeiter vermuten sabotage. eine neue geheimwaffe. das schlimmste.

seit einiger zeit schon sind die machthaber auf der erde in alarmbereitschaft. noch verbergen sie ihre aufkeimende verzweiflung und hilflosigkeit hinter harter entschlossenheit. sie würden sich die erde nicht so leicht wegnehmen lassen. nicht nach all der strategisch einwandfreien arbeit.

shannon kommt von der dusche zurück, eingewickelt in einen flauschigen bademantel. sie verkriecht sich ans fussende von kims grossem bett. diese erzählt weiter von ihren deliriumerfahrungen, aber shannon hört nur halbwegs zu.

> *»du bist wirklich blass, liebes. sag endlich, was los ist.«*

> *»ach kim, die sache ist so verrückt, dass ich gar nicht weiss, wie anfangen.«*

> *»für uns kann es doch nicht ausgeflippt genug sein. also, keine falschen hemmungen!«*

kim sieht richtig, wie shannon innerlich anlauf nimmt.

> *»es ist so«*, beginnt sie endlich mit belegter stimme, *»ich habe einen wiederkehrenden traum. es ist mehr als ein traum, er hat eine andere qualität. ich sage traum, weil es nachts passiert, wenn ich schlafe. dieser ›traum‹ hat mich jetzt schon drei- oder viermal aufgeweckt.«*

shannon streicht sich durch die haare und wirft kim einen schnellen blick zu.

> *»in diesem traum kommt nur ein ganz junger mann vor, der mich so anschaut, als würde er mich beobachten, meine reaktion auf ihn. es ist ein hübscher, blonder, junger mann mit ähnlichen augen wie alaje.«*

shannon macht wieder eine pause.

»und jetzt kommt's«, bemerkt kim lakonisch.

»genau.«

shannon muss ungewollt lächeln.

»ich habe den eindruck, dass dieser junge mann mein sohn ist.«

»und alaje der vater.«

»du sagst es.«

»jetzt muss ich erstmal aufstehen, dann kann ich besser denken.«

kim klettert umständlich aus den federn und bittet shannon, nicht in eine opferrolle zu schlüpfen.

»sei von mir aus wütend. was immer du willst. und gib mir ein paar sekunden zeit, damit ich mich an diese neuigkeit gewöhnen kann.«

»ist das nicht eine verdammte scheisse!!«

shannon schreit und schlägt mit den fäusten auf kims bett ein.

»er hat ihn mir gestohlen!«

»tut mir leid shannon, wenn ich jetzt blöd lachen muss, aber kinder werden in der regel männern vorenthalten, nicht umgekehrt.«

shannon lacht mit und weint gleichzeitig.

»ich bin gar nicht richtig wütend, aber es schmerzt. ich will einfach nicht, dass mein kind ohne seine mutter aufgewachsen ist. warum tut alaje das?«

»hast du ihn schon gefragt?«

»neiiin! und weisst du, warum nicht? weil ganz einfach funkstille herrscht. er ist wie nicht da. nicht einmal energetisch.«

»das hingegen wundert mich nicht, solltest du recht haben mit diesem jungen. er präsentiert dir jetzt die situation, und wenn du dich etwas beruhigt hast, wird er mit dir darüber kommunizieren.«

»falls ich recht habe! du hast selbst gesagt, wo viel energie ist, da ist auch eine realität. kim, ich kann mich natürlich irren. aber das hier ist nicht eine fantasie,

die sehnsucht einer kinderlosen frau. du weisst genau, das war nie ein problem für mich.«

»du hast recht. abgesehen davon würdest du wohl kaum grundlos über halbausserirdische teenager fantasieren - komm, lass dich in die arme nehmen, du aufgebackene mama.«

wieder muss shannon lachen und weinen. zwei tassen espresso und ein stück bananenkuchen bringen sie etwas mehr ins gleichgewicht.

»hast du noch ein bisschen zeit für mich?«, fragt shannon mit ihrem ganzen charme, den sie im augenblick aufbringen kann.

»aber sicher. so würde ich dich ohnehin nicht nach hause lassen.«

»wollen wir sehen, ob das pendel uns antwortet?«

also nimmt kim wieder ihr altes pendel hervor. es ist aus zitrin geschliffen und hängt an einem seidenen faden.

»frage zuerst, ob alaje uns hört.«

das pendel schlägt schräg aus: weder noch.

»ich würde das interpretieren mit je nach dem«, sagt kim.

»frag ihn, ob dieser junge mann unser sohn ist.«

shannon schliesst die augen, während das pendel zu schwingen anfängt. immer stärker rechts herum im kreis. shannon öffnet die augen wieder, und ein wunderschönes lächeln erscheint auf ihrem gesicht. das pendel sagt ja, eindeutig.

»shannon, dies ist zuallererst ein grund zur freude.«

kim ist ganz gerührt.

»alaje macht dir ein grosses geschenk. anerkenne auch diese seite der geschichte.«

»ich muss wissen, wie dieses kind entstanden ist, wie es aufgewachsen ist. wer war seine ersatzmutter? habe ich eingewilligt in die zeugung?«

»willst du nicht noch ein bisschen warten mit diesen fragen? ist die wahrscheinlichkeit, dass du einen sohn hast, nicht genug für den augenblick?«

»versteh doch kim, wie kann ich jetzt heimgehen und ruhig schlafen mit all diesen fragen und gefühlen?«

»dann machen wir eben weiter.«

»danke. frage bitte, ob ich von dieser zeugung überhaupt etwas gewusst habe.«

»das pendel sagt nein. so und das wär's für heute - du hast es hier mit einem plejadier zu tun, nicht mit einem irdischen mann. alaje hat ganz andere möglichkeiten, und offensichtlich hat er sie genutzt.«

»noch eine allerletzte frage, bitte. ich bin ruhig, und ich werde das alles zusammen mit alaje verarbeiten.«

»aber wirklich eine allerletzte.«

»war das kind in meinem bauch?«

beide frauen schauen auf das pendel. nun schlägt es kräftig vor und zurück.

»das bedeutet ja«, kommentiert shannon, die jetzt ganz ernst ist.

kim seufzt.

»wir lassen das nun so stehen, und wenn du willst, werden wir uns in ein paar tagen noch einmal um diese fragen kümmern. einverstanden?«

shannon nickt. jetzt will sie nach hause. sie hat es plötzlich eilig. als sie zur haustür hinaustritt, schiesst ihr ein klarer gedanke durch den kopf:

›wir nennen ihn veta.‹

shannon bleibt wie angewurzelt stehen.

»kim, alaje hat mir gerade seinen namen gesagt!«

wieder strahlt ihr gesicht.

»mein sohn heisst veta.«

inzwischen ist es frühsommer geworden. eine weitere welle von freude und geistig-körperlicher aktivität hat viele menschen auf allen kontinenten erfasst. millionen sind unversehens mit dingen beschäftigt, die sie bis vor kurzem kaum interessiert haben: mit allen arten von sport, sowie mit allen möglichen geistigen übungen und projekten. sie haben begonnen, auf spirituelle art an die dinge und angelegenheiten ihres lebens heranzugehen. oft von einem tag auf den anderen. vor fünfzehn, zwanzig jahren haben es die ersten millionen auf diesem planeten trotz grosser schwierigkeiten geschafft, wirklich anders zu sein und anders zu leben. als pioniere haben sie auf den frequenzen der neuen, von aussen und innen einströmenden energien gesurft. selbstredend mit ganz besonderem vergnügen. wie ein lauffeuer hat sich ihr vorgelebtes beispiel verbreitet. massen sind ihnen auf diesem weg gefolgt, meistens ohne sich dessen bewusst zu sein. denn obwohl diese frequenzverschiebung der menschheit ein nichtindividuelles phänomen ist, trifft sie doch jeden einzelnen auf seine weise.

als reaktion darauf haben die machthaber und machtvertreter immer neue ebenen von notaktionen gestartet. laufend neue und immer härtere programme entwickelt, um die menschen zu manipulieren. zusammen mit immer ausgeklügelteren, integrierten alarmsystemen. zusehends vergebens. der planet und seine ganze organisation scheinen ihnen aus den händen zu geraten. dabei können sie die ursache immer noch nicht ausmachen. wie sollen sie auch finden, was nicht in ihrem vorstellungsvermögen liegt? solche techniken haben sie nicht entwickelt. wie sollen sie entdecken, dass liebe, freude und licht sie schachmatt setzen? sie, die nur einen feind abzuwehren wissen, nämlich ihresgleichen.

auch kim, shannon und daniel sind in dieser zeit sehr beschäftigt mit ihrem körper und geist. kim macht jeden morgen ihre yogaübungen. sie hat sich ein trampolin gekauft, und die ganze familie tollt darauf herum. auch hat sie wieder angefangen, mit leidenschaft badminton zu spielen wie früher. daniel verbringt mittlerweile fast ganze tage in seinem trainingszentrum für judo, aikido und ähnliche kampfsportarten. man hat ihm die stelle gekündigt, ohne genaue angabe des grundes. dafür mit einer grosszügigen abfindung, die ihn ein, zwei jahre lang frei über seine zeit verfügen lässt. er ist gegen die neuen manipulationsprogramme absolut resistent geworden. die regierung hat beschlossen, alle nicht mehr behandelbaren fälle aus dem system herauszunehmen, wobei die betroffenen unter beobachtung bleiben, besonders wenn sie geheimnisträger sind.

auch shannon ist noch sportlicher als sonst und läuft fast täglich. sie hat viel darüber gelesen, seither kann sie nicht mehr sein ohne diese allmorgendliche bewegung. ihre regelmässigen besuche im fitnesscenter vernachlässigt sie deswegen jedoch keineswegs.

die meisten dieser plötzlichen sportfanatiker können sich das zwar nicht erklären, aber sind sehr zufrieden über diese vorbildliche wandlung ihrer gewohnheiten. kim hingegen dämmert der zweck dieses trainings schnell.

die zeit ist da, in der die höherfrequenten energien bis zu einem erneuten wendepunkt in die grosse mehrheit der menschen integriert werden. die phase der physischen transformation wird dadurch noch stärker ausgelöst und beschleunigt. bereits hat sich die dns der pioniere verändert und erweitert. bisher inaktive teile der menschlichen dns werden mit neuartiger energie belebt. kurz, die zellen aller lebewesen auf der erde transformieren sich rapide. voraussetzung dazu ist eben eine erhöhte fitness, damit diese vorgänge überhaupt ablaufen können und keine allzugrossen symptome verursachen.

aber nicht nur physisch sind die drei freunde auf der höhe der zeit. nach dem heftigen beginn ihres aufwachprozesses haben sie sich auf den weg gemacht in die verheissenen neuen dimensionen. so hat kim erfolgreich ihren kurs gestartet. ohne allüren und egogeschichten, dafür mit einem wissen aus den tiefen ihrer erinnerung. sie lehrt die prinzipien geistigen arbeitens, gibt geistige werkzeuge weiter, die noch nicht lange vorher direkt von ausserirdischen übermittelt worden waren. kim führt ihre schüler in diese praxis ein und hat eine arbeit entwickelt, die sie ›lichtsäulenverbindung‹ nennt. dabei werden kontakte geschaffen zwischen der erde und ihrem höherschwingenden, ätherischen pendantplaneten. diese arbeit vollbringt der praktizierende zusammen mit seinem selbst aus der zukunft, das auf dieser anderen erde existiert. so entstehen überall tore, verankert in ihren erschaffern und in der erde. kim ist voll beschäftigt mit diesem projekt, das viele menschen erreicht, was ihr grosse zufriedenheit schenkt.

wie daniel kim versprochen hat, gehört auch er zu den teilnehmern ihrer kurse und arbeitsgruppen. wider erwarten kommt er sehr gut zurecht mit diesen dingen. geistiges arbeiten ist ihm irgendwie vertraut. er erfasst schnell, und sein konsequenter, disziplinierter umgang damit, hat unter anderem seine wahrnehmung verändert. manchmal, wenn er kim anschaut und ihr zuhört, öffnet sich seine sicht in andere realitäten. beispielsweise nimmt er ein unglaubliches, weisses licht wahr, das aus kims taillengegend in alle richtungen leuchtet. je nachdem ist es transparent wie wasser oder dichter wie heller dunst. er sieht sie auch in einer pyramide von farbigem, bewegtem licht stehen. eine pyramide voller strukturen, oft in grüntönen. daniel nimmt energien wahr, die praktisch in nullzeit spiralenförmig auftauchen und wieder ins nichts oder in andere dimensionen verschwinden. oder auch energien, die wie ein sich drehender wasserfall herunterströmen. er ist fasziniert, und immer hofft er in solchen augenblicken, aus den augenwinkeln heraus wesen zu erkennen. majestätische gestalten, die wie übermenschen aussehen. verwandt, nah, eine hoffnungsvolle zukunft andeutend. hin und wieder gelingt es ihm sogar. er wird auch überrascht, konfrontiert mit unerwarteten figuren, die dennoch liebe und bewusstsein ausstrahlen. daniel sieht nicht nur, er spürt auch. oft erwacht er nachts in ungewohnten zuständen. in energetischen zonen, die so deutlich wahrnehmbar sind, dass er sich kaum zu bewegen wagt. energien docken auf seinem scheitel an. meist geht das mit einem nicht unerheblichen druck im kopf vor sich. er nimmt dies alles ohne angst hin. es ist für ihn die schönste zeit seines bisherigen lebens. ganz für sich, beschäftigt mit seinem körper und seinem geist, gleichzeitig aktiv im dienst der menschheit. daniel spürt seine kraft auf eine neue, lockere art. zudem geniesst er kims nähe. er verspürt eine tiefe zuneigung und grosse achtung für diese frau, die er schon so lange kennt, ohne sie je wirklich wahrgenommen zu haben.

shannon ist oft unterwegs. gerade erst ist sie von einigen spannenden, beruflichen einsätzen zurückgekehrt. diese ablenkung von ›ihrer familie im raum draussen‹ hat ihr gut getan. endlich unternahm sie ausserdem eine reise nach alaska. dieser ort, der ihre kühle, strukturierte steinbocknatur so schön spiegelt. in seiner weissblauen landschaft fühlte sie sich aufgehoben, konnte sie vergessen.

die sonne über dem eismeer hat sie wieder aufgeladen, bereit gemacht für den weiteren verlauf des abenteuers transformation. und wirklich: kaum ist shannon zuhause angekommen, erfasst sie ein nie gekannter kreativitätsschub. sie setzt sich ans comcenter und macht pausenlos notizen. es ist ein schwall dringender informationen, die nicht nur von ihrem hirn umgesetzt werden, sondern ihr ganzes wesen erfassen. sie lassen ihr keine ruhe. es strömt und wallt schier endlos durch sie hindurch. ein angenehmer fluss, der vieles öffnet. shannons bewusstsein breitet sich in den inneren und äusseren kosmos aus.

alaje hat shannon zeit und ruhe gelassen, um ihre aufgedeckte mutterschaft zu verdauen. zusätzlich all die anderen informationen, die er ihr in den letzten monaten auf seinem schiff oder direkt über telepathie zugemutet hat. er hat seine irdische geliebte strapaziert und ist sich dessen bewusst, aber die zeit drängt. er möchte vorwärts schreiten. es gibt noch so vieles, das er ihr vermitteln will. und sie soll darüber schreiben. das kann sie ja.

alaje liegt auf seinem ruhebett und blickt durch ein deckenfenster ins all hinaus. seine strahlendblauen augen reflektieren innere bilder. so viel wird geschehen, aber immer noch ist die phase der erwartung nicht abgeschlossen. die erwartung der endgültigen verschiebung des universums. noch laufen dramatische vorgänge in vielen regionen ab. dramatische vorgänge auch für shannon. bald wird sie ihrem sohn begegnen, werden neue aufgaben auf sie zu kommen. gemeinsame arbeiten mit ihm, jetzt schon. so wie sie es später auf andere weise tun werden. schliesslich haben sie sich einmal das wort dafür gegeben.

wie gerne würde er sie jetzt gerade in die arme nehmen. aber es ist noch zu früh. noch würde der gedanke an veta shannon belasten. sie versteht nicht, warum er dieses kind eigenmächtig mit ihr gezeugt hat. ohne zu fragen. wie soll man fragen, wenn eine frage gar nicht gestellt werden kann? warum hätte er ihre möglichen einwände berücksichtigen sollen, wenn er weiss, wie belanglos sie sind. bald schon würde sie verstehen und froh sein über seine entscheidung. alaje ist zuversichtlich, denn er sieht, wie schnell sie sich gesammelt hat. shannon hat sogar eine öffnung hergestellt. einen durchgang zu ihrer gemeinsamen kommunikation, zu dem wissen, in das er sie schon so lange zärtlich hüllt. seine schöne, tapfere liebste. noch ein paar tage und er wird die arbeit mit ihr wieder aufnehmen. bald auch die umarmungen. diese erfüllenden vereinigungen mit ihren energien, ihrem licht, das ihn so anzieht.

eines morgens vor 6:00 sitzt shannon in ihrem neuen, extra sexy nachthemd wach im bett. auf der bettdecke ist ihr laptop plaziert. sie hat wohl von alaje geträumt, denn plötzlich ist sie erwacht und wollte den wecker abstellen. der hat aber erst auf vier uhr gezeigt. seit langem also war alaje wieder einmal in ihrem inneren. gott sei dank! sie hat schon befürchtet, er hätte es sich anders überlegt. alaje hat ihr zugeredet, sie sieht das noch genau vor sich. offenbar will er, dass sie weiter alles aufschreibt, was ihr in den sinn kommt. - keine ahnung, was schliesslich damit geschehen soll. mein lieber, beeindruckender alaje, wo führt das hin? trotzdem schreibt shannon, auch ohne seine aufforderung. es fliesst durch ihr hirn, und im schein der nachttischlampe hackt sie auf die tasten ein:

> *»das programm aller programme ist das älteste sklavensystem«*, schreibt sie, *»ist das grösste tabu des planeten. seine grösste tragik. es ist dasjenige, das mann und frau voneinander fern hält. sie dadurch schwach hält, weit weg von sich selbst.«*
>
> *was schreibe ich denn da?*
>
> *shannon, sei nicht so pathetisch!*

sie spürt alajes zärtliche energie als bestätigung. demnach weiter so:

> *»es ist das berühmteste unterdrückungsprogramm im ganzen universum. die erste abspaltung überhaupt, und es funktioniert folgendermassen: man trenne frau und mann voneinander, indem man beide prinzipiell zu gegensätzen erklärt und diese ungleich bewertet. so schafft man die voraussetzung für einseitiges, dissonantes verhalten. daraus konstruiert man die rechtfertigung dafür, dass das männliche über dem weiblichen steht, dass es letztlich über allem steht. unglaublich einfach und unglaublich wirksam, aber eine der grössten illusionen der menschheit. mit diesem programm stiehlt man den menschen ihre wahre kraft und kreativität. nun erst sind sie wirklich manipulierbar. nun erst können sie versklavt werden. sind sie endgültig von ihrer seele und ihrem höheren selbst abgeschnitten. und das ist auf der erde geschehen. die irdischen männer sind nicht wirklich sie selbst, nicht in ihrer wahren stärke und darum mehrheitlich verfangen in einem konstruierten männlichkeitswahn. immer unter dem unausgesprochenen zwang, ›ein mann‹ sein zu müssen; die kontrolle durch dominanz zu behalten. dabei realisieren sie nicht, wie sie selbst gerade dadurch kontrolliert werden. die frauen dieser erde sind zwar immer noch die, die sie sind. aber verbogen, verstümmelt und verstummt. ihrer würde beraubt und ihrer pracht. die wahrheit sieht anders aus: nicht der mann ist das ursprüngliche geschlecht, sondern die frau, was nachweisbar ist. nicht die frau ist eine abwandlung des mannes, sondern der mann ist eine umgebaute eva. nicht das männliche ist das zentrum, sondern das weibliche. trotzdem sind beide geschlechter gleich wichtig und gleich wertvoll. sie ergänzen sich. ihr sinn und zweck ist die kreative vereinigung auf allen ebenen. licht und liebe sollen aus ihrem zusammenkommen entspringen. das leben selbst. nicht mehr und nicht weniger.«*

shannon starrt auf ihren bildschirm. da ist was dran! die wissenschaft hat längst entdecken müssen, dass das weibliche genetisch, sowie in bezug auf die entwicklung des menschlichen fötus der ›normalfall‹ ist. und wer den männern und frauen zuhört, sich ihr treiben anschaut, kann leicht erkennen, wer dringender des anderen bedarf. auch wenn dies vordergründig und programmbedingt oft anders aussieht.

shannon lehnt sich in ihrem bett zurück. das wird ihr niemand drucken. - gegen nichts wehren sich die unaufgeklärten menschen dieser welt so sehr, wie gegen die hinterfragung ihres geschlechtlichen selbstverständnisses. aber das weibliche ist der ursprung. nicht nur die gebärmutter, sondern das weibliche x-chromosom in den zellen aller frauen und männer!

was für ein tabu, und wie das funktioniert! was für ein elendes programm. die männer müssen diese rückverbindung zum weiblichen in ihnen wahrnehmen. das ist die einzige rettung und haargenau der tabuisierte weg. denn erst wenn sie ihre wahrheit akzeptieren, die wahrheit ihrer herkunft, werden sie das sein, was sie schon immer sein wollten: ein richtiger mann.

hingebungsvoll bearbeitet shannon die tastatur auf ihren knien:

> *»dieses programm ist das erste und wird das letzte sein. sein ende ist bereits eingeläutet. mit dem sturz der männlich orientierten religionen hat seine löschung begonnen. eigentlich existiert dieses programm gar nicht mehr, sondern läuft nur noch aus - die sklaverei ist an ihr ende gekommen.«*

shannon liest noch einmal, was sie geschrieben hat.

> *ja, man sollte alaje als beispiel zeigen können. souverän, unabhängig, kraftvoll, stark, liebevoll, rücksichtsvoll, mitfühlend, zärtlich - so wie wir alle sein sollten, männer wie frauen. endlich befreit vom terror der geschlechterdiktatur - so wie wir alle bald sein werden,* korrigiert shannon.

es ist später freitagnachmittag und shannon packt in der redaktion ihre sachen zusammen. verschliesst ihr com-system und freut sich auf den abend zuhause. sie hat dort so viel lesestoff herumliegen. und, wer weiss, vielleicht wird sie auch versuchen, kontakt mit alaje aufzunehmen. seitdem sie in der nacht erwacht ist und geschrieben hat, herrscht erneut funkstille zwischen ihnen. mit einem kleinen seufzer steht shannon auf und wirft sich den riemen ihrer tasche über die schulter. da klingelt ihr bürotelefon.

> *»shannon, eine misja ist hier und möchte dich sprechen. sie sagt, du kennst sie. soll ich sie rauflassen?«*

shannon muss ein paar mal leer schlucken, bis sie eine antwort hervorbringt. das kann doch wohl nicht die misja sein! noch bevor sie aus dem häuschen gerät, steht die frau schon vor ihr. shannon ist enttäuscht, denn diese fremde sieht anders aus, nicht so wie kim ihr misja beschrieben hat. das doppel lächelt.

»oh doch, ich bin die misja, die kim dir beschrieben hat, nur in einem irdischen kostüm.«

»sie meinen, dieser körper ist ihr kostüm?«

»richtig. ich bin ein doppel misjas, wenn dir das hilft.«

»oh!«

soll sie das glauben? die gedanken in shannons kopf überstürzen sich.

»alaje hat mich gebeten, hierherzukommen und dir einen vorschlag zu machen.«

»ich glaube nicht, dass sich misja für eine privatsache einspannen lässt«, antwortet shannon kühl. sie sitzt inzwischen wieder auf ihrem bürosessel, denn die knie sind ihr weich geworden. vor ihr diese zierliche, graziöse frau mit den hübschen, dunkelbraunen haaren. etwas gross, jedoch unauffällig, einfach eine selbstbewusste, weisse amerikanerin.

»unauffälligkeit ist oft sehr dienlich.«

das doppel lächelt amüsiert.

»und so etwas wie eine privatsache gibt es gar nicht. denn alles, was menschen denken und fühlen, speichert sich im kollektiven mentalkörper der menschheit. somit wird es abrufbar für alle anderen. es gibt nur einen geist und doch existieren die wildesten, abstrusesten kollektiven menschlichen mentalgebilde. von diesem selbstfabrizierten feld beziehen die menschen meistens ihre gedanken und nicht von den höheren ebenen des einen, reinen geistes.«

shannon fasst sich langsam wieder und bittet das doppel, doch mit ihr ins restaurant der redaktion zu gehen, oben auf dem dach des gebäudes. dort bestellen sie sich süssen, arabischen tee.

»dir ist also noch gar nicht bewusst, was für eine wirkung deine beziehung zu alaje auf den mentalkörper der menschheit hat, nicht wahr?«

»misja, ich muss gestehen, darüber habe ich noch gar nicht nachgedacht.«

shannon blickt jetzt respektvoll in das freundliche gesicht ihres gegenübers.

»wenn dieser zur zeit ziemlich verschmutzte mentalkörper plötzlich ganz neue und anders schwingende eingaben erhält, hat das die wirkung eines blitzes. wie du dir

denken kannst, sind alle energien-, gedanken- und gefühlsformen, die dieses feld bilden, miteinander vernetzt.«

»sie meinen, jeder beeinflusst in jedem augenblick diesen mentalkörper?«

»ja, besonders wenn er oder sie neues material eingibt.«

»und alaje weiss das natürlich. - ist er deswegen in mein leben getreten?«

»auch, aber nicht primär. ich kann verstehen, dass es für dich nicht so einfach ist, ihm zu vertrauen. das ist ein prozess, du musst dir zeit lassen dafür. alaje liebt dich sehr und ist angezogen von dir. deshalb arbeitet er mit dir zusammen. die geschlechter sind dazu da, um zusammenzuarbeiten. oder siehst du das anders?«

»oh nein, keinesfalls.«

shannon ist nun ganz bei der sache.

»misja, sie meinen, alaje und ich eröffnen den menschen mit unserer geschichte neue möglichkeiten? habe ich das richtig verstanden?«

»so ist es. ihr bringt die menschen zum träumen. ihr weckt in ihnen eine unruhe. die sehnsucht nach der erfüllenden, sexuellen beziehung.«

»das wünschen sich viele schon lange.«

»aber nicht so. die menschen haben sich immer gewünscht, dass die dinge auf die altbekannte weise klappen mögen. nun spüren sie, wo sie tatsächlich stehen: in einer sackgasse. ohne eine veränderung ihres seins und ihrer vorstellungen werden sie nie zum ziel gelangen. dies ist eine ganz wichtige erkenntnis, die viele jetzt haben können.«

»einfach so?«

»einfach so ist möglich. besser wäre es mit unterstützung.«

»ich habe darüber zu schreiben angefangen.«

»das ist wunderbar!«

»misja, darf ich sie etwas generelles fragen?«

»eine frage einverstanden, aber dann möchte ich zur sache kommen.«

»gut. - warum zeigt ihr euch nicht einfach den menschen? ihr wärt doch ein ideales beispiel.«

»wen meinst du mit ›ihr‹?«

»sie selbst und alaje - und all die anderen, die ich nicht kenne.«

»ach shannon, dafür gibt es immer noch hundert gute gründe. aber bleiben wir bei alaje. glaubst du wirklich, er würde dir und dem transformationsprozess - dem er immerhin verpflichtet ist - auf der erde mehr nützen? seine sporadische gegenwart brächte im moment nur unruhe. alaje will kein unnötiges durcheinander stiften, weder in deinem leben noch sonstwo. denke darüber nach. - und nun kommt die gute nachricht«, schmunzelt das doppel. shannon horcht auf.

»alaje möchte dir euren sohn vorstellen. aber nicht auf dieser, sondern auf einer anderen manifestation der erde, auf einer feinstofflicheren ebene und in einer anderen zeit. bist du bereit dazu? wenn ja, kann ich dich unterstützen. ich kann jene realität, auf der sich die begegnung abspielen soll, näher zu deinem wachbewusstsein heranholen. möchtest du das?«

shannon nickt heftig mit dem kopf.

die beiden frauen gehen zu shannon nach hause, wo diese sich aufs bett legt, während das doppel in einem sessel platz nimmt.

»schliesse die augen und mache deine entspannungsübungen«, sagt sie mit ihrer beruhigenden stimme, *»der rest ergibt sich von alleine.«*

sofort nimmt shannon alaje in ihrem inneren wahr. und zwar so plastisch, so lebendig, so deutlich in seiner ausstrahlung wie noch nie!

»oh!«, entfährt es ihr. reflexartig setzt sie sich auf und blickt fragend zu misja.

»genau das kann ich für dich tun«, lächelt diese.

»aber konzentriere dich jetzt auf alaje. je intensiver du das machst, umso stärker wird dein eindruck.«

»entschuldigen sie. ich bin nur etwas erschrocken. ich habe mich noch nicht an seine umwerfende erscheinung gewöhnt. nicht wenn ich ihn so klar vor mir sehe.«

»das ist begreiflich.«

shannon schliesst also wieder die augen und atmet tief, um alajes lächeln standzuhalten. sie spürt, wie ein teil von ihr sich zu ihm hinbewegt, aber nicht ihr physischer körper. der liegt nach wie vor entspannt auf dem bett. das ist ja lustig! auch raumschiffe bewegen sich durch den raum, indem sie ihn transzendieren.

›und genauso reisen wir jetzt auch‹, sagt alaje telepathisch in ihrem kopf. der plejadier ist in eine art goldene kugel gehüllt, in die auch shannon eintaucht, wobei sie nur

eine ganz leichte, kühle empfindung in ihrem körper verspürt. alaje fasst shannon um die taille und drückt sie leicht an sich. sie hält sich an seinen oberarmen fest. gleichzeitig spürt sie ihren physischen körper auf dem bett. für ein paar sekunden kommt es ihr vor, als befände sie sich mitten in einer sanften explosion von farbigem licht.

dann ist alles anders und shannon steht in einer art riesengrosser halle. dass es eine halle sein muss, erkennt sie an einer kaum wahrnehmbaren, durchsichtigen decke.

»sind wir durch diese decke hindurchgekommen?«

»jetzt ist nicht die zeit für fragen!«

alaje zieht shannon an den haaren sanft nach hinten und küsst sie auf den mund, als wolle er ihn versiegeln.

»nein, wir sind nicht da hindurchgeflogen, wenn du das meinst. sieh dich erstmal um, shannon; das hier ist deine gegenwärtige zukunft. ich sage gegenwärtig, weil sie sich noch stark verändern wird. der zeitfaktor, dein zustand und andere dinge halten noch einen dünnen schleier über dem ganzen.«

plötzlich zuckt shannon zusammen. auf beiden realitätsebenen gleichzeitig. etwas wie ein lichtstrahl ist durch sie hindurchgefahren. es hat nicht weh getan, aber shannon auf der erde hat danach fast erbrechen müssen. das doppel legt die hand auf den magen ihres schützlings.

»es ist gleich wieder vorbei. schliess die augen und halte dich an alaje.«

»was war das?!«

shannon stützt sich auf alaje. sie fühlt sich nun anders. viel sicherer und ruhiger. alaje grinst zu ihr hinunter.

»entschuldige! ich habe es doch tatsächlich versäumt, dich darauf aufmerksam zu machen. dein eigenes, zukünftiges selbst, das bereits hier existiert, hat sich gerade mit dir verbunden. im idealfall wäre es jetzt eins geworden mit dir, solange du hier bist. das ist offenbar noch nicht möglich gewesen. aber wie du dir denken kannst, bist du nun viel stärker mit diesem teil verbunden als vorher. auch später, wenn du wieder in deinem körper bist.«

shannon braucht ein paar sekunden, um sich von all dem zu erholen. ihr eigenes zukünftiges selbst? wo ist es?!

»kann ich es sehen?«

»du meinst dein selbst von hier?«

alaje schüttelt den kopf.

»das geht nicht, deine momentanen energien sind zu wenig angeglichen. lassen wir das jetzt auf sich beruhen. du bist hier, um veta zu treffen. konzentriere dich nun bitte darauf. ist das in ordnung für dich?«

»ja, natürlich.«

alaje drückt shannon kurz an sich.

»du schaffst das alles, meine schöne.«

bereits fühlt sich shannon wieder klar und zentriert. ihre wahrnehmung hat sich noch einmal gesteigert. sie ist gänzlich eingenommen von dem, was sie sieht. und das ist sehr unterschiedliches. schemenhafte wesen, ganz menschlich, ja physisch wirkende wesen. dabei ist alles hell, luftig und leicht. die leute hier sehen allesamt jung aus. - und wie auf alajes schiff scheinen auch sie keine notiz von ihr zu nehmen. aber da täuscht sie sich. denn gerade taucht ein junger mann vor ihnen auf. shannon blinzelt auf dem bett mit den lidern. ist das ihr sohn?! offenbar nicht. der mann wechselt nur ein paar worte mit alaje und lächelt ihr mit einer angedeuteten verbeugung kurz zu.

»verbeugen sich die menschen hier voreinander?«

»nur wenn sie jemandem besondere achtung erweisen wollen.«

shannon verkneift sich ihre nächste frage. als antwort darauf streicht alaje ihr sanft über den kopf.

sie schweben durch diese endlose halle, in der unterschiedliche gebäude und strukturen offenbar wichtigen funktionen dienen. jedenfalls ist der ort erfüllt von leben, von wesen in bewegung. shannon und alaje gleiten in ein säulenartiges gebilde, das sie wie ein lift aus der halle emporhebt. wieder ergreift shannon alajes arme. doch ihre ängste sind schnell verflogen, als sie erkennt, dass sie sich hoch oben in der luft immer noch in diesem tragenden gebilde befinden. mit einem leichten sog und druck bringt es sie schnell an das ufer eines grossen gewässers, wo veta seine eltern bereits erwartet.

der junge mann spaziert geduldig den ockergelben strand entlang. durch seine schwarze kleidung: bluse, hose und darüber eine fast transparente lendenschürze, die leicht im wind flattert, hebt er sich deutlich davon ab. veta lebt hier, auf dieser erde, und studiert design, wobei er sich auf architektur sowie auf mode spezialisiert hat - beides dinge, die shannon ihre ungelebten neigungen nennt. als mischling betont er bewusst seine einzigartigkeit, wobei er tatsächlich ein junger mann von ganz besonderem reiz ist: die merkmale zweier rassen und zweier erfahrungsbereiche drücken sich höchst einnehmend durch ihn aus.

von weitem sieht shannon seine hochgewachsene gestalt, kompakter als die von alaje, aber genauso wohlproportioniert.

»er trägt die haare vorne ja fast kurz!«, ist das erste was sie über ihren sohn sagt.

alaje blickt in shannon hinein. er testet ihre befindlichkeit. dann winkt er veta, er solle langsam näherkommen.

shannon fühlt sich bestens. sie ist schon jetzt entzückt von diesem sohn. sein blondes haar, sein schwarzer anzug glänzen in der sonne, wehen im wind. es ist wie in einem film!

shannon setzt sich im bett auf und blickt in die augen des doppels.

›die realität soll schön sein, findest du nicht auch?‹, antwortet misja telepathisch.

shannon lässt sich mit einem komischen ausdruck im gesicht wieder zurückfallen und fokussiert erneut auf die szene am strand.

nun ist veta ganz nahe. seine lapislazuliaugen blicken intensiv zu ihr. der mund lächelt leicht. beide männer wirken konzentriert beobachtend. sie, shannon, wird beobachtet. dabei fühlt sie sich unglaublich gut. zum ersten mal wird ihr rchtig bewusst, dass ihr sohn nicht ein gewöhnlicher menschensohn ist, sondern ein kind, das sie mit jemandem aus dem universum teilt. ein kind, das ihr möglicherweise in so vielem überlegen ist. nun steht er vor ihr, veta, und alles ist anders, als sie es sich vorgestellt hat. dieses sagenhafte lächeln!

»bin ich froh, dass du so bist!«

shannon strahlt durch ihre feuchten augen hindurch. sie hat eigentlich sagen wollen, sie werde von jetzt an immer für ihn da sein, ihn, das mutterlose kind. aber das ist nicht nötig. gott sei dank.

»wir werden von jetzt an öfter zusammen sein, mutter«, formuliert veta ihre gedanken neu.

»vater hat mir viel von dir erzählt, und ich habe dich beobachtet. es ist schön für mich, endlich in deine augen zu schauen. freust du dich auch?«

shannon schaut hilfesuchend zu alaje. sie ist so beeindruckt. kim hatte recht. dieser plejadier hat ihr ein grosses geschenk gemacht. alaje nimmt veta und shannon in seine arme. die drei stehen beisammen, ohne worte. alles ist einfach. es gibt keine dramatische zusammenführung, keine vorwürfe, kein leiden. dafür freude. freude und übermut, besonders bei shannon und veta. alaje hingegen bleibt der gelassene, aufmerksame beobachter. noch sind mutter und sohn ein bisschen schüchtern. sie werden etwas zeit brauchen. die drei spazieren eine weile am wasser entlang. dabei reden sie kaum, spüren einfach eine grosse befriedigung, die ihrer verbundenheit entspringt. selbst shannon schweigt. es fallen ihr nur dumme sachen ein. was für ein erlebnis dieses ungewöhnliche kind für sie ist! sie fühlt sich nicht mehr übergangen, sondern ist dankbar, dass sie die frau sein darf, die jetzt zwischen diesen männern geht.

»vater hat mir erzählt, was für eine erstklassige arbeit du auf deiner erdenmission leistest. für uns hier ist die transformation nicht dramatisch, wir machen diese schritte einfach. aber da wo es schwierig ist, da können wir oft nur zuschauen, oder wie alaje, rechtzeitig das schlimmste verhüten. du hingegen bist mittendrin. du veränderst wirklich etwas. das wird hier hoch geachtet. meine freunde beneiden mich um dich. darum, dass ich von deinen anlagen profitieren kann.«

shannon ist nun noch mehr zu tränen gerührt. in beiden realitäten. sie versteht noch immer nicht, was an ihr so besonderes sein soll. sie hat doch nur versucht, als mensch auf der erde zu leben und sich dabei treu zu bleiben. oder war da mehr?

»lasst uns jetzt umkehren. es ist genug für den augenblick«, schlägt alaje mit leiser stimme vor.

kurze zeit später winkt veta mit beiden armen, während sich seine eltern wieder emportragen lassen, zurück zu einer der eintrittsstationen. veta kennt sich aus auf diesem planeten. hier hat er schon viel zeit verbracht, und hier lebt er gerne. er gehört zu jenen mischlingen, die nach der transformation der erde eine bestimmte aufgabe zu erfüllen haben: er wird die menschen der ›alten‹ erde in ihrem neuen seinszustand unterstützen, bis sie sich selbst zurechtfinden.

veta bleibt noch ein bisschen am strand und denkt an seine mutter. jetzt hat sie ihn also wahrnehmen können, und sie ist begeistert von ihm. wenn das kein toller anfang ist! die wehmut, die ihn gerade beschleicht, ist nur von kurzer dauer. noch ein bisschen geduld, dann wird er sie einmal so richtig für sich haben.

jetzt aber ist es zeit schwimmen zu gehen mit seinen freundinnen und freunden. sie warten bereits auf ihn. vielleicht werden sich wieder die rosabäuchigen delfine zu ihnen gesellen.

›bis dann, liebe mama! und das nächste mal werde ich dich richtig in die arme nehmen.‹

shannon drückt ihr gesicht an alajes brust. sie ist recht aufgewühlt, aber alaje weiss: alles ist gut gegangen. er hat es im grunde nicht anders erwartet. shannon braucht nun ruhe, erdung und etwas zuspruch von misjas doppel. sie soll sich nur nicht in irgendwelche gefühle hineinsteigern.
so bringt alaje seine irdische geliebte auf dem schnellsten weg zurück und überlässt sie dem doppel, das mit papiertaschentüchern am bett bereitsteht. shannon öffnet ihre

nassen augen und atmet tief durch. dies ist das zeichen, dass sie wieder gelandet ist. leicht verlegen nimmt sie ein taschentuch.

»na«, lächelt das doppel, *»herzliche gratulation!«*

shannon schaut verwundert drein.

»zu deinem sohn.«

»och! - er ist umwerfend! nicht wahr? ich habe vorher gar nicht kapiert, was dieser sohn bedeutet. ich meine, ein kind mit alaje. es ist fantastisch! ich bin nur so dahingeschmolzen. - mir fehlen die worte, misja. - für diese überirdischen geschichten fehlen mir einfach die worte. manchmal macht mich das wütend.«

»lass deine gefühle sein, shannon. gib ihnen einen schönen kuss und schick sie in die transformation.«

»warum denn das?«

»weil du jetzt wieder in deine mitte kommen sollst, in dein herz. das ist etwas ganz anderes. gefühle sind instabile illusionen, ersatzbefriedigungen, über die menschen seit jeher manipulierbar gewesen sind. geh in dein herz und entdecke deine wahre befindlichkeit, deinen wahren ausdruck. er ist da, in dir, und alaje wartet darauf. - keine angst. er ist zufrieden mit eurer begegnung.«

intellektuell versteht shannon zwar nicht, was das doppel meint mit ›geh in dein herz‹, nichtsdestotrotz macht sie es genau richtig. schnell ist sie ruhig, in einem strom hellster, erfülltester ruhe. alles ist gut. auch wenn sie das geheimnis des ursachelosen, endlosen, zeitlosen, sagenhaften glücks noch nicht kennt, ist sie jetzt doch in einem zustand prallen, betörenden seins: in frieden.

das doppel lässt ihr etwas zeit, für einen tee, für die suche nach worten. aber shannon hat gar nicht das bedürnis zu reden. vielmehr will sie sich das bild vetas einprägen, für immer.

»warum haben alaje und ich nicht hundert solche kinder?«

»frag ihn!«

shannon kann wirklich ulkig sein.

»höre, meine liebe, bist du noch aufnahmefähig?«

»wenn es nicht um etwas ganz anderes geht.«

»nein, das nicht. ich möchte dich bloss noch einmal darauf aufmerksam machen, wie wichtig das, was du gerade erlebt hast, für alle menschen ist. ich bitte dich, in diesen dingen bewusster zu werden. arbeite von nun an gezielt mit dem menschlichen mentalkörper. verankere deine erlebnisse bewusst darin. formuliere und energetisiere deine gedanken über alaje und veta bewusst. verbinde diese erfahrungen bewusst mit ähnlichen im mentalkörper. wende das resonanzgesetz an. lerne, wie du dieses verschmutzte, mentale feld reinigen und transformieren kannst. und wenn du nicht sicher bist, frage! du hast ja bereits einige ansprechpartner. wer fragt, bekommt eine antwort. wirklich, du solltest dich auf diese arbeit konzentrieren und spezialisieren. das wäre wünschenswert. so wie kim sich ganz der öffnung von toren zur neuen erde widmet, und wie daniel für die transformation des geschlechterverhältnisses zuständig ist.«

»einverstanden, misja, was sie vorschlagen, interessiert mich sehr. aber könnten sie noch einmal wiederholen, was sie über daniel gesagt haben? was sagen sie da überhaupt? ich bin ein bisschen verwirrt.«

»gut, da du fragst, bist du auch reif für die antwort. aber ich muss etwas ausholen. - du hast es schon oft gehört, aber noch nicht begriffen: shannon, du bist eine auf der erde inkarnierte ausserirdische. eine plejadierin, aber noch viel mehr als das. du hast wahrhaft kosmische, vielfältige strukturen in dir. wissen von vielen planeten, auf denen du schon missionen erfüllt hast. du bist spezialisiert auf veränderung und umstrukturierung. du weisst, wie man frequenzen für immer erhöht. wie man den geist von menschen öffnet und wie man ihnen beibringt, die welt neu zu erschaffen. in eigenverantwortung.«

das doppel hat noch nicht fertiggesprochen, aber shannon hebt die hand.

»einen augenblick bitte, misja.«

shannon sammelt sich und überlegt.

»was sie hier sagen, ist wunderbar, nur kann ich es nicht mit meiner irdischen realität in übereinstimmung bringen. wo ist all mein wissen und können, das sie gerade erwähnt haben? wo ist diese meisterschaft, die sie andeuten?«

»lass mich ausreden, dann werde ich auf deine frage zurückkommen.«

»natürlich, entschuldigen sie.«

»tatsache ist folgendes: es gibt zurzeit viele wie dich auf diesem planeten, und das hat seinen grund. du kennst ihn bereits: die erde und ihre bewohner durchlaufen eine transformation. dieser prozess wird ermöglicht durch nichtirdische

wesen wie du und ich. nun komme ich zu deiner frage: damit in diesem fall die erdlinge sich auf eine ebene begeben können, die ausserhalb ihres horizontes liegt, brauchen sie hilfe von wesen, die diese neue ebene bereits kennen und in ihr leben oder gelebt haben. darum müssen sich nichtirdische wesen aus höheren ebenen quasi in menschen verwandeln, das heisst, ihr sein zurückschrauben, auf die ebene jener, die hilfe brauchen. sie werden ganz normale menschen einerseits, andererseits haben sie gleichwohl eine viel komplexere, lichtvollere struktur, eine andere zusammensetzung und ein immenses erinnerungspotenzial. diese inkarnierten ausserirdischen müssen zuerst vergessen, um sich dann wieder zu erinnern. was bedeutet: sie erwachen als menschen zu einem neuen, höheren, multidimensionalen sein, indem sie zu ihrem eigentlichen, nichtirdischen selbst zurückfinden und sich sogar darüber hinaus bewegen. damit gehen sie den menschen als menschen voran und ermöglichen ihnen als wegbereiter dasselbe erwachen. kannst du mir folgen? erkennst du jetzt, warum du nicht weisst und doch weisst?«

shannon hat zugehört, das und noch anderes aufgenommen. was ist aber mit daniel? sie ist fast von einem augenblick auf den anderen todmüde und wird das alles mit in den schlaf nehmen. nach einem herzlichen abschied, fast wie unter freunden, zieht sich das doppel eilig zurück, verflüchtigt sich. es gibt andernorts noch viel zu tun.

5

neue strukturen brechen auf

endlich ist es so weit: kim geht mit ihrer tochter zu einem elterntreffen. diese inoffiziellen abende finden schon seit jahren statt, und es scheint, als würde die halbe schule sich ab und an dort einfinden. kim ist neugierig. sie hält es zudem für eine gute idee, solche kontakte zu pflegen. darum ist es ihr ein rätsel, warum sie da nicht schon früher mitgemacht hat.

mutter und tochter werden freundlich empfangen; man kennt sich ja von den regulären elternabenden her. aber kim ist heute wohl die einzige neue, denn die übrigen anwesenden gehen alle recht vertraut miteinander um. doch sie machen nicht den eindruck einer verschworenen gemeinschaft, was kim beruhigt. nach ein wenig hin und her, konversation da und dort, kehrt ruhe ein. die zirka zwanzig personen warten auf den redner. für diesen abend sind nämlich kurzreferate angesagt. ein mann, dessen namen kim noch nie gehört hat, wird gleich über die zeitphase von 1999 bis 2012 sprechen - die letzte etappe vor der endgültigen verschiebung der realität. eine phase, die im sommer 2011 schon fast vorüber ist. amanda hat kim gewissenhaft aufgeklärt: diese zeitspanne nennt man gemeinhin die polverschiebung. die erde hat sich in der tat in den letzten jahren langsam umpositioniert, das haben die wissenschaftler nachgewiesen. die sporadischen, heftigen erschütterungen, die schon vor 1999 ihren spektakulären anfang genommen haben, sind direkt darauf zurückzuführen.

»aber, meine damen und herren, wie sie ja wissen, ist diese physisch messbare verschiebung nur die spitze des eisberges«, erinnert der angetretene referent. er ist ein ansehnlicher typ um die vierzig, der auffälligen schmuck trägt.

»in einer umfassenderen wirklichkeit bewegt sich die erde zur zeit spiralförmig und multidimensional von der einen dimension zu der anderen«, erklärt der mann weiter, *»wobei die multidimensionale bewegung nicht eine bewegung in unserem sinne ist. sie kommen ihr am ehesten auf die spur, wenn sie sich folgendes vorstellen: die erde reist zur zeit gleichzeitig nach innen und in den raum hinaus, zudem transzendiert sie den raum, ist das verständlich?«*

»noch einmal bitte, ich habe das zwar schon gehört, aber ich kann mir noch immer nichts darunter vorstellen«, reagiert eine elegante ältere dame, eine von nicht wenigen grossmüttern, die kim hier bemerkt hat.

»man kann das im augenblick nicht genauer erklären. sie müssen es erspüren. - die zeit der erklärungen ist vorbei. nicht weil ich oder jemand anderer zu faul sind dazu, sondern weil uns ganz einfach die worte fehlen.«

»wie erleben sie denn das?«

so schnell lässt sich die fragerin nicht abwimmeln.

»tja, auch das ist schwierig zu beschreiben. ausserdem wird es ihnen nicht helfen. sie versuchen dann möglicherweise, meine erfahrung nachzuempfinden.«

»na, so individuell wird multidimensionalität auch wieder nicht sein.«

»oh doch, zumindest am anfang. der einstieg in diese dinge ist für jeden etwas anders. haben sie den mut und das selbstvertrauen, ihren eigenen einstieg zu finden. tun sie es einfach, und sie erschaffen eine neue realität. einen von vielen wegen, der zur kollektiven erschaffung der neuen erde führt. in gewisser weise existiert die neue erde schon, aber indem wir sie erschaffen, holen wir sie hierher zu uns. einverstanden?«

niemand hat einwände, was der redner mit *»sehr gut«* quittiert.

»wir befinden uns jetzt in der endphase der endphase. danach werden wir uns als ganzes definitiv in ein neues frequenzband einpendeln. was aber heisst das konkret?«

»ja genau!«, ruft eines der anwesenden kinder aus.

»weisst du es?«

»nicht unbedingt. aber hoffentlich werde ich bald mehr wissen«, antwortet das mädchen keck und der redner lässt sich das schmunzelnd gefallen.

»sag mal, ist das etwa ein lehrer?«, will kim von amanda wissen.

»ja. er ist vorübergehend an der schule, als ersatz für eine professorin. ich habe jedoch keinen unterricht bei ihr.«

»schade!« - mutter und tochter werfen sich einen vielsagenden blick zu.

kim erhält tatsächlich neue anregungen. sie hätte nie gedacht, dass in so weiten kreisen das jahr 2012 als schlüsseljahr gehandelt wird. sie hat dies immer für eine von vielen spekulationen gehalten.

»wir sind doch noch gar nicht so weit«, hört sie sich plötzlich sagen, *»die menschen sind doch noch gar nicht so weit!«*

»ich denke, sie wissen das besser«, antwortet der lehrer.

kim blickt verdutzt in ein paar graue augen mit einem goldenen kranz um die pupillen. multidimensionale augen! dieser gedanke löst ein lächeln in kim aus und der gemeinte lächelt ebenfalls.

»wir können die kritische masse an erleuchtung, wenn sie so wollen, noch in diesem jahr erreichen. sobald dies geschieht, beginnt auf der physischen ebene die abschliessende polsprungphase. diese wird dann nur noch monate dauern.«

»können sie mir bitte die quelle ihrer informationen angeben?«, möchte ein anderer zuhörer wissen.

»selbstverständlich. ich bin hauptsächlich in kontakt mit leuten von aldebaran. zeitweise auch mit andromedanern, plejadiern und mit vielen anderen nichtirdischen.«

›multidmensional‹ hallt es wieder in kims kopf. unwillkürlich sucht sie die grauen augen. und da sind sie, mit einem wissenden lächeln.

nach einer spannenden und besonders für die frauen anregenden halben stunde wechseln die redner. eine zierliche frau ist jetzt an der reihe. dezidiert und anmutig zugleich schreitet sie nach vorne zum improvisierten podest. es ist misjas doppel, und kim spürt einen ruck in ihrem inneren. sie weiss noch nicht, was das bedeuten soll, vielleicht ahnt sie etwas.

»was mein geschätzter vorredner gesagt hat, kann ich nur bestätigen. ich selbst arbeite direkt für den transformationsprozess, mit einem unterschied zu euch: ich mache das von meiner raumstation aus.«

für einen moment herrscht absolute stille. kims herz pocht wie wild. nach einer weile fährt das doppel fort:

»die meisten von euch kennen mich, wenn auch nicht in dieser erscheinungsform.«

die menschen im raum halten spürbar den atem an.

»um euch klarheit zu verschaffen, besonders jenen, die sich selbst noch zu wenig trauen, sende ich jetzt allen mein originalbild für diese mission.«

nun kommt unruhe auf. die anwesenden hüpfen von ihren stühlen, klatschen in die hände oder rufen misjas namen. einige rennen sogar nach vorne, während andere vor ehrfurcht und schüchternheit ganz in sich zusammengesunken dasitzen.

»oh mein gott! ich habe sie so oft gechannelt, sie sind meine lehrerin!«

eine frau wirft sich ganz erschüttert vor misjas füsse.

»du hast ja recht, meine liebe. aber du solltest mich nicht mehr so anbeten. jetzt ist die zeit, um mir auge in auge gegenüberzutreten.«

misja hilft der behäbigen frau auf die füsse und nimmt sie in die arme.

»ich bitte euch alle, zentriert und fokussiert euch schnell wieder. erst dann können wir miteinander kommunizieren und arbeiten.«

kim und amanda halten sich umarmt. sie reagieren augenblicklich auf misjas anweisung.

»warum sehen sie anders aus, misja? genau wie eine irdische frau«, fragt jemand, nachdem wieder ruhe eingekehrt ist.

»dafür gibt es mehr als einen grund. jetzt, in diesem augenblick bin ich auch auf meinem schiff. sie wissen, wir alle sind hologramme, und darum ist es einfach, gleichzeitig an verschiedenen orten zu sein. - was wir ohnehin sind. sie alle existieren auf so vielen ebenen, und schliesslich werden sie erkennen, dass sie überall sind. die einheit ist das grosse geheimnis, das es für sie zu entdecken gilt.«

misja blickt freundlich in die runde und übt ihren beruhigenden einfluss aus. einige der leute sind noch immer durcheinander. ein mann hat das zimmer verlassen und ist noch nicht zurückgekehrt. eine frau weint hörbar.

»wenn sie sich im raum und in den dimensionen bewegen, passen sie ihr system automatisch den jeweiligen begebenheiten an. im allgemeinen wollen sie ja nicht auffallen, wo sie gerade sind, oder?«, fährt das doppel fort.

»warum sind sie hier, misja? was bedeutet das?«

»lassen wir misja doch erstmal ausreden!«

»misja, sind sie mit einem flugobjekt gekommen?«

wieder ist unruhe da, und die fragen fliegen nur so durch den äther.

misja nimmt einen harten, aggressiven energieschub wahr, der von draussen kommt. nun hört man hundegebell. *»sie kommen also doch«*, stellt das doppel fest. schon poltert jemand grob an die tür. ein mann ruft, sie sollen sofort öffnen, im namen der regierung. wie ein verstörter vogel flattert die gastgeberin zur haustür. bevor sie öffnet, blickt sie fragend zum doppel. dieses steht ganz gelassen da und nickt der frau zu. im selben augenblick bildet sich ein energiedreieck zwischen dem doppel, kim und dem goldäugi-gen lehrer.

vor der tür stehen vier grosse, kräftige männer in kampfmontur. sie sind bewaffnet und sehen zum fürchten aus.

»wir sind agenten der inneren sicherheit«, erklärt einer von ihnen in militärischem ton. er beleuchtet kurz seinen auf der hand eingeprägten ausweis.

»dies ist eine von höchster regierungsebene angeordnete säuberungsaktion. also treten sie beiseite!«

die frau wird einfach weggeschoben, und die männer mitsamt zwei hunden stürmen zu den versammelten.

»wer ist hier der boss!«, schreit einer aggressiv.

noch bevor jemand antworten kann, steht misjas doppel bereits vor dem agenten.

»ich habe das hier organisiert«, sagt sie ohne jede aufregung.

»wir wollen den initianten!«

»das bin ich.«

misjas gleichmut macht den kerl wütend. er versucht, ihr angst einzujagen, indem er sie packt und gegen die wand drückt, eine gewehrartige waffe an ihrem hals. wieder herrscht ruhe im raum, aber diesmal eine ganz andere. die erwachsenen versuchen, unbemerkt ihre kinder hinter sich zu verbergen. einige der anwesenden sehen die energiestränge vom doppel zu den zwei anderen. was sie beruhigt, ohne zu wissen, warum.

»sollen wir sie niedermachen oder nehmen wir sie mit?«, fragt einer der männer.

das kommando hat offenbar derjenige, der bei misja steht.

»was willst du immer alle erschiessen, vergiss es. wir nehmen ein paar mit.«

einer der vier hat das wohl falsch verstanden, denn er packt sich amanda und ein anderes junges mädchen. doch der kommandant schreit ihn an.

»was soll das?! wir haben genügend babies eingesammelt! bring mir die daneben, die ältere mit den roten haaren!«

kim atmet auf, während sie auch an die wand gestellt wird. absurderweise hat sie das gefühl, dass jetzt alles gut ausgeht.

»und den typen dort drüben nehmen wir noch mit. ist das klar!«

einer der männer eilt, das gewehr am anschlag, und holt auch den lehrer herbei.

»raus mit denen! die anderen werden eingeschlossen.«

die drei agenten schauen ihren kommandanten verunsichert an. so reagiert er sonst nicht. was hat er plötzlich gegen junge mädchen? es wimmelt ja nur so von denen, wo immer sie ihre aktionen durchführen. die attraktivsten haben sie bis jetzt stets mitgenommen. aber die männer sind gewohnt zu gehorchen, und minuten später haben sie das unübliche verhalten ihres befehlshabers schon vergessen.

die drei abgeführten werden in einen kleinen raumscooter verfrachtet, der sie zu keneros unterwasserbasis bringt. dank der gegenwart des doppels verläuft dies alles glimpflich. niemand rastet aus, niemand ist grob. kim und der lehrer bleiben entspannt und zentriert.

misja betrachtet dies alles von ihrer raumplattform aus.

»ich werde nun selbst da hinuntergehen, es gibt einiges zu tun«, informiert sie ihre engsten mitarbeiter.

minuten später erscheint misja in ihrer ganzen pracht auf der erde vor kenero. der streitet sich gerade mit rona12. beide starren misja geradezu entsetzt an. auf diese radikale weise hat sie sich noch nie präsentiert.

»sind meine freunde schon angekommen?«, fragt misja, als wäre nichts besonderes geschehen.

»viele sind jetzt unterwegs hierher«, mault rona12. vor schreck kann sie nicht normal reden.

»wer hat diese aktion gestartet?«, will misja explizit von kenero wissen.

einmal mehr blickt kenero tief verärgert und völlig ohnmächtig an dieser frau hinauf und hinunter. er kann es immer noch nicht glauben, was ihm durch sie angetan wird. sie hebt ihn immer wieder systematisch aus seiner realität hinaus, wirft ihn ins versagen, zerstört ihm alles. ihm, dem zur zeit wohl mächtigsten mann auf diesem planeten. er weiss schon bald selbst nicht mehr, wer er ist und wo er steht. ihre machenschaften haben ihn unterwandert. ihm seine glorreiche realität genommen.

und immer wieder steht sie vor ihm, mit diesem ewig gleichen lächeln auf den lippen.

»ich habe dieses vorgehen nicht persönlich angeordnet. es gibt genügend leute, die die kompetenz dazu haben. aber warum sage ich ihnen das?!«

warum um alles in der welt erzählt er so etwas dieser frau! rona12 blickt mit grösstem widerwillen an misja vorbei. warum hört dieses verfluchte elend nicht mehr auf?

misja setzt sich wie gewohnt auf einen der bequemen sessel im büro.

»demnach manifestiert sich die spaltung auf der führungsebene bereits.«

keneros reaktion lässt auf sich warten.

»was sagen sie da? was reden sie für dummes zeug!«

er seufzt unbeabsichtigt. seine wangen wirken plötzlich hohl. so hat sie ihn noch nie gesehen. doch die hellblauen augen sind kalt und verärgert wie eh und je. aber sind da nicht tränen? glitzernde tränen? ist er etwa soweit?

in der tat, kenero ist soweit. dabei hat alles angefangen wie immer. die strategien, von seiner rasse entwickelt und laufend angepasst, haben bestens gegriffen. schritt für schritt hat er die übernahme der erde inszeniert. er, der gefeierte held. doch als die meiste arbeit schon getan, die kosmischen völkergemeinschaften einmal mehr erfolgreich ausgeschaltet waren, da drehte sich alles spukhaft. die menschen veränderten sich innerhalb von zwanzig jahren auf völlig unvorhersehbare weise. die altbewährten manipulationen konnten dem nicht standhalten. zudem begann der planet selbst verrückt zu spielen. mit katastrophen, polverschiebungen und unregelmässigkeiten aller art. auch hier versagten die üblichen vorgehensweisen. die zerstörungen waren nicht mehr sein gezieltes werk. diese entwicklungen bewirken neuerdings auch innerhalb der wohlüberlegt eingeführten machtstrukturen ein chaos. sowohl bei den eigenen leuten wie bei den übernommenen erdlingen.

sie hat recht, alles fällt mehr und mehr auseinander. die programmierungen richten sich gegen sich selbst. spuk überall und keine ausreichenden, hilfreichen erklärungen. sein triumph ist dahin und seine ehre. denn er hat es nicht nur mit einem überlegenen gegner zu tun, sondern mit einer überlegenen frau: mit ihr, misja.

kenero versteht nichts. immer noch nicht. wer bewirkt all diese subtilen, nicht nachvollziehbaren veränderungen mit spektakulären resultaten? wer ist immun gegen jede massnahme, die er bisher ergriffen hat, um die dinge wieder ins lot zu bringen? in wenigen jahren sollte die übernahme vollzogen und die erdlinge gänzlich mutiert sein. für ihn, kenero, gibt es keine alternative zu diesem szenario. entweder er bleibt der siegreiche mann und beherrscher oder er stirbt. geht es so weiter, muss er sich umbringen. und roni wird er mitnehmen, als ersatz für alles andere. töten hat ihm noch nie etwas ausgemacht. das ist eine schnelle, einfache und wirksame methode. ein wunderbares instrument, und kein kluger herrscher wird je darauf verzichten. denn wirkliche macht gibt es nur für wenige. und er ist einer davon. ja, es wird ihm ein leichtes sein, rona12 zu erschiessen und dann sich selbst. sogar eine genugtuung. es bleibt nur noch die frage, was er zurücklassen wird und wie?

misjas anblick reisst ihn aus seinen gedanken. offenbar will sie ihm etwas sagen.

»ich habe gehört, sie sind sehr krank gewesen?«

»das geht sie nichts an.«

misja blickt in ihn hinein. oh ja! die energieverbindung zu ihr hat gewirkt. sie hat auch hart gearbeitet für kenero, hat seinen schmutz in sich aufgenommen und gereinigt.

seine gedanken, seine haltung sind nur noch fassade, gewohnheit, reflex. kenero spürt selbst, dass er müde geworden ist und loslassen möchte. da ist eine sehnsucht aufzugeben, aber die lässt er nicht in sein bewusstsein. die ist viel schlimmer als alles andere. selbstmord wäre immerhin ein abgang: der verlierer zieht sich zurück. doch kenero meint, dass sie anderes mit ihm vorhat.

»kenero! hören sie auf zu denken und nehmen sie dafür einmal wahr, was geschieht. hier im leben, nicht in ihren plänen. sind sie sich ihrer tränen bewusst, jetzt gerade?«

kenero und rona12 zucken beide zusammen. tränen in keneros augen sind ein tabu und unantastbar. tabus sind unentbehrliche leitplanken. darum lassen misjas worte die beiden schmerzlich zusammenzucken.

»sie lügen.«

ja sie lügt! sie lügt, diese hexe. einmal mehr kann sich kenero in misjas gegenwart nicht mehr voll kontrollieren. er gleitet auf einen stuhl, um eine kleine schwäche zu verdecken. nein, es hat nichts mit ihr zu tun. es ist bloss das herz. die erde hat nunmal ihre tücken für seinen organismus.

misja lächelt ihr ewiges lächeln, und sie nimmt wahr, wie keneros schichten aufbrechen. nun kann sie die energetische verbindung anders einsetzen und verstärken. die verschiebungen im zimmer sind jetzt so starkt, dass es rona12 schwindlig wird. sie setzt sich ebenfalls.

»würde es ihnen etwas ausmachen, das büro zu verlassen? ich möchte mit dem general unter vier augen sprechen.«

ohne kenero eines blickes zu würdigen, schwankt rona12 davon. misja testet keneros system. sie kann es jetzt tun, er wird es überstehen.

kenero fasst sich ans herz. für einen moment ist er ganz in licht getaucht, das von misjas zentrum ausgeht und ihn wie einen stern aufleuchten lässt. kenero fällt vornüber auf seinen arbeitstisch. das ist das ende, signalisiert sein hirn. der endgültige infarkt. viel zu stark, um ihn noch zu retten. misja ruft rona12 zurück.

»kenero braucht medizinische hilfe, bitte veranlassen sie das.«

»was haben sie mit ihm gemacht?!«

»verlieren sie jetzt keine zeit. er wird es überleben, glauben sie mir.«

und ob ich dir glaube, denkt rona12, während sie erste hilfe anfordert. es ist ja nicht das erste mal, dass der general auf die intensivstation gebracht werden muss. misja bleibt ruhig im sessel sitzen, während kenero notfallmässig behandelt wird, und während rona12 zu einem ganz anderen ort auf der basis hastet. sie hat nun endgültig genug und kann das nicht länger mitmachen, egal wie es für sie ausgeht. ich werde die ganze geschichte jetzt den anderen beiden generälen rapportieren, auch wenn diese rangmässig unter kenero stehen. alle stehen rangmässig un-ter kenero, was soll's. bald wird das sowieso anders sein.

einen der generäle kann rona12 erreichen. und sie schenkt ihm reinen wein ein.

»general kenero ist zum wiederholten mal zusammengebrochen vor dieser offensichtlich überdimensionalen kommandantin, die wir nicht identifizieren können, und gegenüber der wir absolut machtlos sind. sie geht hier ein und aus wie es ihr gefällt. alle eliminationsversuche sind fehlgeschlagen.«

»dann ist es aber höchste zeit, dass wir eingreifen. sie werden sich in dieser sache verantworten müssen, rona12. sie hätten sofort bericht erstatten sollen.«

»jawohl, general.«

und es ist ihr so egal. *macht doch, was ihr wollt. auch mit mir. das ist ja ohnehin kein leben.*

»sie sind entlassen, rona12. tun sie nichts mehr, bis wir wieder auf sie zukommen. sie wissen, flucht ist ausgeschlossen.«

»jawohl, general.«

im anderen teil der basis wird kenero gerade auf eine bahre gelegt. er kann nicht mehr selbst gehen. misja steht dabei und überwacht das geschehen.

unterdessen ist die gruppe mit kim und dem doppel gelandet. unverzüglich werden sie in eine gefängniszelle gebracht. ein enger, kahler raum, zu klein für drei leute. die frauen setzen sich auf die eine vorhandene pritsche, während der lehrer an die wand gelehnt dasteht.

»es gibt keinen grund zur besorgnis«, beschwichtigt das doppel den inneren aufruhr der beiden.

»rettung ist bereits unterwegs.«

und noch bevor die zwei reagieren können, geht auch schon die zellentür auf. diesmal steht misja als kommandantin in ihrer vollen grösse im türrahmen, begleitet von ein paar männern und einer frau.

»das ging aber schnell!«, staunt selbst das doppel.

»wozu zeit verlieren?«, entgegnet die andere.

»kommt und geht alle möglichst direkt hinter mir.«

kim ist voller freudiger erregung. mit einem satz stellt sie sich hinter misja, die belustigt nach hinten schaut.

»alle bereit?«

misjas begleiter eskortieren die drei und noch ein paar andere häftlinge, welche misja befreit hat. sie sind eine ansehnliche gruppe, die im gänsemarsch hinter misja daherkommt. und niemand greift ein. sie gehen ungehindert durch schier endlose gänge und benutzen aufzüge. irgendwie werden sie dabei nicht wahrgenommen von den leuten, denen sie begegnen. sie werden wohl gesehen, aber niemand ist offenbar imstande, angemessen darauf zu reagieren.

»gleich sind wir soweit.«

durch einen verglasten aufzug können die flüchtlinge bereits die start- und landerampen für rundflugzeuge und andere raumschiffe sehen. kim und der lehrer sind sprachlos. plötzlich zieht misja kim an sich, holt sie wie durch die luft gesogen zu sich heran.

»kim, du wirst gleich kenero begegnen. das ist jemand, den du gut kennst, wenn auch nicht in deinem gewöhnlichen tagesbewusstsein. ich möchte, dass du ruhig bleibst. du braucht absolut keine angst zu haben.«

schon ist kim wieder weiter entfernt von der zauberhaften, wunderbar duftenden misja.

selbst auf der startrampe reagiert niemand auf die gruppe. dabei ist der ort voller männer und frauen, die flugobjekte warten. laufend drehen zudem kleine raumscooter ein und zwängen sich landend zwischen die schon geparkten flugzeuge.

ob das alles gefangene sind, die hierhergebracht werden?, fragt sich kim.

›ja, das ist so‹, antwortet misja telepathisch, *›du siehst, es gibt noch viel zu tun.‹*

›wollt ihr denn diese leute alle wieder herausholen?!‹

›im prinzip ja. aber lass das unsere sorge sein. halte dich jetzt in einem ruhigen, gelassenen zustand. das ist deine aufgabe im augenblick.‹

kim lässt ihre gedanken gehen und aktiviert stattdessen ihre geistigen werkzeuge. wie ein alter profi übt sie bewusst selbstkontrolle aus. sie weiss ja, wie sie sich im gleichgewicht halten kann.

›so ist es gut‹, lobt misja, von der sie nach wie vor hauptsächlich den glänzend hellblau bekleideten rücken sieht.

endlich steigen sie in ein flugzeug. was heisst da flugzeug! es ist ein richtiges, mittelgrosses raumschiff, das selbst für weite reisen geeignet ist. das geräumige objekt ist bereits voller flüchtlinge. kim und der lehrer erhalten ihre plätze zugewiesen. aber wo ist das doppel? kim schaut sich um.

›ich bin wieder eins mit misja‹, erhält sie innerlich die antwort.

kaum jemand von all den flüchtlingen redet ein wort. man schaut sich an. fast alle sind erdlinge, ein paar hybriden sind auch unter ihnen. kim erkennt diese sofort, obwohl sie noch nie bewusst welche gesehen hat. und dort, ganz vorne, auf einem speziellen platz, liegt halbwegs ein grosser grauer!

das muss kenero sein, der oberste general, und er ist nicht einmal bewacht.

›halte deine gedanken an‹, wird kim innerlich ermahnt. und sie zwingt sich, wegzuschauen.

ungefähr zwanzig minuten später landet das flugobjekt auf der raumstation der kommandantin, weit ausserhalb der erdatmosphäre, mitten in einer kosmischen energieschneise. diese raumplattform fluktuiert interdimensional, denn sie ist nicht fest in einer dimension verankert. doch die ankömmlinge nehmen das nicht wahr. genausowenig realisieren sie, dass ihr körper eine etwas andere schwingung angenommen hat. sie werden freundlich empfangen. es ist, als hätte jeder einen begleiter, der ihn oder sie willkommen heisst und die betreffende person zu ihrer unterkunft führt.

was tun wir hier?, ist die grosse frage, *sind wir hier sicher?*

doch die ankunft verläuft ruhig. offenbar machen alle dasselbe wie kim, sie halten sich unter kontrolle, die aufmerksamkeit gleichmässig nach innen und aussen gerichtet. aber wo keine gefahr droht, sind auch keine gefahrensignale. im gegenteil. viele flüchtlinge sind heilfroh, der basis entkommen zu sein. hier fühlt sich alles ganz anders an. warm, liebevoll und hilfsbereit. und erst die unterkünfte. richtige suiten in verschiedenen, individuell angepassten farbtönen stehen den gästen - als solche werden sie angesprochen - zur verfügung. jedem seine eigene.

plötzlich steht kim wieder bei misja und beobachtet, wie zwei ausserirdische männer kenero herbeitragen. er wirkt halb bewusstlos, aber selbst in diesem zustand löst er in kim erschrecken aus. das ist er! tatsächlich. der mann, den sie von rückführungen und träumen kennt. der unheimliche, unwiderstehliche schwarzmagier. instinktiv vermeidet sie den blick in seine augen.

was tut der hier?!!

augenblicklich erinnert sich kim an misjas ausspruch, sie alle drei, misja, kenero und kim, seien inkarnationen ein und derselben seele. kim konzentriert sich auf ihre innere stabilität. sie verstärkt sie und bringt sich wieder ins gleichgewicht.

»folge mir, kim«, hört sie misjas sanfte stimme.

wieder hält sich kim dicht hinter misja, wohl auch, um nicht neben kenero gehen zu müssen.

»du kannst dich hier frei bewegen«, lächelt ihr misja zu.

schnell erreichen sie einen grossen, lichterfüllten raum. kenero wird dort auf eine bequem aussehende liege gebettet. er hält noch immer meistens die augen geschlossen. auch hat er mühe, seinen kopf aufrecht zu halten. misja bedeutet kim, auf einem sessel neben der liege platz zu nehmen. die kommandantin setzt sich auf die andere seite.

jetzt wird das feld, das die drei verbindet, sogar für kim gut sichtbar.

»was ist das?!«

»das ist ein werkzeug«, antwortet misja.

»wir drei haben gerade eine grandiose arbeit hinter uns gebracht; weisst du das nicht?«

etwas benommen blickt kim von misja zu kenero und trifft voll auf dessen blick. seine glitzernden, hellblauen, weinenden augen.

»er weint!«

»er kann dich hören, kim. schau ihn an. kenero ist in wahrheit ein wundervolles lichtwesen. ein grosser geist, der eine ganz schwere mission auf sich genommen hat.«

»was?«

kim wirft einen schnellen blick zum general. sie sieht jedoch kein lächeln, kein zeichen.

»hab noch etwas geduld, mit dir, mit kenero und mit der ganzen situation. einverstanden?«

»ich möchte, dass sie mir alles erklären.«

»das tue ich gern, kim. ich lege dir und kenero dar, was wir hier tun.«

misja wartet, bis die beiden bereit sind zuzuhören.

»die transformation der erde und dieses universums hat nicht zuletzt folgende bedeutung: alle verloren gegangenen teile, das abgespaltene, erblindete, erkaltete, verhärtete, müssen wieder zurück in die dreieinigkeit von licht, liebe und bewusstsein gebracht werden. zudem in die neue dimension, in die sich die erde ja gerade hineindreht. du, kim, kennst ja den begriff von den gefallenen engeln. alle, die

sich in illusionen verheddert haben, die mit ihrer ganzen kraft vor ihrem eigentlichen sein davongerannt sind, müssen zurückgeholt werden, denn von alleine schaffen sie es nicht. und es sind viele. - ihr fragt euch nun, wie das geschehen soll.«

misja und kim blicken beide gleichzeitig zu kenero. er hält die augen geschlossen, aber sein gesicht ist voll konzentrierter aufmerksamkeit, als horche er tief in sich hinein. seine gesichtszüge sind fast verschwunden! kim muss an die oberfläche von dunklem wasser denken, das sich leicht im wind bewegt.

»es geschieht allein durch den geist«, erklärt misja.

»durch den geist in der form von liebe. die liebe bewegt das bewusstsein und zusammen führen sie den goldenen friedensstab und bringen licht in das abgespaltene sein. so, und nun werde ich es mit euren worten sagen, soweit ich das kann.«

zum ersten mal lächelt kenero ein wenig, die augen immer noch geschlossen. seine grauen, kerbigen hände bewegen sich kaum merklich auf der brust.

»jenseits von eurem raum und eurer zeit steht unser beschluss, beim gegenwärtigen transformationsprozess mitzuarbeiten, wir drei zusammen, neben vielen anderen. dafür haben wir uns die erde ausgesucht, und wir haben uns folgendes kreiert: ich bleibe auf multidimensionalen, flexiblen ebenen positioniert und übernehme von da aus die führungsrolle. sie, kenero, sind freiwillig in die abgespaltenen, verlorenen gebiete des seins hinabgestiegen. dahin, wo respektlosigkeit, überheblichkeit, arroganz, rücksichtslosigkeit, lieblosigkeit, brutalität, manipulation herrschen und alles daraus hervorgehende elend. sie sind ein gefallener engel geworden, einer, der ganz hinabgestiegen ist und alles andere vergessen hat, vergessen musste. deine aufgabe, kim, ist es, diese konstellation zu lokalisieren. du verankerst kenero und mich quasi auf der erde durch deine inkarnation als mensch, vielfältig verbunden mit uns beiden.«

misja wartet, ob kim fragen hat. doch diese will nur, dass misja weiterredet.

»gut. indem ich kenero helfe, sich da, wo er ist, zu erinnern, wer er ist, bringen wir abgespaltenes sein zurück in eine erfüllendere, grössere ganzheit.«

»jetzt noch in unseren worten«, sagt kenero trocken und völlig unerwartet.

ein lichtschein erhellt die gesichter von misja und kim.

»wie sie wollen, mein lieber. mit ihnen ist etwas ganz wichtiges geschehen. sie haben sich zuerst widerstrebend, dann aber mit ihrer ganzen kraft geöffnet für meine liebe, für höhere ebenen des seins, die sie kennen, und an die sie sich schrittweise erinnern konnten. ich habe sie in ihnen wiedererweckt, und sie sind

darauf eingegangen. kenero, dabei haben sie ihre alte persönlichkeit eines professionellen kolonisators aufrecht erhalten. das war für sie eine schwierige zerreissprobe. aber zu dritt haben wir es geschafft. dieses geschehen in der abgespaltenheit hat verlorene welten erleuchtet und bringt sie dadurch zurück. selbst die vom göttlichen sein entferntesten teile der erde und der menschen.«

kenero und kim blicken skeptisch zu misja.

»wie meinen sie das?«, fragt kim.

»so wie ich es sage. erkennt, wer ihr seid! lichtbringer für das universum. ihr seid das licht und das universum, erinnert euch. wir sind der einheit, die wir anstreben, um vieles nähergekommen. ich möchte euch beiden für euren einsatz danken. achten wir, was wir erschaffen haben: ein stück weg zu grösserer einheit und damit zu grösserem sein. auch für eure weiteren einsätze wünsche ich euch alles gute. - schaut nicht mich an, blickt auf euch. die arbeit ist noch nicht getan, freunde.«

misja, die helle, strahlende unter den dreien, betrachtet ihre beiden schützlinge voller mitgefühl. was für einschränkungen doch beide auf sich genommen haben. ihre haltung, ihr momentanes nichtbegreifen möchte misja so gerne einfach wegwischen und ihnen ohne verzug das wunder des seins im herzen eröffnen. das erbe eines jeden lebewesens.

mit einer anmutigen inneren drehung wendet sich misja wieder ganz ihrer position als kommandantin zu. dabei verändert sich ihr gesicht kaum merklich. die kristallene klarheit ihres seins ist präsent: ich bin die ich bin. mein fokus ist die durchführung dieser transformation. warmherzigkeit erfüllt misjas lockere, aber bestimmte haltung.

sie testet kenero erneut und ist zufrieden mit seinem befinden.

»kenero, sie brauchen eine behandlung, die ein bisschen zeit in anspruch nehmen wird. dies wird hier auf der station geschehen. wir befinden uns auf meiner grossen arbeitsplattform. einem mutterschiff, das in einer dimensionalen verwerfung gehalten wird. hier sind sie bestens aufgehoben. und wir werden zeit für einander finden.«

»schön, aber was ist mit meinen leuten?«

keneros stimme klingt etwas gequält.

»wir können da im augenblick leider nicht viel tun. die geister scheiden sich. das ist das einzige, was ich ihnen sagen kann«, bedauert misja.

»in ordnung, ich verstehe.«

misja umhüllt ihre zwillingsstrahlen mit liebe und zärtlichkeit.

»kenero, ihre heilung wird uns verändern, sind wir doch eine seele. wisst ihr noch?«

kenero schliesst wieder die augen. aber seine hände suchen die berührung mit den frauen.

»ich glaube, ich sollte mich etwas ausruhen, verzeihen sie. verzeihen sie, bitte.«

mit klopfendem herzen spürt kim keneros hand auf ihrem arm. jetzt nur nicht denken!

»sicher, mein freund«, entgegnet misja liebevoll, *»wir lassen sie schlafen.«*

mit einer geste fordert sie kim auf, den raum zu verlassen. die kommandantin wechselt noch ein paar worte mit der frau, welche ein gerät im raum bedient. dann befinden sie sich wieder auf dem langen flur mit der gediegenen ausstrahlung. auf der erde wäre das hier ein erstklassiges hotel. aber es ist ein richtiges raumschiff! kim ist darüber noch gar nicht in begeisterung geraten.

»das ist auch nicht nötig«, antwortet misja schweigend.

die grosse, mehr schwebende als gehende frau hakt kim freundschaftlich unter.

»übrigens, da wir eine seele sind, besitzen wir einen besonderen zugang zueinander«, berichtet misja beim spaziergang durch die gänge.

»du kannst dich in mich einklinken, wenn du willst. versuche es. setze die absicht und baue mich in deine geistige arbeit ein. wenn du kontakt mit mir aufnimmst, werde ich es wissen und dich unterstützen. - möchtest du das?«

»oh, das wäre toll!«

kim ist fast verlegen, ob all der ehre, die diese königliche misja ihr zuteil werden lässt.

»sei nicht so scheu, liebes! meine gedanken werden deine sein und umgekehrt. du wirst wissen, was ich weiss und erkennen, warum ich tue, was ich tue. lass dich darauf ein.«

»danke. ich werde es versuchen.«

und weiter geht das schlendern durch diese wunderbare raumstation. in der nähe ihres seelenzwillings fühlt sich kim erfrischt und leicht. misja duftet wie blumen, denkt sie. zaghaft lehnt sie sich ein bisschen an ihre ungewöhnliche freundin.

»nun werde ich dich zu jemandem bringen, den du gut kennst. diese person wird dich von kenero ablenken. ihr braucht für den moment beide einen anderen fokus.«

kim ist neugierig. sie hat keinen schimmer, auf wen sie jetzt gleich stossen könnte. etwa auf amanda? sie macht sich sorgen wegen ihr. aber aus irgendeinem grund hat sie misja nicht gefragt, ob amanda und ihre beiden jungen gut aufgehoben sind zuhause.

»mach dir keine sorgen, kim. alles verläuft geregelt und sinnvoll. mach dich frei, für das, was gerade vor dir liegt«, antwortet diese trotzdem.

kim atmet tief durch und bereitet sich vor - auf was auch immer.

»wir befinden uns hier in einem wohntrakt. ein teil unserer gegenwärtigen besucher ist hier einquartiert. auch deine unterkunft ist gleich um die ecke.«

vor einem der eingänge bleiben die frauen stehen. misja blickt auf ein rechteck, das daneben angebracht ist.

»für sie ist besuch da«, sagt sie.

kim fragt sich, wie wohl diese nachricht hinter die tür gelangt, denn nirgendwo ist eine sprechanlage erkennbar.

»ich lasse dich jetzt alleine, kim. viel glück!«

misja lächelt sonderbar und schon ist sie verschwunden.

ein paar atemzüge später kommt daniel hinter der sich öffnenden tür zum vorschein, mit einem ebenso sonderbaren lächeln auf den lippen. kim ist platt. an daniel hat sie keine sekunde gedacht. plötzlich ist ihr mulmig zumute.

was geht hier vor sich? - jemand dreht an etwas, aber kim sieht noch nicht, was es ist, *und vor allem:* was tut daniel hier?!

»wie um alles in der welt kommst du auf diese raumstation?!«

»dasselbe kann ich dich fragen.«

daniels stimmlage löst in kim eine kleine reaktion aus. sie hat bis jetzt immer an der stimmlage eines mannes erkannt, wenn er etwas vorhatte mit ihr und hat sich praktisch nie getäuscht! aber daniel?! vor beinahe zwanzig jahren war sie mal verliebt gewesen in ihn. doch er hat sie nie als eine mögliche geliebte gesehen. so sind sie gute freunde geworden. kim hat sich längst darauf eingestellt. mit ein paar schmetterlingen im bauch folgt sie daniel zur sitzgruppe in seiner luxuriös wirkenden suite. die räume sind in ruhigen, dunkelrot-braun-violetten tönen gehalten mit etwas silber und weiss dazwischen. sicherheitshalber setzt sich kim auf einen sessel und nicht auf das sofa neben daniel.

»tja, wo soll ich anfangen«, seufzt daniel.

»möchtest du, dass ich fragen stelle?«

»im moment lieber nicht, kim. weisst du, es gibt bestimmte informationen, sachverhalte, die ich dir weitervermitteln möchte - auf meine weise.«

daniels eigenartiges leuchten, seine versteckte freude, seine zögerlichkeit sind neu für kim. und aus einem unerfindlichen grund fühlt sie sich dadurch etwas eingeschüchtert. darum kann sie auch den mund nicht halten.

»seit wann bist du denn hier?«

daniel nimmt sich zeit mit der antwort.

das muss ja eine ganz wichtige rede sein, die er sich so ernsthaft zurechtlegt, denkt kim.

»du meinst, seit wann ich hier bin?«

»ja, das habe ich gefragt. entschuldige.«

»schon in ordnung, liebes.«

seit wann sagt daniel ›liebes‹ zu ihr?

»bereits seit fünf tagen - zumindest nach meinem zeitmesser. wir sind gegen dreihundert männer hier, alte, junge, farbige, weisse. wir besuchen alle denselben kurs. du staunst gleich, denn unser thema heisst ›wie transformiere ich die männliche energie auf der erde‹.«

»was? wie kommt ihr denn darauf?«

»das ist eine lange geschichte. ich gehöre einer kerngruppe von inkarnierten ausserirdischen männern an, die sich folgende aufgabe gestellt haben: wir wollen die geschlechter wieder in ein harmonisches gleichgewicht bringen und so die voraussetzung schaffen, für eine höher- und multidimensionale gesellschaft.«

kim erkennt daniel kaum wieder.

»das ist grossartig! aber, wie wollt ihr das erreichen?«

offensichtlich weiss daniel bereits eine gute antwort, ansonsten würde er kim nicht angrinsen, als ob er der weihnachtsmann wäre.

›da bin ich ja gespannt‹, sagt kims erwartungsvolles gesicht.

»habe ich dir schon einmal gestanden, dass ich dich spannend und attraktiv finde?«

kim zieht hörbar die luft ein und setzt sich gerade hin.

»nicht dass ich wüsste«, sagt sie in neutralem ton.

»ist auch gar nicht nötig.«

»du meinst unter freunden?«

»ja, finde ich.«

kim hat jetzt nicht einmal zeit, sich selbst mit geistreichen gedanken über ihre lage zu unterhalten. sie muss wachsam sein, ganz in der gegenwart. daniel reagiert entsprechend und hält sich zurück.

»also, du möchtest hören, was wir für einen plan entwickelt haben?«

kim entspannt sich und lächelt ein viel intensiveres lächeln als ihr lieb ist.

»zuerst einmal danke für das kompliment. ja, ich möchte erfahren, was ihr vorhabt, und wer das mit euch ausgeheckt hat.«

daniel schmunzelt. das ist die alte kim. diese prächtige, kluge, wärme verbreitende kim.

»die ausgangslage ist dir ja bekannt: männer und frauen werden auf diesem planeten mit verschiedenen massstäben gemessen. frauen wird ganz selbstverständlich zugemutet, was männer für sich nie akzeptieren würden. bis vor ganz wenigen jahren gehörten totale versklavung, gefangenhaltung und verstümmelung von frauen aufgrund ihres geschlechts zum umgang mit ihnen. wobei es planetare gemeinsamkeiten gibt, wie eben auch unterschiede. die geschlechterdoktrin ist jedoch überall ähnlich. lapidar auf einen nenner gebracht: der mann ist oben, die frau unten. obwohl dieses ungleichgewicht zwischen den geschlechtern weltweit gesehen nach wie vor als normalität empfunden wird, sind die verhältnisse inzwischen gehörig ins rutschen geraten. trotzdem gilt noch: wo frauen sich mühsam freiheiten erkämpfen, werden sie ihnen umgebogen. sodass sie sich mit einer freiheit immer gleich fünf neue erschwerungen miterwerben. diese zustände schaden nicht nur den frauen, sondern allen menschen und selbst der erde. der grund dafür ist simpel, und ich schäme mich, ihn dir zu nennen: es ist das missbrauchte identitätsproblem des mannes, das uns alle auf die schiefe bahn gebracht hat. aber auch das weisst du wohl bereits.«

kim nickt. sie kann es kaum fassen. daniel redet wie eine frau, aber nicht mit der resignation einer frau, was dieses thema anbetrifft. als ob er ihre gedanken lesen könnte, fährt daniel fort:

»die lösung des problems muss deshalb von uns männern kommen. die frauen haben das drama benannt und auf den tisch gebracht, doch nur die männer können es beenden. wir tragen hier primär und kollektiv die verantwortung, denn über uns männer hat sich dieses unselige programm auf der erde verbreitet und verankert.«

»und die frauen?«

»die frauen? die sind wie ein korken auf dem wasser. wenn man ihn hinunterdrückt, bleibt er unter wasser; lässt man los, treibt er sofort wieder an die oberfläche. die frauen haben kein sexuelles identitätsproblem. für sie ist menschsein und frausein eine untrennbare einheit. etwas selbstverständliches. sie sind es, sie haben es und sie müssen nichts beweisen. - zumindest hat man uns das so erklärt.«

»nichtirdische?«

»ja. männer und frauen - das ist so, weil die frauen tatsächlich der ursprung sind. die direkte, gerade linie. bei ihnen kommt das eine aus dem anderen. der mann hingegen hat auf diese linie verzichtet. er ist der chromosomenvielfalt verpflichtet. erst die verschmelzung zweier wesen mit all ihren anlagen garantiert die nötige vielfalt, um zum beispiel einen menschen zu zeugen. es ist eine frage der erhöhten kreativität. erst frau und mann vereint schaffen durch ergänzung die voraussetzungen für die existenz und das fortbestehen der menschheit mit all ihren fassetten und ihrem notwendigen veränderungspotenzial. die männer haben sich demnach etwas entfernt von dem verbindenden lebensgefühl, das frauen besitzen, deshalb ist die männliche energie wurzelloser und rastloser als die weibliche. glaube mir, es fällt männern schwer, sich neben dem weiblichen zu behaupten, ohne es ganz loszulassen. gerade weil das weibliche nach wie vor in uns ist und stets um uns herum. die balance zu finden, zwischen dem eigenen weiblichen urgrund und der männlichen aufgabe, ist unter gewissen umständen sehr schwierig. da hat das patriarchale programm eingesetzt, welches das männerdilemma vordergründig und auf so schmeichelhafte weise gelöst hat.«

daniel wartet, ob kim etwas sagen möchte.

»wie wollt ihr die patriarchalen vorstellungen und verhaltensmuster aus den systemen der menschen herausschälen?«

kim ist wirklich gespannt.

»ganz einfach: indem wir den männern ein deprogrammiertes selbstbild zugänglich machen. eines, das es ihnen erlaubt, sie selbst zu sein.«

daniel lächelt triumphierend, und kim schickt ihm einen vielsagenden blick.

»eines ohne profilierungszwang oder kontrollsucht?«

»so kann man es auch ausdrücken.«

»im ernst, daniel, das wäre wunderbar. männer und frauen, alle sollen ein selbstwertgefühl entwickeln dürfen, das auf niemandes kosten geht. ich bin überwältigt davon, dass es wirklich männer gibt, die diese aufgabe in die hand nehmen wollen.

ich gratuliere und wünsche euch erfolg! wir frauen brauchen wirklich keine männer, die ständig versuchen, einem abstrusen männerbild zu entsprechen.«

»das sind deutliche worte, aber sie bestätigen mich in meiner aufgabe.«

in ihrem eifer setzt sich kim nun doch zu daniel aufs sofa.

»und, wie siehst du dich als mann, jetzt, meine ich?«

»jetzt sehe ich mich als mann einer frau gegenüber, die ich schon vor langer zeit hätte in die arme nehmen sollen.«

»du erinnerst dich noch an die zeit damals, als ich - etwas verliebt war in dich?«

die beiden schauen sich in die augen.

»ich war damals ein idiot. ich war voll in der falle drin und dachte, ich müsse einen bestimmten, programmgemässen frauentyp an meiner seite haben - so wie man sich ein auto anschafft, von einer bestimmten marke. ich war nur auf diesem selbstbestätigungstrip. was meinem image bei anderen männern förderlich war, war geil und sexy für mich. völlig gestört, aber die wahrheit. du siehst also, ich weiss, warum ich für die transformation arbeiten will. - tut mir leid kim, dass ich dir gegenüber so abweisend war. das war ein fehler, denn du hast mir im grunde auch gefallen. heute bist du noch um einiges faszinierender als damals. ja, ich bewundere dich sogar. wie souverän du dinge umsetzt, die ganz neu sind. als hättest du das schon immer getan.«

»was möglicherweise gar nicht falsch ist«, wirft kim ein.

»misja hat mir wiederholt gesagt, sie und ich seien zwillingsstrahlen, und wir würden zusammenarbeiten.«

ein versonnenes lächeln erscheint auf daniels gesicht.

»jetzt wird mir auch klar, warum misja mit mir getanzt hat.«

»wie bitte?«

»seit ich auf diesem schiff bin, hat es nach getaner arbeit oft kleine feste gegeben. ausserirdische frauen haben mit uns gegessen, getanzt und über die arbeit geredet. zweimal ist sogar misja bei diesen anlässen aufgetaucht - in traumhaften aufmachungen - und hat jeweils mit zwei, drei männern getanzt, die sie ausgewählt hat. beide male hat sie zuerst mich aufgefordert. sie hat mir sogar komplimente gemacht! ist das wegen ihrer verbindung zu dir? ich meine, wir zwei haben einen guten draht zueinander.«

»ich denke schon.«

daniel legt seinen arm um kim, und sie lässt es geschehen.

»kim, könntest du dich noch einmal in mich verlieben?«

»wie direkt du bist!« ein gurgelndes lachen steigt in ihr auf.

»ich lache dich nicht aus, daniel. du bringst mich nur ein bisschen durcheinander.«

»aber nicht zu sehr, bitte. sonst werden wir aufgefordert, uns wieder ins gleichgewicht zu bringen. disharmonische emotionen destabilisieren nämlich das schiff.«

»das ist aber ziemlich ungemütlich!«

»da kann nichts passieren. sie verlangen jedoch etwas disziplin von uns.«

»erwartest du ernsthaft eine antwort von mir, auf deine frage?«

»nicht wirklich. noch nicht. ich habe bloss etwas gezündelt.«

»bin allzeit einsatzbereit«, neckt sie ihn. daniel packt kim zärtlich am haarschopf. sie wehrt sich, ohne ihn wegzustossen.

»sag mal, sehe ich richtig, haben sich die farben im raum tatsächlich verändert?«

»ja, kim, du hast recht. wie gesagt, das ganze schiff reagiert auf uns. die farben sind irgendwie übermütiger als vorher, nicht wahr?«

»das kann man wohl sagen! findest du das nicht etwas beängstigend?«

»zuerst hat es mich auch verunsichert. aber man gewöhnt sich schnell daran. ich habe mich hier bereits an vieles gewöhnt, und es kommt mir vor, als wäre ich schon einen monat hier. zum beispiel auch an die tägliche energetische behandlung. was mia vor einiger zeit gesehen hat, hat sich voll bestätigt: ich werde nur so überschwemmt und durchspült von lichtvollen energien. ich kann sie mittlerweile sehen und mein körper fühlt sich danach immer ganz anders an.«

»interessant. weisst du auch, was sie da mit dir machen? fühlst du dich nicht etwas ausgeliefert?«

»eigenartigerweise nicht. das hat alles mit der arbeit zu tun. sie behaupten, sie deprogrammieren uns.«

»und ihr habt dazu eingewilligt.«

»natürlich. aber es ist mehr als das. diese vorbereitung, die hier geschieht, ist wirklich mein ding. praktisch zum ersten mal in meinem leben habe ich das

gefühl, auf den richtigen schienen zu laufen. du weisst ja schon, wie erfüllend sowas ist.«

»das freut mich aufrichtig für dich. ausserdem freut mich, was du vorhast. aber bist du dir bewusst, mit wieviel widerstand du rechnen musst?«

»die zeiten ändern sich heute schnell, kim, und dinge können geschehen, die noch vor zehn jahren undenkbar waren. man hat uns gesagt, die frequenzen hätten fast jenes niveau erreicht, das unsere systeme zum kippen bringen wird. die menschen sind also reif für einen quantensprung der geschlechter. aber nun möchte ich wissen, was dich hierher gebracht hat. soll ich dir die füsse massieren, während du erzählst?«

kim lässt sich das gerne gefallen. sie legt sich bequem hin und beginnt mit ihrer geschichte.

in einem ganz anderen teil der plattform betritt misja einen grossen raum. unter anderem befinden sich dort mehrere leistungsstarke holografische monitore.

»wie sieht es aus?«, will die kommandantin wissen.

»eine ganze reihe von ihnen sind getötet worden«, antwortet ein mitglied der beobachtungsgruppe.

»ich möchte dies sehen.«

»natürlich, commander.«

zwei der monitore sind aktiviert und misja betrachtet, was sich auf keneros basis abgespielt hat, nachdem entdeckt worden war, dass kenero, oberster befehlshaber der ausserirdischen alliierten, verschwunden ist und ebenso ein grossteil der eingeflogenen gefangenen.

die kommandantin sieht, wie geschossen wird. es gibt sofortige exekutionen. auch rona12 wird von ihrem schicksal eingeholt. misja wünscht ihr von herzen, ihr dasein möge sich zu der ihr eigenen schönheit entfalten, die diese frau in sich verborgen hält.

»wann ist das programm für die wiedereingliederung aller seit 2010 verstorbenen aktiviert worden?«, fragt sie nach.

»bereits mit beginn von 2011 erdenzeit.«

»gut. es bleibt über die verschiebung hinaus aktiviert. ohne meine zustimmung darf es keinesfalls abgestellt werden.«

»verstanden, kommandantin.«

auf den monitoren sieht es aus, als ob zwei, drei verschiedene gruppen sich gegenseitig festzunehmen versuchten. zuletzt wussten viele gar nicht mehr, auf welche seite sie überhaupt gehörten und wohin sie sich in sicherheit bringen konnten.

»was ist mit den regierungen?«

»etwa 80 % aller regierungsstationen auf dem planeten, militär inbegriffen, haben bis jetzt notstandsmassnahmen ergriffen.«

»das heisst, unsere aktion ist erfolgreich verlaufen?«

»jawohl.«

»wieviele personen sind bis jetzt auf unsere schiffe evakuiert worden?«

»rund 37 000, commander.«

»in ordnung. stellen sie mir einen detailierten bericht zusammen, über alle aktivitäten der führer und machtträger auf erden. zudem will ich einen generellen überblick über die lage der menschen auf dem planeten: tote, verhaftungen, panikreaktionen, unbelastete gebiete, etcetera. sie wissen ja.«

»sicher, commander.«

»sie finden mich in meinem arbeitsraum.«

die gesamte beobachtungscrew nickt ihrer chefin freundlich zu. auch misja verabschiedet sich und geht direkt in ihr büro, wo sie wie immer nachrichten erwarten.

diesmal ist eine von alaje dabei. er ist einer der obersten verantwortlichen des plejadischen flottenverbandes mit galaktischem auftrag. misja kontaktiert zuerst ihn.

»kommandantin, sie haben perfekte arbeit geleistet. ich gratuliere ihnen im namen meiner leute.«

alajes tiefblaue augen strahlen, seine haltung ist ebenso respektvoll wie charmant. er ist berühmt für diese unwiderstehliche kombination.

»auch unser teil der arbeit wird bald erfolgreich beendet sein«, informiert er misja.

»dann kann auch ich gratulieren«, antwortet misja herzlich.

»commander, darf ich mir eine persönliche frage erlauben?«

»nur zu.«

»ich sehe, sie haben kim und daniel auf ihrem schiff. shannon ist die dritte dieser gruppe, warum ist sie noch auf dem planeten?«

»lassen sie mich das überprüfen. sie sollte zu diesem zeitpunkt bereits auf einem unserer schiffe angekommen sein.«

misja beschafft sich mit ein paar handbewegungen die gewünschte information.

»oh! bei ihr hat sich die mögliche fall-variante4 eingestellt. weltweit sind gerade 55 code-leute von regierungen oder militärs in gewahrsam genommen worden. shannon ist eine davon, alaje. - wir wissen seit einiger zeit, dass ein paar machtstellen dabei sind, die realität einer schlüsselstruktur herauszufinden. und ebenfalls, zu welchem zweck sie benutzt werden soll. sie wissen im grunde, die verschiebung wird stattfinden, doch immer noch stehen sie dem verzweifelt gegenüber. auf der anderen seite kann ich sehen, wie alle paar augenblicke leute innerlich umkehren und sich dafür öffnen. es wird immer schwieriger, sich gegen die neuen energien zu wehren und abzuschotten. wahrscheinlich haben sie einiges herausgefunden anhand von früheren ereignissen auf anderen planeten. und jetzt wird ihnen das ganze immer bewusster. alaje, sie wissen, die erde kann nur dann die dimension wechseln, wenn zumindest 80 bis 90 % aller schlüsselgruppen auf dem planeten rechtzeitig zu ihrer aufgabe erwachen und es ihnen gelingt, gemeinsam ihre arbeit zu tun. dies alles ist zwar wegen 55 personen nicht in gefahr, trotzdem werden wir natürlich jeden einzelnen von ihnen umgehend befreien. alaje, lassen sie mich gehen und die notwendigen schritte für variante 4 überwachen. die codes in den 55 müssen sofort blockiert werden, sofern dies nicht schon getan worden ist.«

»commander misja, herzlichen dank, und bringen sie mir meine geliebte wieder!«

»das verspreche ich ihnen.«

nach wenigen minuten hat alaje shannons aufenthaltsort ausfindig gemacht. sie ist ausgerechnet auf keneros basis, bewusstlos und auf einem operationstisch liegend. instrumente scannen sie: ihr hirn, ihre zellen, ihre physische und nichtphysische dns. es wird offenbar versucht, shannons feinstoffliche körper- und lichtstrukturen sowie ihren physischen körper schichtweise voneinander zu lösen! alaje ist beunruhigt, und da niemand direkt bei shannon steht, schickt er ihr einen intensiven strahl von liebesenergie, die besonders geeignet ist für ihr gefährdetes system. ein rosagrüner wirbel bildet sich vor shannons brust. die spirale wird grösser und grösser, dann dreht sie sich in ihr herzzentrum. shannons gesichtsausdruck verändert sich sofort. ihr körper ist für kurze zeit von einem rosa licht umhüllt und von einem grünen durchflutet. alaje schickt schützende, stabilisierende energie, um shannon buchstäblich zusammenzuhalten. dann deaktiviert er schweren herzens den monitor und ruft nach seinem sohn, der vor kurzem erst auf dem schiff angekommen ist.

bald darauf erscheint veta in den privaträumen seines vaters, wo er erwartet wird.

»deine mutter ist von einer gruppe entführt worden, die in verbindung mit gewissen militärischen kreisen steht. sie sind dabei, herauszufinden, wie wir die erde in eine höhere dimension bringen wollen. sie wissen, das wäre ihr ende, sofern sie nach wie vor stur an ihrer alten persönlichkeit festhalten und an all dem unglück, das sie geschaffen haben. sie können das immer noch nicht akzeptieren. aber ich berichte dir da nichts neues.«

veta hört sorgfältig zu. selbst seine intensiven augen scheinen mitzuhorchen.

»ich sähe es gerne, wenn du dich jenen leuten anschliessen würdest, die bald auf der erde landen werden. sie wollen die lage vor ort beruhigen und primär die gefangenen code-leute, also auch shannon, zurückholen. du könntest persönlich deine mutter zu jenem raumschiff bringen, auf dem sie bereits sein sollte. was hältst du davon? du hast ja bereits die erlaubnis, dich auf der erde aufzuhalten, müsstest dich nur noch um die zulassung zu dieser mission kümmern. wende dich dafür direkt an eine der zentralen auf misjas plattform.«

der moment ist also gekommen. er, veta, ist aufgefordert, auf der erde schwierigkeiten zu lösen. natürlich ist er bereit dazu! dabei wird er seine mutter nicht nur treffen, sondern kann ihr auch noch einen dienst erweisen! alaje sieht vetas genugtuung über diesen vorschlag.

»das interessiert dich, nicht wahr?«

»oh, auf jeden fall. selbstverständlich.«

alaje lächelt ein wenig.

»sei immer achtsam und umarme shannon von mir. ich werde veranlassen, dass dich ein raumscooter auf schritt und tritt bewacht.«

»wenn du das für nötig erachtest.«

»ja, das tue ich. auf der erde ist es jetzt ziemlich unruhig. viele erdlinge existieren an ihrem limit. und es wird noch schlimmer werden.«

»ich nehme das zur kenntnis, alaje, und vielen dank für dein vertrauen.«

»dann geh und organisiere dich, veta.«

6

die dinge drehen und wenden sich

jene raumschiffe und plattformen im universum, die an der dimensionalen verschiebung arbeiten, bereiten sich auf eine zusammenkunft mit den ›räten der höheren dimensionen‹ vor. schiff für schiff delegiert seine abgeordneten. männer und frauen, die sich in eine ganz bestimmte daseinsebene begeben müssen. einer nach dem anderen und doch alle zusammen wechseln die dimension. ihnen voran misja, verantwortlich für die transformation mehrerer universen und daseinsebenen. in ihren immer feinstofflicher werdenden körpern teleportieren die delegationsmitglieder in eine obere schicht der siebten dimension, wo die zusammenkunft anberaumt worden ist. all diese abgesandten werden die räte der höheren dimensionen um etwas bitten. sie werden die losung nennen und damit einen vertrag besiegeln. das wird die finalen einströmungen der neuen, multidimensionalen energien auslösen, damit die zeit für die allerletzten schritte anbrechen kann.

das treffen ist ein grandioses lichtspektakel mit unbeschreiblichen farben und strukturen. die räte erscheinen den ankömmlingen als strahlend leuchtende sterne, vereint in einer einzigen manifestation. misja und ihre grosse delegation verschmelzen mit diesem sein, das über das licht hinausgeht. es ist der vielgepriesene augenblick. die gesandten sammeln sich und denken den erwarteten gedanken, worauf ganze daseinsebenen reagieren: die abmachung ist in kraft.

nun verändern sich die räte und dehnen sich aus ins unendliche. universen leuchten nun als punkte in ihnen, die erde ist zu einem partikel geworden in diesem unglaublichen geschehen.

misja und ihre leute fokussieren aus dieser höheren einheit auf die erde. das blaue juwel schwebt kaum mehr sichtbar in diesen neuen energien, die die räte der höheren dimensionen aus sich hervorbringen, mittels ihrer sich vereinigenden schöpferkraft. gelenkt in die delegierten und von diesen weitergeleitet, an die verschiedenen bestimmungsorte. das neue sein berührt und durchflutet die erde. immer weitere wellen, noch nie gehörte klänge, brechen hervor. das lied des lebens, gesungen von den räten der höheren dimensionen.

auf der erde zeigt dieses ereignis unverzüglich wirkung: es sind lichtphänomene am himmel zu sehen. stürme ziehen über weite gebiete und heftiger regen fällt. auch in den menschen selbst herrscht aufruhr. das alte, verbogene, kaputte bricht aus ihnen heraus. ihre herzen brennen und ebenso ihre städte. ein feuer, das lange nicht gelöscht werden kann. doch die zerstörungen halten sich in grenzen, und nach tagen kehrt wieder ruhe ein. überall auf der welt wenden sich die menschen jetzt nach innen. eine gemeinsame bewegung geht auf das neue zu, das zuerst in ihren träumen einzug hält.

daniel, kim, alle code-leute auf den schiffen und jene auf der erde, sowie sämtliche anderen inkarnierten nichtirdischen nehmen diese wellen des seins verstärkt wahr: fast automatisch verankern sie dieses neue in sich. viele nehmen unerklärliche lichtblitze wahr, welche die umgebung für sekunden erhellen.

beobachter auf misjas plattform stellen fest, dass alle schlüsselpersonen ab sofort untereinander verbunden sind durch einen vielfarbigen, aktivierten lichtstrahl. einmal mehr hat sich die schwingung der erde erhöht.

dies verändert schlagartig auch die lage der gefangenen, deren zahl mittlerweile von 55 auf über 200 gestiegen ist. viele der anlagen in den basen und zentralen der regierungen oder militärs haben diesen schwingungen nicht standhalten können und sind ausgefallen, abgestürzt, zum teil sogar explodiert. das führt zu noch mehr chaos innerhalb der führungsschichten. die meisten machtträger agieren nun nicht mehr sehr überlegt. in dieser wirren situation versagt nicht zuletzt die mehrzahl der kontrolltechnologien und -einrichtungen.

shannon befindet sich wieder in dem grossen raum, wo alaje sie vor zwei tagen erst mit seinem monitor entdeckt hat. sie ist erneut nicht voll bei bewusstsein, aber genügend da, um das wichtigste zu erfassen: etwas hat alles verändert. sie fühlt sich plötzlich ruhiger, stärker und klarer. mühsam blickt sie um sich. da ist ein hektisches kommen und gehen. von verschiedenen seiten werden hastige - sich zum teil widersprechende - befehle gerufen. dann, als ob sie träumte, entdeckt sie veta in einem entfernten teil des saales! shannon versucht, sich aufzusetzen. veta ist hier! unglaublich! er ist sehr beschäftigt, führt leute aus dem raum und kommt im nächsten augenblick wieder zurück. shannon muss ihn unbedingt erreichen, ihn auf sich aufmerksam machen. sie rutscht von der liege und fällt fast hin. ihr ganzer körper ist zittrig, und die glieder haben scheinbar einen eigenen willen. trotzdem schafft sie es, ein paar schritte in vetas richtung zu torkeln. wenn das nur keine fata morgana war. shannon reibt sich die augen. in diesem augenblick packt sie ein wächter von hinten. gerade erkennt sie noch, dass veta wieder den saal betritt. aber wie sieht er denn aus: er trägt eine schwarze uniform und stiefel, ähnelt damit zum verwechseln gewissen militärs. veta benimmt sich wie jemand mit autorität. plötzlich befindet er sich näher bei ihr und dem kerl, der sie festhält. shannon ist jetzt ziemlich klar im kopf. sie kann sogar dem drang widerstehen, lauthals nach veta zu rufen. ihr bewacher ist schon genug irritiert. er weiss nicht, wohin mit ihr. der mann dreht sich im kreis herum. so viele leute sind da, und solche, die er hier noch nie gesehen hat. was ist los? an wen soll er sich wenden? langsam dämmert es dem soldaten, wie gefährlich die lage möglicherweise ist. er weiss nicht, ob er shannon stehen lassen und so unauffällig wie möglich verschwinden soll, oder ob er sie gar als geisel brauchen wird. er ist an befehle gewöhnt, nicht daran, selbst zu entscheiden; schon gar nicht in einer solchen situation. während er noch unschlüssig ist, kommt veta souverän und völlig gelassen auf die beiden zu. überzeugend schickt er den mann mit einem befehl fort. der ergreift die gelegenheit allzu gerne und verschwindet.

veta gibt shannon ein zeichen, ja nicht auf ihn zu reagieren. er und die anderen dieser einsatztruppe wirken sehr glaubwürdig. selbst personal von der station wendet sich an sie, mit der bitte um instruktionen. veta gefällt dieses spiel offensichtlich. dank seiner konzentration und seiner fokussierten energie macht er noch den abgebrühtesten etwas vor. sie nehmen ihm seine rolle ab, ohne dass er brutal oder auch nur grob auftreten muss. zuletzt herrscht jene meinung im saal vor, die von den ausserirdischen eingegeben worden ist: die gefangenen sollen schnell und geheim auf eine andere basis verlegt werden.

veta arbeitet sich mit shannon langsam zum ausgang hin. gerade unter der tür treffen sie auf einen der generäle mit seinen gefolgsleuten. die situation sieht kritisch aus. shannon erbleicht noch mehr und schliesst für einen moment die augen. aber dann stehen unversehens noch zwei, drei leute in derselben uniform wie veta bei ihnen. sie identifizieren sich gegenüber dem general als angehörige einer höchst geheimen elitetruppe der westlichen regierung mit dem auftrag, gewisse gefangene in eine sichere verwahrung zu überweisen. die militärs, bestehend aus irdischen und ausserirdischen, zögern einen augenblick.

> *»wir haben den befehl, unverzüglich zu handeln, wenn man sich uns in den weg stellt«,* droht einer von vetas gruppe.
>
> *»die lage hier ist nicht mehr klar und übersichtlich. was ihnen angelastet werden wird, general. darum kann ein verbleiben der gefangenen auf dieser basis nicht mehr verantwortet werden. es dürfte nicht in ihrem interesse liegen, sich uns zu widersetzen.«*

der ausserirdische bringt eine waffe zum vorschein, die den general vollends überzeugt. offenbar hat er die lage gar nicht mehr unter kontrolle. dicht unter seiner nach wie vor harten fassade wirkt er aufgelöst. vielleicht hat er innerlich bereits aufgegeben. jedenfalls lässt er veta und shannon passieren, die beiden kaum eines blickes würdigend.

die energien haben sich sehr verändert. es ist, als hätten die befehlshaber ihren machtwillen verloren. die angst vor dem feind, die sie angespornt hat, ihr gewohnheitsmässiger gebrauch von gewalt, das alles ist auf einmal ausser reichweite. ein noch stärkeres feld von liebe, licht und bewusstsein, von göttlichen energien, hat den aufnahmebereiten kollektiven geist unwiderruflich verändert. so ist praktisch in einem augenblick vieles unmöglich geworden. wenn die kritische masse erst einmal erreicht ist, drehen sich die dinge automatisch und unaufhaltbar. der jüngste energieschub aus den regionen höheren seins hat das unbekannte neue nun gänzlich auf die erde gebracht und verfügbar gemacht.

deshalb können shannon und veta praktisch unbehelligt mit ein paar anderen das gebäude verlassen. davor warten bereits wagen, die sie in sicherheit bringen. immer noch zeigen shannon und veta ihre verwandtschaft nicht. erst nachdem sie in einem raumscooter platz genommen haben, umarmen sich die beiden mit doppelter freude, aber nach wie vor ein bisschen schüchtern. leider kann veta nicht mitfliegen. seine aufgabe auf der basis ist noch nicht beendet. mit bedauern lässt shannon ihren sohn wieder gehen. trotzdem fühlt sie sich erlöst und entspannt. sie schliesst ihre augen und lehnt sich zurück, während der scooter abhebt in richtung der grossen raumschiffe, auf denen seine passagiere erwartet werden. bald wird man sie wieder richtig zusammenflicken, denkt shannon noch, während begleiter sich bereits um die angeschlagensten der geretteten kümmern.

auf misjas raumplattform sind daniel und kim in wenigen tagen zu einem paar geworden, nach mehr als fünfzehn jahren. aber noch sind beide vorsichtig und zurückhaltend. im jahr 2011, wo so vieles auseinanderfällt, traut man den dingen nicht mehr und noch nicht sonderlich. dabei bricht der neue morgen bereits an. die stille und innige begegnung von kim und daniel ist ein zeichen, das sie noch nicht erkennen.

diese idylle wird von einem ganz besonderen ereignis unterbrochen. am fünften tag nach kims ankunft wird eine wichtige information angesagt. eine offenbarung für alle erdlinge, die sich zur zeit unter misjas obhut auf schiffen befinden.

bald ist es soweit. kim und daniel machen sich zurecht, jeder in seiner suite. und beide können sich sehen lassen. kim in einem aquamarinfarbenen kleid mit passendem make-up. daniel in einer ockergelben tunika, mit einem breiten, irisierenden hüfttuch, was ihm erstaunlich gut steht. in diesem aufzug findet ihn kim attraktiv wie noch nie.

»du solltest auch zuhause solche sachen tragen.«

»vielleicht gehen wir noch lange nicht nach hause«, antwortet daniel.

»oh, ich schon. und nicht nur wegen der kinder.«

»die sind bei deinen eltern ja gut aufgehoben.«

nur für einen moment wirkt daniel etwas besorgt. aber dann fasst er kim um die taille und zieht sie mit sich in den strom der erdlinge auf den gängen, die alle dasselbe ziel anstreben: einen der grossen, amphitheaterartigen räume, nicht weit von den unterkünften der gäste.

der raum ist wirklich riesengross, zu welchem kim und daniel hinbeordert werden und neben ihnen noch tausende andere irdische: erwachsene frauen und männer aller rassen und fast jeden alters. kim bleibt überwältigt stehen. der raum führt stufenweise in die tiefe und darüber wölbt sich eine decke, die aussieht wie der himmel über der erde! sogar die luft ist duftgeschwängert wie draussen in der natur. und all diese menschen! jeder ist schön zurechtgemacht, und alle bewegen sich so würdevoll. nirgendwo ist unruhe oder ein gedränge.

ein grosser mann, wohl ein nichtirdischer, gibt kim und daniel das zeichen, sie sollen sich weiter nach unten in den raum hinein begeben. dort befindet sich eine kreisförmige, freie fläche. der ort, wo sich etwas abspielen wird. oben, hinter den höchsten reihen, sind monitore von der grösse eines fussballfeldes aufgestellt. beim hinuntersteigen bemerken daniel und kim, dass die offene bühne in der mitte des raumes gar nicht leer ist. eine ganz feine, kaum wahrnehmbare säule füllt diesen raum aus. kim blickt nach oben, in das himmelblau, wo die säule entschwindet. daniel folgt ihrem blick.

»hast du das noch nie gesehen?«

»nein, ich kann mich jedenfalls nicht erinnern.«

»das ist ein holografischer monitor. da hinein projizieren sie alles mögliche.«

»was vermutest du, wird heute geschehen?«

»keine ahnung«, flüstert daniel.

kim fragt nicht weiter. sie hat realisiert, dass die meisten der vielen menschen schweigend ihre plätze einnehmen. die beiden zieht es in eine der untersten reihen. sie schliessen auf zu den bereits sitzenden und halten sich an der hand. der raum füllt sich schnell. dann ertönt ein zart klingender gong, der in allen reihen gleich laut wahrnehmbar ist. wie auf kommando setzen sich die menschen aufrecht hin.

die säule in der mitte aktiviert sich. ihre farbigen, drehenden energien werden sichtbar. doch dieses schauspiel ist nur von kurzer dauer. dann wird die säule glasklar und hell. fast augenblicklich erscheinen sechs personen in ihr: misja, zwei weitere frauen und drei männer. einer der männer platziert sich in der mitte, und es ist, als würde er grösser werden, während die anderen sich um ihn herum zu setzen scheinen. aber nicht nur kim und daniel nehmen dies aus nächster nähe wahr, sondern alle, auch diejenigen in den am weitesten entfernten reihen. ton und bild in der säule haben offenbar keine raumdimension. daniel staunt. er sass schon mal in einer solchen halle. sie war zwar um vieles kleiner, aber dort befand er sich hinten - trotzdem nahm er alles auf dieselbe weise wahr wie jetzt, nahe bei der säule.

der nichtirdische, ein gutaussehender mann vom selben typ wie misja, mit einem auffallenden haardutt, hebt an zu sprechen:

»der mit wärme erwartete tag ist angebrochen, für euch alle und für uns, meine lieben freunde von der erde.«

auf den monitoren hoch oben sind nun ebenfalls lauter menschen sichtbar. in anderen sälen und auf anderen schiffen erleben sie das gleiche ereignis.

»es ist jetzt an der zeit für euch, mehr zu wissen. nicht nur, wer ihr wirklich seid, sondern auch, was für eine wichtige rolle ihr in der allernächsten zukunft auf eurem planeten spielen werdet.«

die menschen hier und auf den monitoren sind alle voller erwartung und zentriert, was die nichtirdischen in und ausserhalb der säule mit genugtuung beobachten.

»wir sind mit euch allen einen weiten weg gegangen. wir, die leiter eures transformationsprozesses unter unserer grossartigen kommandantin misja. wir sind wirklich glücklich, jetzt in diesem augenblick angekommen zu sein«, fährt der sprecher mit seiner dunklen stimme fort. einer stimme, die sich wundersam in den köpfen der menschen manifestiert, in der jeweiligen sprache der zuhörenden.

»ich erkläre nun: unsere gemeinsame mission ist beinahe erfüllt. gratulation an euch alle! hiermit ist die vielleicht wichtigste zusammenkunft eures irdischen lebens eröffnet. möge unsere absicht harmonisch fliessen, im gleichklang mit allem, was ist und allem, was nicht ist. möge ewiger friede mit uns allen sein! sashta hat zu euch gesprochen. misjas berater und betreuer.«

mit raumgreifenden, rituellen bewegungen bedankt sich der ausserirdische. sein strahlendes lachen durchdringt die anwesenden, reihe für reihe, und verweilt hie und da in einem herzen etwas länger.

nun nimmt eine der frauen sashtas platz ein. sie wirkt noch sehr jung, mit hellen augen in einem feinen, zimtfarbenen gesicht.

»es ist eine ehre für mich, mit euch zu sein. mit euch allen, die in diesem augenblick hier und auf anderen schiffen bereit sind, einen weiteren schritt zu tun. im namen der galaktischen föderationen eröffne ich euch nun weiteres: meine geliebten freunde von der erde, wir wissen, viele von euch hatten schwierigkeiten, auf dem planeten zu verweilen, wohin ihr euch inkarniert habt. für euch ist der normale alltag auf erden alles andere als normal. ihr denkt und handelt anders als euer kollektiv. - ihr fühlt euch oft wie fremde. meine lieben, in gewisser weise seid ihr das auch. durch eure körper existiert ihr ganz legal als erdlinge. andererseits seid

ihr nicht von diesem planeten. alle von euch stammen tatsächlich von den unterschiedlichsten orten, universen und dimensionen. ihr seid von weit hergekommen, um der erde und ihren bewohnern, um dieser ganzen dimension durch den aufstiegsprozess hindurch zu helfen. bei einem prozess, der in wahrheit ein einfliessen höherer ebenen in die dritte dimension ist, die sich dadurch in sich transformiert. als ihr auf der erde geboren wurdet, und die meisten von euch sind diesen weg gegangen, habt ihr euch an die dichten schwingungen dieses ortes angepasst. an eine vibration, die vor 20 oder 40 jahren noch viel tiefer schwang als heute - begreift das. ihr habt euer wahres sein aufgegeben, um ein echtes, irdisches wesen zu werden. ihr musstet vergessen. nicht wenige von euch sind sogar tiefer in die irdischen verhältnisse hineingeraten, als es für euren schwierigen job notwendig gewesen wäre. die davon betroffenen haben sich durch schlimme verhältnisse und leiden hindurchringen müssen. aber genau nach plan sind die meisten von euch zu ihrer zeit erwacht. ihr seid erneut auf dem weg zu eurem wahren selbst, das sich noch umfassender darstellt als je zuvor. meine freunde, ihr seid menschen, ihr seid multidimensionale wesen. ausserirdische, die legal und unentdeckt auf der erde leben, wo ihr eine mission erfüllt. glaubt mir, ihr seid experten darin. ihr seid die retter, nach denen so viele auf der erde gerufen haben. tief in euren herzen habt ihr die wahrheit immer gewusst, die wahrheit über euch. ihr seid die meister, die sich freiwillig in die abgespaltenheit begeben haben, um sie von innen zu heilen. - der einzig mögliche weg, die verlorenen regionen göttlichen seins wieder ins licht und in die einheit zurückzubringen.

nur erdlinge können die erde emporheben. das ist ein gesetz. darum musstet ihr menschen werden, so nahe wie möglich mit dem menschlich-irdischen energiefeld schwingend. einem energiefeld, das belastet war mit allen möglichen disharmonien und allem möglichen elend. meine freunde, wir alle wussten um diese schwierigkeiten. so haben nur die qualifiziertesten an der mission teilnehmen dürfen. alle zusammen seid ihr momentan rund fünf millionen nichtirdische inkarnierte auf der erde. viereinhalb millionen sind bis zum jetzigen zeitpunkt bereits erwacht. das erfüllt uns mit grosser befriedigung, meine lieben. ihr habt eure eigenen prioritäten, euer streben wiedergefunden. und mehr als das. ihr habt der erde etwas hinzugefügt: nämlich euren nichtirdischen seinszustand. dies hat die menschheit in bewegung gebracht. wir schätzen und respektieren eure leistung sehr, die ihr gegen allen widerstand erbracht habt!«

die ausserirdische betrachtet lächelnd ihre vielen zuhörer. sie muss sich dabei nicht umdrehen, auch nicht nach oben schauen, denn sie steht vor allen gleichzeitig, von angesicht zu angesicht.

»ich sehe, etwa die hälfte von euch denkt gerade, sie hätten in ihrem leben gar

nichts besonderes vollbracht. das ist falsch. ihr seid kraftvolle, machtvolle wesen, das salz in der irdischen gesellschaft. akzeptiert es. akzeptiert euren immensen einfluss auf die erde und ihre bewohner, ja selbst auf das universum. versteht und akzeptiert. ihr seid beispiel und vorbild. zeigt den menschen noch bewusster, was wahre kraft und wahre macht bedeuten. nur ihr könnt das tun, niemand anderer. das ist eure aufgabe. erschafft weiter die neue erde. ihr habt bereits viele erforderliche veränderungen hervorgebracht. selbst wenn ihr das unbewusst getan habt. von nun an arbeitet mit eurem vollen wissen. hört meine worte, sie sind euer auftrag. natürlich haben wir mit euch zusammengearbeitet, von anfang an. so sehr, wie ihr es von uns annehmen konntet. wir haben geholfen, euch wieder an das zu erinnern, was ihr zuvor habt vergessen müssen. mit euch haben auch wir unsere arbeit getan für die neuen energien, das neue licht und die neue liebe, die alle universen durchdringen. alle dimensionen, alles sein, das wir kennen. das leben verändert sich. nicht nur die erde. aber jetzt ist sie an der reihe, den grossen schritt zu tun. das ist es, was ich zu sagen habe, meine geliebten. ich bin glücklich mit euch und für euch.
chandri hat gesprochen. beraterin und verantwortliche für prozessabläufe.«

gleichermassen bewegt und kontrolliert grüsst chandri ihr publikum. keinen moment zu früh oder zu spät gibt sie schliesslich das zentrum frei.

»wir sehen viele fragen in euch.«

sashta hat sich von seinem platz erhoben und blickt direkt in die augen der menschen. so hält er die aufmerksamkeit des publikums aufrecht.

»im richtigen moment werden alle beantwortet sein. jetzt möchte ich nur die dringendste ansprechen: ja, es hat eine bedeutung, dass ihr zu diesem zeitpunkt auf den schiffen seid. ihr habt es erraten: der commander selbst wird euch darüber aufklären. wie ihr vermutet, hat diese vorzugsbehandlung, die wir euch angedeihen lassen, mit einem extraeinsatz zu tun. - ihr erinnert euch bereits bestens!«

zum ersten mal kommt nun etwas bewegung in die zuhörer. sashta lächelt mit. er freut sich über die fröhlichkeit der anwesenden. nur wenige sind von dem bisher gesagten überwältigt. wie kim, daniel und shannon haben die meisten schon etwas davon gewusst oder zumindest geahnt.

jetzt ist der moment gekommen, wo die kommandantin selbst ins zentrum der säule tritt. von einer sekunde zur anderen zieht misja die aufmerksamkeit und konzentration von abertausenden auf sich. da steht sie, selbst eine säule aus licht und liebe. durch viele ebenen des seins hindurch einen hauch von ewigkeit verbreitend. daniel schaut atemlos auf dieses weibliche wesen, mit dem er getanzt hat. sie ist eine göttin. er versteht in diesem moment, warum die menschen götter und göttinnen verehrten.

misja ist in tiefstes, schimmerndes dunkelblau gekleidet. auf dem kopf trägt sie eine hohe, weisse mütze. ob dies ein rangabzeichen ist? der gedanke verschwimmt sofort in daniels kopf. alle gedanken. es ist kein platz da für sie.

> *»meine lichtwesen, ich offenbare euch jetzt ein geheimnis, von dem ihr alle ein teil seid«,* beginnt misja in ihrer unübertrefflich anmutigen wie überzeugenden art.

> *»45 000 von euch weilen in diesem moment hier oder auf einem anderen unserer schiffe. weitere 25 000 sind auf der erde verblieben. ihr alle zusammen bildet eine gruppe mit einer besonderen aufgabe. wir nennen euch die code-leute im prozess transformation erde. bis zu diesem augenblick war dies ein bestgehütetes geheimnis, sogar vor euch selbst. verteilt über den ganzen planeten, in kerngruppen und doch alle vereint, werdet ihr den vorletzten schritt dieser mission einleiten. damit dies geschehen kann, ist euch ein bestimmter licht-code einprogrammiert worden. sowohl in euer physisches als auch euer nichtphysisches wesen. dieser code musste vor jedem zugriff nichtautorisierter personen und kräfte geschützt werden. unsere wächter haben erstklassige arbeit geleistet. ich spreche ihnen hier meinen dank aus.*
> *alle 70 000 von euch, genauer: alle 69 999, mindestens 80 % dieser spezialeinheit, werden miteinander zu einem bestimmten zeitpunkt diesen code aktivieren müssen. ihr werdet das in dreier-, später in neunergruppen durchführen, stets verbunden mit der grossen gruppe und in der gleichen vibration schwingend. in diesem augenblick wird der code in euch zur anwendung freigegeben. doch nur ihr allein könnt ihn aktivieren und in der richtigen art und weise mit seiner struktur umgehen. wir werden euch dabei unterstützen. dies ist eure letzte herausforderung, bevor eure mission beendet ist. weitere informationen werdet ihr später erhalten. noch sind die umstände nicht exakt wie sie sein sollten, und noch ist schutz für euch empfehlenswert. das müsst ihr ab jetzt selbst übernehmen. erinnert euch, es ist einfach. und vergesst nicht: wir helfen auf abruf, das ist unsere aufgabe. seid euch eurer verantwortung bewusst, meine grossartigen mitarbeiter. wir sind stolz auf euch!«*

niemand bewegt sich und es ist, als hätten alle 45 000 einfach vergessen luft zu holen. misja hebt mit einer weiten geste zuerst ihre rechte, dann ihre linke hand. als gruss und als schlusspunkt. sie hat gesprochen. das geheimnis ist gelüftet, und wieder verschiebt und verändert sich alles etwas, kaum wahrnehmbar und doch bis hinein in die zellen und atome der menschen.

sanfte wellen höchst angenehmer energie fliessen jetzt durch die anwesenden. wie ein strahlender stern leuchtet misja gemeinsam mit ihren leuten. plötzlich stehen alle auf, von einem sog hochgezogen. die übertragung wird stärker, und die erdlinge atmen tief, mit geschlossenen augen. nach wenigen minuten verebben diese wunderbaren energiewogen wieder. zuletzt löst sich die eindrucksvolle projektion misjas und ihres stabes einfach auf.

mit leisem bedauern, aber tief erfüllt blicken die erdlinge jetzt umher. man winkt, lacht und umarmt sich. aber in dieser heiligen halle wagt niemand, das erlebte zu bereden. später wird den erdlingen empfohlen, nur wenig darüber zu sprechen.

kim lässt sich auf den goldgelben diwan in ihrer suite fallen. daniel steht neben ihr und betrachtet sie nachdenklich.

»ich kann es einfach nicht glauben.«

»was?«

immer noch spürt kim diese energie in sich. für sie ist alles klar. glasklar.

»dass wir nicht schon vorher bemerkt haben, was mit uns los ist.«

»haben wir nicht?«

»nein, nicht wirklich.«

er setzt sich zu ihr auf den diwan und starrt vor sich hin.

»daniel, wir durften ja gar nichts genaues wissen. wir wären sonst in grosser gefahr gewesen. darum hat man jede diskussion um diesen prozess von uns ferngehalten. - was stört dich daran?«

daniel seufzt.

»das alles lag irgendwie auf der hand. wir hätten nur begreifen sollen. was geschieht sonst noch offensichtlich vor unseren augen, und wir sehen es nicht? aber du hast recht. es ist jetzt kaum der moment für solche gedanken.«

er legt sich neben kim und die beiden beruhigen und stärken sich gegenseitig.

schon am nächsten morgen muss daniel seine heimreise auf die erde vorbereiten. eine tatsache, die er mit grossem bedauern zur kenntnis nimmt. für shannon gilt derselbe befehl. sie befindet sich auf einem kleineren schiff in direkter nachbarschaft zu misjas plattform. von solchen schiffen wimmelt es dort nur so. wenigstens hat shannon diesen eindruck, wenn sie in den raum hinausschaut.

sie fühlt sich beglückt durch die neuesten ereignisse. auch körperlich ist sie wieder in ordnung. ich bin ganz und eins, wie ich es vorher noch nie war, stellt shannon fest. zudem hat ihr veta versprochen, sie nach hause zu begleiten. wenig später erscheint er wie abgemacht in ihrer suite, sprühend vor dynamischer energie. sogleich gehen die beiden arm in arm zur abflugrampe der scooter, wo sie dem richtigen schiff zugewiesen werden.

dem betrachter im raum draussen bietet sich in diesen tagen ein ungewöhnliches bild: misjas plattform und ein dichter, sie umgebender ring von raumschiffen entlassen laufend kleine schiffe, die sich wie funkelnder sternenstaub in der schwärze des alls verlieren. es sind hunderte, und alle haben dasselbe ziel: die erde. sie bringen die keime der transformation wieder in den für sie vorgesehenen boden zurück.

nur einige wenige bleiben noch. erdlinge, die spezifische verbindungen zu bestimmten schiffen oder nichtirdischen haben. kim gehört auch zu ihnen.

am zweiten tag nach daniels abreise wird sie nochmals zu misja gebracht. diesmal findet das treffen in deren privatem empfangsraum statt. kenero ist ebenfalls anwesend. sein gesichtsausdruck hat sich völlig verändert. die ausstrahlung des exgenerals ist jetzt geradezu sympathisch. attraktiv - in einer unheimlichen weise - war er schon vorher, dank seiner magischen kraft. doch jetzt gesellt sich zu dieser anziehung noch etwas wie abgeklärtheit und eine empfindsamkeit um den dünnen mund, wie sie sich kim in diesem gesicht nie hätte vorstellen können. kenero freut sich über ihre offensichtliche reaktion. er hat sich extra zurechtgemacht für sie, mit düften und einem üppigen gewand in unbeschreiblichem blau, von dem kim ganz hingerissen ist.

misja nimmt sie am arm und führt sie zu einem bequemen sessel in der mitte ihres grossen wohnraumes. die sitzgelegenheiten sind in sattem kirschrot gehalten, auf einem weissen, glatten teppich. anders kann kim diesen boden aus unbekanntem material nicht beschreiben. ein junger mann taucht von irgendwoher auf und serviert ein getränk. es schmeckt nach nüssen und erdbeeren - köstlich und sehr erfrischend.

»die meisten erdlinge deiner region lieben nüsse und erdbeeren. die küche hier hat diesen drink extra für dich komponiert, nach meinen anweisungen.«

kenero ist ja so charmant! kim verschlägt es die sprache, noch bevor sie ein wort gesagt hat. doch auch die andern beiden schweigen. sie widmen sich ganz dem getränk und dem gesang hoher stimmen, der dieses zimmer erfüllt.

kim entspannt sich jetzt bewusst und zentriert sich. sobald sie sich wieder in einen ruhigen, ausgeglichenen zustand gebracht hat, richtet misja auch schon das wort an sie:

»wie fühlst du dich, meine liebe?«

kim schaut misja in die augen. in diese endlosen augen, in die man eintauchen und sich darin treiben lassen kann, wohl bis ins zentrum des universums.

»oh misja, ich werde so reich beschenkt, ich bin so übervoll, dass es mich verlegen macht. was soll ich nur sagen, und wie kann ich dem je gerecht werden?«

»das brauchst du nicht. du schuldest niemandem etwas. was wir hier tun, ist selbstverständlich, wie dein wirken auf der erde für dich selbstverständlich ist.«

»trotzdem möchte ich euch von herzen danken, für das, was ihr für die erde und für uns menschen tut.«

misja und kenero nehmen diesen dank schweigend entgegen.

»bevor auch du nach hause zurückkehrst, möchten wir dir noch einmal unsere situation erklären. es ist wichtig, dass du das ganze begreifst.«

misja blickt kim eindringlich an und diese nickt.

»also, ich wiederhole: kenero, du und ich, wir drei sind zwillingsstrahlen. wir gehören zur selben seele, zum selben hologramm. aus diesem grund teilen wir uns eine aufgabe. wir haben einen starken einfluss aufeinander und das nützen wir bewusst aus in unserer arbeit. kannst du mir folgen, kim?«

»ich denke schon, ja.«

»was jeder von uns denkt und fühlt, ist für die anderen im selben moment auch denkbar und fühlbar. es gibt verschiedene ebenen und grade der einheit. zwillingsstrahlen sind eine ebene der einheit, die im kosmos häufig und gerne genutzt wird. natürlich gibt es formen der einheit, die weit über die seelenebene hinausgehen. aber wir möchten, dass du schon bald in unsere seeleneinheit gelangst. in die einheit mit kenero und mir und noch mit vielen anderen unserer zwillingsstrahlen. der indische meister babaji ist ebenfalls ein zwillingsstrahl von uns. er hat uns gebeten, dir diese information zu geben. er liebt dich sehr und arbeitet schon lange mit dir. das weisst du ja, nicht wahr?«

»babaji! darum fühle ich mich so stark verbunden mit ihm - so zwingend. oh, das ist wunderbar.«

»zwingend ist vielleicht nicht das richtige wort, kim. nichts ist zwingend. aber wir sind auf natürliche weise miteinander verwoben. darum kann niemand so effizient zusammenarbeiten wie eben zwillingsstrahlen. normalerweise tun sie das auch, sobald das nötige bewusstsein vorhanden ist. sei jetzt eins mit uns. babaji ist hier, auch wenn du ihn noch nicht sehen kannst. sei eins mit ihm, mit kenero und mir.«

kim wendet sich nach innen, und indem sie das tut, ist es, als würde sie in etwas hineinfallen. in eine unfassbare lebendigkeit hinein. voller gerichteter kraft und energie.

»wo bin ich?«, fragt kim laut.

»in der ebene der einheit mit uns«, antwortet misja.

»aber das ist erst der anfang. wir möchten, dass du zuhause intensiv daran arbeitest. wir alle wollen den direkten kontakt zu dir. wir wollen uns in dir und durch dich offenbaren. wie du dich in uns offenbarst. jetzt, in diesem moment und immer. willst du dich dafür öffnen? mit unserer hilfe? du musst nicht gleich antworten, kim.«

misja lächelt verschmitzt, doch kim sieht es nicht. sie schwebt irgendwo, den blick auf das farbig schimmernde weiss des teppichs gerichtet.

»komm zurück in deinen körper, liebes. erde dich, wie ihr so schön sagt.«

kim kichert wie ein schulmädchen.

»soll ich mich hier erden?!«

»wir sind hier liebes, in diesem zimmer. das ist im moment deine erde.«

kim nimmt sich zusammen und tut, was misja von ihr verlangt. sie seufzt tief:

»ja, ich will das alles.«

»auch die einheit mit mir?«

kenero stellt diese frage. noch immer kann kim nicht lange in keneros gesicht schauen. schnell flüchten ihre augen zu dem wunderbaren blau seines gewandes.

»ja, sicher.«

kenero und misja werfen sich einen amüsierten blick zu.

»vor kenero brauchst du keine angst mehr zu haben, kim. er verändert sich jeden tag. und schon bald wird er fast ganz derjenige sein, der er ist. kenero, sprechen sie selbst für sich!«

der exgeneral hat nun also das wort und kim bleibt nichts anderes übrig, als sich ihm zuzuwenden.

er wirkt lässig, locker und doch konzentriert. seine stramme, starre haltung bei gleichzeitiger schneller reaktionsfähigkeit, alles ist wie weggeblasen. wie ist das nur möglich? ist das noch kenero?

»wie misja gesagt hat, kim, ich werde langsam wieder der, der ich bin. aber lass mich von vorne anfangen. lass mich wiederholen: unsere seele hat die entscheidung getroffen, aktiv mitzuwirken beim laufenden prozess der transformation. ein prozess, der nicht nur die erde betrifft, nicht nur dieses universum. an vielen verschiedenen orten sind teile von uns gerade dabei, ihren dienst für dieses werk

zu tun. - den wichtigsten oder schwierigsten teil meiner arbeit habe ich bereits hinter mir. ich habe mich aus meiner freien entscheidung heraus in das böse hineinbegeben. in das abgetrennte vom wahren strom des lebens. ich wurde ein diktator, ein lügner, mörder und vergewaltiger. und das war kein spiel. der einzige unterschied zwischen mir und den anderen gewalttätigen und kontrollbesessenen männern, mit denen ich zu tun hatte, war folgender: ich war derjenige, der am leichtesten für das licht und die liebe sensibilisiert werden konnte, derjenige, bei dem man den hebel ansetzen musste. was misja auch getan hat. ich konnte dies mit der zeit zulassen und mich an mein grösseres selbst erinnern. was den anderen praktisch unmöglich war, da ihre blockierungen viel zu stark sind und die erinnerungen zu schwach. verstehst du?«

»vielleicht nicht ganz«, wirft kim ein. sie will das klar und deutlich erklärt bekommen.

»darum sprechen wir jetzt darüber, damit es dir verständlich wird. dieser kleine unterschied ermöglichte es uns, ein tor für das licht, für höhere energien zu erschaffen, in den verlorenen regionen des unglücks und der zerstörung. durch mich gelangt in diesem augenblick ein hoffnungsstrahl zu den menschen, die in äusseren katastrophen und innerem elend unterzugehen drohen.«

»aber warum mussten sie dafür zu einem schlechten wesen werden? warum mussten sie andere quälen? verzeihen sie, wenn ich das immer noch nicht begreife.«

misja betrachtet kim nachdenklich. ist das wirklich so schwer zu verstehen?

»kenero, darf ich sie kurz unterbrechen? ich möchte kim gerne eine anekdote erzählen, die ihr vielleicht hilft zu begreifen.«

»selbstverständlich, kommandantin, nur zu.«

»also, es geht in dieser geschichte um einen sterbenden buddhistischen lama und seinen schüler. der schüler ist bestürzt über den zustand seines lehrers. es fällt ihm schwer, ihn gehen zu lassen. und er möchte sich mit dem wissen trösten, wo der verehrte lehrer nach seinem ableben verweilen wird. ›ich werde direkt in die hölle gehen‹, antwortet der lama auf die frage des schülers. dieser bringt vor schreck kein wort heraus, doch sein völliges unverständnis steht ihm ins gesicht geschrieben. ›du möchtest wissen, warum ich das tue?‹ ›ja, hochwürdiger‹, haucht der schüler. ›nun, wenn ich nicht gehe, wer wird dich dort herausholen?‹«

misja beobachtet kims reaktion auf diese parabel.

»na? ist das nicht eine schöne geschichte?«

»ja, das ist sie«, bestätigt kim.

»du hast also verstanden?«, ergreift kenero wieder das wort.

»niemand kommt als lama in die hölle. wer in die ebenen niedriger schwingung hinabsteigt, muss die niedrige schwingung annehmen. nur wer teil wird von diesen ebenen, kann sie auch verändern, von innen heraus, indem er sich selbst verändert. immer nur von innen heraus, kim. das herabsteigen des höheren ist notwendig und der äussere impuls für das innere erwachen ist es ebenso. diese ganze transformation ist die reaktion auf das herabsteigen des höheren.
so sind wir alle drei herabgestiegene, wenn auch jeder von uns an einem anderen ort seine position bezogen hat. das soll dir genügen, zumindest für den augenblick.«

»ich denke auch, kim. du hast die information erhalten und aufgenommen. bald wird sie in dir aufgegangen sein, liebes. wisse einfach, was keneros umkehr bewirkt hat: eine enorme heilung in den abgetrennten teilen des ganzen universums. dafür verdient er respekt und achtung.«

kim ist hin und her gerissen, und sie sieht aus, wie das leibhaftige schlechte gewissen. kenero ahnt bereits, was jetzt ansteht.

»kim, was möchtest du noch zur sprache bringen?«, fragt misja liebevoll.

»nun ist die zeit dazu. wir können über alles reden, sei mutig.«

dankbar blickt kim zu misja und fasst sich ein herz.

»ich weiss, das ist jetzt ziemlich unpassend, aber es ist nunmal in mir drin, und ich denke, es gibt dinge, die ich wissen darf. ich habe das recht dazu.«

»richtig. darum frage kenero jetzt einfach geradeheraus, was dir auf der zunge liegt.«

kim räuspert sich und klemmt ihre hände unter die schenkel, eine unart, die sie eigentlich längst abgelegt hat.

»ich möchte wissen, was sie mit mir auf der basis gemacht haben. wie oft haben sie mich dorthin geholt? und warum?«

endlich ist es draussen.

»du erinnerst dich also.«

kenero ist ernst und nicht mehr so locker wie vorher.

»ich war ziemlich interessiert an dir. unsere verbindung hat da unbewusst mitgespielt. - kim, wie du mittlerweile erkannt hast, gibt es im kosmos eine unmenge

von laufenden projekten aller art. viele davon haben mit fortpflanzung oder lebenserhaltung zu tun. ich stamme in dieser inkarnation von einem planeten, der am sterben ist. die energien dort sind so schlecht, dass der planet kaum noch leben halten kann. also haben wir uns umgeschaut nach anderen lebensquellen und neuer lebensenergie.

ja, wir haben unseren planeten total ausgelaugt und sind nun darauf angewiesen, einen neuen lebensraum für uns zu erobern. das heisst einen neuen planeten sowie neues genetisches material zu unserer regeneration und für unsere anpassung an neue verhältnisse. nicht nur unser planet stirbt, sondern auch meine rasse, wenn wir uns nicht von aussen nehmen, was uns fehlt. - zumindest glaubt das mein volk im sternsystem rigel zur zeit noch. wir haben uns für unser überleben die erde und teile ihrer bewohner ausgesucht. du, kim, bist oder warst in diesem grossen programm drin. später erst haben wir zufällig herausgefunden, dass es hier massen von inkarnierten ausserirdischen gibt. ein wahres festessen für uns. leute wie du haben eine wunderbar reichhaltige dns, und wir haben sie ausgeweidet, so gut wir konnten.«

kenero blickt kurz zu misja. was sagt ihr gesicht? weder gibt sie ihm ein zeichen noch wirkt sie beunruhigt. also fährt kenero fort, ohne zu beschönigen:

»wir haben so viel von dir genommen, wie es der stand unserer technik zuliess. aber wir haben dich nicht geschädigt dabei, das kann ich versichern. wir wollten dich uns als reservoir erhalten. und wie gesagt, ich hatte dich in gewisser weise unter meinen schutz genommen.«

misja gefällt kims angespannter zustand nicht, darum greift sie ein.

»kim, bitte entspanne und zentriere dich wieder. du hilfst dir selbst am wenigsten, wenn du in schlechte gefühle hineingehst.«

misjas stimme tut kim wohl. sie gibt ihr sicherheit und beruhigt.

»entschuldigung. aber ich glaube, ich brauche hilfe, um mich wieder auszugleichen.«

schon steht misja auf und berührt ihren scheitel. sie bleibt ein paar sekunden bei kim, die hände auf deren schultern. das verändert kims zustand sofort. sie fühlt sich nun wieder leicht, hell, ruhig und wagt sogar einen blick zu kenero, der sie ernst beobachtet.

misja setzt sich wieder, aber sie hält die tapfere kim weiter in ihrer energie.

»keneros leute haben mit deiner dns ihr eigenes wesen, ihre eigenen körper angereichert. du hast ihnen damit viel mehr geholfen, als sie ahnen. betrachte es so, liebes. auch das ist ein dienst an der transformation. du hast licht ins leben hineingebracht, wo es vorher fast keines mehr gegeben hat. denke mit liebe und verständ-

nis darüber. übernimm die verantwortung für dich selbst und für dein leben, egal wo du gerade stehst. möchtest du etwas dazu sagen?«

»ach, ich weiss selbst nicht.«

kim fährt sich übers gesicht und ihren haarschopf.

»das alles ist ein bisschen viel. ich muss zuerst darüber nachdenken.«

»kim, höre mir zu, ich habe dir etwas wichtiges zu sagen.«

misja zieht kims aufmerksamkeit ganz auf sich.

»nicht du bist es, die nicht begreift. dein selbst weiss schon längst. die menschen auf der erde haben schwierigkeiten, das zu verstehen, und du bist stellvertretend für sie hier. du bist ihr arm, der zu uns hinaufreicht und das neue wissen ergreift. noch sind sie verwirrt, weil das alles ungewohnt ist. weil es altes ausser kraft setzt. das irdische polare denken schafft illusionen, die den menschen lieb geworden sind. das ist das ganze problem, mein kind. kein grund zur aufregung oder zur betrübnis.«

kim reagiert stark auf diese worte. ihr gesicht erhellt sich merklich, und ein erstauntes lächeln bildet sich darauf.

»bin ich aber froh über diesen denkanstoss! vielen dank euch beiden, euch allen.«

kenero ist froh über jede veränderung in kims befinden.

»unsere nicht ganz einfache unterredung haben wir schon fast hinter uns«, erklärt misja.

»es gibt noch etwas, kim, auf das kenero und ich dich aufmerksam machen möchten: die arbeit, die er und ich vollbracht haben, existiert nun auch in deinem system als bewusstes wissen und weisheit. überbringe diese weisheit den menschen. sie wird eure polarisierung heilen und euren kollektiven mentalkörper klären helfen. bring sie auf die erde. die zeit für deine heimreise ist ohnehin gekommen. morgen wirst du deine kinder wiedersehen. und heute abend findet noch eine kleine feier für dich statt. du hast es verdient.«

kim errötet ob soviel ehre. dass ihr das immer noch passieren muss! wie ein schulmädchen kommt sie sich manchmal vor. aber die anderen beiden scheinen das nicht zu bemerken. wenigstens tun sie so.

die freigabe der codes in den 69 999 zeigt wirkung. ein erneuter schub von inspiration und erkenntnis erfasst diese kerngruppe auf der erde. die transformation ist nicht mehr bloss ein thema für sie. sie sind die transformation geworden, und ihr neues bewusstsein ändert die dinge. immer mehr erhält dieser sachverhalt priorität, und zwar bei allen code-trägern, sowie bei den menschen um sie herum. in den anderen inkarnierten ausserirdischen hat die erweckung der kerngruppe eine euphorie ausgelöst, deren grund sie aber noch nicht kennen. eine euphorie, die sich von ihrem ausgangsort wie eine welle über den planeten verbreitet. sie trifft und erleichtert unzählige. hungernde menschen, gefangene, verängstigte. die hoffnungslosen schöpfen wieder hoffnung. und die anderen menschen, die die transformation bereits mit vorantreiben, sind kaum mehr zu halten. sie sind ganz eingenommen von der grossen, bevorstehenden wende. magisch stossen sie überall auf informationen, auf die richtigen leute, auf genau das wissen, das ihnen noch fehlt. und wie vor jahren die stillschweigende übereinkunft der frauen stattgefunden hat, zieht es nun eine schnell wachsende zahl von menschen in viel stärkerem masse zueinander denn je.

als ob den menschen ihre eigene kraft, die sie gedankenlos abgetreten haben, wieder zufliessen würde. und mit der kraft kommt der mut zurück. der ist dringend nötig in einer zeit der vielfältigen bedrohungen.

die exuntergebenen keneros sind inzwischen endgültig aufgesplittert, versprengt in kleine terrorgruppen. mehrere kommandanten, sowohl irdische wie auch keneros generäle, die ihren übernahmeplan noch nicht aufgegeben haben, kämpfen erbittert um die macht. regierungen werden stillschweigend ausser kraft gesetzt und umbestellt. was alles noch undurchsichtiger macht. die strategie der geheimen pläne zerstört sich selbst. doch noch sind die kolonisatoren, obwohl in sich uneins, in der stärkeren position. sie sind im besitz der meisten und besten informationen. darum ist ihnen die neueste aktion nicht entgangen: eine grössere zahl von erdlingen ist kollektiv in raumschiffe gebracht worden. das kann sehr wohl mit den codes oder programmen in zusammenhang stehen, nach denen keneros leute fieberhaft suchen, seit sie welche vermuten. aber sie wissen nicht viel. und unter den gegebenen umständen möglichst schnell alle abgeholten einzusammeln, ist selbst für sie unmöglich. zudem sind die schlüsselleute nun noch besser verbunden mit ihren nichtirdischen.

viele der code-träger sind der lage entsprechend untergetaucht. so rennen die geheimen fahnder der kolonisatoren offene türen ein: ihre anvisierten sind bereits auf und davon.

letztlich aber ist die lage der geheimen besatzer hoffnungslos. denn hilfe von ihrem heimatplaneten können sie nicht bekommen, weil das die plejadische flotte zu verhindern wüsste. die umstände haben sich so verändert, dass deren raumschiffe jetzt gegebenenfalls eingreifen dürften.

der kampf von keneros leuten ist fast nur noch eine frage der ehre. sie wird entscheiden, was sie zu hause erwartet, sollten sie es je bis dorthin zurück schaffen. viele haben diese absicht hingegen bereits aufgegeben. zu unerfreulich sind die aussichten. lieber schlagen sie sich irgendwie durch, in der hoffnung, ein versteck zu finden, eventuell sogar asyl. denn noch hat kein irdisches mitglied der beiden grossen, inzwischen instabilen regierungen gehandelt. noch hat niemand offiziell die ausserirdischen als eindringlinge deklariert und demzufolge eine der kosmischen föderationen um hilfe gebeten. solange dies nicht geschieht, darf niemand die besatzer von der erde verweisen. solange lohnt es sich für keneros leute, ums überleben zu kämpfen. um eine möglichst förderliche ausgangsposition, wenn das misslungene spiel vorbei ist.

das ist die situation im november des jahres 2011.

kim, shannon und daniel hat das raumschifferlebnis noch enger zusammengeführt. sie haben ihre erfahrungen ernsthaft miteinander ausgetauscht und verarbeitet. doch sie gehören nicht zu denjenigen, die am schnellsten kapiert haben, was sich für sie alle anbahnt. kaum jemand hat mehr den überblick. viel zu ungewöhnlich und zu schnell laufen die dinge mittlerweile ab. ausserdem werden die menschen auf der erde über die medien nicht offen informiert. es gibt gerüchte, ahnungen und vermutungen, im guten wie im schlechten. man kann es den dreien nicht verdenken, wenn sie in diesen wirren einmal nur mit ihren persönlichen angelegenheiten beschäftigt sind. daniel und kim fantasieren über ihr zusammenziehen, beobachten die reaktionen der kinder, denen der neue freund ihrer mutter ja kein fremder ist. shannon beschäftigt sich ebenfalls mit ihrem sohn. mit ihrer neuen mutterrolle, die sich so anders gestaltet, als auf der erde üblich. veta hat sie wie abgemacht nach hause begleitet und ist drei tage geblieben. dann hat er ziemlich plötzlich zu seiner gruppe zurückkehren müssen. shannon bleibt der alltag mit seinen anforderungen: artikel recherchieren und verfassen, termine wahrnehmen, hausarbeiten erledigen, fitness und anderes mehr.

jedoch schon nach wenigen wochen hat die freunde ihre vorrangige aufgabe wieder eingeholt: eines nachts träumt kim von ihrem ferienhaus im norden maines. sie sieht das grosse, relativ luxuriöse, einstige wohnhaus plastisch vor sich. im haus bemerkt sie menschen, aber kim kann nicht erkennen, wer die leute sind. dieser eigentlich banale traum weckt sie auf. es ist kaum 4:00 früh, und kim möchte am liebsten sofort aufbrechen zum waldhaus. sie eilt in die küche hinunter und macht eine liste, was sie alles vorher besorgen muss. nach einer weile kommt sie wieder zur besinnung und fragt sich, was das zu bedeuten hat. sie kocht sich einen kräutertee und geht mit der tasse in der hand gedankenverloren wieder in ihr schlafzimmer.

um 7:30 wird sie von einem klingeln erneut aus dem schlaf geholt. zuerst will sie reflexartig das fon abheben, aber nicht das fon lärmt, sondern die hausklingel. jemand steht vor der tür. kims herz klopft laut. schnell schlüpft sie in ihren hausmantel und geht leise die treppe hinunter. dann macht sie wieder kehrt und versucht, durch ein flurfenster zu erkennen, wer um diese zeit zu ihr will. gott sei dank! es ist bloss shannon! eine riesige erleichterung macht sich in kim breit. sie reisst das fenster auf und ruft:

»ich komme, shannon, ich komme!«

shannon sieht noch blasser aus als sonst und wirkt übernächtigt. sie raucht sogar eine zigarette.

»du rauchst, das bedeutet nichts gutes«, stellt kim stirnrunzelnd fest.

»sag schon, was los ist.«

»das solltest du eigentlich selbst wissen, kim.«

»was denn? habe ich etwas falsch gemacht?«

shannon muss widerwillig lächeln.

»nicht doch. es geht um unsere sicherheit. seit wir von den raumschiffen zurück sind, habe ich angst. ich kriege in der redaktion allerhand mit. es laufen zurzeit die wildesten gerüchte über leute, die im raum draussen waren, und die nun alle auf todeslisten stehen. - sie hatten mich ja schon, kim, und auch daniel. wir sind gefährdet, ist dir das nicht bewusst? ich weiss, dass einige, die auf den schiffen waren, bereits untergetaucht sind. - gerade noch rechtzeitig.«

shannon geht nervös in der küche hin und her.

»kim, ich habe ein ungutes gefühl, und ich würde lieber schon heute als morgen von hier verschwinden. ich habe mit meinem boss gesprochen, und er hat mich beurlaubt.«

»was, du hast ihm etwas erzählt?«

»nein, denk nicht sowas. ich habe ihm gesagt, ich wüsste einiges über diese raumschiffgeschichte und wolle sie genauer recherchieren. - möglicherweise hat er sich da etwas zusammenkombiniert. jedenfalls hat er mich freigestellt und mir darüber hinaus auch schutz angeboten, falls es gefährlich würde.«

»du traust ihm?«

»ich weiss selbst nicht. er hat immerhin nicht wissen wollen, was ich genau vorhabe.«

kim steht an der kaffeemaschine und überlegt. das heisst, sie versteht sich selbst nicht mehr. sie hat vor lauter familie hier und familie da, vor lauter daniel ihre position als code-trägerin aus dem sinn verloren. wie dumm von ihr. sie hat sich eine pause gegönnt, in einem moment, wo sie sich das nicht hätte leisten dürfen.

»he, schau nicht so drein kim, ich habe dir nichts getan.«

»entschuldige shannon, ich ärgere mich bloss über mich selbst. du hast völlig recht, wir sind gefährdet und hätten schon reagieren sollen. ich hoffe nur, es ist noch nicht zu spät.«

»zu unserem glück wissen diejenigen kreise, die hinter uns her sind, im augenblick selbst nicht, wo ihnen der kopf steht.«

»wir sollten uns alle drei zurückziehen, und ich weiss auch schon wohin.«

shannon hebt fragend ihre augenbrauen.

»gerade heute nacht habe ich von unserem waldhaus geträumt. jetzt kommst du und sagst, du willst untertauchen. eins und eins macht zwei. unser waldhaus ist nicht eine klapprige holzhütte. es war früher mal das refugium reicher leute, mit heizung, grossen wohn- und mehreren schlafräumen und einer gut eingerichteten küche. das haus steht am bewaldeten ufer eines kleinen sees, schön versteckt unter hohen bäumen und ist von der luft aus kaum zu sehen. seine einzige zufahrt besteht aus einer schmalen, von laub bedeckten naturstrasse.«

»das klingt vernünftig. lass uns so schnell wie möglich dorthin fahren. - ich habe so ein ungutes gefühl, kim. seit drei tagen schlafe ich in der redaktion und bin kaum noch zuhause. zum glück habe ich noch viel zu tun gehabt, arbeiten fertigmachen und delegieren, wie das eben so ist, vor einem urlaub. das meiste ist jetzt erledigt. ich muss hauptsächlich noch ein paar sachen holen, die ich mitnehmen will. dann sollte ich ausserdem einige unterlagen aus meiner wohnung in die redaktion zurückbringen. - kim, würde es dir etwas ausmachen, mir dabei zu helfen? vor allem wäre ich froh, wenn du mich in meine wohnung begleiten würdest.«

»natürlich komme ich mit. - obwohl, so kenne ich dich gar nicht, shannon. du bist sonst nie ängstlich. oder hat dir etwa alaje einen hinweis gegeben?«

»ach, alaje, der ist weder mein bodyguard, noch ist er hier auf der erde.«

»shannon, ich bin überzeugt, er beschützt dich, irgendwie kann er das.«

»hoffen wirs. hoffen wir, dass uns die ausserirdischen nicht im stich lassen.«

shannon zieht an ihrem zigarettenstummel.

»komm jetzt, nimm dich zusammen. das ist ja nicht zum aushalten! alaje hat dir bestimmt etwas übermittelt.«

»ich erhalte einfach von allen seiten den starken eindruck, ich solle mich unsichtbar machen und zwar gleich.«

eine gute stunde später fahren die beiden frauen los in richtung shannons wohnung. kim hat mühe, mit ihrem alten chrysler hinter shannon zu bleiben, die wie der teufel fährt. dabei herrscht um diese zeit dichter berufsverkehr, und es dauert trotzdem eine weile, bis sie in den unterirdischen parkplatz eines luxuriösen appartmenthauses hinabfahren. im lift nach oben sprechen die beiden kein wort. shannon öffnet ihre wohnungstür und bleibt nach ein paar schritten wie angewurzelt stehen.

»ich hab's gewusst! ich hab's gewusst! ich hab's gewusst!!«

sie wirft ihre handtasche und die schlüssel vor sich auf den boden. kim tritt zu shannon und sieht eine verwüstete wohnung vor sich.

»ich hab's gespürt, kim.«

shannon hält eine hand an ihre stirn, um sich zu beruhigen. für einen moment schliesst sie die augen. in kims kopf arbeitet es fieberhaft: was ist jetzt zu tun?

»wir sollten nicht hierbleiben, shannon. vielleicht beobachtet jemand das haus.«

»du hast ja so recht! lass mich wenigstens meine ausweise und geldsachen holen.«

»aber mach schnell, ich schaue unterdessen nach, ob der lift geht. wenn ja, musst du sofort kommen.«

»einverstanden.«

in windeseile ist shannon wieder im flur.

»es ist alles noch dagewesen, kim. räuber waren das nicht.«

shannon verschliesst die wohnung wieder. höchst angespannt eilen die beiden über die treppe zu ihren autos.

»fahr mir nach, shannon. ich weiss, wo wir jetzt erstmal hingehen.«

kim führt die freundin zu einem kleinen, schicken restaurant, dessen wirtsleute alte bekannte von ihr sind. um diese zeit ist jedoch noch geschlossen. aber die inhaber wohnen nur ein paar häuser weiter und reagieren zuvorkommend auf kims bitte, sie beide jetzt schon ins restaurant zu lassen.

»es ist ein notfall«, erklärt kim, und ohne umstände begleitet die wirtin die beiden frauen zum restaurant zurück.

die freundinnen spüren nun den schrecken in ihren gliedern. sie warten schweigend im menschenleeren lokal, bis kims bekannte ihnen freundlicherweise heissen, starken kaffee serviert.

shannon fängt sich jedoch schnell wieder.

»du glaubst es vielleicht nicht, kim, aber jetzt, nachdem es geschehen ist, fühle ich mich wie erlöst. nun weiss ich, woran ich bin.«

sie blickt zur wirtin. doch diese winkt ab.

»nein, nein. sie müssen mir nichts erklären. sie sind eine freundin von kim, mehr brauche ich nicht zu wissen.«

»vielen dank, sie sind sehr nett. wir werden ihnen später alles erzählen. aber jetzt möchte ich gerne telefonieren, mit einem ihrer apparate, falls das geht.«

»natürlich. dort drüben steht einer.«

»was hast du vor?«

»komm mit.«

shannon zieht kim am arm zum fon.

»die nachbarin über mir hat einen meiner wohnungsschlüssel. ich frage sie, ob sie für mich ein paar sachen zusammenpacken und sie dann hierherbringen kann. - ich gehe vorläufig nicht mehr dorthin zurück.«

»das ist aber nicht ungefährlich. warum sollte sie das tun?«

»weil sie ein paar sachen weiss. ausserdem hält sie viel von mir.«

»dann versuch's. Ist sie um diese zeit überhaupt zuhause?«

»wahrscheinlich schon.«

die nachbarin beantwortet den anruf und ist sofort bereit, sich in shannons wohnung zu schleichen. sie findet es sogar aufregend. shannon gibt ihr genaue anweisungen, welche sachen sie einpacken soll. inzwischen geht kim wieder an den tisch zurück.

shannon soll direkt von hier zum waldhaus fahren. das ist wohl das beste, denkt sie. aber was ist mit ihr und den kindern? die jungs sind fürs wochenende sowieso mit ihrem vater verabredet. dann muss er sie halt bis über die festtage behalten. das war schon letztes jahr so geplant, aber es klappte schliesslich doch nicht. diesmal muss es. ausserdem braucht kim seinen grossen caravan. - es gibt so vieles, das sie mitnehmen muss, für das haus. vor allem, wenn niemand weiss, wie lange sie bleiben werden. und daniel? wie wird er auf diesen vorschlag reagieren? ihn sollte sie unverzüglich informieren! sarah, die wirtin, ruft für kim im kampfsportcenter an, wo daniel morgens üblicherweise trainiert und frühstückt. auch sie hat glück. er ist dort und verspricht, sofort zu kommen.

wieder vergeht eine dreiviertel stunde. dann erscheint schon mal daniel mit noch feuchtem haar. die frauen klären ihn über die situation auf. wie erwartet reagiert daniel zunächst heftig. er fühlt sich an alte zeiten zurückerinnert. doch shannons erstaunliche aufgeräumtheit bringt ihn wieder auf den boden.

»ich halte es trotzdem für gefährlich, wenn du alleine in die wälder fährst. du kennst dich dort nicht aus, und wenn dir jemand folgt, bist du verloren.«

»also, erstens habe ich eine waffe.«

»ist schon mal sehr gut!«

daniel scheint beeindruckt.

»kannst du damit auch umgehen?«

»ich habe in der letzten woche etwas geübt.«

»jetzt hört mal, ihr beiden, wer sind wir denn, dass wir uns bewaffnen müssen?«, wendet kim ein, *»wir sollen uns geistig verteidigen, nicht schiessen. das haben wir weiss gott zur genüge gelernt. shannon, wenn du dich geistig ausrichtest und verbindest, geschieht dir nichts. das ist ein naturgesetz! ausserdem passen alaje und die anderen auf. - das haben sie gerade bewiesen, oder etwa nicht?«*

»ja, es sieht so aus. sie haben mich wohl gewarnt.«

»shannon soll das eine tun und die pistole trotzdem mitnehmen, kim. besser ist besser. woher hast du sie? kaufen kann man die ja nicht mehr.«

»von meinem boss. er hat sie mir geradezu aufgedrängt.«

»hoffentlich ist der auch auf der richtigen seite.«

daniel ist wieder skeptisch.

»keine angst, er weiss nichts genaues. ausserdem ist er begierig auf eine bombengeschichte. seit die kontrollen zusammengebrochen sind, kann man wieder relativ frei publizieren.«

»lassen wir das jetzt, bitte«, greift kim in die unterhaltung ein, *»ich fasse noch einmal zusammen, was wir vorhaben, okay?«*

»schiess los, liebling.«

daniel grinst. die gefahr dreht ihn ein bisschen auf, wie shannon auch. kim kann das gar nicht nachvollziehen - die beiden haben eben keine kleinen kinder, um die sie sich sorgen machen müssen.

»gut. erstens: shannon fährt heute nacht zum waldhaus. vorher hast du noch zeit, einkäufe zu machen und dich in der redaktion abzumelden. und du, dan, begleitest sie dabei. ich gehe inzwischen nach hause und beginne mit meinen vorbereitungen. abends kommst du mit sack und pack zu mir. sobald ich bereit bin, spätestens freitagnacht, fahren auch wir los. einverstanden?«

daniel und shannon nicken.

»also, dann verlasse ich euch jetzt. amanda kommt heute ausnahmsweise zum lunch nach hause. sie will mit mir schuhe kaufen gehen. bei dieser gelegenheit kann ich sie gut darauf vorbereiten.«

das restaurant ist inzwischen offen, und gerade kommt shannons nachbarin mit gepäck zur tür herein.

»ich habe ihr doch ausdrücklich gesagt, sie soll den kücheneingang benutzen.«

»sei froh, dass sie überhaupt kommt.«

kim erhebt sich.

»shannon, liebes, lass dich umarmen! ich wünsche dir eine gute fahrt. und wenn irgendetwas mit der elektrizität, dem wasser oder so nicht klappt, dann rufst du eben unseren hauswart an. hast du alle fonnummern, die schlüssel und auch die skizzen?«

»ja, ist alles hier.«

shannon umarmt kim.

»danke für deine hilfe.«

»ist nicht der rede wert. vergiss nicht, du kannst alles benutzen im haus. kleider, decken, was immer du brauchst. mach als erstes feuer im kamin, wenn du ankommst, und nimm das grosse gästezimmer im zweiten stock oben. es hat eine hübsche aussicht.«

»ist gut! geh jetzt, ich komme schon zurecht.«

kim drückt daniel einen kuss auf den mund, dann steht sie auf der strasse draussen, wo alles so normal aussieht. aber was ist heutzutage noch normal.

trotzdem durchfliesst kim ein gutes gefühl. sie sind auf dem richtigen weg. es gibt keinen grund zur aufregung. das waldhaus ist ein idealer ort, um unterzutauchen. es ist nicht bloss eine zuflucht, sondern sie werden dort mit dem code arbeiten. ja, das ist es!

»uns wird nichts geschehen«, sagt sie bestätigend laut vor sich hin.

auf dem heimweg ordnet kim in ihrem kopf alles noch einmal. nur schade, dass sie ihre yogakurse und ihr seminar über geistiges arbeiten delegieren muss. mit letzterem hat sie gerade erst angefangen. das wird einigen leuten nicht recht sein. auch in bezug auf amanda dürfte es schwierigkeiten geben. das gute gefühl in kim hält dennoch an, und zuhause angelangt, hat sie ihre alte gelassenheit wieder erreicht. ausserdem fragt ihr exmann auf dem rufbeantworter, ob er die jungs nicht schon donnerstagabend holen kann.

habe ich ein glück!, sagt sich kim.

abends, kurz nach 21:00 fährt shannon los. daniel begleitet sie die ersten zehn minuten mit seinem wagen. zur sicherheit. aber es sieht so aus, als würde ihnen niemand folgen. zum abschied winken die beiden einander zu, dann ist daniel vom highway verschwunden. shannon fährt nun auf sich alleine gestellt durch die nacht, wobei widerstreitende empfindungen in ihr herumtanzen. einmal ist da dieses beklemmende gefühl, auf der flucht zu sein, und der bedrohliche eindruck ihrer durchwühlten wohnung. aber richtige angst hat sie nicht mehr - braucht sie auch keine zu haben, nur weiss shannon das im moment noch nicht. sie weiss nicht, was die männer in ihrer wohnung gefunden haben: ihre aufzeichnungen von alajes wissen und seine diversen mitteilungen. bei den geheim operierenden truppen ist allgemein bekannt, wer alaje ist. und niemand will ausgerechnet diesen kommandanten provozieren. immerhin ist seine flotte nach neuesten meldungen um die erde postiert und jederzeit bereit einzugreifen.

vielleicht spürt shannon das ja. denn je länger sie dahinbraust, desto mehr dominiert ein ganz anderes gefühl in ihr. dieses besondere gefühl der freiheit, das sie überkommt, wenn sie alleine ins unbekannte aufbricht, oder wie jetzt das weite sucht. als ganz junge frau hat shannon dieses gefühl gekannt, wenn sie alleine auf reisen ging, nach süd-amerika oder europa. dieses gefühl von freiheit, angereichert mit einer portion herzflattern vor dem unberechenbaren. noch heute ist sie gerne alleine unterwegs. sie und die welt, sie und das abenteuer und nichts dazwischen. wie ihr das gefällt. es gibt über-haupt viele dinge, die shannon gerne alleine tut, und sie fühlt sich dabei nur selten einsam oder verlassen. normalerweise ist ihr alleinsein angefüllt mit all den welten, mit all dem sein, das es auch noch gibt. mit ihrem inneren kosmos. selbst wenn ihr vieles noch unbe-wusst ist, ist es doch da. ich bin eben ein typischer steinbock, mit jenem hang zum eremiten, sagt sie sich. ein bisschen etwas von einer nonne, eine prise hexe, aber hauptsächlich ein weiblicher eremit. verliebt in einen ausserirdischen - das passt bestens. shannon hat nicht vergebens irdische männer verschmäht. besitzt doch alaje, was sie bei den männern bisher nicht angetroffen hat: eine starke, freundliche, vom geist durchdrungene männ-lichkeit, die keine bewunderung braucht. ausserdem respektiert und achtet alaje sie so wie sie sich selbst sieht. wenigstens empfindet sie das so.

shannon fährt durch die nächtliche stille. sterne funkeln am himmel, und sie riskiert ein auge. was, wenn er jetzt über ihr flöge? aber nichts bewegt sich, und sie muss auf eine kurve achten.

eigentlich interessant, denkt shannon. kim, daniel und ich bilden astrologisch ein harmonisches sonnendreieck. kim ist stier, daniel jungfrau und sie steinbock. wir vertreten die drei erdzeichen. ob das eine bedeutung hat? sie sollte mal darüber nachdenken. aber nicht jetzt, denn ein bisschen spürt sie alajes gegenwart, seit sie an ihn gedacht hat - in angenehmer weise. hat sie ihn etwa angezogen?

schnell und aufmerksam fährt shannon weiter und weiter auf streckenweise fast leeren highways. sie braucht keine musik dazu. das leise geräusch des wagens und alajes energie in ihrer herzgegend sind genug. so gegen 4:00 früh erreicht sie das haus, nachdem sie zweimal die einfahrt in den waldweg verpasst hat, was im dunkeln leicht passieren kann.

dann steht es vor ihr, dieses grosse, alte haus, fahl beschienen von einem zunehmenden mond. shannon mag nicht sofort hineingehen, sondern bleibt lieber noch etwas auf der grossen lichtung vor dem haus. wagt sie es womöglich nicht, das haus zu betreten? shannon lehnt sich an ihren wagen und betrachtet die etwas gespenstische szenerie. plötzlich zuckt sie heftig zusammen. da hat sich ein schatten bewegt, an der seite des hauses! sie nimmt einen satz ins auto und holt die pistole hervor. vorsichtig lugt sie durch ein seitenfenster. und da kommen sie, die schatten. bald atmet shannon auf. es sind bloss tiere! sie denkt zuerst an ponys. aber nein, das müssen esel sein, sechs oder sieben stück. eine ganze, verwilderte herde! sind wilde esel harmlos? langsam steigt shannon wieder aus, ohne pistole, aber vorsichtshalber mit einem schirm in der hand. doch die esel poltern unversehens und wie auf kommando jammernd ins nächste dickicht. shannon steht verdattert da, mit dem schirm in der hand. ohne zu überlegen blickt sie nach oben. hoch über dem haus, aber gut sichtbar, schwebt ein raumschiff! es hat eine elegante form und leuchtet von innen heraus. alajes schiff? shannon kann es kaum glauben. das muss sein schiff sein! schliesslich fühlt sie seine präsenz jetzt sehr stark. bewegungslos steht shannon da und schaut. dann formt alaje deutlich ihre gedanken:

> *›du hast recht, ich bin es mit meinem schiff. ich wache hier über euch und bin ganz nah bei dir. spüre mich. auch veta wirst du demnächst wiedersehen. schon bald ist die zeit unserer trennung vorbei. freue dich darüber!‹*

das schiff wiegt sich noch ein bisschen hin und her, als würde es tanzen für sie. dann steigt es blitzschnell gerade hinauf und ändert seine richtung in einem 90-Grad-Winkel, bevor es im nachthimmel verschwindet. shannon ist tief berührt. sie holt sich ihren schlafsack aus dem wagen und betritt leichten herzens das haus. drinnen legt sie sich im grossen wohnzimmer auf ein sofa und wird von alajes energien in einen süssen schlaf gewiegt.

daniel hat shannon nicht gerne alleine ziehen lassen. er ist ehrlich besorgt um sie, um kim und deren kinder, um so vieles. als junger mann war er ein regelrechter besorgter daddy gewesen, und seine kollegen haben ihn deswegen aufgezogen. er hat sich das mit der zeit abgewöhnt. da sich mit den jahren keine ehefrau einstellte und keine familie, ist er ein etwas berechnender und egozentrischer single geworden - warum hat er eigentlich nie geheiratet? warum waren seine freundinnen stets nur für unverbindliches gut? er hatte doch tolle frauen, warum ist denn nie mehr daraus geworden?

daniel fährt eine weile mit leerem kopf, dann gesteht er sich ein, dass er ein macho war. ein netter macho zwar, aber doch einer, der sich in faden klischees und banaler erwartungserfüllung verloren hatte. er war nur noch ein auf bestimmte reaktionen abgerichteter erdling.

daniel fühlt einen tiefen schmerz in sich aufsteigen. und eine wut. eine wut auf die frauen! wie kommt denn das? wieder braucht er ein paar momente, um es zu akzeptieren.

womöglich sind die meisten männer und frauen wütend aufeinander. sie wissen es bloss nicht. wollen es aus wechselnden gründen nicht wahrhaben. mal weil sie sich gegenseitig zu traumpartnern hochstilisieren. oder umgekehrt, weil sie ihren drang nach dem anderen geschlecht herunterspielen. ihn mit blossem sex kompensieren. oder etwa nicht?

warum haben sie diesen groll gegeneinander? weil sie sich nicht verzeihen. was verzeihen sie sich nicht? dass sie so geworden sind wie sie sind. das ist es! weil sie nicht aufbegehrt haben. sich selbst, ihrer kraft, ihrer energie nicht treu geblieben sind. daniel drückt grimmig aufs gas.

die machos und die tussis dieser welt. die übermuttis und die desperados. die ewigen opfer und die famosen helden. sie alle sind wütend. und sie alle sind schwach. wer wütend ist und schwach, hat nie, was er haben möchte, weil er nicht ist, was er zuerst sein müsste.

daniel fühlt sich schon besser. ausserdem muss er sich jetzt auf den weg konzentrieren, damit er die richtige abzweigung erwischt. als er endlich seinen bepackten wagen vor kims garage abstellt, weiss er genau, was er will: aussteigen aus diesen alten verhaltensmustern. er selbst werden, und zwar im namen einer neuen wahrheit, seiner wahrheit.

kim gibt ihm einen willkommenskuss, den er leidenschaftlich erwidert.

»bin ich froh, du bist heil angekommen!«

kims augen glänzen leicht. vor aufregung, vor erwartung.

»hoffentlich habe ich keine dummheit gemacht, dan. ich habe nämlich unseren hauswart gebeten, morgen früh nachzusehen, ob shannon angekommen ist. ich halte die ungewissheit einfach nicht aus. verstehst du?«

kims stimme ist leicht atemlos. fürchtet sie etwa seine reaktion? daniel nimmt ›seine frau‹, wie er sie für sich nennt, in die arme. kim hat recht. wahrscheinlich hätte er ihr jetzt dargelegt, wie unvorsichtig dies ist, wie sie damit alle unnötig in gefahr bringt. aber stattdessen hält er sie bloss ganz fest und sagt etwas, das ihn selbst erstaunt:

»ich habe vertrauen in deine handlungen, liebste.«

später, in kims grossem bett, umarmen und vereinigen sich die beiden, wie bisher noch nie. kims berührungen sind wie elektrische impulse für daniel. eine kraft, die ihn bis in seine seele hinein aufwühlt. mit feuchten augen schauen sie sich an. staunend, dem verlauf ihrer bewegungen folgend. und irgendwann gleitet kim davon in ein weisses licht, getragen von einer unglaublichen energie. ist das ein orgasmus? daniel blickt auf kims weggetretenes gesicht, bis er selbst von einer woge gepackt wird. was geschieht mit ihm? er schliesst die augen und lässt los, nur kim hält er fest. was ist das?! plötzlich sieht er von oben herab auf sie beide im zerwühlten bett. aber bevor er begreift, dreht es ihn in eine lustvolle lichtwelle. dann spürt er alles zutiefst. einfach alles. und er hört eine stimme. wessen stimme?

»du hast einen moment das bewusstsein verloren, lieber«, sagt kim leise über ihn gebeugt. er blickt in ihre moosfarbenen augen und lächelt.

7

der plan entfaltet sich

genau wie shannon sind auch kim und daniel in der darauf folgenden nacht unbehelligt zum waldhaus gelangt. dank ihrem kooperativen exmann konnte kim fast alles so regeln, wie sie wollte: er hat die beiden kleinen vorderhand zu sich genommen und kim seinen grossen caravan geliehen. hingegen hat sich amanda geweigert, bei verwandten das jahresende zu verbringen. lieber bei ihren grosseltern im nachbarhaus. kim hat dem wohl oder übel zugestimmt. zumal ihre eltern über die lage, in der sie sich befindet, aufgeklärt sind. im gegenzug hat amanda versprochen, ihre katze bo gewissenhaft zu versorgen.

rein theoretisch haben tatsächlich viele auf dem planeten operierende gruppen interesse an den code-trägern, letztlich an deren vernichtung. andererseits gibt es zwei gute gründe, warum dieses weltweite vorhaben bereits vereitelt ist, abgesehen von ganz wenigen, tragischen zwischenfällen. der eine grund ist simpel: die ausserirdischen unter misjas leitung verfügen nunmal über die effizientere logistik und entwickeltere technologien. wer immer in gefahr gerät, erfährt dies rechtzeitig. so früh, dass eine flucht gewährleistet ist. in absoluten notfällen hat die jetzt aktive plejadische flotte das recht, einzelne personen auch mit ganz unirdischen methoden in sicherheit zu bringen.

der zweite grund ist einmal mehr die voranschreitende transformation auf dem planeten. es herrschen zwar vielerorts kriegsähnliche zustände, aber sie finden immer weniger echo und immer weniger resonanz. als würde dieser schrecken sich mehr und mehr im leeren verlieren. sich auslaufen, mangels sauerstoff sterben. dies geschieht mit jenen dingen, die ihre zeit und ihren ort verloren haben. die dritte dimension hat sich inzwischen soweit ausgedünnt auf der erde, dass jede form von gewalt nur noch mit viel mühe bestehen kann. die ereignisströme fliessen immer zügiger an den machenschaften der konservativen kräfte vorbei. diese begegnen sich vervielfältigenden feindbildern, wo immer sie hinschauen. was verständlicherweise eine ziemlich lähmende wirkung hat.

auf ihrer raumplattform betrachtet misja die momentanen vorgänge auf dem planeten umsichtg. die 45 000 code-träger sind zurückgekehrt und bedürfen nun besonderer aufmerksamkeit. doch alles läuft zu misjas zufriedenheit. es ist schliesslich nicht das erste mal, dass sie eine solche aufgabe übernommen hat.

bald würden die inkarnierten ausserirdischen auf der erde mit ihrer speziellen arbeit beginnen. das wird nochmals ein heikler moment sein. misja freut sich jetzt schon darauf, aber vorher hat sie noch etwas anderes zu erledigen.

wenige tage später: es ist kurz nach mitternacht, und auf der basis des exgenerals kenero ist alles vorbereitet für den empfang misjas und zwei, drei weiterer abgeordneter. nicht nur auf dieser basis sind die einflugrampen beleuchtet, versammeln sich generäle, politiker, führer von geheimdiensten und ähnlichen organisationen. dies geschieht zur zeit auf dem ganzen planeten in mehreren machtzentralen. von einer allgemeineren ebene aus gesehen läuft parallel auf tausenden von planeten, die einen ähnlichen entwicklungsstand wie die erde haben, vergleichbares ab. misja höchstpersönlich wird erwartet, sashta, chandri und andere ihrer engsten mitarbeiter. es ist zeit. von höheren dimensionen aus gesehen zeigen sich diese vorgänge als ein kosmischer wellenschlag. es gibt keine unterschiede, nur die einheit dieser bewegung. doch innerhalb der zahllosen, sich transformierenden universen und ihrer sonnensysteme, innerhalb der raum-zeit-schöpfungen verändert sich das bild. nicht alle machen den schritt gleichzeitig. doch jetzt, bei diesem schub, ist die erde mit dabei. andere systeme mögen jahre oder gar jahrhunderte später nachziehen. entsprechend ihrer eigenen zeitebene und ihrem zyklenmuster.

dann ist der unvermeidliche augenblick gekommen: machtträger irdischen oder nichtirdischen ursprungs blicken den ankommenden kleinen raumscootern entgegen. mit ohnmacht, hoffnung oder beidem, je nachdem.

gleichmütig wie stets tritt misja aus einem der schiffe. einmal mehr besucht sie die basis und gleichzeitig viele andere orte. diesmal jedoch kommt sie nicht verkleidet als irdische geschäftsfrau. nein. diesmal ist sie die überirdische führerin, das wesen von unbeschreiblicher meisterschaft. ihr erscheinen oder das erscheinen ihrer mitarbeiter auf den planeten zeigt wirkung. die empfangsdelegationen versuchen das ganze gelassen hinzunehmen. aber vielen der männer gelingt dies nicht.

eine formelle begrüssung findet statt, dann begeben sich alle zu den vorgesehenen sitzungsräumen.

> *»bevor wir mit unseren mitteilungen beginnen, bitte ich sie alle um einige minuten der stille«*, sagt ein begleiter misjas, *»wir danken ihnen für ihr entgegenkommen.«*

in dieser kurzen zeit bauen misja und ihre begleiter eine spezielle energie auf. sie wird den erdlingen und den besatzungsoffizieren helfen, aus dem spiel auszusteigen. die atmosphäre ist jetzt spürbar entspannter. doch in dieses offene oder versteckte aufatmen hinein platzt die stimme des generals, der auf der basis nach keneros abgang die oberhand gewonnen hat.

> *»kommandantin, wir sind an einer kooperation mit ihnen nicht interessiert, wie immer sie auch geartet sein mag. wir können ihr eindringen hier nicht verhindern.*

aber wir werden es durchstehen. ihre eigenen gesetze verbieten ihnen jede anwendung von zwang. wir werden uns ihnen nicht ergeben.«

misja entschliesst sich, direkt zu antworten:

»general, das hier ist der planet erde, und die macht, die sie sich hier errungen haben, ist nur halblegal. deshalb muss ich sie bitten, sich zurückzunehmen. ich verhandle hier nur mit den irdischen regierungsvertretern. wohl ist die art und weise wie sie, meine herren, an die macht gelangt sind, ebenso fragwürdig, aber für mich im moment nicht von belang. denn wir befinden uns hier auf ihrem eigenen territorium«, klärt misja die sachlage, *»ich spreche im namen der räte der höheren dimensionen. sie stehen hinter mir, und mit ihrem einverständnis befehle ich folgendes: jede person verlässt jetzt diesen raum, die sich hier, entsprechend der universellen gesetze, nicht völlig rechtmässig in ihrer position befindet.«*

sehr unwillig und zum teil unbeherrscht erhebt sich mehr als die hälfte aller anwesenden, fast ausschliesslich nichtirdische. sie wissen, widerstand ist zwecklos. die übriggebliebenen wirken verwirrt. ungeachtet dessen fährt misja fort:

»lieber herr präsident, liebe regierungsmitglieder und andere anwesende. die wenigsten von euch können sich an ein ähnliches treffen erinnern, das vor nahezu 25 jahren stattgefunden hat. wir sind damals zum ersten mal auf diese art zu ihnen gekommen. wir haben uns vorgestellt, euch unsere hilfe und unterstützung auf energetischer und spiritueller ebene angeboten. die damaligen regierungsvertreter haben ziemlich unwirsch reagiert. eine mehrheit von ihnen war nicht imstande, uns überhaupt ernst zu nehmen. die wenigen, die ahnten, was vor sich ging, waren voller befürchtungen. spiritualität machte ihnen mehr angst, als die abkommen, die sie bereits mit ausserirdischen geschlossen hatten und in der folge noch schlossen. dank dieser abkommen bestimmen nun fremde über sie und die erde. für eine höchst mittelmässige, unflexible technologie, für waffen, ein paar schmeicheleien, leere versprechungen und falsche versicherungen haben sie und ihre vorgänger die erdenmenschheit und deren planet verschachert. nicht zuletzt auch für die pseudosicherheit, alles würde so beim alten bleiben. bestehende machtverhältnisse würden dadurch zementiert. die fremden haben genau gewusst, wie man sich bei ihnen einschleust. denn es besteht eine grundlegende ähnlichkeit der mentalitäten zwischen einigen rassen vom rigelsystem und den erdlingen. sie wollen dasselbe wie sie, meine herren: die kontrolle über diese kleine irdische welt. und ihre versierten geschäftspartner hätten dieses ziel unter gewöhnlichen bedingungen auch erreicht. doch die zeiten ändern sich extrem, das konnten sie nicht voraussehen. es wird also immer unvermeidbarer für sie, liebe anwesende, sich den laufenden veränderungen zu stellen. es gibt keinen grund zur beunruhigung, glau-

ben sie mir. in wahrheit ist dies ein grosses glück, ein segen, dessen ausmass sie jetzt bloss noch nicht erfassen können.«

mit einer kleinen bewegung wendet sich misja ihren begleitern zu. nun spricht eine andere nichtirdische weiter:

»es ist bloss noch eine frage von monaten, bis diese dreidimensionale erde sich für immer verändern wird. die ganze dritte dimension wird sich gewissermassen auflösen. noch haben sie zeit, sich dem anzupassen. sie haben die nötigen informationen. wenn sie jedoch weiterhin gegen den lauf der dinge ankämpfen, werden sie diesen transformationsprozess nicht mitvollziehen können. ihr körper wird sich nicht mit dem planeten auf eine andere dimension mitverschieben. ihre individualität, ihr ganzes wesen wird stattdessen in seine einzelteile zerfallen und in dieser form wieder von ihrer seele absorbiert werden. darum sind wir heute noch einmal zu ihnen gekommen. wir bitten sie noch einmal, mit uns zu kooperieren. helfen sie uns, damit die erde und die menschheit einen sanften übergang erleben dürfen.«

die nichtirdische macht eine kleine pause und einer der anwesenden irdischen militärs ergreift die gelegenheit:

»für uns sind sie die eindringlinge! wir werden uns nie freiwillig eurer macht beugen. was sie uns da erzählen, entbehrt jeder wissenschaftlichen grundlage. warum legen sie uns keine fundierten beweise vor? weil ihr stärker seid als wir. sie haben es gar nicht nötig, uns zu überzeugen. wir sitzen hier mit ihnen zusammen, weil sie das so eingerichtet haben. am besten sagen sie uns gleich, worauf sie hinaus wollen, mit all dem.«

die ausserirdische antwortet ruhig und neutralisiert die unfreundlichkeit des militärs mit ihrer liebenswürdigkeit:

»sie sollen akzeptieren, was im ganzen universum geschieht und entsprechend handeln. das wollen wir von ihnen. wenn sie beweise brauchen, dann sehen sie sich einfach mal um. konsultieren sie ihre eigenen wissenschaftler. aber das haben sie ja schon längst getan. sie wissen genau, wie sehr sich das leben in den letzten jahrzehnten verändert hat. von den letzten jahren ganz zu schweigen. darum frage ich sie nun, was sie von uns noch genauer wissen möchten?«

»wie konnten sie zum beispiel unsere verschiedenen systemkomplexe lahmlegen? sie haben ein chaos angerichtet und alles zerstört, was wir mit unseren ausserirdischen beratern stetig aufgebaut hatten.«

»das ist jetzt nicht eine frage, die ich erwartet habe, aber auch sie wird ihnen weiterhelfen. hier ist unsere antwort: zuerst einmal haben wir in dieser hinsicht gar nichts

getan. was zur zeit auf der erde geschieht, sind automatische auswirkungen der laufenden schwingungsveränderungen. - diese schwingungsanhebungen haben ihre leute mittlerweile ja selbst festgestellt. für die erde befindet sich ein ursprung der neuen energien und erhöht schwingenden frequenzen in der achten dimension. dies ist eine region, mit der die erde bisher noch nie direkt in kontakt war. eine geistige ebene, die ich im moment der einfachheit halber die achte dimension nenne. sie ist eine art umschlagplatz von seinsqualitäten. ein adapter, der einfliessendes sein für jene regionen vorbereitet, zu denen auch euer planet gehört. allein von dorther kommen diese störfaktoren - wie sie es sehen. trifft höheres sein von der achten dimension auf die fein- und grobstofflichen verhältnisse der gegenwärtigen erde, entsteht meist ein gefälle. dieses gefälle, diese disharmonie ist ihr problem. glauben sie mir, wir haben mit unseren hier inkarnierten leuten intensiv daran gearbeitet. vieles haben wir auffangen und abschwächen können - bis zu einem gewissen schwingungsgrad sozusagen. wo das gefälle jedoch zu gross gewesen ist, konnten auch wir nichts ausrichten. und hier kommen sie ins spiel. hier wünschen wir nun ihr entgegenkommen.«

die nichtirdische wartet, doch niemand sagt ein wort. misja scheint vollauf beschäftigt zu sein mit dem ausgleichen von energien. die männer sollen zuhören und sich öffnen, nicht ausrasten. also enthüllt die sprecherin mit ihrer angenehmen stimme weitere tatsachen:

»mein lieber herr präsident, liebe anwesende. sie können von ihrer seite aus dieses angesprochene gefälle nicht nur abschwächen, sondern aufheben. sie haben es in der hand.«

die volle aufmerksamkeit der irdischen gehört dieser stimme. dieser brünetten frau mit einem aufregenden make-up aus schimmerndem goldstaub auf haaren und wangenknochen. sie lächelt aufmunternd in die abwartenden gesichter.

»entscheidend ist ihr wille. sind sie bereit? wenn ja, wollen wir ihnen sogar eine einmalige hilfestellung anbieten. wir übernehmen ihre deprogrammierung und garantieren ihnen schutz, sofern sie von jetzt an mit uns kooperieren. wir geben ihnen nun etwas bedenkzeit.«

einige der männer wirken jetzt verwirrt. ist das schon alles? gibt es keine strategie? sie selbst sollen die einzige lösung sein? widersprüchliche gefühle wirbeln im raum umher. ist dies eine falle? müssen sie da wirklich durch, um sich zu retten und mit allem aufhören? das kann nicht sein. diese niederlage wäre der sieg. unmöglich!

misja und ihre crew appellieren energetisch und telepathisch an die intelligenz der männer. was die rednerin gesagt hat, ist auch für den verstand nachvollziehbar, bewegt sich immer wieder innerhalb des horizonts der anwesenden. sie haben gar keine wahl.

schliesslich entscheidet sich etwas mehr als die hälfte für die wende, und somit für eine zusammenarbeit mit diesen nichtirdischen. misja ist mehr als zufrieden. die einsichtigen männer werden vorübergehend auf ihre plattform gebracht. erst für die letzte, definitive verschiebung werden sie wieder auf die alte erde zurückkehren.

diese kräfteverschiebung bei praktisch allen aufstiegsplaneten des universums hat einen enormen transformationsschritt ermöglicht. nun kann wieder neues sein ausgeschüttet und gesät werden. freude darüber und mitgefühl fliessen darum ungebremst in die region der erde und ihrer geschwisterplaneten. alles bereitet sich für das lang ersehnte, erhoffte und nunmehr zuversichtlich erwartete wunder vor.

die achte dimension beschäftigt auch shannon sehr in diesen ersten, stillen tagen nach der ankunft von kim und daniel im waldhaus. wie kim ihr geraten hat, hat sie sich im grossen zimmer unter dem dach eingerichtet. drei betten stehen an den wänden, ein antiker schrank und dieses unding von kommode. neben der aussicht auf den kleinen see ist das beste an diesem zimmer der riesige, massive tisch. er thront in der mitte des raumes und ist schon ganz von shannon in beschlag genommen. sie hat darauf ihr mitgebrachtes, portables com-system platziert und was man in ihrem job sonst noch so braucht. eigentlich wollte shannon ein bisschen ferien vom schreiben machen. aber so viel information, so viel neues wissen stürzt in dieser abgeschiedenheit auf sie ein, dass sie fast nicht mit dem verarbeiten nachkommt. dabei hat sie längst schon ihre alajedateien angelegt. daraus soll einmal ein buch entstehen. obwohl, was weiss sie schon wirklich? doch irgendwann ist shannon mit dieser idee im kopf aufgewacht oder eingeschlafen, und jetzt lässt sie sie nicht mehr los.

shannon sinniert am tisch sitzend vor sich hin. das kinn aufgestützt starrt sie zum fenster hinaus und denkt an karju. ja, sie hat sie tatsächlich getroffen, diese besondere halbschwester von alaje. auf dem raumschiff, zu dem man sie gebracht hatte. plötzlich stand so ein feenhaftes wesen vor ihr, mit fast weissen, seidigen haaren und wasserblauen augen. eine wahrlich ätherische frau! sie strahlte shannon mit einem weiten lächeln an und nahm ihre hand.

»ich bin karju und freue mich sehr, dich hier anzutreffen!«, hat sie mit klingender stimme gesagt, *»erinnerst du dich? ich bin die halbschwester deines liebsten. alaje hat mir von dir erzählt. er bewundert dich, und ich erst!«*

karjus herzlichkeit war wirklich anrührend. immer wieder, wenn sie an karju denkt, weckt das eine tiefe reaktion in shannon. was für eine frau. sie hat dieselbe mutter wie alaje, doch die andere hälfte ihres erbmaterials und ihres lichts stammt aus der achten dimension. karju hat neues sein in sich verkörpert und mit der fünften dimension verschmolzen! alles sein sei jetzt einer transformation unterworfen, hat sie gesagt. darum müssten teile der achten dimension in der fünften verankert und integriert werden. wesen wie sie würden dies vollziehen. karju hat das eine aufregende, wunderbare mission genannt. und sie hat sich mit ihr, shannon, verglichen. sie hätten beide die aufgabe, dimensionen zu transformieren und zu transzendieren. shannon war darüber verlegen geworden.

»die fünfte dimension ist so weit und reichhaltig, sie wird sich nur in sich selbst verschieben und vergrössern. dies zu vollbringen ist relativ einfach. aber die situation, in der wir uns befinden, ist für alle einmalig! denn die achte dimension öffnet sich in einer weise, wie das noch nie geschehen ist. sie wird zu einem einzigen fluss von leben, hineinströmend in die nun angeschlossenen regionen. gleichzeitig wird sie genährt und selbst erneuert. stell dir das vor, liebe shannon, was für eine erfahrung! und ich darf solch ein wassertropfen sein, der sich mit euch in den ebenen der fünften dimension vermengt.«

shannon erinnert sich noch, wie karjus augen vor begeisterung funkelten, wie ihre ganze erscheinung schimmerte und vibrierte, weil sie hinabgestiegen war. shannon hat das nicht verstanden. aber nach einem blick in die fast durchsichtigen augen karjus wusste shannon: für sie ist es ein glück, auf diese weise den menschen weiterzuhelfen.

»wie ist dein name nochmals?«, hat karju nachgefragt.

»ich heisse shannon.«

»wie schön. ich heisse auch shannon. glaubst du nicht, dass wir alle gleich heissen?«

beim zweiten zusammentreffen wollte shannon nun wissen, warum sie, karju, auf diesem schiff sei und sich mit der verschiebung der dritten dimension beschäftige.

»ich bin wegen dir hierher gekommen!«

karju legte ihre schmalen hände an den gürtel ihres overalls, der nicht ganz zu ihrer feinen erscheinung passen wollte. mit leicht geneigtem kopf blickte sie unter ihren wimpern hervor, in erwartung von shannons reaktion.

»meinetwegen?!«

karju antwortete mit einem hellen, sich leicht überschlagenden lachen.

»warum denn nicht?! ich wollte dich kennen lernen. alaje hat das sehr begrüsst. er denkt, ich täte dir gut und könnte dir mut machen. ist es nicht so?«

»oh doch, doch, karju. du bist eine fantastische lehrerin.«

»lehrerin? lass mich deine schwester sein. möchtest du das?«

gedankenverloren tritt shannon auf den balkon, der zu ihrem zimmer und dem schmalen raum nebenan gehört. der himmel schimmert weisslich, bedeckt von federwolken. dazwischen sieht man noch blauen himmel und eine bereits tiefstehende sonne. in wenigen tagen wird weihnachten sein. mit verschränkten armen blickt shannon auf den see. sie ist erfüllt von der erinnerung an karju, deren präsenz sie gerade intensiv wahrnimmt:

»hat ein wesen wie du keine schwierigkeiten hier zu sein, zusammen mit erdlingen?«

»weisst du denn nicht, wo wir hier sind?«, erwiderte karju auf diese frage.

»wir sind hier in gar keiner dimension, wenn ich das so sagen darf. misjas plattform ist in einer dimensionalen verwerfung platziert. an einer schnittstelle. darum ist es für mich sehr einfach hier zu sein. auch du bist hier nicht, wie du sonst bist, shannon. deine energiefelder schwingen hier anders. dennoch so ausgewogen und ausgeklügelt, dass du dich völlig normal dabei fühlst.«

shannon hat das sehr interessant gefunden und versucht, unterschiede zu erspüren. aber es ist ihr kaum gelungen.

»von der fünften dimension aus habe ich für misja kürzlich erst kleine jobs erledigt«, hat karju weiter erzählt, *»weisst du, ich bin sehr interessiert an diesen vorgängen hier. ich bin als beobachterin zugelassen. misja ist immer offen für wesen, die ihren horizont erweitern wollen.«*

»ereignisse in der dritten dimension sind für dich interessant?«

shannon konnte das kaum glauben.

»natürlich, besonders jetzt. da bin ich nicht die einzige. es geschieht schliesslich nicht alle tage, dass dimensionen sich auflösen. ich will sehen, wie misja das mit ihren leuten macht. - die am weitesten abgedrifteten seinsregionen sind am schwierigsten zu bergen. das leuchtet doch ein, oder? darum können wir alle von euch lernen, wie ihr euch einbringt, wie ihr euren plan vollzieht.«

karjus blick floss in shannons augen, die mühe hatte, ihr zu folgen.

»ach komm, shannon! sei nicht so. du bist doch eine kluge frau.«

hier umarmte karju ihre ›schwester‹. shannon empfand diese berührung wie ein umhülltwerden von etwas wunderbar weichem, warmem und zart duftendem.

shannon fröstelt ein bisschen draussen. sie holt sich eine jacke und lässt ihren blick und ihre gedanken erneut schweifen. über die waldige landschaft und in karjus wesen hinein. karju, die so schön von misja schwärmen konnte.

»wenn ich nur einen gedanken an sie denke, läuft mein herz bereits über vor liebe«, hat karju beteuert, und man hat es ihr angesehen.

misja sei eine rätin der höheren dimensionen, verriet karju shannon. wobei die bezeichnung höhere dimensionen nur ein behelf sei, um niemanden zu erschrecken. in wahrheit befänden sich diese räte jenseits der dimensionen. in wahrheit seien sie die schöpfer von dimensionen, die manchmal in ihre schöpfungen eintreten, um sie zu verändern.

»man hat euch viele gute worte gegeben, für die dinge, die ihr nicht kennt«, hat karju einmal zu ihr gesagt, *»worte wie ›dimensionen‹, worte wie ›einheit‹ und ›gott‹. aber klammert euch nicht daran, denn diese begriffe sind vorhänge, die für euch noch nicht gelüftet worden sind.«*

dann, als shannon karju zum letzten mal getroffen hat, fragte karju unvermittelt, was sie sich wünsche. shannon muss jedesmal lächeln, wenn sie daran denkt. karju, die märchenfee. zuerst kam shannon alaje in den sinn, eine million dollar, eine andere welt. ich weiss nicht! die frauen lächelten sich zu.

»du weisst schon«, hat karju nur gesagt, die hände wieder an die hüften gelegt.

shannon sollte etwas sinnvolles wünschen, etwas spirituelles. die achte dimension! das war's. dahin wollte sie, wenn das ging. karju war ehrlich erstaunt.

»da kommst du aber nicht einfach so hin. jedenfalls nicht als erdenmensch. nur die höheren aspekte deines wesens könnte ich mitnehmen. selbst dann würde dein körper möglicherweise unangenehm darauf reagieren. du würdest nichts davon wissen. jedenfalls nicht direkt. - aber diese erfahrung jenseits deines wachbewusstseins hätte sicherlich einen einfluss auf dich. - ja, warum sollen wir das nicht machen! vielleicht können wir dann durch dich gewisse energien auf die erde bringen!«

»oh karju, soweit würde ich gar nicht unbedingt gehen«, versuchte shannon das ganze etwas abzuschwächen, natürlich vergebens.

nachdem shannon vom raumschiff zurück gebracht worden war, etwa vier, fünf tage später, erwachte sie tatsächlich eines morgens gegen 6:00 mit fürchterlichen magen-darm-problemen. sie erbrach mehrmals und litt an einem sturzbachähnlichen durchfall. ganz abgesehen von den kopfschmerzen und einem undefinierbaren druck auf der brust. ihr arzt diagnostizierte eine darmgrippe und sie lag ein paar tage darnieder, wie karju es ihr prophezeit hatte. kaum war sie damals wieder genesen, war dieses gefühl der bedrohung in ihr erwacht und gewachsen.

ach, shannon mag gar nicht an diese ungute zeit denken. sie will jetzt einfach noch ein bisschen karjus nähe in sich wahrnehmen und legt sich dazu aufs bett.

karju und die achte dimension. sie würde darüber schreiben. schreibend herausfinden, ob diese reise wirklich stattgefunden hat, und inwiefern sie sich dadurch verändert hat. aber nicht heute. wie sagte schon scarlett o'hara: morgen ist auch noch ein tag.

die drei wohnen nun schon seit mehr als einer woche im waldhaus, und bereits hat sich jeder seinen speziellen tagesablauf geschaffen. shannon schreibt nachmittags auf ihrem zimmer. kim verbringt dafür die morgen im grossen elternschlafzimmer, das sie mit daniel bezogen hat. sie absolviert dort ihr tägliches yogaprogramm und arbeitet ein bis zwei stunden für die erde, mit dem geistigen wissen, das sie sich in den letzten jahren angeeignet hat. das frühstück holt sich kim ins zimmer, während die andern beiden joggen sind. daniel ist in dieser hinsicht ganz zäh. bereits um 7:00 morgens rennt er los, in richtung auf die kleine anhöhe, weg vom seeufer. von dort oben kann man in der ferne ein paar häuser von forest city sehen. ein kleiner ortsflecken mit zwei, drei läden und einem restaurant. auch der hauswart vom waldhaus wohnt dort. so um 7:30 ist daniel wieder zurück, aber nur um shannon abzuholen. zu zweit traben sie dann nochmal eine halbe stunde gemütlich am seeufer entlang.

abends kocht kim oder auch daniel, dieser vor allem asiatische gerichte. shannon macht dafür den abwasch. die stunden dazwischen gehören den alltäglichen verrichtungen und kleinen zerstreuungen wie lesen, fernsehen, in liegestühlen träumen. daniel hat sich ausserdem noch kraftaufwendigeren dingen zugewendet wie holzhacken und an einem alten, morschen ruderboot herumflicken.

einige zeit nach dem abendessen praktizieren die drei draussen nach daniels anleitung tai-chi. als einstimmung auf die allabendliche gemeinsame geistige übung unter kims regie.

inzwischen ist es weihnachten geworden und daniel hat einen kleinen tannenbaum fürs wohnzimmer gefällt. wie es kims exmann zu tun pflegte in den jahren, in denen sie mit kindern und freunden die feiertage hier verbrachten. kim hängt nicht ungern diesen erinnerungen nach. der estrich neben shannons grossem zimmer ist noch voller baumschmuck und anderen sachen, die an vergangene feste erinnern. ja, dieses haus hat schon viele fröhliche stunden gesehen. kim und shannon schleppen kisten voller spannender dinge ins wohnzimmer und sind nicht mehr zu bremsen, derweil daniel in der küche sein originalweihnachtsgebäck herstellt.

die freunde feiern das alte, heidnische fest der tannenbäume und geschenke mit vergnügen. weihnachten ist etwas eigenständiges und selbst jetzt noch präsent, in einer zeit, in der sich die religiösen strukturen endgültig auflösen. seit den kurzen aber heftigen kriegen nach der jahrtausendwende ist die religiöse macht auf dem planeten am zerfallen. nicht zuletzt, weil die patriarchalen ordnungen insgesamt sterben. es werden langsam wieder die geistigen kerne freigelegt, in den gesellschaften sowie in den einzelnen menschen. aber dies hindert offenbar niemanden daran, trotzdem religiöse feste zu feiern, einfach mit einer andern wahrnehmung und gewichtung. die menschen beharren auf dem geist in ihnen selbst und auf der möglichkeit eines sinnlichen erlebnisses.

schon wenige tage später ist es für die freunde vorbei mit der weihnachtsstimmung, und selbst das warten auf unbekanntes rückt in den hintergrund. der strahlendblaue, fast letzte tag des jahres 2011 beginnt wie die anderen auch: daniel und shannon joggen, während kim gerade kaffee, crackers, käse und eine frucht ins schlafzimmer hinaufträgt.

daniel betrachtet seine begleiterin von der seite. shannon ist ihm eine wirkliche freundin geworden. diese etwas abweisend wirkende frau, die nur vom äusseren her in das verblassende männerklischee von der vorzeigeblondine passt. irgendwie ist shannon zu gut für die welt, zu weit weg.

»diese trauben hängen mir zu hoch«, hat ihm kürzlich erst ein kollege über sie gesagt. in der tat hat sich shannon stets schwer getan mit ›gewöhnlichen‹ männern. nun hat sie, was sie verdient: einen ausserirdischen.

»was denkst du«, will shannon argwöhnisch wissen.

»nur gutes!«, wehrt sich daniel. die beiden traben ein paar minuten schweigend weiter.

»hast du in letzter zeit auch mal über die liebe nachgedacht, daniel, hmm? ich meine nicht die erotische liebe und so. ich meine die liebe, punkt.«

daniel räuspert sich bloss.

»in letzter zeit muss ich oft daran denken, und mir wird immer ganz weh dabei. - ist das nicht eigenartig?«

»für mich klingt das nur zu verständlich. dies ist ganz persönlich, aber ich will es dir anvertrauen: wenn ich an mein herz denke, könnte ich manchmal weinen.«

»mir geht es genauso. da ist soviel trauer. soviel verpasstes. - ich bin ja nicht jemand, die denkt, sie habe im leben alles falsch gemacht. aber in bezug auf die liebe bin ich nicht zufrieden mit mir. eigentlich geht es mir so, seit ich karju getroffen habe. du hättest sie sehen sollen. wie sie über misja und andere sprechen konnte. da war soviel schönheit drin. das beschämt mich heute noch.«

»shannon, he, das hat sie bestimmt nicht gewollt. du und ich, alle wissen, dass in dieser hinsicht etwas falsch läuft. unsere herzen sind verkommen. taub geworden. aber warum bitte ändern wir das nicht einfach?«

»aus angst?«

»oder aus bequemlichkeit?«

»das wäre noch schlimmer!«

»kim ist da schon weiter, findest du nicht auch?«

»ja, da hast du wohl recht.«

shannon hält an und bückt sich, um ihre schuhbänder fester zu binden. sie sieht bekümmert aus.

»komm, lass dich brüderlich umarmen.«

daniel nimmt shannon in seine arme und hebt etwas den kopf, um ihrem platz zu machen. da sieht er zufällig, wie sich am anderen ufer eine gestalt bewegt und verschwindet. reflexartig reisst er shannon mit sich hinter das ufergebüsch.

»es ist jemand auf der anderen seeseite! bleib still liegen!«

daniel ist so angespannt, dass shannon sich seiner anweisung fügt. als sich jenseits des sees nichts mehr regt, schleichen die beiden geduckt vom seeufer weg und eilen dann schnell durch den wald zum haus zurück. shannon fühlt sich bedrückt und daniel ist ziemlich aufgeregt.

»ich hab's geahnt, dass wir hier nicht alleine sind. schon die ganze zeit. ich gehe jetzt nach oben und hole kim. sie soll das auch gleich erfahren.«

daniel stapft los, während shannon das frühstück fertig macht. offenbar hat er kim gerade unter der dusche erwischt. mit feuchten haaren und eingewickelt in einen alten herrenbademantel erscheint sie von daniel am arm gezogen in der küche.

»was um alles in der welt ist passiert?!«

»wir werden beobachtet, liebes. ich habe einen mann entdeckt, der shannon und mich beobachtet hat. soweit ich es erkennen konnte, trug er eine uniform. das gefällt mir gar nicht.«

kim wirkt etwas verständnislos. sie blickt zu shannon, doch diese schweigt. offenbar findet sie daniels verhalten etwas übertrieben.

»aber dan, wir sind doch hier nicht alleine. es gibt einzelne häuser am anderen ufer. und forest city ist nicht weit. vielleicht hast du einen fischer gesehen. eventuell sogar nur einen hirsch. es gibt viele hier, und die sind sehr gross.«

daniel schaut kim unergründlich an.

»shannon, sag doch auch etwas«, bittet er diese um schützenhilfe.

»ich habe nichts gesehen. ausserdem glaube ich alajes worten. es sind raumschiffe über uns, die uns bewachen.«

»das will ich ja nicht bestreiten. vertrauen ist gut, aber vorsicht ist besser.«

die beiden frauen werfen sich einen blick zu. unwillkürlich reibt sich daniel die herzgegend. er hat schmerzen. schon als sie zurückgelaufen sind.

»bist du in ordnung, dan?«

»ich habe etwas schmerzen hier, aber ich kenne das. es geht schnell wieder vorüber.«

»also, ihr zwei!«

shannon betrachtet kim, die blass geworden ist. was soll das hier nur bedeuten?, denkt sie, will jemand das haus umzingeln und ausräuchern und sie alle abführen oder was?

»ich glaube nicht, dass wir hier ernsthaft in gefahr sind, basta«, greift shannon in ihre gedanken ein.

»daniel, wenn du dich bedroht fühlst, dann hol dir meine pistole. sie ist immer noch in meinem wagen. ich habe jedenfalls nicht vor, mich noch mehr zu verstecken, als wir es ohnehin schon tun.«

daniel ist nun vollends entgeistert.

»habe ich richtig gehört, du hast die waffe im wagen gelassen?!«

»dan, bitte beruhige dich«, beschwört ihn kim.

»du vergeudest nur deine kraft und energie. dabei weisst du so gut wie ich, es gibt nur eine wirkliche abwehr, und das ist der geist.«

kim massiert sanft daniels nacken.

»investiere in die liebe, statt in feindbilder«, sagt sie gedankenverloren und trifft daniel damit voll.

»lass mich kim, ich muss nun etwas für mich sein.«

er verschwindet unfreundlich aus der küche. shannon schüttelt den kopf.

»meine güte, er kann immer noch so schroff sein.«

»bitte shannon, ich mache mir sorgen. was habe ich falsches gesagt? soll ich ihm nachgehen, was meinst du?«

»nein, lass ihn eine weile in ruhe. das wird das beste sein. es ist sein prozess, da kannst du nichts machen.«

»doch, heute abend werden wir uns wieder einmal geistig reinigen. auch die gegend hier. das hilft bestimmt.«

eine halbe stunde später ist daniel noch nicht wieder aufgetaucht. kim hat sich inzwischen angezogen und trinkt in der küche shannons heissen grog mit viel rum drin.

»ich suche ihn jetzt gleich«, erklärt sie.

aber shannon hält das nach wie vor für eine schlechte idee.

»ich schleiche mich mal zur bürotür und horche, ob er am multi-com sitzt. ich habe im büro kürzlich berge von com-spielen gesehen«, schlägt shannon vor.

»du willst wie ein kind an der tür horchen? wie kommst du überhaupt darauf, dass er dort ist?«

»weil er oft am multi-com sitzt. hast du sicher auch schon bemerkt.«

die beiden verharren schweigend vor ihren gläsern. kim leicht verstört und shannon genervt.

»also, ich gehe jetzt«, verkündet sie fünf minuten später. shannon schleicht geräuschlos durchs wohnzimmer zur tür, die zum hinterzimmer führt, dem so genannten büro. leicht erschreckt huscht sie schnell wieder in die küche zurück.

»daniel weint. das heisst er weint nicht nur, er schluchzt.«

»so, jetzt ist aber schluss. jetzt holen wir ihn da raus!«

kim flattert los und shannon hinterher. daniel sitzt am pult, den kopf auf seine arme gebettet. sein hemmungsloses weinen schüttelt den ganzen körper. wie krankenschwestern nehmen die beiden daniel auf und bringen ihn ins wohnzimmer hinüber.

»hast du noch schmerzen, lieber?«

kims stimme klingt ganz trocken. daniel nickt und hat sichtlich mühe mit der atmung. kim hat nun endgültig etwas die fassung verloren.

»warte, kim!«, rufen daniel und shannon wie aus einem mund, denn sie hat bereits ihr fon in der hand.

»ruf jetzt ja keinen arzt!«, krächzt daniel angestrengt, *»wenn ich in ein spital komme, werden die mich dort nur auseinander nehmen. sei vernünftig!«*

»was sollen wir denn tun?«

kim ist nun selbst den tränen nahe.

»jetzt versorgen wir zuerst daniel, und dann kommst du mit mir in die küche«, sagt shannon fest entschlossen.

»vielleicht helfen heisse eukalyptuswickel oder sowas. aspirin ist auch da. ich schaue nach, was wir sonst noch haben.«

doch bevor shannon den satz fertig gesprochen hat, ist kim schon losgerannt.

»daniel, heute morgen beim laufen haben wir etwas angesprochen.«

daniel packt als antwort erneut ein weinkrampf.

»tut mir leid, ich kann nichts dagegen tun. es ist stärker als ich.«

»ist schon gut. weine nur. - tut das herz noch sehr weh?«

daniel atmet tief durch und setzt sich etwas auf.

»es wechselt. zuerst zieht sich alles zusammen und dann spüre ich eine sich schnell drehende energie in der herzgegend. sie ist eigentlich angenehm, aber dies löst wiederum einen druck aus.«

»das ist aber interessant. mir fällt echt ein stein vom herzen, wenn das so ist.«

im moment, wo shannon dies sagt, realisiert sie erst den druck auf ihrer eigenen brust. ein bisschen schmerzen hat sie auch! aber sie sagt nichts.

»ich habe abgelaufenes nitroglyzerin gefunden!«, ruft kim schon auf der treppe.

»von meinem verstorbenen exschwiegervater!«

daniel bringt ein verquollenes lächeln zustande.

»meint ihr, man kann das noch nehmen?«

»lieber nicht«, flüstert daniel.

shannon zerrt kim mit dem nitroglyzerin in die küche.

»weisst du, was wir zwei jetzt machen?«

»was denn?«

»zuerst machen wir daniel heisse kompressen und einen starken kaffee. dann setzen wir zwei uns zusammen und finden kraft unseres geistes heraus, was hier los ist. einverstanden?«

»du hast recht. das sollten wir tun. vielleicht kann ich mich dann wieder zentrieren.«

und es hilft. sowohl die kompressen wie auch die geistige notfallarbeit. kim spürt liebevolle energien in ihrem herzen, und shannon hat eine eingebung.

»ja, das ist es! die achte dimension öffnet die herzen der menschen! ich meine, von der achten dimension kommen die kräfte und energien, die unsere herzen öffnen. möglicherweise ist daniel nur einer von sehr vielen, die jetzt gerade dasselbe durchmachen! oh karju, meine liebe, das muss ich gleich aufschreiben.«

»sollten wir dann nicht auch schmerzen haben wie daniel?«

»dein herz, kim, ist eben schon weiter geöffnet - was mich betrifft, ich habe ehrlich gesagt auch ein bisschen schmerzen. vor allem ist da diese traurigkeit. aber die macht sich bemerkbar, seit wir zurück sind von den raumschiffen.«

»am besten, du würdest auch losheulen.«

»das kann ich nicht einfach so.«

»versuch's doch.«

»kim!«

»also, dann lass uns wieder zu daniel gehen. wir müssen ihm sagen, wie wir das sehen.«

»geh du schon vor. ich mache noch mehr kaffee und etwas frischen fruchtsaft.«

erst tage später ist es auch an shannon, den tränen freien lauf zu lassen. allein in ihrem grossen zimmer. doch alaje spendet ihr schliesslich trost mit einer innigen, feinstofflichen umarmung.

diese herzgeschichte hat die drei einander näher gebracht. hat sie mitteilsamer gemacht. noch einmal halten sie zusammen rückschau, besonders auf dieses unglaubliche letzte jahr. die freunde verleben zwar immer noch fragile tage, aber sie sind voller anteilnahme.

misja nutzt die erste zeit des jahres 2012, um in der form ihres doppels besuche abzustatten. so biegt eines morgens ein grosses auto in den weg ein, der zum waldhaus führt. daniel ist gerade hinter dem haus am holzhacken, als er ihren wagen heranfahren hört. blitzartig schnappt er sich shannons waffe aus deren unverschlossenem bmw. der fremde wagen hält mitten auf der wiese vor dem haus und das doppel steigt aus. diesmal sportlich gekleidet mit kappe und schal. daniel atmet auf. schon eilt shannon aus der haustür dem willkommenen gast entgegen. dann umarmt daniel das menschliche doppel misjas überschwenglich und eilt mit der guten nachricht ins haus.

die drei servieren dem hohen gast sogleich ein üppiges frühstück. das doppel gibt den freunden gerne etwas von ihrer zeit. schliesslich brauchen sie jetzt eine bestätigung: ja, sie sind am richtigen ort. ja, alles wird nach plan verlaufen. alles wird gut werden.

»hört zu, meine freunde«, beginnt das doppel eine stunde später mit der erfüllung seiner aufgabe, *»schon bald werdet ihr eine überaus wichtige arbeit in angriff nehmen. ich bin gekommen, weil ihr zuerst noch mehr klarheit benötigt. klarheit im hier und jetzt. klarheit für euch und das haus. ihr müsst euer sicherheitsproblem noch loswerden - versteht ihr, was ich meine?«*

die drei schauen etwas betreten drein. hat sich das schon im universum herumgesprochen?

»euch ist noch immer nicht bewusst, wer ihr seid, was für machtvolle wesen. bald werdet ihr als solche handeln müssen. also hört auf mit kindereien, die gar nicht zu euch passen. ihr seid hier nicht in gefahr, vorausgesetzt, ihr beachtet gewisse regeln.«

das doppel nimmt einen schluck tee, bleibt dabei aber vollständig fokussiert.

»zuallererst kontrolliert eure gedanken. seid euch ständig bewusst, was ihr denkt. das ist ganz wichtig. eure absicht soll stets die liebe sein. bedingungslos. haltet diese ausrichtung aufrecht. dadurch bildet ihr einen schild von liebe um dieses haus. wenn ihr diesen schild ständig aktiviert haltet, kommen nur menschen und wesen in einem harmonischen geisteszustand in eure nähe. die anderen werden dem haus fernbleiben, ob sie wollen oder nicht - das ist nicht neu für euch, ihr habt es schon geübt. nun wendet diese einfachen techniken an. zeigt, was ihr könnt und haltet diese dinge aufrecht. seid ihr fähig und gewillt, unsere partner zu sein? dann leistet euren beitrag.«

das doppel blickt freundlich aber bestimmt zu daniel.

»dieser liebenswerte kerl lässt sich immer noch schnell in gewisse überholte spiele verstricken. das hier ist kein krieg und es gibt keinen kampf, mein freund. wir möchten nur, dass du dir des folgenden gewahr bist: es gibt einige durchgedrehte, wütende und gewalttätige männer, die sich herumtreiben, hier und überall. sie sind ausser kontrolle. und wenn ich das sage, meine ich ohne selbstkontrolle. du solltest dich nicht so sehr mit ihnen befassen, diese leute haben hier nichts zu suchen. ihr habt eine andere aufgabe.«

daniel ist nun merklich eingeschnappt, ob dieser deutlichen rüge. was soll er jetzt wieder falsch gemacht haben. er hat doch nur mit den besten absichten versucht, die frauen und auch sein leben zu beschützen. verdammt nochmal. das doppel steht nun in seiner ganzen länge als autoritätsperson vor daniel.

»tut mir leid, daniel. da ich keine einsicht sehe in dir, muss ich dich bitten, mir in das hinterzimmer zu folgen, damit wir unter vier augen klarheit schaffen.«

daniel folgt dem doppel in leicht gebeugter, angespannter haltung. kims herz schlägt vor schreck wie wild.

»komm, bleib jetzt in deiner mitte, kim. daniel wird das schon hinkriegen. - er arbeitet schliesslich an den männerthemen. du musst das nicht alles bloss auf ihn beziehen. er leistet hier eine zusätzliche arbeit. lass ihn also machen.«

»danke, dass du mich immer wieder auf die füsse stellst, shannon. - ich weiss gar nicht, was mit mir los ist. ich muss noch mehr an meiner stabilität arbeiten. seit daniel und ich uns so nahe gekommen sind, bin ich eine mimose geworden. das ändere ich jetzt, ich versprech's.«

»gut, auf deine versprechen zähle ich.«

die frauen umarmen sich, dann klingelt wie auf ein stichwort das fon. shannon hebt ab. es ist amanda.

»ich weiss, wir sollten nicht anrufen, aber es ist wichtig. - veta sagt, wir würden euch damit nicht in gefahr bringen.«

»veta ist bei dir?!«

»ja, warte, ich geb ihn dir, ciao.«

»hallo, mutter! ich bin immer noch bei euch auf dem planeten. es gibt so viel zu tun hier, und ich habe eine aufenthaltserlaubnis.«

»wo bist du genau?«

shannon ist angenehm aufgeregt. sie hat nicht erwartet, so bald wieder von ihrem sohn zu hören.

»ich sehe gerade in kims haus nach dem rechten. auch deine wohnung habe ich in ordnung gebracht. sie ist nun gut gesichert. die beiden häuser hier werden unter personellen schutz gestellt.«

»du meinst, ein ausserirdischer beschützt kims haus?«

»eine plejadierin. sie ist eine gute bekannte von mir und hält sich bei amandas grosseltern auf. ihr müsst euch diesbezüglich also keine sorgen mehr machen.«

»warum, mein lieber, sagst du bei amandas grosseltern? amanda ist doch auch dort?«

»ja, aber nicht mehr lange.«

»was heisst das?!«

shannons stimme ist zu einem flüstern geworden. kim steht nun dicht neben ihr und will mithören.

»es gibt keinen grund zur beunruhigung, shannon. bitte, glaube mir.«

veta ist fast ein bisschen beleidigt.

»sagen wir mal, es ist von vorteil, wenn ich zu euch stosse. darum möchte ich mich so bald wie möglich auf den weg machen.«

»das finde ich wunderschön! du bist herzlich willkommen bei uns. - nicht wahr, kim, veta kann zu uns kommen?«

kim nickt und veta freut sich über shannons reaktion, doch die angelegenheit ist damit noch nicht geregelt.

»ich brauche dafür einen wagen, mutter. soviel ich weiss, steht einer in kims garage...«

»veta, das ist daniels porsche, den wird er dir kaum überlassen - kannst du denn überhaupt fahren?«

»nicht direkt«, seufzt er.

schweigen. veta fährt fort:

»darum wird amanda mich begleiten. zusammen können wir den wagen fahren.«

jetzt ist es gesagt. shannon schnappt nach luft, und kim nimmt ihr kurzentschlossen das fon aus der hand.

»veta, hier ist kim. geht's euch allen gut?«

»guten tag, kim. ja, wir sind alle wohlauf, selbst die katze. die hatte zwischendurch mal probleme, aber diese geschichte werde ich euch später erzählen.«

»veta, weisst du, dass amanda erst 15 wird?«

»ja, ich habe es erfahren.«

»das bedeutet, sie hat noch keine fahrerlaubnis.«

»das ist mir bewusst. trotzdem versteht sie schon einiges von autos. sie kann mir zeigen, wie diese maschine funktioniert, und ich werde sie pilotieren.«

»das ist in verschiedener hinsicht einfach zu gefährlich. abgesehen davon, wird daniel seinen wagen für so ein abenteuer niemals hergeben. ich kann euch das nicht erlauben.«

»kim, bitte urteilen sie nicht vorschnell. wir werden beschützt sein von einem raumscooter. mein vater hat dies angeordnet. niemand wird uns also etwas anhaben können.«

kim schweigt unschlüssig. gerade in diesem moment erscheint das doppel wieder im wohnraum und ermahnt auch die beiden frauen.

»was immer geschieht, bleibt ruhig. ihr könnt es euch nicht mehr leisten, euren inneren frieden zu verlieren. kim, das könnte ansonsten dein ende sein. du könntest umkommen, nimm das ernst. und habt vertrauen in veta. er ist kein kind mehr. vergesst nicht, er stammt aus einer überlegenen kultur. lasst die beiden ruhig kommen. sie sind beschützt und sie sind wichtig.«

veta hört, was das doppel sagt.

»kim, könnte ich bitte misja sprechen?«

»selbstverständlich.«

»mein lieber freund, ist alles in ordnung?«

»ja, danke misja. für alles. werden sie uns fahren lassen?«

»ich denke schon. sie müssen sich nur zuerst daran gewöhnen.«

»und daniel?«

»frag ihn gleich selbst, er ist bereits hier. mach es weiterhin gut, veta.«

»herzlichen dank misja.«

daniel ist inzwischen auch im wohnzimmer aufgetaucht und misjas doppel gibt ihm den apparat.

»veta, hier ist daniel.«

»hallo. daniel, ich brauche ein auto. amanda und ich werden zu euch fahren - es ist notwendig. entweder fahren wir mit dem wagen von amandas grosseltern oder mit ihrem porsche. wie sehen sie das?«

daniel muss ein paarmal durchatmen, doch dann erklärt er ziemlich locker, er vertraue den porsche lieber ihm, veta, an, als kims eltern. das doppel wirft einen vielsagenden blick zu den ängstlichen müttern.

> *»jetzt kommt es noch auf euch zwei an«,* sagt sie.

wieder nimmt shannon das fon.

> *»also, lieber, fahre vorsichtig. du hast die verantwortung für amanda, falls kim einverstanden ist.«*

diese nickt bloss. kim hat sich beruhigt, doch begeistert ist sie nicht. veta will auch sie noch sprechen.

> *»kim, ich bedanke mich für ihr vertrauen. und ich prophezeie ihnen, sie werden noch ihre besondere freude an amanda haben.«*

vetas stimme ist klar und sehr freundlich. er ist in der tat ein überzeugender junger mann, der so gar nicht vergleichbar ist mit seinen irdischen altersgenossen.

zur überraschung der drei freunde will das doppel bis zum andern tag bleiben. kim und daniel geben sich in der küche die grösste mühe. sie wollen natürlich ein erstklassiges abendessen herzaubern. shannon leistet misjas doppel unterdessen gesellschaft, entzündet ein kaminfeuer und richtet in windeseile das kleine elternschlafzimmer für den gast her.

während des schmackhaften essens wird kaum gesprochen und wenn, dann nichts von belang. jedenfalls nichts von dem, was die drei gerne wissen möchten: nämlich wie es mit der transformation des planeten steht. was für ein gesamtbild der planet zurzeit bietet. erst gegen 23:00, nach dem dessert, als die vier satt vor dem prasselnden kaminfeuer sitzen, ist misja bereit zu reden.

> *»meine lieben, talentierten mitarbeiter«,* beginnt sie in einem etwas offiziellen ton, *»ich bin natürlich nicht bloss hierhergekommen, um euch zu kritisieren. nein gar nicht. hauptsächlich sind wir zufrieden mit euch, eurer entwicklung und eurer arbeit. wir schätzen euren einsatz sehr. shannon, zum beispiel dein fokus auf karju und die achte dimension ist wichtig und sehr hilfreich für eure arbeit hier, aber auch allgemein. sei ein verbindungsglied zur achten dimension. finde ihre bedeutung heraus und schaffe die richtige verankerung. du musst dies selbst tun. wir können euch nur unterstützen und fördern. den weg müsst ihr selbst gehen. - und du, daniel, machst ebenfalls alles richtig, nachts, wenn dein tagesbewusstsein ausgeschaltet ist. wie du es gelernt hast, verankerst du durch dich männliche energien aus der fünften dimension im kollektiven männlichen feld der erde. hole diese aktivität in dein volles tagesbewusstsein. was du bewusst tust, hat einen viel*

grösseren effekt. diese arbeit ist noch nicht beendet. du wirst weitere schritte machen und wissen, wann es so weit ist. nun zu unserer mutigen kim. - auch wenn sie in den letzten wochen nicht unbedingt einen solchen eindruck gemacht hat.«

das doppel lächelt ein wenig und wartet, bis sie eine deutliche entspannung der drei wahrnimmt.

»kim, deine geistigen annahmen und vorgaben, denen du folgst, sind genau richtig. gratuliere! - geht von nun an davon aus, dass ihr euch bereits in der fünften dimension befindet. erfasst diese worte, meine freunde. ihr erdet euch von nun an auf der erde der fünften dimension. verbindet eure zentren mit den zentren der künftigen erde. von diesem standort aus arbeitet ihr weiterhin wie ihr es bisher getan habt. der unterschied wird sich bald zeigen. dasselbe macht ihr mit euch selbst: betrachtet euer gesamtes system ab heute als eines der fünften dimension. dies wird vieles aktivieren. was genau und wie wird euer fokus entscheiden. habt ihr vorschläge?«

daniel: *»vieles wird sich fast von alleine auflösen oder transformieren, sofern das unsere absicht ist.«*

»einverstanden. weiter.«

kim: *»die geistige chirurgie wird aktiv, unsere materie wird ersetzt und die dns erweitert.«*

»auch gut.«

shannon fühlt sich nun angesprochen:

»ich möchte eine frage stellen.«

»wunderbar!«

»sind wir dann in unserem tun und in unseren gedanken wirkungsvoller, auch wenn unsere aktivität auf die dritte dimension gerichtet ist?«

»wo ist die dritte dimension?«

shannon stutzt.

»für uns gibt es sie gar nicht mehr?«

»du musst noch etwas differenzieren, liebes.«

»wir transformieren die dritte dimension um uns laufend in die fünfte! überall wo wir sind, kreieren wir eine kleine verschiebung!«

»so ähnlich. lassen wir's dabei. was noch?«, fragt das doppel weiter.

kim: *»braucht es nicht ein spezielles feld, damit dies geschieht? einen transformierenden raum?«*

»genau. und das ist jetzt eure aufgabe.«

daniel: *»wir erschaffen also eine struktur. muss das eine ganz bestimmte sein, oder sind wir da frei?«*

»beides. für beides gibt es grenzen, und die werdet ihr selbst wahrnehmen. - ihr seid wirklich wach. gut gemacht. ihr kennt nun eure aufgabe. habt ihr sonst noch fragen. etwas, das euch am herzen liegt?«

das doppel blickt zu shannon.

»sei nicht schüchtern, meine schöne. ich weiss, du möchtest alaje hier haben. das geht leider nicht. aber du wirst ihn bald mit deinen physischen augen sehen können. in der fünften dimension erweitert sich eure sicht beträchtlich. das wird dir hoffentlich helfen. zügle deine sehnsucht, dann kann es geschehen.«

»danke«, flüstert shannon, den blick auf das feuer im kamin gerichtet.

»daniel, mein dunkler edelstein.«

das doppel schaut ihm in die augen.

»glaub mir, deine karten liegen grandios. doch zuerst muss dein herz und das herz so vieler männer dieser welt genesen. du musst auf die anderen warten und es einfach zulassen.«

auch daniel blickt nun ins feuer. ›dunkler edelstein‹ hat ihn noch niemand genannt. nach einer kleinen pause erklärt misjas doppel kim zur ›anführerin‹.

»dies gilt auch für die zeit nachdem eure gruppe grösser geworden ist«, fügt sie geheimnisvoll hinzu.

»du hast einiges von deiner alten meisterschaft im umgang mit dem geistigen wiedererlangt. setze es ein. schaffe den raum, der jetzt benötigt wird. nur eines noch: du verbindest dich zuwenig mit mir. ich bin dein zwillingsstrahl. tauche in mich ein. in mein licht. so wie du es gerade brauchst. mein wissen ist auch dein wissen. nutze es. das gilt für alle: nutzt stets, was ihr habt. seid immer hundertprozentig!«

auch am nächsten morgen macht das doppel keine anstalten, detailliert über die weltlage zu berichten oder gar über den stand der transformation.

»die umwandlungen laufen zur zeit innerhalb des vorgesehenen rahmens«, erfahren die freunde, oder etwa: *»die dritte dimension wird geschlossen werden. sie existiert dann nur noch innerhalb gewisser zeitbereiche. und selbst dort nicht mehr lange. in den meisten seinsregionen ist sie bereits inexistent.«*

kim wagt eine etwas konkretere frage:

»offenbar werden jetzt ausserirdische beschützer auf der erde eingesetzt. heisst das, die situation ist ziemlich bedrohlich geworden?«

»nur für besonders exponierte gruppen. in gewissen katastrophenzonen sind sie notwendig geworden. aber hauptsächlich werden die beschützer im umfeld der code-leute eingesetzt«, erklärt das doppel kurz und bündig.

»habt geduld«, sagt sie zuletzt.

»konzentriert euch auf das, was ihr zu tun habt. ihr wisst ja: eure aufmerksamkeit erschafft stets realität. also geht bewusst und effizient um mit eurer kraft. einverstanden? später, wenn alles vorüber ist, werdet ihr das ganze in ruhe studieren. im augenblick ist es hingegen nicht förderlich, wenn ihr eure nase in zuviele dinge steckt. ihr habt bereits viel kraft und noch etwas wenig bewusstsein, darum seid vorsichtig.«

die freunde können das akzeptieren. nach einem herzlichen aber eiligen abschied fährt misja mit ihrem wagen davon. sie hat den dreien jedoch versichert, sie werde nach der ankunft von amanda und veta wiederkommen.

kims eltern geben sich redlich mühe, veta mit dem porsche vertraut zu machen. dieser schüttelt nur den kopf ob solch eines martialischen geräts. veta ist eindeutig gegen brennmotoren.

»ein antrieb nach dem explosionsprinzip ist zerstörerisch und macht aggressiv«, ist seine deutliche meinung dazu.

»sei vorsichtig. du solltest über diesen wagen nicht schlecht denken, sonst fährt er dich in den strassengraben!«, warnt amandas grossvater.

veta lacht darüber.

»sie ahnen gar nicht, wie recht sie haben.«

darum nimmt er sich zusammen und lässt sich auch von amanda alles noch einmal am stehenden auto erklären.

dann ist es soweit: veta und der grossvater machen eine kurze übungsfahrt, aus sicherheitsgründen ohne die protestierende amanda. der silbrige flitzer hüpft mit seinen beiden insassen fröhlich davon, während amanda und ihre grossmutter dem wagen grimmig und erschreckt nachschauen.

»na ja«, meint grossvater später, *»es wird schon klappen.«*

tags darauf beladen die beiden den porsche so gut es geht und machen sich auf den weg. dabei nimmt amanda ihre beraterfunktion sehr ernst.

»jetzt kannst du den fünften gang einlegen«, empfiehlt sie und veta macht es. doch der porsche ist an eine exzellente behandlung gewöhnt, darum heult er des öfteren unter den anfängern auf, die ihn bedienen. trotzdem, er fährt, wenn auch zuerst holprig. schon nach zwei stunden hat veta den dreh ein bisschen raus. der porsche wird schneller und schneller. gleichzeitig widmet sich veta seiner jungen begleiterin. amanda gefällt dieses abenteuer. sie ist wie elektrisiert.

»du hast also im februar geburtstag, wann denn genau?«

»wer hat dir das gesagt?«

amanda mag nicht über ihren geburtstag reden, nicht mit veta.

»deine mam. aber wenn du mir das datum nicht verraten willst, lass nur. ich kann dich dann eben nicht am richtigen tag zum essen einladen.«

amandas augenlider zucken. veta will mit ihr essen gehen?! soll sie lügen und ihm eine andere jahreszahl angeben? nein, das würde herauskommen. sie seufzt.

»also gut, am 17. ist mein geburtstag.«

veta lächelt kaum merklich. nur seine wangenmuskeln spannen sich etwas.

»am 17. neunzehnwieviel?«

amandas wangen röten sich.

»ich werde 15.«

»aha. lass mich umrechnen.«

»was umrechnen?«

»dein alter auf die zeit- und bewusstseinsebene der anderen erde.«

»erklärst du mir das?«

»nicht jetzt.«

veta denkt nach.

»tja, ich muss sagen, du bist wirklich noch jung«, neckt er sie.

»du bist so jung, dass wir unser geburtstagsessen mindestens drei jahre in die zukunft verschieben müssen, eurer erdenjahre, versteht sich.«

amanda blickt ihn gross an. sowas!

»andererseits«, fährt veta fort, *»andererseits, wenn die verschiebung dazwischen kommt, können wir das essen schon in einem jahr oder noch weniger einplanen - wie wär's mit deinem nächsten geburtstag nach der verschiebung?«*

»vielleicht habe ich danach gar keinen geburtstag mehr. überhaupt machst du dich lustig über mich!«

»da täuschst du dich. ich spiele höchstens ein bisschen mit möglichkeiten. gefällt dir das nicht?«

was soll sie darauf antworten?!

»weisst du denn, wann die verschiebung stattfinden wird?«

»auf den tag genau weiss das niemand. und selbst wenn ich es wüsste, müsste ich das für mich behalten.«

»das universum ist wohl gänzlich verreglementiert«, meint amanda, um mehr fassung bemüht.

»in vielen dingen ist das so, da hast du recht. aber nur dadurch können die zentralen freiheiten aller wesen garantiert werden. ihr menschen besitzt dieses wissen auch, nicht wahr? mit der umsetzung hat es wohl nicht so geklappt.«

»das ist nett gesagt.«

amanda findet veta amüsant. seine art des ausdrucks. wie er die dinge anders wahrnimmt. überdies sieht er toll aus und ist so rücksichtsvoll. oder sagt man zuvorkommend? jedenfalls ist er ganz anders, als die jungs, die sie kennt.

amanda hängt noch ihren gedanken nach, als veta das auto wieder sieht, das sie schon länger hinter sich haben. mal näher, mal weiter weg. er hat amanda noch nichts davon gesagt. einmal, weil er sie nicht erschrecken will. andererseits möchte er ihr sozusagen den vortritt lassen. sie soll als erste herausfinden, was los ist. doch diese kramt bloss in ihrer tasche herum.

»ich hätte lust auf etwas musik. was meinst du? ich habe cds mitgenommen, aber sie sind offenbar nicht da drin.«

»daniel hat sicher auch gute discs. vielleicht findest du darunter etwas. dann hören wir musik und konzentrieren uns auf die fahrt. es wird langsam dunkel, daran muss ich mich erst gewöhnen.«

»ich denke, du kannst mehr dinge gleichzeitig tun.«

»kann ich auch.«

»aber nicht jetzt?«

»doch. ich tue mehrere dinge gleichzeitig. du bekommst das bloss nicht mit.«

amanda schiebt eine von daniels cds ein, etwas japanisches zum meditieren. sie lehnt sich zurück und blickt nach draussen. endlich sieht sie im rückspiegel den grossen, hellen wagen hinter ihnen. den hat sie doch schon gesehen! sie wartet ein weilchen, dann macht sie veta darauf aufmerksam.

»er war schon mehrmals hinter uns!«

»ich vermute auch, dass er uns verfolgt«, bestätigt veta amandas verdacht.

»was heisst das für uns?«, fragt diese nach einer kleinen weile.

»das heisst, dass du dich gut anschnallen und festhalten sollst. wenn die nächste ausfahrt kommt, werde ich für den anderen so unerwartet wie möglich abbiegen.«

»kannst du das denn schon?«

»denke positiv von mir, amanda!«

»bitte, sei vorsichtig.«

was weiss sie denn überhaupt von veta.

vielleicht ist er ja ein spion und gar nicht shannons sohn!

›jetzt mach aber einen punkt‹, antwortet veta telepathisch.

mit einem heftigen ruck und getöse manövriert veta den porsche von der autobahn in eine strasse, die von büschen gesäumt ist. zu amandas grossem schrecken fährt er den wagen direkt ins dichte blattwerk hinein und stoppt. sie will aus dem wagen aussteigen, doch veta hält sie fest.

»schau, unser verfolger fährt vorbei!«

amanda sieht ihn gerade noch hinter der nächsten kurve verschwinden.

»der muss uns doch gesehen haben!«

»der kann uns nicht gesehen haben.«

»warum?!«

»weil wir für ihn unsichtbar sind, deshalb.«

amanda bleibt der mund offen stehen. wieder versucht sie auszusteigen und wieder hält veta sie zurück.

»hör zu, amanda, deine aufregung ist sinnlos. ich dachte, du seist ein offener mensch. beweise es. wir werden jetzt gleich in der luft schweben. darum ist es besser, du bleibst ruhig sitzen.«

»was machst du mit uns, veta?!«

»ich tue nichts. es ist das kleine raumschiff über uns. es hat den befehl, uns auf diese weise zu transportieren, falls wir schwierigkeiten bekommen.«

und tatsächlich: kaum merklich hebt sich der porsche mehrere meter über den erdboden. amanda befindet sich in einem eigenartigen zustand. in ihrem körper kribbelt es leicht, aber nicht unangenehm. dabei fühlt sie sich ganz zufrieden. ruhig schaut sie durch das seitenfenster auf die leere strasse hinunter. vom highway biegt ein lieferwagen in die strasse ein und hält, wo eben noch der porsche gestanden hat!

»verschwinden wir von hier«, sagt veta, und schon geht die luftreise los. amanda hält sich am armaturenbrett fest. sie hat eigentlich keine angst, aber trotzdem.

der porsche fliegt mit grosser geschwindigkeit. fliegen sie überhaupt? jedenfalls befindet sich das auto plötzlich über dem waldhaus! dabei waren sie gerade noch gute drei stunden davon entfernt!

»wir sind schon da! das glaub ich ja nicht!«

»sollen sie uns auf dem dach absetzen?«

»von mir aus«, antwortet amanda locker. doch schon steht der porsche auf der wiese vor dem haus.

es ist dunkel draussen, aber noch nicht spät. shannon ist in der küche mit dem geschirr vom abendessen beschäftigt. sie schaut kurz zum fenster hinaus und wird zeugin dieser ungewöhnlichen ankunft.

»daniel, dein porsche ist eben aus der luft gelandet! ehrlich!«, ruft sie aufgeregt.

schon ist daniel zur tür raus. nur kim braucht etwas länger. sie war gerade im bad.

die beiden ankömmlinge klettern aus dem niedrigen wagen und werden mit trara begrüsst. kim und shannon umarmen ihre kinder und daniel wirft einen ersten begutachtenden blick auf sein auto.

»gott sei dank seid ihr heil angekommen!«

»ja wirklich! wir waren sehr in sorge!«

»jetzt übertreibt aber nicht.«

amanda und veta blicken die erwachsenen erstaunt an. was für ein theater die machen.

»habt ihr mitbekommen, wie wir hier gelandet sind?«, will amanda wissen, was sonst könnte im augenblick wichtig sein?

»ja, ich habe euch gesehen«, bestätigt shannon.

»daniel möchte sicher auch gern wissen, wie du, mein lieber, seinen porsche zum fliegen gebracht hast.«

»wir sind von einem traktorstrahl gehalten worden. der raumscooter, der mich bewacht, hat uns auf diese weise hergebracht«, antwortet veta.

»wisst ihr, man hat uns verfolgt! darum haben vetas leibwächter uns sicherheitshalber durch die luft transportiert!«

amanda strahlt, als hätte sie einen preis gewonnen. die freunde sind beeindruckt. und daniel kann nicht umhin, seinen wagen nochmals mit einem prüfenden blick zu streifen.

»lasst uns reingehen«, schlägt er danach vor.

»wollt ihr denn den raumscooter gar nicht sehen?!«

»wo ist er?«

kim hält ihre tochter liebevoll und vielleicht auch beschützend um die schultern.

»dort oben. ich habe ihn vorhin entdeckt. er hat mir zugeblinkt!«

nun schauen alle nach oben. und wirklich, in ziemlicher höhe, direkt über ihnen, leuchtet ein licht auf. mal weiss, mal rot, mal grün. die unten stehenden winken dem raumschiff und entspannen sich augenblicklich. selbst amanda wird ruhiger.

während die beiden ankömmlinge essen, läuft der fernseher. nachdem er zwei tage gar nicht mehr funktioniert hat, wagen die drei nicht, ihn auszuschalten. aber das ist nicht der einzige grund.

»zurzeit werden von überall grosse unruhen gemeldet. darum waren wir besorgt«, erklärt kim.

»habt ihr nichts davon bemerkt?«

»als wir in der luft waren, ging das viel zu schnell, mam.«

»und davor?«

alle wenden sich veta zu.

»nein. der verkehr war sogar ausnehmend ruhig. zeitweise waren kaum autos unterwegs - ausser unserer verfolger natürlich.«

»hast du eine ahnung, wer sie waren?«, will daniel wissen.

»das ist irrelevant. am besten vergessen wir sie einfach.«

die drei erinnern sich an die worte des doppels und lassen die sache auf sich beruhen.

wie zuvor misja mag veta auch erst nach dem essen und vor dem brennenden kaminfeuer ein bisschen reden.

»warum kann der raumscooter nicht hier auf der wiese landen? deine bewacher hätten es bei uns doch bequem«, fragt amanda. *»nur wenige raumschiffe haben zur zeit die erlaubnis, auf der erde zu landen. und dann nur aus triftigen gründen. der planet befindet sich in einer wichtigen und heiklen phase. da darf niemand unkontrolliert eingreifen. das könnte alles verändern. im transformationsprozess müssen viele dinge aus sich selbst heraus geschehen. wird dies aus irgendwelchen gründen vereitelt oder vorweggenommen, ist der ganze prozess gefährdet. nach der endgültigen verschiebung, also nachdem das bewusstsein der erde vollends in die höhere dimension geboren worden ist, müssen raumschiffe, die landen wollen, ihre genehmigung direkt von den bewohnern des planeten erhalten. jetzt brauchen sie eine erlaubnis von verschiedenen galaktischen instanzen. das wird auch noch danach während einer übergangsphase so sein. es laufen bereits verhandlungen, wer als erster hierherkommen darf. es werden vermutlich einige plejadische gruppen sein, diejenigen, die am engsten mit der geschichte der erde verbunden sind. sie wollen hier sachen neu aufbauen, natürlich in zusammenarbeit mit den irdischen.«*

veta blickt zu shannon. er weiss was ihre augen fragen.

»nein«, sagt er deshalb einfach.

»diese gruppierungen stammen soviel ich weiss nicht von alajes planet. es gibt viele plejadische stämme in vielen dimensionen und zeiten. doch alaje wird gleich nach der verschiebung zu dir kommen. er hat das bereits arrangiert.«

alle lächeln ein wenig. shannon muss unwillkürlich tief ein- und ausatmen.

amanda ist müde und geht wohl oder übel schon bald zu bett. ihr aufbruch löst die gemütliche runde bereits früh auf, was veta entgegenkommt. er möchte noch ein bisschen zeit mit shannon allein verbringen. er bittet sie sogar, bei ihr im grossen zimmer übernachten zu dürfen. also steigen die besucher mit begleitung in den obersten stock. amanda in ihr kleines zimmer neben demjenigen von shannon. im grossen zimmer wählt veta dasjenige bett aus, das sozusagen neben dem von amanda steht, einfach mit der zimmerwand dazwischen. amanda bereitet diese beobachtung herzklopfen.

dann, endlich allein, nimmt shannon ihren grossen, hübschen sohn noch einmal in die arme. dass sie ihn nicht geboren hat, ja dass sie ihn nicht einmal hat aufwachsen sehen, stellt auf wundersame weise kein drückendes problem dar für sie. sie fühlt sich ihm nahe. hat diese nähe mit ihrer genetischen mutter-kind-verbindung zu tun? wer weiss.

veta ist gerne bereit, ihr zu berichten. noch einmal zu erzählen, wie er und andere kinder in alajes plejadischer gesellschaft grossgezogen worden sind.

> *»meine liebe mam, ich habe wirklich gestaunt, als ich zum ersten mal in unseren dossiers über die erde ›geschmökert‹ habe. ich hatte damals grosses bedauern für dich. dass du an so einem ort leben musst. aber dann hat mir vater erklärt, warum du das tust. es sei nunmal dein beruf, deine mission. - aber wirklich, hier ist alles so anders, ich habe dir die unterschiede ja schon erklärt.«*
>
> *»einmal reicht nicht, veta. erzähl mir noch mehr von den elternkategorien, die ihr habt, und wie das für dich gewesen ist, als kind.«*
>
> *»wenn du willst.«*

veta macht es sich auf seinem bett bequem, und shannon sitzt aus lauter gewohnheit am tisch, die ellbogen aufgestützt.

> *»also, wie ich dir schon gesagt habe, ist unser verständnis von der elternschaft nicht zu vergleichen mit eurem. dies beginnt schon bei der zeugung, die nie zufällig geschieht, sondern immer wohlüberlegt und geplant. alajes physischer körper zum beispiel kann bis 4000 erdenjahre alt werden und mehr. deshalb hat ein erwachsener auf unserem planeten nur wenige kinder, zwei vielleicht. selbst diese wenigen müssen oft später anderswo leben, um keine übervölkerung auf dem elternplaneten zu verursachen. ich bin von euch für die neue erde gezeugt worden. sie gilt als meine eigentliche heimat.«*
>
> *»aber du stammst doch nicht aus der zukunft.«*
>
> *»nein. ich habe jedoch die möglichkeit, zur erde in eurer jetzigen zukunft zu reisen. meine aufgabe verlangt solche bewegungen. ich werde euch helfen, wenn wir alle zusammen vereint sein werden.«*
>
> *»du meinst, wir zwei und alaje?«*

»nein. ich meine die menschen der erde. zerbrich dir nicht den kopf darüber, shannon. plötzlich wirst du verstehen.«

»wenn du meinst.«

»nun bin ich abgeschweift. du willst etwas anderes von mir wissen, nicht wahr?«

als antwort lächelt shannon nur liebevoll.

»wo bin ich stehengeblieben? ah ja, nach der zeugung bleiben die wenigsten kinder in ihren müttern. oft wird die verschmelzung der elterlichen geschlechtszellen bereits ausserhalb des weiblichen körpers vollzogen. dies ist so, weil wir die fortpflanzung weiter entwickelt haben, als es hier bei euch vorstellbar ist. bei uns werden nur kinder gezeugt, wenn eine verträglichkeit und harmonie des elterlichen erbmaterials gewährleistet ist. damit meine ich nicht nur die physischen keimzellen. die vereinigung findet auf verschiedenen ebenen statt. kommt noch dazu, dass die elterlichen voraussetzungen zu jenen des geistwesens, das sich inkarnieren will, passen müssen.«

»aber warum wollen die frauen ihre kinder nicht in sich wachsen lassen? das gilt hier als weibliches privileg.«

»oh, da gibt es ganz verschiedene gründe. welche möchtest du hören?«

shannon zieht ihre augenbrauen ratlos hoch.

»wie kann ich das wissen?«

»stelle mir noch eine frage.«

»wie wird denn eine mutter-kind-beziehung aufgebaut?«

veta blickt seine mutter verschmitzt an.

»du meinst so eine wie unsere?«

shannon fühlt sich durchschaut

»mam, wir ehren und schätzen das weibliche sehr. aber auf eure art symbiotische und übermässig prägende beziehungen zwischen eltern und kindern befürworten wir nicht. vielleicht kannst du das besser nachvollziehen, wenn du dir folgendes bewusst machst: auf pethal, alajes planet, existiert eine form von einheit und liebe, die hier vielleicht erst für einige wenige individuen erreichbar ist. unter diesen bedingungen sind viele dinge, die auf der erde überlebenswichtig sind, auf pethal nicht mehr nötig oder gar schädlich. zum beispiel schicksalhafte, auf abhängig-

keit beruhende beziehungen innerhalb von familien. oder das ganze besitzdenken, das bei euch so sehr mit der vorstellung von liebe verbunden ist - vergiss nicht, die wissenschaft auf pethal ist viel weiter als eure. sowohl auf der physischen als auch auf der geistigen ebene. entsprechend werden andere ziele angestrebt. pethalische kinder wachsen meist nicht im physischen schoss ihrer mütter, jedoch in einem optimierten umfeld. sie bleiben trotzdem verbunden mit ihren eltern. diese natürliche gegebenheit wird auf pethal gnauso genutzt wie bei euch, einfach gemäss den dortigen zuständen. mutterliebe fliesst dort in einem seinszustand der liebe, den ihr erst kennen lernen werdet. die mütter sind zwar da für ihre kinder, aber sie halten einen respektvollen abstand zu ihnen. sie betrachten ihre kinder von anfang an als eigenständige wesen. sie lassen sie ziemlich frei wachsen in einer gesellschaft, die sich all ihrer kinder zutiefst annimmt. und jetzt komme ich zu den elternkategorien.«

veta setzt sich zu shannon an den tisch.

»ein kind auf pethal hat durchschnittlich sechs eltern. wobei die genetischen eltern einfach als die ersten eltern gelten. es hat also sechs enge vertrauenspersonen, denen es sich je nach bedarf zuwenden kann. oft gehen erwachsene auf missionen, die viel zeit in anspruch nehmen. das ist für niemanden ein problem, weil die kinder ja nicht vom lebensplan einer einzigen mutter oder nur eines vaters abhängig sind. vielmehr können sie jeweils wählen, wo und wie sie gerade leben wollen. - nehmen wir unser beispiel. ich habe eine genetische mutter, die mich während ihrer mission gezeugt hat. das ist für mich nicht tragisch, weil mir noch zwei andere, liebevolle mütter zur verfügung gestanden haben und ausserdem viele andere fürsorgliche erwachsene. zusätzlich habe ich durch deine arbeit hier viele interessante erfahrungen machen können. ich habe während meiner bisherigen ausbildungszeiten sogar präsentationen über uns gemacht, mam.«

»wie bitte?«

»ja. ich bin ein mischling und für die neue erde sind wir speziellen genträger wichtig. ich bin teil einer bewusst geleiteten, genetischen auffrischung. zudem bist du, meine liebe mutter, durch deine arbeit ein vielschichtiges, reichhaltiges wesen geworden, mit einem sehr begehrten erbmaterial. alaje hat mir verraten, andere ausserirdische männer hätten dich auch gerne für sich gewonnen und mit dir nachwuchs gezeugt.«

»veta, ich bin nur von dir die leibliche mutter, oder?«

veta blickt shannon vielsagend an. diese eilt zur balkontür und reisst sie auf. kalte, schneidende luft kommt herein.

»du hast mindestens einen zweiten sohn, mutter. er ist noch ein baby und er ist mein bruder. mehr weiss ich selbst nicht.«

pause.

»wo ist er?«

»wohlversorgt auf der anderen erde.«

»auf der neuen erde?«

»auf der erde in der zukunft. ich weiss, das ist für euch ebenso eine neue erde. aber alle aspekte und manifestationen der erde werden in der verschiebung zu einer wahrhaft neuen erde verschmelzen. das nennen wir jedenfalls die neue erde.«

shannon hört nicht recht zu. sie denkt an dieses baby.

»ist er dort bei zweiten eltern?«, fragt sie darum.

»selbstverständlich. übrigens, er heisst sidijanko.«

»was für ein name! - kann ich ihn sehen?«

»nein, nicht vor der verschiebung. seine struktur ist bereits so, dass er nicht hierherkommen kann wie ich. aber er weiss von dir.«

»als baby?«

»er ist ein baby ausserhalb deiner vorstellungen, shannon.«

»dann gibt es wenigstens eine familienzusammenführung auf der neuen erde?«

»nur für einige zeit, mutter. alaje und du, ihr habt soviel ich weiss andere pläne. frage ihn bitte selbst.«

veta hält inne, denn alaje spricht telepathisch zu ihm.

»vater lässt sagen, er liebt dich, und es geschehe nichts ohne deine zustimmung. er sagt, sidijanko hättet ihr euch beide gewünscht. er sei absolut unwiderstehlich. du sollest dich auf ihn freuen.«

shannon geht im zimmer auf und ab. ihre regungen blockieren sich gegenseitig.

»ich weiss wirklich nicht, was ich jetzt sagen oder tun soll - ich bin keiner reaktion fähig!«

»das ist doch gut. viel besser, als wenn du dich in dramatische gefühle hineinsteigern würdest.«

»veta, ich bin deine mutter.«

»wie meinst du das? ich bin gekommen, um dir zu helfen, dich zu unterstützen. ist etwas schlecht daran?«

»schon gut. ich bin ja froh, dass du da bist.«

shannon kann alaje jetzt auch spüren, aber wieder spricht er über veta zu ihr: *»was möchtest du noch wissen, mutter? was geht dir jetzt durch den kopf?«*

wenn veta mehrere mütter hat, unterhält alaje dann vielleicht zu mehreren frauen liebesbeziehungen? vielleicht ist sie bloss eine unbedeutende nebenfrau oder so! shannon nimmt ihren mut zusammen und fragt, ob alaje ihr eigentlich treu sei.

»wie haltet ihr es mit euren beziehungen? ich habe mich das schon öfter gefragt. dann habe ich gedacht, es geht mich nichts an. na, ja.«

nun ist ihr die luft ausgegangen, doch alaje weiss, wie es in ihr aussieht.

»vater ist dir treu, das sagt er mir gerade. aber nicht so, wie du möchtest.«

»aha! - das bedeutet, er ist mir nicht treu!«

»langsam, shannon. lass ihn erklären.«

»entschuldige.«

»vater meint, ich soll dir das ganze zuerst allgemein darlegen - du bleibst dann ruhiger.«

shannon wartet. sie will jetzt möglichst nichts denken, nur zuhören.

»im universum gibt es auch bei den hochgeistigen völkern verschiedene modelle des zusammenlebens von mann und frau. auf pethal ist die kultur in dieser hinsicht nicht starr. aber wie auf der erde bilden die menschen paare, und diese kreieren körperlich, geistig und seelisch eine einheit, auf eine für euch noch unbekannte und zeitlose weise. zum beispiel ist den pethaliern eure eifersucht fremd. unsere leute werden wegen ihrer langen lebenserwartung und ihren oft weiträumigen tätigkeiten häufig voneinander getrennt. in diesen situationen haben sie die möglichkeit, sich mit anderen frauen oder männern zusammenzutun. wenn zwei menschen sich lieben, sich gegenseitig fördern und sich dabei sexuell nahekommen, wird das ihnen gewährt. niemand fragt dann nach ihrer anderen beziehung - die ist und bleibt. du weisst das alles, shannon. du weisst, wie stabil beziehungen in höheren dimensionen sind. echte beziehungen sind von natur aus unvergänglich, nicht das gegenteil, wie ihr glaubt. ich bin hierhergekommen, um dich wieder daran zu erinnern.«

»wie sieht die konkrete situation bei alaje aus?«

»moment, mutter.«

veta horcht wieder in sich hinein.

»da ist noch etwas, das erklärungsbedürftig ist. unsere jungen männer und frauen suchen den kontakt zu reiferen personen des anderen geschlechts. diese in der regel vorübergehenden verbindungen haben ihre ganz eigenen gesetzmässigkeiten. sie sind auf pethal gern gesehen, denn sie dienen dem wohle aller. die jungen menschen können gute und wichtige erfahrungen machen, während die älteren ihr beziehungs- und sexualleben dadurch bereichern - vergleiche dies nicht mit dem, was oft auf eurer erde geschieht, wo beziehungen aufgelöst werden. das ist es nicht.«

»einverstanden, veta. ich sehe den unterschied. aber sag mir, kennst du schon so eine ›reifere‹ frau?«

veta muss über seine mutter lachen. dieser planet hat sie wirklich in der mangel.

»was glaubst du? denkst du, ich hätte keine chancen bei den frauen?«

»und?«

»was und? jetzt bin ich hier und sie ist anderswo. sie hat mich viel über frauen gelehrt. wenn ich an sie denke, fühle ich mich zufrieden - und stark.«

»alle achtung, veta. ist sie verheiratet?«

»sie hat einen partner, wenn du das meinst. natürlich - praktisch alle haben bei uns ihren partner. doch die wenigsten sind andauernd mit ihm zusammen.«

»verstehe.«

»dennoch sind sie einander treu. das will alaje dir sagen.«

shannon wartet bis sie ruhiger wird. was hat sie in ihrem leben schon daran gearbeitet. an ihrer inneren ruhe und ausgeglichenheit. an innerer stärke, die unabhängig ist von äusseren umständen. denn eines ist ihr stets bewusst gewesen: niemand ist zuständig für ihr glück und seelenheil ausser sie selbst. das mag eine binsenwahrheit sein. aber wer sie anwenden kann, ist ein meister! shannon geht bewusst noch tiefer in die gelassenheit: ich bin die ich bin.

»möchtest du wissen, ob alaje auf dich wartet, wie du auf ihn?«

shannon und veta blicken einander an.

»er wartet auf dich, sicher. und das schon lange. doch sein warten ist ein anderes als deines. während meiner ganzen kindheit und auch schon vor mir hat vater mit sheryn zusammengelebt, einer frau, die er liebt und sehr schätzt. sheryn hat einen partner, der diese zeit hindurch als verschollen gegolten hat. auf mission verschollen - sowas geschieht relativ selten. vor kurzer zeit erst, es mögen etwa drei oder vier erdenjahre her sein, ist er entdeckt worden auf einem gefangenen planeten in einer schwierigen region der vierten dimension. die übrigens genaugenommen ein teil der dritten dimension ist, welche sich vor zeiten verselbständigt hat. sheryn ist damals sofort mit einer delegation dorthin gereist, zumindest in die nähe dieses planeten. doch bisher haben sie sich vergebens um die freigabe ihres partners bemüht - deshalb lebt vater seit einiger zeit allein. sheryn ist seine vergangenheit, du bist seine zukunft. in seiner gegenwart existiert zur zeit nur askat, eine junge geliebte. - ich habe dir gerade erklärt, wie das auf pethal ist. doch eine junge geliebte ist kein ersatz für eine volle partnerschaft. beziehungen mit jungen geliebten sind vorübergehend und einschränkungen unterworfen. zum beispiel wohnen junge geliebte nie bei ihren förderern. wir nennen die älteren partner so. von jungen geliebten wird nie das gleiche wie von förderern erwartet. die jungen müssen hauptsächlich bereit sein, sich einzulassen und zu lernen. wenn du nun glaubst, alaje verbringe mehr zeit mit askat als üblich, weil er alleine ist, dann irrst du dich. das alleinsein gilt auf pethal als wichtige phase, die immer wieder in ein leben eingeschaltet wird. ist jemand alleine, dann nutzt er oder sie diese zeit ganz bewusst. askat ändert das nicht.«

»und wenn alaje später zu mir kommt, ist diese beziehung beendet?«

»ja, aber nicht, weil alaje zu dir kommt, sondern weil er mit dir neue aufgaben übernehmen wird, während askat ihre schulung innerhalb der flotte beendet. verstehst du? askat ist noch nicht lange genug alajes geliebte, als dass sie ohne äusseren grund auseinander gingen.«

veta blickt seine mutter etwas tadelnd an.

»mam, lass die eifersucht. ich bin sicher, alaje wird auf dich rücksicht nehmen, solange du diese dinge nicht begriffen hast. in der fünften dimension wird dir das leichtfallen, glaube mir.«

unterdessen sitzen beide auf shannons bett, den rücken an die wand gelehnt. veta legt seine hand auf das knie seiner mutter.

»reicht das für den augenblick? sidijanko, sheryn, askat.«

»unterschätze mein aufnahmevermögen nicht, wo du schon mal da bist.«

»gut, machen wir weiter. demnach hast du fragen.«

»nur etwas banales. entschuldige, wenn ich manchmal dumm fragen sollte, meine ausgangsposition ist nunmal begrenzt.«

»klar.«

»es klingt wohl komisch, aber ich weiss gar nicht, wie alt alaje ist.«

veta scheint wirklich erstaunt.

»vielleicht brauchst du das jetzt, um dich wieder auszurichten. ich dachte, alaje hätte dir diese information schon längst gegeben.«

»hat er vielleicht auch. die frage ist nur, ob ich mich erinnern kann oder nicht.«

»das mit dem alter ist schwierig herauszufinden, weil die umrechnung von uns zu euch nicht mehr ungefähr abgeschätzt werden kann. daran ist die transformation schuld. ihretwegen kann man über physische prozesse kaum mehr allgemeingültige aussagen machen. unsere körper folgen unserem geist. wohin werden wir sehen. alaje mag an die vierhundert erdenjahre alt sein, vielleicht auch hundert jahre mehr oder weniger, was für pethalische verhältnisse so oder so wenig ist.«

»nicht schlecht. und du? du kannst gar nicht viel älter sein als amanda.«

»ich hatte eine kurze kindheit und jugendzeit. shannon, du kannst mich keinesfalls mit einem 17- oder 18jährigen erdling vergleichen. nicht einmal als mischling. - überhaupt, frag mich bitte etwas einfacheres.«

»ist alaje noch da?«

»spürst du ihn nicht?«

shannon will sich konzentrieren, aber schon kitzelt er sie mit einer vibrierenden energie am ohr.

»ich spüre ihn sogar gut.«

»sprich mit ihm, das hat er gern.«

»okay, ich möchte ihm wirklich etwas sagen.«

»also!«

»alaje, ich denke, ich werde das verstehen. mach dir keine sorgen deswegen«, erklärt shannon guten willens.

»vater lässt sagen, er liebt dich. mehr als du glaubst.«

»ich ihn auch.«

shannon blickt schweigend auf ihre hände.

»er fragt, warum du dich jetzt so fühlst, wie du dich fühlst.«

ihm entgeht aber auch nichts.

»mir ist nur gerade eingefallen, wie ich all die jahre ohne freund zugebracht habe, ohne geliebten.«

»das war alleine deine wahl, shannon.«

»veta, sagst du das jetzt oder alaje?«

»wir beide. es leben über zwei millionen inkarnierte ausserirdische männer auf diesem planeten. warum hast du ihnen kein signal gesendet? schau nicht mehr zurück, mutter. sehr bald schon hast du alaje an deiner seite. was willst du mehr?«

»du hast recht, mein kluger - weisst du was? jetzt gehen wir in die küche hinunter und trinken die flasche wein leer, die gestern übriggeblieben ist.«

»ich leiste dir gerne gesellschaft.«

in der küche treffen die beiden auf daniel und kim. sie sind augenscheinlich in ein intensives gespräch verwickelt.

»stören wir?«

kim kennt diesen etwas verwischten gesichtsausdruck bei shannon.

»nein, kommt nur. vorausgesetzt ihr erzählt uns, was los ist mit euch.«

»ebenfalls!«

»du zuerst, shannon.«

»lasst mich wenigstens einen schluck wein trinken. ich kann das jetzt gebrauchen. ausserdem haben wir grund zum anstossen. ich bin nämlich schon wieder mutter geworden.«

»jetzt aber!«

kim schaut fragend zu veta hoch und daniel wirft eigenartigerweise einen triumphierenden blick über den küchentisch und über seine freunde hinweg.

»er ist mein bruder und heisst sidijanko. hoffentlich wird er euch schon bald auf der neuen erde willkommen heissen«, erklärt veta.

»ihr müsst wissen, shannon und alaje sind ein vorzügliches paar für nachwuchs. sie passen wunderbar zusammen. ihre energien, ihr erbmaterial, alles.«

kim strahlt nun aus ehrlicher freude, und daniel gratuliert anerkennend.

»auch wir haben gerade über nachwuchs geredet«, verrät er.

»kim wehrt sich dagegen - vielleicht sind es die gene.«

veta lächelt. er sieht hinter den beiden die projektion einer jungen frau. eine temperamentvolle frau mit kupferfarbenem haar.

»du siehst meine tocher, nicht wahr?«

eigentlich müsste veta so etwas für sich behalten, aber wenn daniel ihn darauf anspricht?

»was hast du gesehen?«, gibt er die frage zurück.

»sie hat rotbraunes haar, meine augen, und sie hat schöne, runde formen wie kim.«

»daniel!«

kim passt das alles gar nicht.

»lass uns lieber von shannons kind sprechen. das existiert bereits.«

»ich sehe diese frau auch«, bestätigt veta.

»aber sie wird mit sicherheit erst in der transformierten fünften dimension zu euch kommen wollen.«

»wie kannst du das wissen?«

»ich sehe es.«

»veta, genau das versuche ich daniel klarzumachen. wir warten bis nach der verschiebung, weil wir jetzt anderes zu tun haben. sollte wirklich eine tochter zu uns gehören, dann werden wir sie schon bekommen.«

»aber warum bitte ist sie jetzt schon hier?«

daniel ist noch nicht überzeugt.

»das hat tatsächlich eine bedeutung. offenbar bin ich derjenige, der euch das erklären soll«, antwortet veta.

shannon ist ganz froh, dass die aufmerksamkeit nicht auf ihr lastet. sie fühlt sich wie ausgewrungen und hängt mehr am küchentisch und ihrem weinglas, als dass sie sitzt. wenigstens ist sie nicht die einzige, der verrückte dinge geschehen.

»ihr müsst folgendes wissen: im universum werden bewusst oder unbewusst verträge mit künftigem nachwuchs geschlossen. alle beteiligten, die eltern und das kind, sowie eventuelle träger von zugaben für den künftigen menschen, treffen eine vereinbarung. die abmachung, dass sich ein wesen inkarniert, bei bestimmten eltern, unter bestimmten bedingungen. ist das soweit klar?«

»was meinst du mit träger von zugaben?«

kim stellt diese frage, während daniel mit zusammengezogenen brauen dasitzt.

»wie vermittle ich euch das so aus dem stegreif?«

veta denkt nach.

»seht ihr, die pethalier zum beispiel respektieren die verschmelzung eines paares und die sich daraus ergebenden einmaligen bedingungen für kinder. aber bis zu einem gewissen grad akzeptieren sie auch anreicherungen des fötus. wobei sie primär mit lichtkategorien arbeiten. in der regel greifen sie nicht physisch ein, ausser bei missbildungen, die jedoch sehr selten sind. aber sie und viele andere völker reichern ihre föten mit geistigen aspekten an. ist das verständlich für euch?«

niemand sagt etwas.

»sie ziehen sozusagen noch ein paar gute feen bei, die mit ihrer zauberkraft das inkarnierende wesen beschenken. mehr braucht ihr darüber nicht zu wissen.«

»ich meine doch«, wehrt sich daniel.

»jedenfalls wenn es um unser kind geht.«

»warum? diese sache wird hauptsächlich zwischen den feen und dem inkarnierenden ausgemacht - elternschaft ist ein dienst, kein verfügungsrecht. jedenfalls in der fünften dimension, wo ihr erst mal zuhause sein werdet.«

schweigen.

»also: eure künftige tochter zeigt sich, um mit euch den notwendigen vertrag abzuschliessen. konzentriert euch zusammen darauf. solltet ihr fragen haben, bin ich ja da. ich denke, die sache ist bereits klar, nicht wahr?«

daniel und kim bekommen denselben gesichtsausdruck.

»glaubt mir, wenn sie noch mehr von euch braucht, wird sie es euch wissen lassen.«

nun erwacht shannon etwas aus ihrem kleinen delirium, an dem keineswegs der wein schuld trägt.

»kann man auch gratulieren?«

veta beobachtet seine mutter aus den augenwinkeln.

»mam, lass sie zuerst mit der situation zurechtkommen.«

»schon gut, veta, vielen dank auch!«

kim steht auf und umarmt shannons sohn, jedoch zurückhaltend, wie man eine autoritätsperson umarmt. veta drückt kim dafür umso herzlicher an sich. diese umarmung steckt die anderen beiden an. schliesslich umarmen sich alle vier. in diesem moment verhaltener freude erscheint auch noch amanda. schläfrig, in einem feuerroten, unidentifizierbaren kleidungsstück.

»ich bin erwacht, habe euch gehört und habe gedacht, ich komme nochmal runter. ausserdem hab ich etwas tolles geträumt.«

»nimm dir zu trinken, liebes. was möchtest du denn?«

kim geht automatisch zum eisschrank.

»ich möchte nichts kaltes, mam. lieber eine heisse schokolade. hör zu, ich habe deutlich geträumt, dass ich im raumschiff gewesen bin, welches veta und mich geflogen hat!«

amanda wirft einen kurzen blick zu veta, dann zu den anderen.

»haben wir heute eigentlich vollmond oder eine sonnenfinsternis oder etwa einen polsprung?«

daniel murmelt diese worte nur vor sich hin, doch amanda ist perplex.

»diese drei haben gerade ziemlich viel zu hören bekommen. sie sind wahrscheinlich nicht mehr besonders aufnahmefähig«, erklärt veta.

»ich mache dir darum einen vorschlag: erzähl jetzt noch nichts, sondern schreib gleich auf, an was du dich noch erinnerst. ich werde heute nacht nach oben funken, dann können wir morgen beim frühstück darüber reden. okay?«

amanda begreift offenbar, obwohl sie finster dreinblickt.

»gut. aber meinen kakao darf ich noch trinken?«

»nimm ihn mit, dann verlierst du keine zeit. hast du was zum schreiben?«

»ich gehe ins büro«, sagt sie mürrisch.

immerhin fügt sie sich, und veta schenkt amanda dafür ein charmantes lächeln.

»bis morgen dann.«

amandas gesicht hellt sich auf, ob sie will oder nicht.

»dieser traum hat noch zeit. ihr solltet jetzt eure energien ordnen, beruhigen und erden, wenn ich das sagen darf.«

veta scheint die lage zu überblicken. und er ist so freundlich, einfach unwiderstehlich. hoffentlich verdreht er amanda nicht den kopf, denkt kim.

›keine angst‹, antwortet veta telepathisch, *›so etwas würde ich mir nie erlauben.‹*

»hast du etwa amanda durcheinander gebracht?«, fragt auch shannon in gedämpftem ton.

»nein! sie träumt nur ein wenig. das schadet nicht.«

langsam verändern sich die energien. es fällt den freunden relativ leicht, wieder ganz im hier und jetzt in der küche anzukommen. sie bedanken sich inständig bei veta.

»du bist wirklich ein erstklassiger bote«, meint daniel.

»ich hoffe, du bleibst uns noch ein bisschen erhalten.«

»ein bisschen schon«, erwidert veta.

wie angekündigt spaziert eines kalten, klaren abends misjas doppel aus dem gehölz auf die lichtung, alles verzaubernd.

diesmal ist es kim, die sie als erste entdeckt. dabei haben die freunde vetas neuigkeiten noch längst nicht integriert. kim steht auf der grossen terrasse vor ihrem schlafzimmer und schaut auf das doppel hinunter, wie sie im dämmerlicht daherkommt, schwer unterscheidbar von der landschaft. etwas ist anders an ihr. offenbar macht sie sich diesmal nicht die mühe, wie ein irdischer mensch aufzutreten. denn sie trägt bei der kälte ein fliessendes, hellgraues kleid, sonst nichts! das doppel winkt kim zu. sie winkt mit misjas grazie. als hätte diese geste kim geweckt, eilt sie nun ins haus und die treppe hinunter. da steht dieses wesen, mitten im wohnzimmer. so ähnlich wie misja hat das doppel noch nie ausgesehen!

»ich komme nur auf einen sprung zu euch und brauche weder zu essen noch zu trinken, danke. ich möchte bloss eure aufmerksamkeit. morgen schon werdet ihr mit einer wichtigen arbeit beginnen. ihr alle.«

das doppel blickt amanda aufmunternd an.

»auch du, amanda, wenn du willst. amanda könnte eine sehr fruchtbare beziehung herstellen, zwischen den jungen leuten auf dieser und auf der anderen erde. wärst du einverstanden damit?«

misjas doppel richtet diese frage an kim, doch amanda antwortet mit einem begeisterten:

»ja, das wäre super!«

»was heisst das genau?«

kim schaut ihre tochter an, obwohl die frage natürlich dem doppel gilt.

»amanda begleitet veta auf die erde in eurer zukunft und nimmt dort an einer bestimmten arbeit teil.«

»wie kommt sie auf die andere erde?«

»vermutlich so wie ich damals«, wirft shannon ein.

»ja, da hast du recht. noch hat sie nicht die erlaubnis, physisch dort anwesend zu sein.«

»kim, amanda würde gar nicht weggehen. nur mit ihren feinstofflichen körpern.«

»das ist nicht ganz richtig«, erwidert misjas doppel.

»amanda würde erstmal auf meine plattform mitkommen. von dort aus macht sie die reise feinstofflich.«

»oh mam, so etwas kannst du mir nicht abschlagen! du hast nicht das recht dazu!«

»das habe ich sehr wohl. aber lass mich überlegen. wenn du auf der plattform so impulsiv bist, wirst du schwierigkeiten bekommen, liebes.«

»da muss ich kim beipflichten, amanda - machen wir's so: wir klären amandas momentane verfassung ab, und du, kim, kannst einen tag lang darüber nachdenken.«

»darf ich noch etwas fragen?«

amanda hat sich flugs in den griff bekommen.

»sicher.«

die ätherische erscheinung von misjas doppel schwebt mehr als sie geht und lässt sich anmutig auf kims lieblingssessel nieder.

»kommandantin misja, was für eine aufgabe habe ich auf der anderen erde?«

»das ist kein geheimnis, kind. du hättest die gelegenheit, bei der annäherung der beiden erden mitzuhelfen. genau genommen bei der annäherung aller aspekte der erde. sie sind bereits vielfältig untereinander verbunden. aber der letzte teil der annäherung vor der verschmelzung muss sozusagen von hand haargenau

geführt werden. das wiederum liegt ausschliesslich in der verantwortung der direkt betroffenen. dieses prinzip ist immer das gleiche, versteht ihr?«

die anwesenden nicken.

»gut. lassen wir das für den augenblick. ich möchte noch ein paar worte zu der arbeit sagen, die ihr drei nun beginnen werdet. ihr alle - und damit meine ich die 69 999 code-träger auf diesem planeten - werdet zusammen mit anderen wesen ein multidimensionales, multifunktionales tor erschaffen. den notwendigen raum, innerhalb dessen die abschliessende verschiebung geschehen wird. das habt ihr inzwischen begriffen, nicht wahr?«

»ja, wir haben bereits darüber geredet«, antwortet kim.

»was ist dabei herausgekommen?«

»wir denken, die struktur sollte ein sterntetraeder sein.«

»sie sollte nicht nur, sie ist«, lächelt misja.

»die eine pyramide reicht von unserer erde bis in die achte dimension hinauf, oder?«

shannon hält leicht den atem an, während sie auf die bestätigung des doppels wartet.

»einverstanden. und die zweite?«

»ja, da sind wir uns noch nicht ganz sicher. sie müsste sich wohl von der zweiten erde aus bilden - aber wohin genau?«

»so schwer ist das nicht.«

»die pyramide sollte tiefer reichen als unsere ebene«, meint daniel.

»aber wie weit? etwa in die erste dimension?«

»nicht ganz so weit, daniel. unter eure materielle ebene, das genügt. denkt darüber nach. und seid euch bewusst, dass wir den begriff dimension nur gebrauchen, um euch damit dienlich zu sein. nach der verschiebung werdet ihr viele dinge beim namen nennen können. dinge, die ihr jetzt zwar schon wisst, die bereits in euch bewusst sind, aber noch nicht nutzbar, weil ihr keine zuordnung dafür habt.«

das doppel macht eine kleine pause. doch es ist, als würde sie weiter reden und die anderen weiter zuhören.

»also denn«, sagt sie schliesslich, *»macht das. es wird sich alles ergeben. wir helfen euch soweit wir können. ich mache mich nun wieder auf den weg und wünsche euch allen eine gute nacht. morgen beginnt ein neuer teil des werkes. freut euch.«*

das doppel hüllt die anwesenden in eine wunderschöne, liebliche energie. ihre augen schimmern vor lauter licht und ihr dünnes kleid flattert ein wenig auf dem weg zur tür. draussen ist es inzwischen dunkel, doch misja geht ohne zögern in die mondlose nacht hinaus und ist sofort verschwunden, als hätte sie sich in luft aufgelöst.

die waldhausbewohner blicken betreten drein, aber nur für einen augenblick. längst ist das unmögliche möglich geworden, beinahe schon alltäglich. morgen ist ein wichtiger tag und misja, diese überirdische meisterin, wird wiederkommen.

8

ein paar vorletzte schritte

am nächsten morgen um 8:00 früh erscheint amanda bereits angezogen und mit frisch gewaschenen haaren in der küche. selbst eine fertig gepackte reisetasche hat sie bei sich. daniel und shannon sind noch nicht vom laufen zurück, die anderen beiden offenbar noch nicht auf.

›na ja, dann warte ich halt‹, denkt amanda und nimmt sich einen grossen, grünen apfel.

kauend schaut sie durch ein fenster auf die wiese vor dem haus. sie ist bloss mit reif bedeckt. geschneit hat es schon lange nicht mehr. früher waren die winter hier ganz anders. der wald war meist schneebeladen und vater nahm sie oft mit auf romantische spaziergänge am vereisten seeufer entlang. sinnend beisst amanda in den apfel. sie spürt, dass jemand im anzug ist und dreht sich um. veta kommt. wow! amanda vergisst für einen moment zu kauen. zum ersten mal sieht sie ihn in einem ausserirdischen outfit.

figurbetont und sexy, konstatiert sie für sich.

»du hast mich noch nie in einem solchen overall gesehen, was? gefällt er dir?«

amanda betrachtet vetas silhouette.

»wo hast du nur all diese muskeln her? du trainierst ja gar nicht«, fragt sie keck.

veta übergeht diese bemerkung schmunzelnd.

»möchtest du einen kräutertee, amanda?«

»ja, aber warte, ich kann das machen.«

»bleib nur sitzen. ich bin inzwischen fähig, einen tee zu brauen.«

»danke dann.«

»du kommst also mit, nicht wahr?«

»bestimmt. so etwas lasse ich mir nicht entgehen.«

»hab' ein bisschen geduld mit deiner mutter. sie ist eine grossartige frau, bloss etwas langsamer als du. das musst du einkalkulieren. misja macht das auch.«

noch bevor der tee gekocht ist, tauchen die drei freunde auf. shannon und daniel prustend von draussen, kim fertig angezogen von oben. normalerweise holt sie sich um diese zeit im pyjama ihr frühstück. amanda setzt sich eine spur gerader hin beim erscheinen ihrer mutter.

»aha, ich sehe, du bist fest entschlossen zu gehen.«

amanda sagt nichts.

»also gut. ich will dir nicht im weg stehen, da selbst misja keine bedenken hat.«

amanda blickt triumphierend vor sich hin. aber sie beherrscht sich. wenn sie will, kann sie sich benehmen, und sie kann sogar ruhig sein.

»veta, versprich mir, dass du meine tochter wie ein grosser bruder beschützt.«

amanda hört geflissentlich über diesen satz hinweg und veta beteuert, ihr werde absolut nichts geschehen.

die beiden jogger verschwinden nun unter ihre duschen. sie wollen die abreise der jungen nicht verpassen. vetas bewacherscooter wird amanda und ihn an bord nehmen. als es soweit ist, landet das kleine raumschiff nicht wie erhofft vor dem haus, sondern es bleibt in der luft und nimmt die beiden passagiere mit einem traktorstrahl auf. kim hält sich an daniels arm fest, während amanda, ihrerseits gehalten von veta, emporgehoben wird, mitsamt ihrer reisetasche, auf der sie bestanden hat.

die freunde schauen dem spektakel gebannt zu. doch sehr schnell saust das schiff senkrecht in die höhe. daniel, der die schärfsten augen hat, sieht, wie das metallisch glänzende flugobjekt vom himmel verschluckt wird.

»shannon, da gehen sie, unsere beiden kleinen!«

kim traut der sache wohl nicht so ganz.

»unsere beiden grossen, meinst du. und gehen würde ich das nicht nennen.«

shannon nimmt das ganze viel gelassener, aber wen wundert's.

»kommt, ihr zwei süssen. gehen wir rein und überlassen wir die beiden ihrem eigenen leben. es gibt hier genug zu tun.«

daniel nimmt kim schwungvoll um die taille und die drei verschwinden ins haus, wo ihr frühstück wartet. bevor shannon sich hinsetzt, stellt sie noch den fernseher an. sie will wissen, was läuft. aber da gibt es nichts mehr zu sehen oder zu hören. das bild ist und bleibt schwarz. beunruhigt lässt shannon ihre kontakte spielen und erfährt, dass es im augenblick keine ausstrahlungen mehr gibt, von welchen sendern auch immer. die gründe dafür sind unklar, bestehen hauptsächlich aus vermutungen. dieses wirklich ungewöhnliche vorkommnis verschlägt den dreien den appetit. die dinge müssen sehr im argen liegen da draussen.

doch die freunde erholen sich wieder, obwohl die lage unverändert ist. abends setzen sie sich wie üblich einige zeit nach dem essen für ihre geistige arbeit zusammen. shannon lümmelt bequem auf dem sofa, daniel sitzt mit geradem rücken auf dem teppich und kim richtet sich auf ihrem sessel ein, einen stapel unterlagen auf dem schoss.

> *»ich denke, wir stärken zuerst wieder die säulen. oder gibt es etwas aktuelles zu berücksichtigen?«,* fragt sie. daniel meldet sich:

> *»ich habe mich heute nachmittag kurz mit den geistigen strukturen beschäftigt, die wir kreiert haben. da habe ich eine erhöhte aktivität im ausgleichenden oktaeder festgestellt. besonders habe ich eine welle von aggressiver energie wahrgenommen, die sich von der erde aus in die struktur hineingedreht hat. die erde benützt den oktaeder bereits, und vielleicht können wir sie dabei unterstützen.«*

> *»das werden wir auf jeden fall tun.«*

kim blickt kurz zu shannon, doch die konzentriert sich bereits nach innen.

> *»beginnen wir mit dem oktaeder. erdet euch in euren körpern und umgebt euch mit der goldenen sphäre, die ihr aus dem hara heraus bildet. erinnert euch, diese kugel ist das gefährt, welches es uns erleichtert, im multidimensionalen raum des oktaeders zu reisen. wenn ihr soweit seid, bewegt euch mit mir in die struktur hinein.«*

die drei begeben sich mit ihrem fokus, ihrer energie und ihrem bewusstsein in den geistigen oktaeder, den sie zusammen mit vielen wesen aus anderen ebenen und dimensionen erschaffen haben und aufrecht erhalten. zuerst lassen sie sich etwas treiben in seiner flockigen, perlmuttfarbenen substanz, mit ihrer angenehmen, festigenden und harmonisierenden wirkung. diese struktur ist geschaffen worden, um der erde und ihren bewohnern den schritt zu einem multidimensionalen dasein zu erleichtern. darum hat sie eine spezifisch harmonisierende und stabilisierende wirkung innerhalb ihrer verschiedendimensionalen strömungen.

> *»wir lassen uns nun zu jenen energien treiben, welche die erde in den oktaeder manövriert hat«,* leitet kim die beiden anderen an.

automatisch drehen sie sich alsbald in einem milchigen, rotbeigen, feinstofflichen wirbel, irgendwo in den tiefen dieses speziellen raumes.

»wenn ihr sie gefunden habt, umhüllt diese energien zusätzlich mit eurem lichtkraftfeld.«

alle drei halten den energiewirbel mit ihrer aufmerksamkeit in einem licht, das sie ebenfalls selbst erschaffen haben. es ist ein transformierendes licht, das zusammen mit den ausgleichenden kräften des oktaeders die disharmonische energie in reine kraft umzuwandeln vermag.

gerade will kim die freunde wieder aus der struktur führen, als etwas eigenartiges geschieht. sie wird unversehens kräftig nach oben gezogen. geistesgegenwärtig versichert kim sich der schützenden sphäre um sich herum. den anderen beiden geht es genauso, aber es bleibt keine zeit, sich gegenseitig zu informieren. ziemlich abrupt stoppt diese bewegung bald wieder. die drei befinden sich in einem grellen, zitronengelben energieraum. er schmerzt ein bisschen, obwohl sie mit ihren physischen körpern gar nicht dort anwesend sind. die freunde verständigen sich kurz und warten.

aus diesem meer von gleissendem gelb lösen sich nun silbriggelbe dreiecke heraus, die in einer endlosen reihe auf die freunde einstürmen. die körper im wohnzimmer des waldhauses zucken leicht zusammen. dann werden sie von einer feurigen energie erfüllt.

»bleiben wir, solange diese energie fliesst. ausser es wird euch zuviel.«

während die dreiecke in unterschiedlichen tönungen weiter auf sie einströmen, zapfen die freunde fast gleichzeitig eine bewusstseinsebene der struktur an. sie wollen wissen, was hier passiert.

es sind die codes! alle 69 999! auf diese weise werden sie miteinander verbunden! wie genial.

»bleibt unbedingt in diesem feld drin, solange die dreiecke fliessen«, sagt kim eindringlich, doch daniel und shannon haben schon begriffen.

etwa zehn minuten später sind die drei wieder zurück in ihren körpern und erzählen sich begeistert, was geschehen ist. auf so etwas haben sie gewartet! sie haben ihre bereitschaft ins universum hinausgeschickt. ihre absicht, die grosse struktur in angriff zu nehmen, das tor in die fünfte dimension, wie sie nach der verschmelzung sein wird. seither haben sie gewartet und nun dies. dreiecke als eröffnung, als verheissungsvoller beginn der ersehnten arbeit.

doch dieses freudige ereignis ist kein grund, ihre täglichen geistigen arbeiten ausser acht zu lassen. nach einer kleinen pause machen sie darum weiter wie üblich. sie stärken und aktivieren einige geistige lichtsäulen, die sie an bestimmten stellen gepflanzt haben. diese verbinden die gegenwärtige und die künftige erde miteinander.

»zentriert euch wieder nach innen, entspannt euch und lasst alles los, was nicht zu eurem eigentlichen selbst gehört«, sagt kim mit sanfter stimme.

sie atmet tief aus und durchmisst mit einem schnellen blick das wohnzimmer. auf daniels lippen sieht sie ein ganz eigenes, zufriedenes lächeln. was er wohl gerade empfindet? shannons gesicht hat einen gelösten, hingebungsvollen ausdruck.

»also, ihr zwei, beginnen wir mit der säule in unserem see. gleitet mit eurer aufmerksamkeit, euren feinstofflichen seinsebenen und energien in diese grosse kraft hinein. tut das jetzt.«

sie begeben sich zusammen in die wunderbaren ströme von höherschwingendem licht, von neuen qualitäten der liebe und blauweiss schimmernden bewusstseinsenergien. in der mitte dieser fliessenden, leuchtenden säule hält sich ein starker, stabilisierender strahl von goldener friedenssubstanz. während sich die freunde in der säule treiben lassen, werden sie ganz erfüllt von deren qualitäten.

»werdet eins mit der säule«, hören daniel und shannon kims stimme.

diese lässt sich in die goldene friedensenergie fallen. löst sich auf darin, wird zu lichtpunkten, die in tiefster, innigster ruhe in die erde hineinströmen und wieder zurück.

»seid in eurer kraft und eurer liebe«, fordert kim die beiden auf.

»tauscht euch aus mit der säule, machen wir deren bewusstsein zu unserem.«

daniel dreht sich im hellen bewusstseinsstrahl, setzt sich ihm aus, mit jeder zelle seines seins.

»channelt diese energien durch euch hindurch. ihr seid die vermittler, die umsetzer. erfüllt eure aufgabe.«

und da sind diese unglaublichen liebesenergien, die weit über alles hinausgehen, was auf der guten, alten erde unter liebe verstanden wird. weit über die bedingungslosigkeit hinaus, entspringend von einem seinszustand, für den treffende worte erst erfunden werden müssen. kim gleitet noch intensiver in diese erfahrung hinein. in all das, was ihr innerster kern seit ewigen zeiten kennt.

exakt vierundzwanzig stunden nachdem amanda auf misjas raumplattform angekommen ist, geht ihr abenteuer seinem höhepunkt entgegen. veta hat sich nur kurz auf der station aufgehalten. er hat um eine energetische behandlung gebeten und ist dann mit einem anderen raumschiff weitergereist. seine schnelle wiederabreise hat amanda verunsichert. aber da man ihr gesagt hat, sie sei nicht die einzige irdische person auf der plattform, fühlt sie sich weniger allein gelassen. ausserdem hat amanda volles vertrauen zu misja, die es sich nicht nehmen lässt, höchstpersönlich das junge mädchen feinstofflich auf die erde einer anderen zeit zu schicken, wie sie es mit shannon gemacht hat.

amanda wird in einen eher kleinen raum geführt. seine wände und die decke wirken auf eigenartige weise nicht fest. übehaupt scheint der raum mit fast flüssiger luft angefüllt zu sein.

»das wird dich gleich nicht mehr stören«, sagt ihr begleiter, ein grosser, junger mann.

am liebsten wäre amanda wieder rückwärts aus diesem zimmer hinausgegangen. aber wie! inzwischen hat der mann irgendwo ein gelbes licht angezündet, das er auf amandas oberkörper richtet. dieser lichtschein lässt amanda locker und frei atmen. sie fühlt sich entspannt, voller kraft und zuversicht.

»danke, jetzt geht es mir wirklich besser.«

auf geheiss ihres begleiters legt sie sich sogar auf ein himbeerfarbenes liegebett, das sehr weich und bequem ist, obwohl es nicht danach aussieht. endlich betritt misja dieses würfelartige zimmer, und ihr strahlen spiegelt sich auf amandas gesicht. mit einer angedeuteten verbeugung verlässt der junge mann die beiden und misja setzt sich auf einen stuhl neben amanda.

»bist du bereit?«

amanda hebt ihren kopf und beäugt misja mit grossen augen.

»misja, ich kann sie ja fast nicht sehen, nur ihr gesicht.«

»das ist in ordnung, mach dir deswegen keine sorgen. können wir beginnen?«

amanda legt sich wieder hin und kann sich bestens entspannen.

»du machst das sehr gut«, hört sie wie von weit her misjas stimme.

»schau mich an, liebes.«

es kommt amanda vor, als würde misjas gesicht plötzlich über ihr schweben. während sie auf diese helle form vor blauviolettem hintergrund schaut, schwebt sie, oder ein teil von ihr, auf dieses gesicht zu und durch es hindurch.

von einem augenblick zum anderen findet sich amanda in einer ganz neuen umgebung wieder. zuerst sieht sie alles verschwommen. sie blinzelt und braucht ein paar sekunden, um ganz in dieser welt zu sein. nun realisiert amanda ihre eigene bewegung. sie schwebt auf einen grossen gebäudekomplex zu, der sich mitten in einer blühenden landschaft befindet. der grosse, ja riesige, hallenähnliche platz, auf dem sie gerade noch gestanden hat, ist verschwunden. dafür kommen die niedrigen, eigenartig geschwungenen häuser mit luftigen überdachungen schnell näher. amanda zieht es zu den kuppeln im zentrum. und eh sie sich versieht, steht sie auf einem weissen weg, der direkt zu den kleineren kuppeln führt. diese sind aus einem blassen, grünlichblauen, federleicht wirkenden material gefertigt. es sieht aus, als schwebten die strukturen förmlich über dem weiten areal unter ihnen, wo es zwischen fremdartig wirkenden einrichtungen von wesen wimmelt. aber amanda durchgleitet diesen raum bloss zielgerichtet. bald nähert sie sich der grossen kuppel. hier sieht sie weniger menschen, obwohl die parkanlagen immer weitschweifiger und die plätze immer ausgedehnter angelegt sind. vor der hauptkuppel macht amanda halt und schaut sich um. die ganze szenerie liegt unter hellem, fast blendendem sonnenschein, dabei herrscht eine warme, angenehme temperatur. warum schwitze ich nicht, in meinen wintersachen? amanda schaut an sich hinunter. sie trägt nur ein langes, rotorange gemustertes kleid ohne ärmel, das sie kaum spürt, so leicht und angenehm schmiegt es sich an den körper. wo sind meine haare?! amanda greift sich an den kopf. man hat sie mit spangen aufgesteckt. während amanda versucht, ihre rotblonde mähne wieder zu befreien, ruft jemand ihren namen. sie dreht sich um und sieht schräg von der grossen kuppel her leute kommen.

das alles ist ganz normal. amanda spürt weder beunruhigung noch befremden. höchstens neugierde. sie braucht einen moment, bis sie im hellen licht veta erkennt. die andern männer sind mindestens so gross wie er und alle haben einen ähnlichen, federnden gang. mit freudiger erwartung steht sie da, die frisur ist vergessen.

»bist du immer so pünktlich?«, begrüsst veta seinen schützling neckend.

»wenn es wichtig ist.«

er gibt ihr einen kuss aufs gebändigte haar.

wie bezaubernd sie aussieht, denkt veta, aber noch nicht wie eine frau.

amanda spürt neben der wiedersehensfreude auch erleichterung. sie ist nicht mehr allein. veta stellt ihr nach irdischer art seine drei begleiter vor. alles junge männer, einer davon ist pechschwarz. trotzdem sieht er nicht aus wie ein afrikaner.

aber wir sind hier ja auch nicht auf der erde, korrigiert sich amanda selbst.

»doch, wir sind hier auf der erde, goldkind«, reagiert veta laut auf amandas gedanken.

»nur die zeit ist eine andere. da wolltest du doch hin. schon vergessen?«

goldkind! soll das etwa ein kosename sein?

»meine freunde sind mischlinge wie ich, und sie wohnen auch hier.«

»warum? ich meine, warum sind hier alle mischlinge?«

zögernd blickt amanda am vielleicht zwei meter grossen schwarzen mann empor. der fühlt sich angesprochen und antwortet freundlich.

»weil wir alle uns auf einen neustart vorbereiten. die erde bekommt einen erhöhten input von lebenskraft und damit neue möglichkeiten. wir sind gewissermassen träger davon.«

»sie meinen, das ist ganz bewusst so gemacht worden?«

»sicher - sagen wir du zueinander, einverstanden?«

amanda nickt, aber sie ist noch nicht zufrieden.

»darf ich wissen, woher deine eltern stammen?«

»tja, bei mir ist der fall etwas kompliziert. ich habe nicht nur zwei eltern. meine dns setzt sich aus verschiedenen teilen von verschiedenen spendern zusammen.«

»darüber möchte ich mehr wissen.«

»du bist ein neugieriger mensch. veta, was denkst du. haben wir noch zeit oder müssen wir die dns-frage vertagen?«

»unsere arbeit ist jetzt vorrangig, würde ich sagen.«

»also dann, junge dame, folge uns ins heiligtum.«

der schwarze und veta halten amanda leicht an den ellenbogen, während sie sich schwebend fortbewegen.

hier ist alles noch spannender! junge frauen und männer gehen konzentriert ihren aufgaben nach. manchmal entdeckt amanda grössere gruppen von ihnen. selbst diese wirken sehr koordiniert, ohne jedoch den eindruck von steifheit oder strenge zu vermitteln.

»möchte mir jemand sagen, wo wir sind?«

offenbar hat veta dieses vorrecht.

»du befindest dich in einer energiezentrale des planeten. das ist ihr kern. hier werden energien erzeugt oder vom universum und anderen dimensionen hergeholt und weitergeleitet. ausserdem ist das ein gigantisches forschungslabor, von dem du jedoch nur einen kleinen teil siehst.«

amanda blickt zur abwechslung einmal nach oben. wie hoch doch die kuppel ist. und dieses schimmernde lutschbonbonrosa überall. gerade noch sieht sie, wie sich ein teil der kuppel öffnet. dann kommen die fünf in einem der vielen riesigen, nur locker voneinander abgetrennten räume zum stillstand.

»hier sind wir«, sagt veta nicht ohne stolz.

es gefällt ihm, amanda die errungenschaften dieser erde zu präsentieren.

der boden des raumes ist schräg. er vertieft sich nach und nach zur mitte hin. dort befindet sich eine öffnung von vielleicht fünfzig metern durchmesser. in den boden sind kristallartige gebilde eingelassen, die zumindest für amandas empfinden ziemlich willkürlich herumstehen. der raum wirkt leicht abgedunkelt, und amanda braucht eine weile, bis sie seine ganzen ausmasse sieht. nur der mittlere teil ist schräg. darum herum gibt es viele grosse und tiefe nischen mit schaltpulten und sitzgelegenheiten für hunderte von personen. amanda ist fasziniert, nicht zuletzt auch von der tempelartigen ausstrahlung dieses ortes. veta nimmt sie wieder am ellenbogen und sie schweben etwas weiter weg um die vorbereiteten energien dort nicht zu stören.

»hör gut zu, amanda. ich erkläre dir jetzt, was wir in diesem raum zusammen mit anderen tun werden.«

das junge mädchen nickt ernst. unbewusst langt sie wieder an ihre frisur. wenn es hier doch nur spiegel gäbe.

»du wirkst älter mit hochgestecktem haar. das möchtest du doch, oder?«

amanda wird verlegen und ärgert sich darüber.

»ich möchte vor allem nicht, dass du in meinen gedanken herumstöberst.«

»wenn du das nicht willst, werde ich mich natürlich bemühen, deine gedanken nicht wahrzunehmen.«

veta blickt abwartend auf amanda hinunter.

»vielen dank auch.«

dieses goldkind. einerseits ist sie mutig und frei. gleichzeitig so verletzlich und unsicher. manchmal auch unbeholfen, sogar trotzig. warum kann sie nicht zu der anziehung stehen, die er auf sie ausübt? das ist doch nicht gefährlich. warum verteidigt sie sich gegen ihn? das verhalten der erdlinge ist schon schwer nachvollziehbar. wie soll er dieses störende, destruktive verhalten umlenken? auf jeden fall darf er sie nicht mehr necken, obwohl das lustig ist, wenn jemand so intensiv darauf reagiert.

»amanda, wir beide haben doch einen guten draht zueinander, nicht wahr?«

sie blickt erwartungsvoll zu ihm auf.

»darum möchte ich dich bitten, dein verhalten mir gegenüber deinen gefühlen anzupassen, die du für mich hegst. ja? dafür verspreche ich dir, ich werde dich nicht mehr necken, da du dieses spiel nicht magst.«

zu vetas erleichterung entspannt sich amanda augenblicklich und schenkt ihm ein befreites lächeln.

»einverstanden! ich werde mir mühe geben, nicht zu pubertieren.«

»was ist denn das?«

»och, das erkläre ich dir ein anderes mal. ich werde mich ab jetzt nicht mehr garstig aufführen, das ist alles.«

amanda strahlt ihn an, und veta spürt eine warme energie, die sich in sein herzzentrum hineindreht. na also.

»können wir uns jetzt auf die aufgabe vor uns konzentrieren?«

»aber sicher!«

veta mustert amanda prüfend, aber er kann nichts unaufrichtiges entdecken.

»im grunde werden wir nicht viel anderes tun, als das, was deine mutter schon seit jahren macht, nur umgekehrt«, erklärt er.

»wir werden die energieessenz von dieser erde zu eurer leiten. die qualitäten von hier sammeln und zu euch senden, damit sie von leuten wie kim aufgenommen und verankert werden können. verstehst du?«

»ich denke schon. wir werden diejenigen sein, mit denen wir uns verbinden, wenn wir auf der erde eine lichtsäule kreieren oder nähren.«

»exakt. lichtsäulen sind das eine. es gibt mittlerweile viele geistige strukturen um und auf eurer erde, an denen wir beteiligt sind. von hier aus halten wir sie zusammen mit euch aufrecht und nutzen sie.«

»das ist ja toll! dann stimmt das also wirklich?«

»hast du je daran gezweifelt?«

»vielleicht, ich weiss nicht. manchmal habe ich an dingen gezweifelt, die leute in dieser hinsicht getan haben.«

»das kann ich verstehen, amanda. ich kann dir versichern, wir sind zeitweise fast verzweifelt an dem, was wohlmeinende ›lichtarbeiter‹ in ihrer fehleinschätzung der lage und vollgestopft mit halbwissen bei euch angestellt haben. das ist nun vorbei. seit drei jahren etwa wird vom universum aus nichts mehr korrigiert. wenn fehler gemacht werden, trifft das die verursacher hart. mittlerweile sollten nämlich alle verantwortlich handeln. misja hat viel geduld walten lassen, was das betrifft. die erdlinge hatten allesamt verlernt, was verantwortung bedeutet. aber lassen wir das. es gibt also verschiedene verbindungen zwischen den beiden erden.

das ziel ist jetzt, mittels dieser verbindungen die zwei planeten in die übergeordnete wirklichkeit ihrer einheit zurückzuführen. sie müssen so nah wie möglich zueinander gebracht werden, damit die verschiebung problemlos ablaufen kann. so eine annäherung werden wir gleich vollziehen. sie ist gesamtplanetarisch koordiniert und die vorbereitungen dazu geschehen jetzt. du hast eine frage.«

»ja. könnte ich nicht genausogut auf der anderen erde bei dieser arbeit mitmachen? natürlich bin ich lieber hierhergekommen. aber was ist der unterschied?«

»der unterschied ist wesentlich. dein hiersein kreiert eine zusätzliche absolute verbindung zwischen den beiden planeten. darum sind immer leute von der erde hier, wenn wir diese arbeit tun. sie kommen zu uns wie du. umgekehrt sind immer leute von uns feinstofflich auf der alten erde, wenn dort gewirkt wird. konkret werden wir gleich folgendes tun: wir bündeln erst bestimmte seins- und energiequalitäten. diese stehen bereits zur verfügung. dann lenken wir sie auf eure erde. das geschieht mittels unserer geistigen kraft. in erdnähe verästelt sich dieser fluss dann stark. dafür sind stationen eingerichtet worden, wo spezialisten dies vornehmen. du weisst ja, wie geistige arbeit funktioniert: es ist immer eine teamarbeit. und du weisst auch, dass multidimensionale strukturen vielfältig genutzt werden können. eine struktur stellt sich ganz unterschiedlich dar, je nachdem von wo aus sie wahrgenommen wird. leuchtet dir das ein?«

»ja, ich kann dir folgen.«

»das erwarte ich auch von kims tochter.«

»was ist denn so besonderes an meiner mam?«

»warte, ihr habt so einen lustigen ausdruck dafür, ach ja, sie ist ein ›hohes tier‹ in diesem universum und ausserdem ein zwillingsstrahl misjas.«

»warum sagt sie mir nichts davon?«

»weil ihr das selbst nicht richtig bewusst ist. sie identifiziert sich zu sehr mit ihrer rolle als erdenfrau. aber das ist ja nur ihr arbeitsdress.«

veta sieht, wie amanda sich gedanken macht. über ihre mutter, aber auch über sich selbst. doch sie traut sich nicht zu fragen, was ist mit mir? wer bin ich? veta könnte ihr auch gar nicht antworten. aber er kann sich erkundigen. amanda hat seinen vorsatz wohl mitbekommen, denn sie nickt leicht mit dem kopf und ihr ganzes wesen strahlt freundlichkeit und bereitschaft zur kooperation aus.

»also, mein goldkind, lass mich fertig erklären. diese energien werden dann zu den verschiedensten stellen um und auf eurer erde gelenkt. zum beispiel in vorhandene

strukturen oder gut funktionierende, stabile lichtsäulengruppen. ich spreche hier bewusst von gruppen, weil lichtsäulen zum einen als solitäre zu wenig stabil sind, und weil sie zweitens ohnehin die tendenz haben, sich nach dem resonanzprinzip zu verbinden. wie übrigens alles, was existiert. darum sind die meisten geistigen strukturen elektromagnetisch und auch mit anderen spannung erzeugenden kräften aufgeladen. die unbeabsichtigten folgen davon haben einige auf eurer erde schon zu spüren bekommen. weiter wird unser energiestrom in kollektive felder geleitet, zum beispiel in mentalfelder oder an ›geistige baustellen‹ im gesamthologramm der erde. die beiden erden, mit denen wir es zu tun haben, sind nur ein winziger teil davon. ich sage dir das, damit du die relationen erfasst. jedenfalls sind die vorbereitungen für die reaktivierung der einheit in vollem gange.«

veta hält inne, weil amanda etwas fragen möchte.

»entschuldige, ich will dich nicht unterbrechen. ich habe mir nur gerade überlegt, was ich genau tun muss, wenn wir im raum sind.«

»es ist alles einfacher, als es vielleicht den anschein hat. du wirst telepathisch geführt werden und tust was verlangt wird, so gut du es kannst. wenn es dir auf irgendeine weise zuviel werden sollte, hörst du einfach auf. notfalls kannst du den raum verlassen. es gibt keine zwänge hier. die disziplin, die du wahrnimmst, hat ihre wurzeln anderswo. gibt es noch etwas?«

»nein. es ist alles in ordnung.«

veta betrachtet amanda wieder eingehend. seit er sie auf ihr verhalten aufmerksam gemacht hat, ist sie verändert. positiv verändert. ihre sofortige reaktion auf seine offenheit und ehrlichkeit stimmt ihn zuversichtlich. in welcher hinsicht weiss er selbst nicht genau.

»also dann, gehen wir hinein.«

der grosse raum hat sich inzwischen mit menschen gefüllt. wie im theater sind die nischen nun diskret beleuchtet, jedoch mit verschiedenfarbigem licht. die beiden setzen sich in ein abteil, das in goldbräunliches licht getaucht ist. vetas freunde sind auch da. sie haben ihnen plätze freigehalten, weit vorne, damit amanda etwas zu sehen bekommt. diese fühlt eine angenehme, wohlige erregung, ähnlich der vorfreude bei einem theaterbesuch.

plötzlich ist es ruhig im raum, und das licht wird wieder dunkler. amanda entspannt sich bewusst. jetzt nimmt sie in ihrem inneren eine warme, männliche stimme wahr. ist es wirklich eine stimme, oder sind es sprechende gedanken? amanda öffnet wieder die augen und was diese stimme sagt, geschieht vor ihr: etwas ähnliches wie bunte laserstrahlen schiessen hoch über ihnen durch die luft. wo sie herkommen, kann amanda nicht ausmachen. langsam finden die strahlen zusammen.

›bündelt das licht‹, sagt die stimme.

›formt den ursprung der säule.‹

fast wird amanda geblendet von der helligkeit und der kraft dieser strahlen. der kern der säule bildet sich etwa fünf, sechs meter über ihnen. eine scheibe mit bunten ringen entsteht, deren mitte golden leuchtet. amanda zieht es zu diesem zentrum, und im selben moment wird aus der scheibe eine säule, die sich nach unten entwickelt, die den schrägen boden bedeckt und deren goldener strahl in der mitte durch die öffnung im boden hindurchgeht. amanda staunt. der grüne, gummiartige boden mit den kristallgebilden ist jetzt fast durchsichtig. dieser schräge boden, der so fest aussah, ist in wirklichkeit ein energiefeld, das von den kristallen gebildet wird! amanda schaut durch ihn hindurch, in die ungehindert strömende säule.

›das feld vor dir ist ein ordnendes gitter‹, sagt die stimme.

es scheint, als würden sie alle kontinuierlich mit ihrem geist diese säule bilden und zum fliessen bringen. zwischendurch ermüdet amandas konzentration. doch sehr angenehme kräfte helfen ihr jeweils, wieder erfrischt und motiviert weiterzumachen. veta und seine freunde sind alle sehr fokussiert, als wären sie nicht auf ihren sitzen anwesend, sondern anderswo. sie befinden sich in der säule. schon zieht es amanda auch wieder in den strahl hinein.

diese erfahrung wird amanda als einheitserlebnis in erinnerung bleiben, wenigstens bis zur dimensionalen verschiebung. als ein gefühl der auflösung in etwas grösseres hinein. sie ist die säule gewesen, und sie ist in diesem zustand auf die erde zurückgekehrt. so und nicht anders war es, wird sie erklären.

kurz bevor diese arbeit beendet ist, die regelmässig von unzähligen menschen und anderen wesen durchgeführt wird, schaltet sich alaje als beobachter ein. von seinem schiff aus kontrolliert er die säule sowie ihre bewegungen und findet nichts daran auszusetzen. dann holt er veta und amanda auf seinen monitor. sie macht ihre sache ganz gut fürs erste mal. etwas lockerer und weniger ernsthaft könnte sie sein. diese erdlinge mit ihrem beharren auf schwere. was für eine ungute angewohnheit das doch ist. alaje schüttelt seine langen haare und streicht sie zurück. bald, sehr bald schon ist das alles nicht einmal mehr vergangenheit. andererseits ist es wirklich eine freude, wie tadellos all diese jungen menschen agieren, denen das universum diese arbeit anvertraut hat. und veta, sein sohn, ist einer von ihnen.

der plejadier lässt seinen privaten monitor ruhen. er will sich in der stille etwas einstimmen und dann wieder einmal kontakt mit shannon aufnehmen.

diese schläft fest in ihrem zimmer im waldhaus, während im raumschiff, ziemlich weit in der atmosphäre über ihr, alaje den schwingungslevel seines körpers verändert und ein feinstoffliches doppel davon an ihr bett teleportiert. langsam lässt er diesen körper in ihren versinken. shannon seufzt auf im schlaf, wobei sich ein teil von ihr von ihrem leib im bett sanft schwebend löst. das feinstoffliche liebespaar umarmt sich und manifestiert sich in alajes schiff. dort verändern sich die körper noch einmal. alaje ist diesmal bestrebt, die frequenz seines gesamten systems nahe derjenigen von shannons energiekörper zu halten. das schiff gleitet darum in einen etwas anderen zustand hinein.

die beiden betrachten mit wohlwollen den strahlenden körper des anderen. alaje sieht jetzt aus wie ein wunderschöner engel mit augen aus flüssigem lapislazuli. er nimmt die betörende shannon bei der hand. sie ist ganz klar, wie von purem sonnenlicht durchflutet.

»komm, ich werde dir etwas zeigen.«

er führt sie zum monitor in seinem persönlichen arbeitsraum und schaltet ihn ein. shannon sieht sich selbst im bett liegen!

»bitte liebes, habe die feste absicht hierzubleiben, sonst verschwindest du mir plötzlich irgendwohin. dein lichtkörper ist meinem schiff angeglichen worden. darum kannst du nicht so ohne weiteres wieder in deinen physischen körper zurück.«

aber shannon braucht nur alaje anzuschauen in seiner pracht, dann will keine einzige zelle von ihr wieder auf die erde. mit magischer kraft zieht es sie zu ihm. sie schaut in seine augen, taucht durch sein stirnzentrum ganz und gar in ihn hinein. alles ist nur noch weiss und sie gleitet weg. alaje kann sie gerade noch stabilisieren. eine unglaublich süsse, alle bekannten glücksgefühle weit übertreffende welle tost wie eine urgewalt durch shannon hindurch. sie ist eins mit alajes licht. obwohl sie ihn vor sich sehen kann, sind beide miteinander verschmolzen. sie kann nicht sprechen und nicht denken. ist nur vibration, zustand, sein, unreflektierte gegenwart: eins.

shannon hat keine ahnung, wie lange dieser kostbare moment gedauert hat. sie findet sich wieder vor dem monitor, hört alajes stimme und sieht auf dem projektionsgerät veta und amanda, wie sie an einer säule arbeiten.

»ich glaube, ich muss mich ein bisschen hinlegen«, meint shannon.

»das kann nicht sein, liebes. dieser körper braucht das nicht. bleibe mit deinem bewusstsein ganz hier. egal, ob du auf der erde gerade die bettdecke wegstrampelst oder was immer. bleibe hier bei mir.«

»du hast sicher recht. nur habe ich mich aufgelöst und weiss gar nicht mehr, wo und wer ich bin! es ist eigenartig, aber ich fühle mich ausgezeichnet dabei.«

»dann ist ja alles gut. geniessen wir unseren energieaustausch noch etwas. einverstanden? er ist bereits nicht mehr so stark, und ich muss gestehen, das fehlt mir sehr.«

»du hast ja noch askat«, sagt shannon leise.

»bei ihr gehe ich nicht so weit. das wäre nicht richtig. nur ebenbürtige erwachsene sollten ganz miteinander verschmelzen und dadurch den entsprechenden, gemeinsamen raum aufbauen. das gehört bei uns zu einer paarbeziehung.«

»was heisst das, ganz miteinander verschmelzen?«

»die seelen werden eins. der geist wird eins. alle körper, energien und kräfte verschmelzen. in diesem moment wird leben kreiert. lebendige kraft, die in die beziehung fliesst, die aber auch bewusst genutzt werden kann, für gemeinsame projekte oder für kinder. sex kreiert licht, aber nur wenn eine vereinigung stattfindet. sie bedingt echtheit, wirkliches sein. langsam können die menschen auf eurer erde dies erkennen. sie wissen jetzt, dass das leben ein vielschichtiges geschehen ist, mit mannigfaltiger wirkung in jedem augenblick. für die sexualität gilt das erst recht.«

shannon betrachtet veta und amanda auf dem monitor, aber sie ist nicht fähig, sich auf die beiden einzustellen.

»dann wären viele sexuelle beziehungen auf der erde gar nicht wirklich sexuelle beziehungen.«

»nenne sie konsum oder vorstellung. ja, vor allem illusion. ich kann das nicht nachvollziehen. wir nichtirdischen können schlicht und einfach nicht nachvollziehen, was ihr auf eurem planeten tut. das ist eine schwierigkeit. wir können den menschen sagen, wie etwas sein sollte. wir können ihnen sogar die notwendigen mittel verfügbar machen. aber ob sie diese anwenden und wie, da können wir nur hoffen. in dieser hinsicht lastet alles auf euch, unserem vor-ort-team. das ist eure arbeit: ihr führt die schwingungserhöhung von einem zustand in einen anderen herbei. und ihr schafft es. es sieht so aus, als könnte die verschiebung pünktlich vonstatten gehen. wir sind alle froh darüber!«

alaje nimmt shannon erneut in die arme.

»erzähl den leuten, was du mit mir erlebst. das dürfte ihnen helfen. meinst du nicht?«

erst viel später, shannon kommt es vor, als seien stunden vergangen, kann sie sich auf den monitor konzentrieren, der inzwischen die arbeit an der säule zeitverschoben wiedergibt. alaje erklärt ihr, was dort geschieht, und sie freut sich mit ihm über den ein-satz dieser jungen menschen. ebenso über die bestätigung der eigenen arbeit mit kim und daniel.

»unsere säulen, die wir geistig gesetzt haben, sind also definitiv wirksam«, konstatiert sie.

»hast du je daran gezweifelt?«

»oh, nicht ich, sondern gewisse kreise meiner umgebung. manchmal hat mich das verunsichert.«

»ist das noch immer so?«

sie zuckt nur leicht mit den schultern. alaje betrachtet shannon. sofort fühlt sie seine zärtlichkeit in ihrem körper.

»übrigens, es gibt etwas, dessen du dir bewusst werden solltest, wenn wir uns vereinigen.«

»was denn?«

hat sie vielleicht etwas falsch gemacht?

»nein, es hat mit deiner umstrukturierung zu tun«, lächelt alaje.

»darf ich dir eine persönliche frage stellen, bevor ich weiter erkläre?«

wieder beschleicht shannon dasselbe, ungute gefühl, aber sie nickt mit gesenktem blick.

»was kann man denn falsch machen, wenn man sich seinem geliebten hingibt?«

alaje wartet nicht auf eine antwort, sondern spricht gleich weiter.

»nichts. shannon, du musst deine alten vorstellungen über bord werfen. nimm mich wie du bist in deine arme. das hast du eben getan. mach dir keine sorgen deswegen.«

er gibt ihr einen schnellen kuss.

»danke«, sagt sie und fährt nach einer kleinen pause fort, *»alaje, du bist mein geliebter und du kommst mir so nahe wie zuvor noch kein mann. trotzdem bist du auch ein fremder für mich. ich bin von der erde und du bist der unwiderstehliche ausserirdische. ein supermann. ich mache einen spagat zwischen der erde und dir. kannst du das ermessen?«*

»das kann ich wohl nicht, liebste. habe ich die erdenfrau in dir übergangen? ich möchte dich keinesfalls überfordern. es ist gut, dass du mich daran erinnerst. danke.«

»nein, du überforderst mich nicht. es ist, als ob ich umschalten würde, wenn ich mit dir zusammen bin. aber ich bin etwas scheu all diesem neuen gegenüber.«

alaje streicht ihr übers haar und sie küssen sich erneut.

»deine seele kennt mich, shannon«, flüstert er.

erst nach ein paar minuten schweigender umarmung fragt alaje, ob er mit seiner erklärung fortfahren könne. langsam lösen sich die beiden voneinander. shannon gleitet mit den fingern über ihr gesicht.

»lass hören«, ermuntert sie ihn mit leiser stimme.

»also. dein körpersystem hat ein neues sexualzentrum gebildet. es ist das zentrum deiner kreativität und befindet sich von deinem physischen körper aus gesehen unterhalb deines hara. wenn wir uns vereinigen, bringen wir diese sexualzentren zusammen und tauchen in sie hinein. das ist das eine. du wirst dieses zentrum in zukunft bewusst nutzen, wenn du erschaffst, zum beispiel etwas in deinem leben manifestierst. shannon, du hast einen konkreten zugang zu deiner schöpferkraft erhalten. denke darüber nach. erforscht dieses zentrum auf der erde und beginnt damit zu arbeiten. wir werden euch unterstützen. sofern ihr weisen gebrauch davon macht, werden wir euch individuell weitere informationen darüber zukommen lassen. hast du verstanden?«

»oh ja. das sind wunderbare neuigkeiten, wirklich!«

shannon erwacht aus tiefstem schlaf. sie fühlt sich erfrischt und hüpft voller elan aus dem bett. was für tolle energien sie in ihrem körper spürt! ob wohl alaje dahintersteckt? in diesem moment sieht sie tatsächlich alaje im zimmer stehen! nicht direkt vor ihr und nicht ganz so plastisch wie sonst jemanden, aber sie sieht ihn! das heisst, sie hat ihn gesehen, denn die gestalt ist bereits wieder verblasst. shannon eilt im nachthemd in die küche hinunter, wo kim und daniel gemeinsam ein zweites frühstück zubereiten.

»warum seid ihr beide da? wie spät ist es denn?«

»es ist sonntagmorgen um halb zehn. wir dachten, wir lassen dich ausschlafen.«

»oh vielen dank. das war wohl richtig, denn stellt euch vor, ich habe vorhin in meinem zimmer alaje gesehen! ich vermute, ich war wieder mal bei ihm auf dem schiff.«

»da hätten wir aber schwierigkeiten bekommen, wenn wir dich vorzeitig heruntergeholt hätten, nicht?«

daniel grinst.

»ich hätte in der tat probleme mit meinen körpern bekommen.«

»warum?«

kim stellt ofenfrische muffins auf den tisch.

»weil meine feinstofflichen körper dort oben dem schiff erst angepasst werden müssen und darum nicht blitzartig zurückkommen können«, erklärt shannon spontan.

»aha. gut, jetzt wissen wir das fürs nächste mal.«

alle drei sind gedankenverloren mit dem frühstück beschäftigt, da erscheint alajes gestalt erneut. er übermittelt ihnen sogar eine telepathische botschaft. sie sollen mit ihrem kreativen zentrum arbeiten und mit der goldenen friedensenergie. friede öffne den weg. seine engelhafte gestalt lächelt freundlich, aber bald ist sie wieder verschwunden. nur die luft bleibt noch elektrisch aufgeladen. ein paarmal knallt es sogar, dann herrscht wieder die sonnige atmosphäre von vorhin, jetzt angereichert mit der aufgeregten freude der anwesenden.

»was hat er gemeint?«

daniel und kim schauen fragend zu shannon.

»ich denke, ich weiss, wovon er gesprochen hat. lasst mich erst duschen und etwas wärmeres anziehen. dann berichte ich euch, soweit ich mich erinnern kann.«

in diesen tagen finden in der luft grosse bewegungen statt. was hat dieses schauspiel zu bedeuten?!

zuerst sind amanda und veta nacheinander vom scooter wieder zurückgebracht worden. und noch am tag von vetas ankunft hört man lange das bedrohliche donnern von militärjets. hinter den fenstervorhängen hervorlugend können die waldhausbewohner ganze flotten von raumschiffen sehen, die schnell und viel höher als die jets das firmament durchmessen.

auch von misjas plattform aus werden die grossen bewegungen im raum um die erde genau beobachtet, aber natürlich unter anderen voraussetzungen. von hier aus sind die befehle gegeben worden, die raumschiffe sollen sich für die letzte phase im projekt transformation erde positionieren. wobei sich auch jetzt die meisten schiffe und stationen ausserhalb der erdatmosphäre aufhalten. eine grössere anzahl muss hingegen noch näher an den planeten heranrücken. alajes flotte gehört dazu. er hat seine position sogar schon vorzeitig eingenommen. schliesslich gehört er zu den ersten, die nach der verschiebung auf der erde landen dürfen. in erdnähe werden seine schiffe hin und wieder von militärjets gejagt, selbst von kleineren raumschiffen der einstigen besatzer - deren grosse schiffe von ausserhalb kommen längst nicht mehr in das hoheitsgebiet der erde hinein. für alajes crew sind das aber nur schwache angriffe, mit denen sie spielend fertig werden, die fast schon eine willkommene abwechslung beim wachehalten darstellen.

diese gut sichtbaren bewegungen am himmel vergrössern das chaos auf der erdoberfläche noch mehr. die flottenverbände lösen in den menschen verschiedene reaktionen aus, obwohl raumschiffe als solche mittlerweile eine fast schon akzeptierte realität sind. doch sie haben nach wie vor etwas unheimliches an sich, wenn die informationen dazu fehlen. denn radio, fernsehen und alle anderen com-systeme haben ein surrealistisches eigenleben entwickelt. manchmal funktionieren sie, manchmal nicht. und wenn, dann kommen alle arten von nachrichten durch, die sich oftmals widersprechen. selbst shannons erstklassige kanäle sind nicht mehr zuverlässig. kurz, was die raumschiffe am himmel bedeuten, dazu gibt es auf der erde nur vermutungen und gerüchte. nicht einmal veta weiss im detail, was vor sich geht. ausserdem spielt das wetter seit monaten pausenlos verrückt und übt so einen zusätzlich destabilisierenden einfluss auf die menschen aus.

trotz alledem ist der prozess keineswegs ausser kontrolle. misja ist sogar der ansicht, dass sich die dinge in etwa gemäss den vorhersagen entwickeln. immerhin sind jetzt rund 80% der menschheit vom transformationsprozess direkt erfasst. und die kommandantin rechnet mit dem erreichen des 90%-limits innerhalb von wochen. sie bereitet sich darum auf ein weiteres treffen mit den räten der höheren dimensionen vor. damit der letzte schritt bald initiiert werden kann.

zuvor geschieht etwas längst erwartetes, worüber in den letzten zwanzig jahren oft fantasiert worden ist: misja spricht via fernsehen und diverse andere com-kanäle zu den erdenmenschen!

besagte ausstrahlung beginnt eines abends gegen 20:00. die bewohner des waldhauses sind gerade noch beim abendessen, als der fernseher plötzlich von alleine angeht und sogar funktioniert. alle eilen vom tisch zum apparat. auf dem bildschirm sehen sie tatsächlich misjas strahlendes gesicht und neben ihr sashta, ihren engsten mitarbeiter, vergleichbar mit einem ersten offizier auf der erde. dieser imposante mann mit seinen durchdringenden, dunklen augen und seiner schwungvoll aufgetürmten haarpracht ergreift zuerst das wort:

> *»liebe bürger dieser erde, ich, sashta, spreche zu euch im namen aller wesen, die am projekt transformation erde beteiligt sind. einige von uns stammen aus diesem universum, viele kommen aus anderen dimensionen, und wir haben uns versammelt, um euch unsere guten dienste angedeihen zu lassen. im rahmen eines universellen und in seiner art einmaligen geschehens, werden ganze universen und seinsebenen in eine höhere qualität von licht, liebe und bewusstsein zurückgeführt. nun ist die erde in ihrer ganzheit, mit ihren verschiedenen bewohnern an der reihe. sie wird schon sehr bald zusammen mit einer grossen zahl ihrer geschwisterplaneten den letzten akt ihrer anhebung vollziehen.«*

sashta macht eine kleine pause, während der er einen intensiven augenkontakt zu den menschen jenseits der bildschirme hält.

> *»an meiner seite seht ihr misja. sie ist leiterin und kommandantin der ganzen mission und wird jetzt höchstpersönlich zu euch sprechen. schenkt eure aufmerksamkeit unserer kommandantin.«*

mit einer ausholenden geste weist sashta auf misja und überlässt ihr den bildschirm.

shannon rennt so schnell sie kann die treppe hoch und schnappt sich ihr kleines aufnahmegerät, das noch auf dem tisch in ihrem zimmer liegt, weil sie es erst gerade benutzt hat.

als habe misja auf shannons rückkehr gewartet, beginnt sie genau in dem moment mit ihrer rede, wo die journalistin wieder vor den fernseher gehechtet ist, das schon laufende gerät in der hand.

> *»meine geliebten wesen von und auf der erde, ich bin gekommen, um euch folgendes mitzuteilen: wir, den räten der höheren dimensionen verpflichtet, organisiert in einer sektion unter meinem kommando, grüssen euch mit liebe und respekt. wir gratulieren euch zur erfolgreichen transformation, die beinahe schon vollendet ist. für euch möglicherweise noch nicht offensichtlich, habt ihr euch und hat sich euer planet überaus verändert. tatsächlich ist alles neu geworden, auch wenn dies noch nicht vollständig integriert und in eurer realität manifest ist.«*

misja wartet einen augenblick und wie vorhin sashta, hält sie auch ohne worte den kontakt zu ihrem milliardenpublikum aufrecht.

> *»dieser euer aufstieg, der zugleich ein hinabsteigen des göttlichen ist, wird euer leben schon bald gänzlich umwandeln. bereitet euch darauf vor! dies ist ein wahrer grund zur freude und zum glücklichsein. ein wundervolles neues leben entfaltet sich jetzt. seid dankbar und stolz darauf. entspannt euch einfach und fliesst mit den kommenden ereignissen. alles wird sich zum besten wenden. und vergesst nicht: ihr habt unsere hilfe und unterstützung. fünf millionen inkarnierte ausserirdische leben unter euch. sie haben all dies erst mit ihrem weitgehenden einsatz möglich gemacht, indem sie menschen geworden sind. nur so haben sie euch über euer eingeschränktes menschsein hinauszutragen vermocht. sie wirken für euch, und sie arbeiten mit uns zusammen. akzeptiert sie als führer in dieser zeit, wenn ihr mit einem von ihnen in kontakt kommt. hört mir sorgfältig zu, erdenbewohner: innerhalb der nächsten monate oder auch nur wochen wird etwas geschehen, das ihr euch nicht vorstellen könnt. alles wird sich in sekunden verändern. ihr, eure körper, euer zuhause, eure umgebung. die ganze erde wird sicher in eine höhere dimension angehoben werden. wenn es soweit ist, folgt wissend dem ereignis. meine lieben, es ist euer rechtmässiges erbe, jetzt das zu werden, was ihr schon immer gewesen seid: multidimensionale, kraftvolle, verantwortliche schöpfer eurer selbst und eurer existenz, erschaffer des lebens und der liebe. werdet bewusst. nichts wird von eurer alten persönlichkeit zurückbleiben. es wird nur noch die wahrheit des selbst geben, eine viel lichtvollere göttliche manifestation als jetzt. ihr könnt nichts dagegen tun. zahllose universen und alles leben, soweit ihr es euch denken könnt, sind davon betroffen.«*

misja verschenkt ihr unvergessliches lächeln und beendet ihre ansprache mit den suggestiven worten:

»haltet dies in euren herzen.«

noch einmal macht sie eine kleine pause. dann verabschiedet sie sich auf ihre einfache und klare art:

»mit grosser genugtuung kann ich euch hier und jetzt versprechen, dass wir uns bald schon begegnen werden. tapfere bewohner der erde, nehmt meine liebe und seid voller zuversicht, ungeachtet wo ihr gerade seid und wie ihr gerade lebt.«

nun wird der monitor wieder schwarz, als wäre er ausgeschaltet. doch bevor sich die leute im waldhaus regen können, erscheint bereits wieder misjas brustbild, genau wie vorher. das erstaunen der zuschauer wird dadurch noch grösser, aber es bleibt keine zeit, auch nur einen gedanken darüber zu verlieren.

»in diesem augenblick spreche ich nur noch zu meinen lieben und verehrten mitarbeitern auf dem planeten. zu euch fünf millionen, die ihr hier zum wohle des grossen ganzen auf mission seid. auf vielfache weise seid ihr fernab von zuhause, arbeitet unter schwierigen umständen und nehmt für euch selbst härten in kauf, die ihr euch einst gar nicht recht vorstellen konntet. ich habe die ehre, allen den grossen respekt und die würdigung eurer arbeit von den räten der höheren dimensionen zu übermitteln. sie senden euch ihren lichtvollsten dank. die meisten von euch sind bis hierher erfolgreich gewesen. und auch diejenigen, denen es nicht gelungen ist, gänzlich zu ihrer mission zu erwachen, sind in die liebe und befriedigung einbezogen, die jetzt in euch erwachen. ersteht in eurem glanz!«

misja beugt ihren kopf leicht, als zeichen der ehrerbietung.

»meine mutigen, es bleibt nur noch eine kurze zeitspanne bis zum ziel. seid weiterhin stark. haltet die energien, verankert sie, arbeitet mit eurem geist und seinen werkzeugen. vor allem: bereitet die menschen vor. erschafft licht für sie. vollendet eure aufgaben! schlussendlich möchte ich einmal mehr das wort an meine wunderbaren code-leute richten: jeder und jede von euch 69 999 plus eins weiss zum gegenwärtigen zeitpunkt über seine identität als code-träger bescheid. auch über die gemeinsame mission in einer auseinanderfallenden welt. ihr seid nicht nur der schlüssel zur verschiebung, ihr seid ebenso der keim der einheit auf erden und anderswo - es gibt nur noch zwei schritte, die ihr machen müsst. seid ihr bereit?«

ohne dass es ihnen bewusst wird nicken die freunde und wie aus einem mund sagen sie:

»ja.«

veta und mehr noch amanda berührt das sehr. die atmosphäre im wohnzimmer ist plötzlich sehr feierlich.

»ich denke, ihr seid es!«

misja blickt liebevoll vom bildschirm, und es ist als wäre sie im raum anwesend.

»von nun an werdet ihr miteinander verbindung aufnehmen. alle 69 999, geordnet in dreiergruppen. ihr kennt bereits eure basisgruppe. jetzt übermitteln wir jeder dieser gruppen ihre nummer. empfangt sie.«

daniel, kim und shannon wissen die ihre sofort. es ist eine frühe nummer: die 18.

»verbindet euch so bald als möglich folgendermassen miteinander: die gruppen 1, 2 und 3. die gruppen 4, 5, und 6. dann 7, 8, 9 und so weiter. rechnet!«

»also, zu uns gehören die gruppen 16 und 17. seht ihr das auch so?«, fragt daniel ein bisschen aufgedreht, so etwas erlebt man ja nicht alle tage.

»meine lieblinge, dies ist bereits alles. setzt euch zusammen, wo immer ihr seid.«

kaum hat sie das gesagt, verschwindet misja vom monitor, der nun wieder so schwarz und tot ist wie schon die wochen zuvor.

9

die dinge formieren sich

am selben abend noch versuchen die drei verbindung mit den anderen beiden gruppen aufzunehmen, aber vergebens. sie sind alle noch zu beeindruckt von misjas erscheinen im fernsehen, was ihrer konzentration nicht förderlich ist. aber kim ist fest entschlossen.

»wir machen das allabendlich, bis es klappt«, erklärt sie.

doch auch am folgenden abend kommt etwas dazwischen: aus einer ahnung heraus will daniel zuerst wieder einmal das haus und die lichtung kontrollieren. immerhin liegt das in seiner verantwortung. misjas doppel hat ihn beauftragt, sicherzustellen, dass dieser ort stets von ausstrahlenden liebesenergien umgeben ist. energien, die die freunde laufend erschaffen und stärken müssen, damit keine wesen mit schlechten absichten den frieden ihres refugiums stören. shannon und kim dulden daniels darüber hinausgehende sicherheitsaktivitäten stoisch, obwohl sie nicht von deren notwendigkeit überzeugt sind.

aber diesmal wird daniel fündig: im gebüsch am rande der lichtung, da, wo ein schmaler fusspfad zum see hinunter führt, entdecken daniels adleraugen menschliche oder menschenähnliche wesen, die gerade ins unterholz abtauchen. daniel eilt ins haus und erstattet bericht. die frauen sind ziemlich konsterniert, doch veta kann alles wieder ins lot rücken. einmal mehr erhält er von alaje eine telepathische mitteilung.

»vater garantiert euch seinen schutz. sein schiff ist über dieser gegend stationiert und beobachtet alles.«

»wen also hat daniel gesehen?«

alle starren eindringlich auf veta.

»erstens ist jetzt sämtlichen code-leuten ein schiff zugeteilt worden, das sie im notfall beschützt«, erklärt dieser gelassen, er lässt sich nicht drängen.

»es wird jedoch erwartet, dass ihr imstande seid, das selbst zu tun. und zweitens

hat mir vater eure frage bereits beantwortet.«
alle warten.

»da verstecken sich tatsächlich leute, aber sie stellen keine gefahr dar. es sind ehemalige besatzer und auch andere. alles flüchtlinge.«

veta betrachtet unauffällig die gesichter um ihn herum.

»sie brauchen hilfe, sagt alaje.«

nach einem augenblick der stille erwidert amanda einfach:

»dann holen wir sie herein.«

der bann ist gebrochen und die erwachsenen wollen nun wissen, was sie tun sollen.

»gehen wir nach draussen, alaje wird auch dasein«, fordert veta sie auf.

die waldhausbewohner stürzen nicht gerade zur tür, aber mit festen schritten gehen sie nach draussen. das erste, was sie zu sehen bekommen, ist alajes grosses, leuchtendes raumschiff. von dort geht ein lichtstrahl ab, der sich auf der lichtung zu einer projektion alajes formt.

»kommt mir nicht zu nahe«, warnt diese atemberaubende manifestation und blickt dabei speziell zu shannon.

»dies ist nur eine projektion. vor allem könnte euch die energie meines schiffes verletzen.«

alaje macht eine kleine geste in richtung wald, und sofort treten zwei verschiedene gruppen von ausserirdischen aus dem gehölz. zuerst sieben oder acht uniformierte mit ihren grauen gesichtern, schmutzig und offensichtlich erschöpft. zwei von ihnen scheinen verletzt zu sein. sie bewegen sich langsam auf alaje zu und setzen sich entsprechend seinen anweisungen. dann kommen drei frauengestalten näher. es müssen hybriden sein, jedenfalls sehen sie aus wie eine mischung zwischen keneros rasse und erdenmenschen. auch sie folgen alajes order. eine der drei richtet kurz das wort an ihn, bevor sie sich hinsetzt:

»kommandant, wir sind hier mit hundert kindern. den einzigen, die wir retten konnten. wir werden nicht mehr lange in der lage sein, sie am leben zu erhalten. die meisten sind noch nicht an diese atmosphäre adaptiert und einige von ihnen werden es nie sein. schon fast zehn tage lang sind wir mit ihnen auf der flucht. die kinder befinden sich in speziellen fahrzeugen nicht weit von hier. wir besitzen nur noch überlebensmittel für zwei, drei tage, mehr nicht. darum brauchen wir dringend hilfe. wir haben uns bis hierher durchgeschlagen, weil wir hörten, an diesem see gäbe es code-leute und raumschiffe. bitte helfen sie uns!«

»wir sehen ihr problem«, antwortet alaje in einem mitfühlenden und doch bestimmten ton.

»es ist bereits ein schiff unterwegs hierher, das die kinder an bord nehmen wird. für mischlinge eurer art ist inzwischen ein eigener planet reserviert worden. er vollzieht die transformation nur wenig später als die erde, und die kinder werden dort bestens aufgehoben sein. nennen sie mir noch ihre einheit, damit euer wertvoller einsatz entsprechend bedankt werden kann.«

die angestrengten gesichter der drei frauen entspannen sich deutlich, während ihre sprecherin ihren einstigen einsatzstandort und die geforderten bezeichnungen angibt.

für die waldhausbewohner sehen die frauen irritierend aus. fast fremder als die grauen ausserirdischen, weil sie nicht recht eingeordnet werden können. sie wirken fahl und ausgemergelt. aber das hat wahrscheinlich mehr mit der gegenwärtigen situation zu tun. ihre schmucklose, blassbraune uniform tragen sie wohl auch schon seit tagen auf dem leib. trotzdem wirken diese frauen viel geordneter, als die gehetzten männer in ihren zerschlissenen militäruniformen.

die bewohner des waldhauses empfinden keine furcht mehr vor den fremden, die so alleine sind und den widrigen umständen mit tapferkeit entgegentreten. sie haben alles verloren, denkt kim und empfindet mitgefühl für diese wesen. alaje sieht, dass sich ein feld von liebe in der lichtung aufbaut. wohlwollend nickt er kim zu, blickt aber gleich in richtung des hauses, als ob er abgelenkt würde.

»wer will uns noch gesellschaft leisten?«, fragt er mit einem lächeln in den augenwinkeln.

einen moment lang geschieht nichts, dann lösen sich ein paar scheue gestalten von der seitenwand des hauses und eilen als geschlossene vierergruppe herbei. kleine wesen mit überdimensionalen köpfen und grossen, schwarzen mandelaugen. ihr geschlechtsloser körper ist nur bedeckt mit einer hellen, höckerigen haut. die langen arme und hände dieser wesen hängen wie leblos an ihnen herunter, was vielleicht ein anzeichen von stress ist.

die sehen ja aus wie kinder! amanda ist tief gerührt: sind die aber süss. von solchen wesen hat sie schon viel gehört, nur noch nie eines zu gesicht bekommen. fast ein bisschen erstaunt blickt eines der vier zu amanda, als hätte es ihre gedanken mitbekommen.

»meine freunde, hier seid ihr sicher«, beruhigt sie alaje.

»wo kommt ihr her?«

»von puerto rico, abstammung zeta reticuli«, antwortet eines der wesen telepathisch.

»ihr seid niedergelassene?«

»oh ja, wir sind seit mehr als 250 erdenjahren hier.«

»also werdet ihr die verschiebung auf diesem planeten mitvollziehen.«

»ja, so ist es, kommandant.«

»warum seid ihr nicht in eurer kolonie?«

»oh, unser schiff ist gestohlen worden! man hat uns von einer mission nach hause gerufen, rechtzeitig bevor der luftraum geschlossen wurde, aber unser schiff war da schon weg.«

»verstehe.«

wieder lächeln alajes augen, aber die vier etwa 1,20 meter kleinen geschöpfe blicken starr und regungslos auf den kommandanten.

»also, ihr werdet hier für die nächste zeit bleiben müssen, ich sehe keine möglichkeit, euch zu transportieren.«

»wir verstehen«, antworten die vier.

auf seine unvergleichlich charmante wie dezidierte art wendet sich alaje nun amanda zu.

»würdest du eure gäste ins haus führen? und frage sie, was sie brauchen.«

amanda nimmt spürbar haltung an. vier schwarze, riesige augenpaare richten sich auf sie und alle anderen auch.

»natürlich mache ich das. gerne.«

und während amanda ein paar schritte auf die zetas zugeht, tun diese das gleiche. endlich stehen sie sich gegenüber.

die sind bestimmt ganz lieb, redet sich amanda gut zu. und schon scheint es ihr, als ginge eine warme, freundliche energie von diesen wesen aus.

sie verstehen wohl meine gedanken, vermutet sie. erst jetzt bemerkt amanda, dass eines der ›eierköpfchen‹ - so sehen sie ihrer meinung nach aus - einen undefinierbaren gegenstand an seinem körper trägt. was mag das wohl sein?

›er ist nicht gefährlich‹, versichert ihr der träger telepathisch. amanda errötet ein bisschen vor aufregung und freude.

»gehen wir hinein?«, fragt sie, und die kleinen wesen nicken, wobei sie ihre fast mimiklosen gesichter stets auf amanda gerichtet halten.

»im ersten stock ist ein zimmer mit vier betten frei, das könnt ihr beziehen«, erklärt amanda.

»gibt es etwas, das ihr jetzt gerade braucht?«

»oh, wir sollten wasser haben«, meint eines der eierköpfchen.

die vier schauen sich an, und zwei von ihnen wechseln sogar worte in einer fremden sprache. dann erst wendet sich dasjenige mit dem gegenstand an amanda und verneint höflich.

»wir möchten nachher wieder zum see gehen, wenn das gestattet ist.«

»ich denke schon, ihr seid ja gäste hier, da könnt ihr euch frei bewegen, nehme ich an.«

wieder starren die vier in derselben haltung auf amandas gesicht. dann steigen alle schweigend die treppe hoch.

»bleibt ruhig«, sagt alaje draussen, *»es gibt nichts zu fürchten.«*

er richtet sich mit diesen worten nicht nur an kim, die wieder einmal überbesorgte mutter, sondern ebenso an die gruppe der militärs.

»ihr seid hier auf mission vom rigel-system, ist das richtig?«

»jawohl kommandant, wir stammen vom zentralstern-rigel-umfeld«, antwortet deren sprecher.

alaje fährt in freundlichem ton weiter:

»wir haben eine raumschiffbrücke zwischen rigel und diesem sonnensystem eingerichtet. in kurzer zeit schon wird eines der schiffe euch alle an bord nehmen.«

dem sprecher scheint das nicht zu gefallen.

»bitte, lassen sie uns hier. zuhause werden wir exekutiert werden, sobald wir dort ankommen. wir beantragen asyl.«

»das ist nicht mehr nötig. die dinge haben sich ziemlich geändert. eure rückführung ist gut organisiert und kontrolliert. ihr werdet zuhause akzeptiert sein. ich garantiere das.«

alaje wartet, bis sich die grauhäutigen männer wieder beruhigt haben.

»alles verändert sich zur zeit, und zwar nicht nur hier. für euer volk sind spezielle anstrengungen unternommen worden. es wird sehr grosse schritte tun müssen.

doch auch eure region wird die transformation schaffen. ich darf euch bereits gratulieren, meine freunde.«

alaje weitet sein licht aus, bis es sämtliche anwesende einhüllt, auch jene im haus. zusätzlich sendet er eine bestimmte heilenergie über sein stirnzentrum zu den beiden verwundeten. sie sollen wenigstens linderung erfahren.

fast gleichzeitig bewegen sich daniel und kim auf die ehemaligen feinde zu und bieten ihnen verpflegung an. kim wirft sogar einen blick auf die verletzten. der eine hat eine schusswunde am oberarm, die behandelt werden müsste. der andere weist böse fleisch- und schürfverletzungen auf, die auch längst hätten gereinigt und desinfiziert werden sollen.

›die verwundeten werden bald versorgt werden, kim, mach dir darüber keine gedanken‹, teilt alaje ihr innerlich mit.

also geht auch sie in die küche, wo daniel bereits essen zubereitet.

die atmosphäre auf der lichtung ist inzwischen wirklich liebevoll, auch ohne worte oder umarmungen.

schon wird hoch oben ein langgestrecktes raumschiff sichtbar, in dem sich der himmel reflektiert. es senkt sich bis auf die höhe von alajes schiff, jedoch in einem beträchtlichen abstand. unten auf der lichtung verabschieden sich die waldhausbewohner freundlich von den männern in uniform. kim und daniel sind gerade noch rechtzeitig mit ihrer verpflegung erschienen. auch die drei mischlingsfrauen erweisen den exmilitärs noch einmal ihren respekt. selbst alaje grüsst die heimkehrer zum abschied. dann wird die ganze gruppe gleichzeitig ins schiff hochgesogen. nur eine ausgebrannte waffe bleibt von ihnen zurück.

einzig die drei frauen mit ihren flächigen gesichtern und den weit auseinander stehenden augen warten jetzt noch. kim geht zu ihnen und fragt auch sie, ob sie verpflegung brauchen. doch die flüchtlinge verneinen. was ihnen fehlt, ist hier nicht erhältlich. aber sie bedanken sich. als die frauen sich umwenden, ist alajes projektion bereits verschwunden. sein schiff ist ebenfalls nicht mehr sichtbar.

»macht euch keinerlei sorgen«, beschwichtigt veta, *»das schiff befindet sich immer noch über uns. mein vater verschwendet eben weder energie noch zeit. - er sagt mir gerade, das transporterschiff für euch und die kinder werde in etwa zwei stunden da sein.«*

»gut. dann gehen wir schon mal zu den wagen zurück und warten dort«, schlägt eine der frauen vor, wobei sie eine leise enttäuschung nicht verbergen kann.

»ich warte mit euch«, erklärt sich veta bereit, was die frauen gerne annehmen.

sie verabschieden sich förmlich von den freunden und amanda, die inzwischen wieder ohne die zetas zu den anderen gestossen ist. shannon fühlt sich gedrängt, diesen heldenhaften frauen etwas gutes zu tun, ihnen zumindest etwas mitzugeben, aber was? während sie noch überlegt, gehen die drei mit veta auf dem zufahrtsweg zurück in den wald.

»amanda, wo hast du die zetas gelassen?«

diese frage ist kim auf der zunge gelegen, seit amanda alleine aus dem haus gekommen ist.

»mutter! was weiss ich, wo die sind. es sind gäste, sie können machen, was sie wollen. oder etwa nicht?«

»sind sie noch im haus?«

»sie sagten, sie wollen zum see zurück. womöglich haben sie dort einen unterschlupf. jedenfalls hat ihnen das kinderzimmer nicht sonderlich gefallen.«

»na, wenigstens wissen sie, dass sie hierher kommen können. mehr können wir im moment nicht für sie tun.«

»die werden sich wieder zeigen.«

»warum bist du da so sicher?«

»ich weiss es einfach, mam.«

kim nimmt ihre tochter um die schultern, und zusammen mit daniel gehen sie ins haus zurück. das alles muss auch wieder verdaut werden.

shannon bleibt alleine auf der lichtung. einmal mehr sucht sie sehnsüchtig den himmel ab. sie ist noch ganz benommen von alajes projektion. gleich dreimal hintereinander hat sie ihn zu sehen bekommen! und jedesmal ist er ihr noch attraktiver und edler erschienen. aber nicht wie ein prinz aus dem märchen. sie sieht in ihm eine absolut umwerfende manifestation von natürlicher, eleganter kraft. eine mischung aus leichtigkeit und power. ein würdevoller wirbelwind mit haltung und...

mitten in shannons sprachspielereien leuchtet ein riesiges licht auf. dreimal blinkt es gelborange, und shannon hat den eindruck, als würden diese lichtexplosionen den ganzen himmel färben. sie winkt mit beiden armen hinauf und weiss, alaje kann sie sehen, sogar von ganz nah. natürlich betrachtet der plejadier shannon dort unten. nimmt ihr verliebtes lächeln in sich auf. auch er erkennt in ihr viel mehr als das. er sieht sie als aufregendes, universelles wesen, zu dem sie schon bald wieder zurückfinden wird. sei einfach du selbst, liebste. nichts mehr kann dich daran hindern. alaje sendet diese gedanken auf die lichtung hinunter, und shannon nimmt sie mit ins haus. irgendwann in den nächsten tagen oder nächten wird sie davon träumen.

das erlebnis mit den flüchtlingen macht die freunde für ein paar tage rastlos und zerstreut. was geht auf diesem planeten vor sich? warum erfahren sie nichts? shannons telefonkontakte zu kollegen sind dünn und unergiebig geworden. daniel hantiert nicht minder vergebens an den com-geräten herum. kim und amanda kommen ausserdem mit der bedenklichen nachricht vom einkaufen zurück, es sei vieles nicht mehr zu haben, mindestens nicht in forest city. als veta auch noch vorübergehend das waldhaus verlässt, ist die stimmung allgemein auf einem tiefpunkt angelangt. amanda hackt sich missmutig durch eine veraltete com-spielsammlung, die sie im büro gefunden hat. die erwachsenen werkeln im haus herum.

so viele unbeantwortete fragen hängen in der luft. nicht zuletzt auch in bezug auf die kleinen wesen von zeta reticuli. sie zeigen sich zwar kaum. wohl weil sie aus erfahrung den menschen nicht trauen. aber unerwartet geistern sie manchmal durchs haus und erschrecken dadurch seine übrigen bewohner. als ansprechpartner betrachten sie weiterhin strikt amanda. doch die gelegentlichen ansinnen der eierköpfchen sind meist so seltsam, dass die waldhausbewohner diesen wünschen nicht gerecht werden können. was zusätzlich der allgemeinen stimmung nicht förderlich ist.

bis ein furchterregendes, winterliches donnerwetter mit sturmwinden und wasserfallartigen regengüssen die waldhausbewohner wieder auf die vorgesehene bahn bringt. es regnet so stark, dass sich die lichtung in einen finsteren, konturlosen morast verwandelt. das waldhaus wird in diesem moment zur oase und zu einem ort der hoffnung. war es karju oder misja, die einmal gesagt hat:

> *»die dunkelheit ist nicht das gegenteil von licht. es braucht die dunkelheit, das nichts, um leben darin zu erschaffen. ihr versteht unter dunkelheit das abgetrenntsein vom licht. dies ist ein grosses missverständnis. euer abgetrenntsein hat nichts mit dunkelheit zu tun.«*

kim steht an einem der fenster ihres schlafzimmers und betrachtet die entfesselten naturgewalten. sie wird innerlich ganz ruhig dabei, als würde der regen alle bedenken und unsicherheiten der letzten zeit aus ihr hinausspülen. oder war sie schon immer so und hat sich bloss von alten gewohnheiten davon abhalten lassen? auch daniel und shannon fallen leicht wieder in ihre alten rollen zurück. in jene persönlichkeiten, die sie bei ihrer geburt zu spielen angefangen haben, und die nun ein zuhause geworden sind. aber wir haben keine zeit mehr dafür, geht es kim durch den kopf. wir müssen jetzt eine grössere wahrheit verkörpern. die wahrheit der fünften dimension und darüber hinaus:

> *›ich bin die ich bin - ich bin viele in einer - eine in vielen - das universum - der grosse geist.‹*

es ist im grunde alles nur eine frage des blickwinkels. wie der geist auf sein hologramm schaut, entspringt diesem die welt. das ist der ewige tanz der göttin maya. die grosse illusion. so dürfte die wahrheit aussehen, die sich jetzt gerade auf der erde offenbart. und später werden noch umfassendere wahrheiten dazukommen.

»ich habe dich gesucht.«

daniel tritt zu kim ans fenster. der regen trommelt hart an die scheiben und fliesst in bächen hinunter.

»das haben wir gebraucht, nicht wahr?«

»oh ja, ich empfinde es auch so.«

»lass uns liebe machen, jetzt.«

»wenn es nicht so kalt wäre, könnten wir es draussen im regen tun.«

»oder auf dem see. wir liessen uns dann vom rhythmus der wellen tragen.«

»und ich würde seekrank dabei«, murmelt kim.

»oder schwanger.«

daniel küsst ihre schläfe.

»wir zeugten ein kind mit der kraft von blitz und donner.«

»vielleicht ist jetzt wirklich der augenblick«, meint kim.

ihre lippen zittern leicht und daniel spürt einen schub sexueller erregung, die nicht nur seine lenden, sondern sein ganzes wesen erfasst.

»lass uns nach draussen gehen. wir bestimmen, ob wir frieren oder nicht. das schaffen wir.«

daniel nimmt kim bei der hand und die beiden huschen ungesehen in den sturm hinaus.

stunden später sitzen die freunde beisammen, um ihre neue arbeit in angriff zu nehmen. daniel und kim wirken strahlend und sehr konzentriert, als wüssten sie genau, worum es jetzt geht. auch shannon hat das unwetter gut getan. sie macht einen gelös-ten, in sich ruhenden eindruck.

»du sitzt da wie eine statue«, bemerkt daniel.

»ich fühle mich auch so«, entgegnet shannon.

»ich bin die nixe im meer der stille, ohne gefühle, ohne belang, universen in mir bergend, badend in den gezeiten von sein und nichtsein. - gefällt dir das?«

alle drei lächeln aus der fülle des augenblicks heraus.

wie schwer und unbefriedigend das leben früher doch war und wie schön es geworden ist, sobald man sich in den bereichen des höheren seins aufhält. da, wo die macht der gedanken und gefühle über ihre träger ausgelöscht ist. wo die dinge des lebens aus dem zentrum der aufmerksamkeit ausgeblendet sind, und nur eines ist, das unendliche, wellende meer des seins.

»da sind wir nun«, stellt kim fest, *»das ist der augenblick, wo wir mit der arbeit beginnen können.«*

»mit welcher arbeit«, fragt shannon theatralisch in den raum.

»diese statue spricht sogar.«

daniel und shannon schauen erwartungsvoll zu kim.

»ich bin ja nicht die einzige hier, die sich gedanken darüber gemacht hat, oder? wo sind denn eure vorschläge?«

daniel überlässt shannon mit einer eleganten geste den vortritt.

»unser auftrag ist klar: wir sollen eine geistige struktur erschaffen, die von unterhalb der materie bis hinauf in die so genannte achte dimension reicht. finden wir heraus, wie genau diese form auszusehen hat.«

»und wie wir sie installieren«, fährt kim fort.

»ausserdem gibt es noch die beiden andern dreiergruppen, die integriert sein wollen«, vervollständigt daniel die gestellte aufgabe.

»sowie alle anderen wesen, die an dieser arbeit beteiligt sein werden.«

kim setzt sich auf ihren sessel.

»hört jetzt auf zu träumen, ihr zwei«, sagt sie ernst.

»bringt euer wissen ein, hier und jetzt.«

»zu befehl, liebling.«

daniel überfliegt sein inneres.

»warum machen wir nicht einfach eine meditation und nehmen kontakt auf mit unseren helfern in den verschiedenen dimensionen?«

»weil dies schon längst geschehen ist«, antwortet kim.

»ich habe bereits eine vision, was wir tun werden, aber ich möchte erfahren, in-

wiefern ihr dieses bild mit mir teilt.«

»wo ist dein selbstvertrauen, liebes?«

daniel blickt erstaunt auf die frau, mit der er gerade erst eine mächtige, ergreifende vereinigung erlebt hat.

»ich schlage folgendes vor«, meldet sich shannon.

»wir zentrieren uns nach innen, heben unsere schwingungsfrequenz an, und dann erzählt uns kim, was sie gesehen hat. einverstanden?«

»also, machen wir das. ihr habt recht, entschuldigt.«

kim wirft daniel einen schnellen blick zu.

»du solltest auch aufhören zu träumen«, murmelt dieser zurück.

alle drei spüren, wie sich eine sanfte und leichte sexuelle energie von ihren geschlechtsorganen aus im körper verbreitet. ihr neues, geistiges sexualzentrum ist aktiviert worden! das abenteuer hat begonnen, und ohne dass kim auch nur einen gedanken gedacht hat, spricht sie plötzlich:

»geht ganz in euer kreatives zentrum hinein. in seinen brennpunkt. und konzentriert euch dort auf die struktur. stellt sie in den raum zwischen uns. könnt ihr einen sterntetraeder erkennen?«

»ja«, bestätigt daniel, *»ich sehe zwei ineinandergreifende pyramiden mit dreieckigen basen.«*

»ich kann es bestätigen«, sagt shannon leise.

»die basis der von oben kommenden pyramide befindet sich in der fünften dimension, die spitze in der zweiten, oder wie man diese ebene nennt.«

»die andere pyramidenbasis liegt entsprechend auf unserer ebene, mit der pyramidenspitze in der achten dimension«, ergänzt kim.

»da haben wir's ja schon.«

daniel und die frauen öffnen ihre augen wieder.

»auf einer symbolischen ebene zeigt das die vereinigung der zwei erden mitsamt ihren raum-zeit-gefügen.«

»ist das nicht spannend?«, fragt kim.

»besonders wenn ich an die folgen denke«, meint shannon.

»das wird also das tor sein, der alchimistische schmelztiegel, in dem wir für immer mutieren werden.«

»verrückt daran ist nur, dass es funktionieren wird.«

kim und daniel verschränken ihre hände ineinander. sie werden den sprung zusammen tun. das ist für beide klar.

»und was geschieht jetzt?«

shannon kaut an ihrer unterlippe. von ihr aus könnten sie gleich weitermachen. vielleicht kann man diesen durchgang ja bereits ausprobieren.

»ich glaube, wir sollten mit dem sterntetraeder erstmal schlafen gehen«, wiegelt kim ab, *»lassen wir uns heute nacht inspirieren.«*

an diesem selben abend, nur zeitverschoben, läuft in genf und in hongkong ein ähnliches geschehen ab. joel, patrice und marc, drei zwanzigjährige schweizer studenten, hocken in ihrem musikübungsraum mit blick auf ein stückchen des genfer sees und visualisieren ebenfalls den sterntetraeder. sie sind die gruppe 16 und längst neugierig auf die beiden anderen. am liebsten hätten sie mongolinnen oder irokesinnen im team. dabei lachen die jungen männer über sich selbst. na ja, spannend ist dieses spiel allemal. aber es ist ihnen bisher noch nicht gelungen, mit den anderen beiden gruppen bewusst in kontakt zu treten. obwohl sie das schon seit dem denkwürdigen tag versuchen, an dem misja durchs fernsehen gesprochen hat.

die gruppe 17 befindet sich in hongkong. sie ist nicht so schnell wie die schweizer, sondern etwas langsamer als die freunde im waldhaus. die 17er haben gerade mit wach-senden alltagsschwierigkeiten zu kämpfen. mehr und mehr kraft muss dafür aufgewen-det werden. trotzdem schaffen sie es, völllig ungeplant und spontan, sich an diesem abend für ihre geistige arbeit hinzusetzen. ihre gruppe besteht aus jang, einer rundlichen frau anfang vierzig, ihrem 76-jährigen vater li und ihrer jüngsten tochter suzy. auch ihnen offenbart sich die struktur, was vor allem den alten mann zufriedenstellt. sie haben demnach den anschluss noch nicht verpasst.

»und das werden wir auch nicht«, erklärt seine enkelin bestimmt.

doch bevor sich die gruppen finden können, müssen sie an der struktur arbeiten. erst dieser einsatz wird sie schliesslich zusammenbringen.

shannon freut sich am nächsten morgen schon auf den abend und sie sollte nicht enttäuscht werden. wieder versetzen sich die drei freunde in einen höher schwingenden zustand und konzentrieren sich auf den sterntetraeder.

»wir müssen ihn zuerst konstruieren. auf diese weise erschaffen wir ihn für uns - obwohl er bereits existiert. denkt nicht darüber nach, sondern folgt mir einfach.«

kim fühlt eine grosse hitze. sie befindet sich in einem starken energiefeld und muss sich stabilisieren, bevor sie fort kann.

»denkt an die strukturen, die wir bereits erschaffen haben. besonders jenen oktaeder, der die erde ruhig hält, wenn neue energien in sie eintreten. das prinzip ist immer dasselbe. findet die drei punkte auf unserer erdebene, die die basis der unteren pyramide bilden. sind diese punkte flexibel oder nicht?«

kim macht sich selbst ebenfalls auf die suche und stutzt. auch die anderen beiden erfassen die situation schnell:

»wir sind die punkte! die drei gruppen zusammen! in uns sind die kräfte und dimensionen, die in dieser struktur zusammenkommen, um ein tor zu bilden.«

»kreiert und verankert die struktur erstmal in euch selbst«, erklärt kim darum, *»findet die entsprechenden regionen in euch und installiert die struktur.«*

nach dieser arbeit schauen sich die drei verwundert an.

»wow, jetzt haben wir aber etwas begriffen«, fasst shannon das ganze zusammen.

»und das 69'999 mal«, sinniert daniel.

»fragt sich nur, wie das schlussendlich zusammenkommt. ausserdem habe ich keine ahnung, wer oder was die nummer 70 000 ist.«

»sollen wir weitermachen? was meint ihr?«, will kim wissen.

»was meinst du«, antwortet daniel.

»ich frage mich gerade, wie das mit den gruppen gedacht ist«, überlegt kim.

»wir sind drei gruppen, also neun personen. der sterntetraeder hat acht eckpunkte , plus dem mittelpunkt der struktur, macht zusammen neun. das hat eine bedeutung.«

»finden wir sie heraus«, schlagen daniel und shannon gleichzeitig vor.

»wartet noch. wir sollten nicht vergessen, dass die realität holografisch ist«, fügt shannon hinzu.

»das heisst, wir kreieren diese struktur in jeder zelle unseres systems. dann erschaffen wir mit allen zusammen die grosse struktur, die die erde umgeben wird - sie kann sogar unsere galaxis umgeben oder das ganze universum.«

»da hast du sicher recht, aber bleiben wir mal bei der erde«, bremst kim shannons ausführung.

»genau, shannon«, macht daniel weiter.

»in der grossen struktur ist die situation wieder etwas anders und doch gleich. denn dort kommt zum tragen, was kim gesagt hat: die eckpunkte. wenn ihr mich fragt, gibt es neun code-varianten plus die zehnte, die noch ein geheimnis ist.«

»sehr gut«, pflichtet kim bei, *»so muss es sein.«*

»ich bin ein fünfer-code«, erklärt shannon, auftauchend aus ihrem weiten meer.

»du bist wieder einmal schnell«, stellt kim neidlos fest.

»was du sagst, fühlt sich richtig an. bestimmt sogar.«

»also dann, was für codes habt ihr?«

»ich bin ein zweier, glaube ich«, vermutet daniel.

»und wo denkst du, ist die zwei? ich meine, zu welcher der pyramiden gehört sie?«

»zum oberen dreieck«, antwortet daniel und shannon ist zufrieden damit, denn das passt zu ihrer vorstellung, wonach die fünf die spitze der unteren pyramide darstellt.

»ich bin ein neuner«, stellt kim fest, *»die mitte! was das bedeuten mag?«*

doch darüber will sie später nachdenken.

»bauen wir die struktur in uns noch einmal auf, damit stärken wir sie. ich denke, das sollte genug sein für heute.«

die anderen beiden sind einverstanden. also widmen sie sich geistig und energetisch noch einmal dem sterntetraeder, der bald ein teil von ihnen sein wird und sie ein teil von ihm. wieder hat sich die welt für immer verändert.

in der nächsten zeit arbeiten die freunde täglich, manchmal stundenlang an dieser struktur, zusätzlich zu ihrem üblichen pensum an geistigen übungen zum wohle des planeten.

seit jahren schon wird die erde von vielen emsigen helfern liebevoll gehalten, ausgerichtet, harmonisiert, energetisch aufgeladen und umgemodelt. jedes dieser millionen von wesen verrichtet auf seine weise still und unspektakulär eine arbeit. sie alle sind ein teil der erde. auf einer tieferen ebene ihres seins haben auch die freunde das begriffen: ihr schicksal ist unauflöslich mit diesem planeten verquickt. und nur in der einheit mit ihm werden sie die dritte dimension transzendieren oder überhaupt nicht.

dadurch wird der sterntetraeder im hier und jetzt, in dieser realität erschaffen, verankert und zur wirkung gebracht. für alle, die rund um die welt an dieser struktur arbeiten, ist das gut wahrnehmbar. besonders wenn sie sich mit ihrer aufmerksamkeit, dem bewusstsein, mit ihrer kraft und energie in diesen stern hineinbegeben. dann öffnet er sich, entfaltet sich in mandalaartige strukturen innerhalb der grundform. in wenigen tagen hat sich seine kraft vervielfacht, sodass die freunde sich oftmals mit einer ausgleichenden energiesphäre umgeben, wenn sie sich in die struktur hineinbegeben, um sie zu erforschen und in diese welt zu bringen. die begeisterung der code-leute steigt durch diese aktivität steil an. viele von ihnen haben den eindruck, dass sie sich endlich wieder mit ›wirklichen‹ dingen beschäftigen. in gewisser weise sind sie nach hause gekommen.

daniel, kim und shannon treten durch diese arbeit in eine tiefe ruhe und gelassenheit. das loslassen und hineindriften in höhere ebenen ihres seins gelingt ihnen jetzt sehr gut. es ist, als würde ihr irdisches dasein um sie herumtanzen, während sie selbst als anders schwingender angelpunkt unbeteiligt dabei zuschauen.

»gib allen widerstand auf und sei im herzen.«

wer nur hat das immer wieder zu ihm gesagt? daniel kann sich nicht erinnern, aber dieser satz fliesst stetig durch ihn hindurch. sobald ihm das gelingt und er wirklich ablässt von den dingen, von dreidimensionalen vorstellungen und bemühungen, gelangt er in einen wunderbar weiten, erfüllenden zustand.

›bin ich das wirklich?‹, fragt er sich dann regelmässig, *›dieses grossartige sein?‹*

so vergehen zwei, drei wundervolle, arbeitsame wochen. eine zeit, in der amanda ihren eigenen weg geht. nachts träumt sie oft von raumschiffen, sogar von solchen, die sie selbst fliegt. ab und zu trifft sie auf die eierköpfchen, die sich definitiv lieber beim see als im kinderzimmer aufhalten. amanda schafft es, eine beziehung zwischen sich und den zetas herzustellen. jedenfalls führen sie interessante gespräche mit ihr. nicht zuletzt über ihr gestohlenes flugobjekt. amanda will genau wissen, wie es pilotiert wird. irgendwie kommt ihr das alles bekannt vor.

nicht nur amanda träumt in diesen tagen. auch die freunde erinnern sich morgens abwechselnd, wie sie sich im schlaf mit der struktur auseinandersetzen. so begegnet shannon eines nachts im sterntetraeder karju, der wunderbaren, feinen karju. sie zieht shannon in ihre lichtsphäre hinein und reist mit ihr in den punkt, der die spitze der un-teren, nach oben gerichteten pyramide bildet. shannon fühlt sich, als zöge sie ein multi-dimensionaler fahrstuhl immer weiter bis in die achte dimension hinein. zuletzt findet sie sich in einem körperlosen zustand wieder, zumindest kann sie weder ihren noch karjus energiekörper irgendwo erkennen.

»was tun wir hier?‹«

»was wir hier tun?«, fragt karju mit ihrer hellen, klingenden stimme zurück.

»wir machen eine fahrt ins blaue!«, lacht sie, *»damit du dich mit diesen energien und kräften anfreunden kannst. geistige transformation ist zum grossen teil eine sache der umgewöhnung. das weisst du.«*

shannon nickt, und ihr schlafender körper im bett räuspert sich, als wolle er etwas sagen.

»bleibe ein weilchen hier und sei einfach du selbst. lass alles andere los.«

shannon tut, wie ihr geheissen. ihr physischer körper fällt in wohligen tiefschlaf, während andere teile von ihrem system die achte dimension erfahren. das sein der achten dimension. ein fluss sein. licht sein. über alles hinausgehend - ein lichtball im unbekannten. unerwartet werden erde und lichtball eins und shannon erkennt, dass sie und die erde sich in ihrem kreativen zentrum befinden. sie erschrickt über diese heftige erfahrung. darum reisst es sie schnell zurück in ihr zimmer im waldhaus. sie öffnet die augen und muss eine weile tief atmen. mit der zeit beruhigen sich ihre verschiedenstofflichen körper, und bevor shannon notizen machen kann, schläft sie wieder ein.

daniel und kim machen vergleichbare erfahrungen. wie shannon werden die beiden mit ihren standorten in der struktur bekannt gemacht. daniel behauptet, die von oben kommende pyramide sei stark mit männlichen und weiblichen energien geladen. diese kräfte pulsieren seiner wahrnehmung nach im wechsel durch die struktur, manchmal auch parallel. er ist von einem leuchtenden wesen in seinen basispunkt eingeführt worden. im augenblick empfindet daniel diesen punkt jedoch bloss als eine neutrale zone gebündelter energie. eine unsichtbare kraft, der er sich noch nicht ganz anvertraut hat. auch kim beginnt langsam. sie hat grossen respekt vor dem zentrum der struktur. einmal hat sie sogar geträumt, sie werde für immer davon verschlungen. ja, das zentrum ist der rachen dieses gebildes, und ganz unrecht hat sie damit nicht. erst als sie erkennt, wie sehr dieser mittelpunkt bevölkert ist, wird sie mutiger und wagt sich heran.

»dies hier ist der ort der hingabe«, hört sie eine laute stimme verkünden.

»löse dich auf und werde die erde!«

diese stimme veranlasst kim, erst einmal wieder den rückzug anzutreten. am anderen morgen versprechen sich daniel und sie gegenseitig, etwas wagemutiger zu sein.

shannon beteuert, das gelte für sie ebenfalls. schliesslich ist auch sie erst in die äusseren schichten ihrer region in der struktur gelangt. dieser endlosen konstruktion, welche in sich wiederum formen und welten birgt.

»fragt sich nur, wie weit wir da eintauchen müssen. ich meine, was ist dem sterntetraeder dienlich, was ist persönlicher forschungsdrang?«

kim will diese grenzenlosigkeit nicht recht gefallen. so ein übermass könnte alles ad absurdum führen, sie selbst in einem schwarzen loch verschwinden lassen.

»du musst dich eben ausweiten«, rät shannon locker.

»dann hat auch die grenzenlosigkeit platz in dir.«

»sie hat recht«, meint daniel.

»wir müssen in dieser hinsicht skrupelloser werden.«

alle drei lächeln.

»misja hat mir einmal gesagt, wir menschen hätten allesamt angst, uns selbst zu sein. sie meint, wir sollen jetzt unsere macht und kraft einfordern, von den konstruierten autoritäten, denen wir sie übergeben haben.«

die freunde beschäftigen sich für einen moment mit diesem gedanken.

»dann sollten wir das tun«, findet daniel.

»wir können trotzdem ein tolles abendessen kochen und eine gute flasche wein dazu bereitstellen. nicht wahr?«

»richtig. essen wir erstmal etwas leckeres«, pflichtet ihm shannon bei.

und daniel als designierter koch entschwindet gerne in die küche.

die freunde bleiben auch in den nächsten tagen ganz auf den sterntetraeder fokussiert oder fixiert, wie amanda es sieht, die sich schon ein bisschen vernachlässigt fühlt. natürlich hat sie verständnis für diese sache - wenn nur wenigstens veta hier wäre. aber der lässt weder von sich sehen noch hören. zumindest ist das wetter besser geworden. die sonne scheint immer wieder hinter weissen wolken hervor. auch die wilden esel zeigen sich in letzter zeit öfter und sind eine willkommene ablenkung. hingegen machen die com-systeme immer noch keinen mucks. das heisst keine nachrichten, keine informationen. praktisch keine verbindung mit der welt jenseits des waldhauses, abgesehen von shannons sporadisch geglückten anrufen. was bleibt, sind die com-spiele. vielleicht sollte sie sich shannon zum vorbild nehmen, die ungemein diszipliniert jeden tag wer weiss was alles in ihr multi-com hineinschichtet - ein tagebuch, das wäre doch etwas. aber amanda steht der sinn nicht danach. sie möchte mehr dynamik in ihr dasein bringen. wo ist das aufregende leben? wie kann sie es anzapfen?

»ich werde heute im see schwimmen gehen und endlich herausfinden, wo sich die eierköpfchen die meiste zeit aufhalten«, eröffnet sie ihrer mutter.

»nichts wirst du, mein goldkind!«, entrüstet sich kim, *»es gibt keinen grund, warum du kurz vor der verschiebung noch erfrieren oder ertrinken solltest.«*

›goldkind!! woher hat mutter bloss diesen namen!? nur veta nennt sie so! goldkind‹.

endlich hat amanda wieder etwas, womit sie sich beschäftigen kann. hat veta ihr etwa damit ein zeichen gegeben?

›ich will versuchen, mit ihm zu kommunizieren. und werde überhaupt eine telepathische kommunikation aufnehmen!‹

amandas tag ist gerettet und nicht nur dieser. sofort spannt sie die zetas ein. diese machen bereitwillig mit, was amanda erst recht begeistert, sodass sich die anderen weiterhin ungestört ihrem werk widmen können.

unweigerlich kommt der tag, an dem er stattfindet: der kontakt mit den anderen beiden gruppen.

es beginnt wie gewohnt. die freunde beruhigen und stabilisieren ihre mental- und emotionalkörper, lassen los und begeben sich in einen höherschwingenden seinszustand. danach machen sie eine aufwärmübung, indem sie den sterntetraeder noch einmal erschaffen, dessen kreation nachvollziehen. nun erst beginnt die arbeit, mit der die freunde im moment beschäftigt sind: sie erforschen die struktur, zuerst generell und dann jeder in seinem speziellen ›revier‹. in den letzten tagen haben alle drei damit gute fortschritte gemacht. daniel setzt sich mit einer kraft auseinander, die dermassen gebündelt ist, dass sie einer neutralen leere gleichkommt. dem, was nicht ist, jedoch alles latent in sich trägt.

»ich muss an diesem ort immer wieder erschaffen. das tue ich allein schon, indem ich mich dorthin begebe«, erklärt er.

diese herausforderung hat in ihm altes wissen aktiviert. zum beispiel die erkenntnis, dass uns das absolute nie ausserhalb begegnet in wahrheiten, tatsachen und anderem. die welt, das denken und fühlen, glauben und wissen sind stets relative kreationen. das subjekt erschafft sein und nichtsein. diesen dingen ist daniel ausgesetzt. sie lösen in ihm allmählich jeden widerstand auf, machen einer erlösung platz, die ihn geradewegs in seine kraft und in eine vertiefte gegenwart hineinkatapultiert.

auch kim hat sich mittlerweile in ihr abenteuer - den drachenschlund - hineingestürzt. ihr soll sich das geheimnis des planeten offenbaren. denn in seinem kern findet sie sich selbst wieder, ihr eigenes hologramm.

»die erde trägt mein gesicht«, stellt sie fest, *»die erde schaut mich mit meinen augen an! wie kommt das?«*

kim sieht sich als schicksalsgöttin, die die erde, alle erden nach belieben in ihre hände nimmt und manifestiert. maya, die mutter aller form und materie geht ihr nicht mehr aus dem sinn. sie beschäftigt sich wohl deshalb mit ihrer sexualität, vor allem mit ihrem neuen sexualzentrum.

kim denkt an den nachmittag im sturm draussen, wo daniel und sie mit allem eins geworden sind. fast wünscht sich kim jetzt eine schwangerschaft, doch sie fühlt sich ohnehin so sehr angefüllt mit reinem sein wie noch nie. wer fragt da noch nach so etwas.

auch shannon gefällt es, wo sie hingehört: weit weg und hoch oben. auf alle fälle jenseits der materie. sie entdeckt eine schicht des universellen geistes und durch diese die ebene des fokus. damit der geist wirksam werden kann, braucht er eine ausrichtung: den fokus. offenbar arbeiten karju und alaje nachts intensiv mit shannon, schieben sie sorgfältig aber schnell in das zentrale verstehen dieses, bei aller klarheit doch auch variablen, instrumentes. der fokus bewegt den geist. und wer es vermag, den fokus zu halten, lässt den geist gezielt fliessen, oder energie, oder realität. was ist ein fokus letztendlich? eine definierte seinsqualität, für eine bestimmte funktion konzipiert. ein zentrum im hologramm, sozusagen das steuerorgan.

an diesem abend kommen die drei nicht weit in der struktur. unversehens werden sie in einen energiestrudel gesogen und - im wohnzimmer des waldhauses ausgespien. später erst realisieren sie, dass sie zwar im waldhaus, aber nicht in der dreidimensional-physischen ebene gelandet sind. und sie sind auch nicht alleine dort. drei junge, europäische männer und eine chinesische familie erwarten sie bereits. selbstredend manifestiert sich ein fast identisches geschehen auch in zimmern in hongkong und genf, wobei die zeitunterschiede keine rolle spielen. zum ersten mal sind die gruppen 16, 17 und 18 bewusst beieinander!

und natürlich nicht nur sie. innerhalb von wochen formen sich alle 23333 gruppen zu neunerverbänden zusammen. das wird schärfstens beobachtet und, wo nötig, von misjas leuten unterstützt.

überall auf der erde haben sich in den systemen und zellen der schlüsselleute abermillionen von diesem sterntetraeder entwickelt, der von ingenieuren des rates der höheren dimensionen entworfen worden ist: es ist der raum, das tor, der ort und augenblick, wo die verschmelzung der beiden erden stattfinden wird.

je ein solcher sterntetraeder bildet sich auch um die beiden erden herum. aus der ferne gesehen erscheinen all diese strukturen wie lichtpunkte. ein regelrechtes sternenmeer ergiesst sich über die regionen der beiden planeten. mit jedem tag werden die sterne klarer, leuchtender und lebendiger. ihr bleiches licht der anfangsphase ist einem kraftvollen feuer gewichen. die nichtirdischen initianten der mission ›transformation erde‹ freuen sich über dieses resultat. alles verläuft weiterhin planmässig. und je weiter sich der prozess entfaltet, desto weniger störungsanfällig ist er, denn die sterntetraeder befinden sich alle in einer starken resonanz zueinander. sie bilden eine unzerreissbare einheit, von der die code-leute aber noch kaum etwas wissen.

vorerst ist es zeit für diverse gruppentreffen.

es dauert eine weile, bis jemand im feinstofflichen wohnzimmer des waldhauses das wort ergreift. aber dann drücken alle ihre freude aus, über das unverhoffte, obwohl erwartete treffen. die neun stellen sich einander vor. es gibt blicke, bemerkungen und gelächter. und alle machen sich gedanken über die zusammensetzung ihres verbandes. so ist daniel etwas konsterniert über die vielen jungen leute. die schweizer haben eine lockere erklärung dafür: sie seien eben faul und hätten sich darum erst im letzten augenblick hier inkarniert. dafür sei ihnen von anfang an alles ziemlich klar gewesen und geblieben.

»wir haben nicht lange gebraucht, um zu erkennen, dass bei uns etwas bestimmtes abläuft. ein verborgenes leben neben unserem normalen leben. offenbar ist es nicht allen so ergangen. man hat uns gesagt, einige unserer leute seien verzweifelt, weil auf diesem planeten alles falsch gemacht werde. sie haben auf die dauer nicht ertragen können, dass sich diese welt so anders gebärdet, als sie es gewohnt sind«, erzählt joel.

»wir jedenfalls haben es überstanden und sind vollzählig, aber sind wir auch alle volljährig?«, brummt daniel.

»wir sind 20, ich hoffe, das ist alt genug«, meint joel.

»ich bin erst 18«, triumphiert suzy.

eine tatsache, die sie als noch fauler, sprich cleverer als die studenten ausweist. nach einigem weiteren hin und her ergreift der alte mann zum ersten mal das wort. seine tochter hat bisher für ihn gesprochen, da ihm das reden schwerzufallen scheint.

»machen sie hier die koordination?«, wendet er sich mit belegter stimme an kim. diese denkt an misjas bemerkung, sie sei auch für die grössere gruppenformation die leiterin.

»ja, das bin ich«, antwortet kim mit einem gewissen respekt gegenüber dem chinesen.

der alte nickt und schliesst seine augen wieder halbwegs.

»oh, er ist ganz da, macht euch keine sorgen«, versichert jang den anderen.

»mein vater ist übrigens unser ›einer‹. ich hoffe, das sagt euch etwas.«

nun wird schnell klar, wer in welchem punkt der struktur zuhause ist. und die rechnung geht zum glück auf. die drei gruppen haben soweit alles richtig gemacht.

kim überlegt, ob jetzt etwas bestimmtes getan werden muss und erhält einen impuls:

»ich schlage vor, wir nehmen jetzt alle unsere standorte in der struktur ein. jeder begibt sich soweit in seinen brennpunkt hinein, wie es ihm möglich ist - vergesst nicht, wir befinden uns bereits im sterntetraeder.«

während die neun code-leute ihre positionen einnehmen, geschieht eine veränderung der energien. in diesem moment ist die erfahrung für alle die gleiche: die struktur erwacht zu einer ungeahnten, plastischen und unglaublich kraftvollen lebendigkeit. alle geben ihr bestes, um nicht das bewusstsein zu verlieren oder unkontrolliert irgendwo hingerissen zu werden.

»stabilisiert und verbindet euch in jedem augenblick«, ermahnt kim ihr team.

sie selbst hat gerade einen guten stand. es ist wohl die zusätzliche verantwortung für die gruppe, die ihr die extrakraft dafür gibt.

nun erleben die neun, wie sich die struktur vergrössert, immer mehr, und wie sie dabei noch tiefer in ihren jeweiligen brennpunkt eindringen. es ist wirklich schwer, klar und zentriert zu bleiben.

»wenn ihr euch verliert, kommt einfach wieder zu eurem standort zurück, sobald es möglich ist«, sagt kim ruhig.

der sterntetraeder der drei gruppen umfasst nun die erde. als kleines blaues juwel schimmert der planet in der mitte dieses nunmehr riesigen sterns. es ist geschafft. und ähnlich wie damals, als die codes verbunden wurden, spüren jetzt alle, wie struktur um struktur in diesen grossen sterntetraeder eingeht. die sterne der gruppenformationen vereinigen sich. bald wird die energie jedoch so stark, dass es die neun eins nach dem anderen aus der situation hinausschleudert. und diesmal kommen sie in ihrem irdisch-physischen zuhause an.

die freunde im waldhaus fallen sich vor freude und ergriffenheit in die arme. ist das nicht fabelhaft und unglaublich, was ihnen da widerfährt! und selbst das wird noch lange nicht das ganze wunder sein, das sich in ihnen offenbart.

dieses erlebnis hinterlässt spuren. die systeme der code-leute haben ein weiteres mal ihre frequenz angehoben. wieder blicken etwas andere augen in neue tiefen und weiten des seins. erinnerungen und wissen werden hochgeschwemmt, was die betroffenen für tage beschäftigt.

kurz nach diesem ersten gruppentreffen erscheint veta wieder im waldhaus, wo er seine mutter in einem zustand der liebe antrifft, den er bisher an ihr noch nicht gekannt hat.

»du bist wunderschön, mama, weisst du das?«

er umarmt shannon und sieht bilder durch seinen mentalkörper fliegen, in denen er einer zuhörerschaft von den abenteuern seiner mutter erzählt. wie sie die erdlinge durch grösste wirren hindurch auf den weg zurück in die höheren seinsebenen gebracht hat.

»danke, mein lieber. ich habe mich auch noch nie so gefühlt.«

»ihr arbeitet nun also mit der struktur, habe ich recht?«

»ja, so ist es. hat das etwas miteinander zu tun?«

»weisst du das nicht?«

»eigentlich schon. wir haben uns alle verändert.«

»und ob! die energien hier sind jetzt ganz anders. das kannst du mir glauben.«

»deine bestätigung höre ich gerne. aber nun erzähle, wo du gewesen bist. ich nehme an, auf der anderen erde.«

»richtig. wie du weisst, habe ich dort verpflichtungen. es gibt jetzt viel zu tun, da die erden und ihre ebenen oder dimensionen, wie ihr sie nennt, einander jetzt stetig nähergebracht werden müssen. die ausrichtung, die wir vorgenommen haben, hat demnach bei euch den sterntetraeder aktiviert, zumindest dabei geholfen. und das in einem masse, dass ihr mit der arbeit beginnen konntet.«

veta und shannon plaudern noch ein bisschen weiter und geniessen die zweisamkeit von mutter und sohn. dann gehen sie ins wohnzimmer hinunter. die anderen wollen den neuankömmling schliesslich auch begrüssen. während veta in beschlag genommen wird, schleicht sich shannon wieder weg. sie will unbedingt noch einen text fertigstellen, jetzt wo sie ihn so klar im kopf hat.
an ihrem arbeitstisch liest shannon den letzten abschnitt noch einmal durch: ich kann mich nicht wirklich an meine jüngsten begegnungen mit alaje erinnern, aber sie müssen in vieler hinsicht entscheidend gewesen sein. dies schliesse ich aus meinen reaktionen. halt, einmal bin ich nachts kurz erwacht und habe mitbekommen, wie mich jemand aus meinem physischen körper hinausgehoben hat. wie man ein schlafendes kind aufnimmt. es war schön und befreiend, dauerte aber leider nur einen augenblick. jedenfalls ist das ein indiz für meine folgende vermutung: ich habe wohl mit alaje eine ebene der vereinigung erreicht, die meine träume weit übersteigt. ich habe alles losgelassen, die alte shannon inklusive. meine form ist deshalb durchlässiger geworden, mein mentalkörper weit und leergefegt. stattdessen brennt ein feuer in mir. das feuer aller feuer. es brennt mich weg, macht platz für das eigentliche. aber bitte, das ist nicht ein feuer der leidenschaft. oh nein. es ist die vereinigung von alajes liebe mit meiner, von seinen energien mit meinen. ich lasse es brennen und fliessen, muss das sogar. und alles, was dies nicht aushalten kann, gleitet von mir weg. je mehr ich es zulasse, desto mehr wird liebe zu feuer und feuer zu liebe. eine liebe, die das persönliche weit übersteigt und gleichzeitig die persönliche zuneigung erst ermöglicht. wunderbar. ich bin liebe. und mein herz hat seine funktion, eben diese liebe zu transportieren, wieder gänzlich zurückgewonnen. ich bin angefüllt und unendlich leicht in einem. bin zwei in einem. bin eins.

shannon legt den text vor sich hin und schliesst die augen. wieder spürt sie dieses flammende strömen in sich, das gleichzeitig wegbrennt und erfüllt. sie lässt es geschehen. alaje, mein liebster, nimm mich bald wieder in die arme. das ist die schnellste und süsseste transformation, die es für mich geben kann. shannon öffnet die augen und schüttelt ein bisschen den kopf über sich selbst.

die schwingungsanhebung wirkt sich bei jedem auf seine weise aus. kim hat sich ausgeweitet und ihre energien mit denen der erde in übereinstimmung gebracht. dadurch ist sie sogar mit jenen der sonne in resonanz getreten. sie hat zugang bekommen zu einer identität als sprühender lichtball, in dessen zentrum sich ein ›samadhikern‹ be-findet - eine zeit- und raumlose zone immerwährender glückseligkeit. für daniel hat sich die verschiebung in einer gegenteiligen bewegung manifestiert. er erlebt eine vollstän-dige konzentration. sein system, jede seiner zellen, ist auf etwas in ihm ausgerichtet und reagiert darauf. er ist in sich eins. ein ungeteiltes ganzes. ein meister, der mit einer be-wegung dinge verändern kann. daniel ist zu dem geworden, was er in jahren unermüd-lichen trainings angestrebt hat: ein mensch, der wahrhaft verfügungsgewalt über sich und seine kraft besitzt. und damit den inneren frieden.

nicht nur die code-leute erleben zusehends glück und erfüllung. nein, die ganze erde ist davon betroffen. die stürme in der natur und zwischen den menschen haben sich gelegt, und eine grosse ruhe ist angebrochen, als ob die welt verwirrt innehielte. sie weiss nicht, was ihr geschieht, aber es tut gut.

während die vier zetas in der nähe des waldhauses die zeit der verschiebung und ihre wiedervereinigung mit der eigenen kolonie abwarten, registrieren sie bis ins detail diese laufenden veränderungen. jedenfalls soweit es ihnen unter den gegebenen umständen möglich ist. und sie sind beeindruckt von der arbeit der drei freunde. deshalb rufen sie eines nachmittags amanda ans seeufer und legen ihr mental folgende bitte vor:

›wir möchten gerne einmal teilhaben am geistigen wirken im haus. wir möchten uns diese dort produzierten energien direkt ansehen und zuführen. wenn wir das einmal gemacht haben, ist uns der zugang zur struktur für immer offen. würdest du das deinen leuten überbringen?‹

alle vier stehen um amanda herum und hüllen diese in eine warme, freundliche energie. ihre grossen, mandelförmigen augen sind voller leben, obwohl sie sich nicht bewegen.

›habe keine bedenken‹, fahren sie mit der telepathischen übertragung fort, *›wir greifen nicht ein. wir schätzen und unterstützen diese energien. ausserdem werden wir dir später eine übertragung davon angedeihen lassen. möchtest du das?‹*

so etwas muss man amanda nicht zweimal sagen. vor freude zeigt sich wieder einmal ein hauch von röte in ihrem gesicht.

›ich werde eure bitte selbstverständlich weitergeben. und wisst ihr, ihr seid so nett, meine mam, daniel und shannon werden euch das bestimmt nicht abschlagen.‹

›vielen dank‹, antworten die vier. immer noch stehen sie um amanda herum.

›ist noch etwas?‹

›wir warten hier auf die antwort.‹

›ihr habt es aber eilig! dann gehe ich mal zurück und schaue nach, wo ›meine leute‹ sind.‹

amanda verlässt den kreis der zetas und spurtet den kurzen pfad zurück zum haus.

die freunde sind sofort einverstanden und auch neugierig, wie das die eierköpfchen zu tun gedenken. darum laden sie die zetas für den abend ins haus ein. amanda trabt wieder zurück zum see, wo die vier auf sie warten. sie stehen noch an derselben stelle, als hätten sie sich inzwischen keinen zentimeter bewegt. respektvoll nehmen sie die einladung an und versichern, sich pünktlich um 21:00 vor der haustür einzufinden. das tun sie stunden später auch. amanda holt die vier aus der winternacht in die gute stube hinein. lautlos betreten die liebenswürdigen kleinen wesen hintereinander zuerst die diele, dann das wohnzimmer, wo sie bereits von den anderen erwartet werden.

da sind sie nun: fast gleich aussehend, weder mann noch frau, weder nackt noch bekleidet, mit kleinen schwimmhäuten zwischen zehen und fingern. aber diese verwirrend fremden wesen verbreiten ein angenehmes fluidum und erwirken, dass sich alle wohl fühlen.

bald darauf stimmen sich die anwesenden auf die struktur ein. die freunde sitzen dazu auf ihren stammplätzen, veta und amanda nehmen als zaungäste im hintergrund platz. aber alle blicken versteckt auf die zetas. was tun sie? diese setzen sich nicht weit von den freunden auf den boden, einen eigenen kreis bildend. kim spricht noch kurz mit ihren seltsamen verbündeten:

»wie vereinbart wendet ihr eure technik an, ohne jedoch damit in unsere arbeit einzugreifen. abgemacht?«

»abgemacht.«

nun bauen die freunde wie immer zuerst die struktur auf. danach begibt sich jeder zu seinem standort und verbindet sich von dort mit allen eckpunkten sowie dem zentrum, gleichzeitig mit den acht anderen mitgliedern, was auf feinstofflichen ebenen in kürzester zeit bewerkstelligt ist. danach tauchen alle in ihre region ein, soweit es ihnen möglich ist. es sind nicht nur neun personen, die dies tun, sondern 69 999. das ist der moment, wo die struktur intensiviert wird, wo sie aktiv, lebendig und wirksam wird. die zetas haben diesen ablauf registriert und konzentrieren sich auf ihr vorhaben. als erstes kreieren die vier über sich eine gemeinsame energiesphäre, einen teil von ihnen selbst, der in absoluter einheit schwingt. diese sphäre ist auf feinstofflicher ebene als eine weisse kugel sichtbar. von dort aus stellen die zetas ihre verbindung zum sterntetraeder her. sie bewegen sich als ein bewusstsein in die struktur hinein. dies ist für die neun, die das sterntetraeder bilden und halten jedoch nur bemerkbar, wenn sie sich auf die zetas einstellen. dann hingegen können sie ihnen in der struktur sogar begegnen - als ein feld in sich, als eine weitere möglichkeit, in einem moment vieles zu erfassen. aber bei diesem ersten mal ist suzy die einzige, die in der struktur auf die zetas stösst. obwohl sie im ersten moment nicht weiss, wem sie da begegnet, ist sie später keineswegs erstaunt, dass sie sich mit den zetas verbunden hat. die struktur wird schliesslich ständig von wesen belebt und besucht.

die zetas bilden eine fröhliche, zarte energie um suzy. sie geleiten die junge frau sogar in eine diesen verspielten energien ähnliche ebene innerhalb der struktur. indem sie das tun, verstärken, ja erschaffen sie ebendiese region.

›*ewiger friede ist ewige freude*‹, hört suzy eine feine stimme sagen.

›*wer bist du?*‹

sie versucht, den besitzer der stimme wahrzunehmen, aber alles, was sich ihr zeigt, ist ein dunkel schillerndes, intensives oval. suzy lässt sich ganz selbstverständlich in es hineintreiben. aber dessen energien sind dermassen stark, dass sie sofort wieder wegdriftet. zumindest ist das ihr eindruck. in wahrheit hat suzy tiefen einblick in die welt der wesen von zeta reticuli und deren wissen erhalten. sobald sich dies in ihrem system integriert hat, wird es von selbst in ihr sein einfliessen.

die zetas sind im sterntetraeder auf spurensuche nach weiteren aspekten des einen geistes, und nicht vergeblich.

die ursprünglichen erschafferinnen und ingenieure dieser lebendigen struktur haben sie als multidimensionale, vielseitig verwendbare geistige konstruktion angelegt. primär jedoch als ein transholografisches subjekt, das hologramme miteinander verschmelzen kann. das vom geist projizierte und manifestierte realitätsströme vermengen, voneinander trennen oder ihnen bestimmte richtungen zu geben vermag.

die zetas haben eine solche kreation noch nie in natura erlebt und sind total fasziniert. man hat sie über solche dinge und vorgänge schon vor langer zeit belehrt, aber sie haben diese noch nie direkt in aktion gesehen. es zieht die eierköpfchen zu jenen zentren, die zur zeit das höchste verschmelzungspotenzial in sich tragen. dort befinden sie sich in einer hochgeladenen schicht, der sich im augenblick auch die zetas nur mit besonderen vorkehrungen und anstrengungen nähern können. denn diese region ist noch voller dimensionaler verwerfungen und sonstiger überschneidungen, welche viel tückischer sind als die gletscherspalten unter dem schnee. darum werden sie in dieser region des sterntetraeders sofort von zwei führern kontaktiert, die sie sicher so nahe an das geschehen heranbringen, wie es der situation entspricht.

die zetas erblicken die ersten stadien einer hologrammvereinigung!

entzückt und andächtig nehmen sie folgendes wahr: eine beginnende vermählung des geistes. sein, das sich neu ausrichtet, wobei das niedriger schwingende in das höher schwingende eingeht, das vereinigte wesen der beiden erden in das wesen von etwas neuem, wodurch sich alles ändert. so ist es beschlossen worden und so geschieht es.

verwandelte vergangenheitsaspekte und ungeahnte zukunftsvarianten werden bereits sichtbar. die zetas können nicht genug bekommen von den in anwesenheit ihres bewusstseins tätigen strömen des geistes. so etwas haben sie nicht erwartet, umso mehr speichern sie all dies präzise: das erlebnis und seine auswirkungen auf ihr eigenes system. wer auch nur den schmalsten aspekt einer hologrammverschmelzung direkt in sich abspeichert, eröffnet sich dadurch viele weitere türen zur erkundung des geistes! genau das bedeutet die gegenwärtige schwingungsanhebung auf der erde für die ansässigen zetas.

veta hingegen ist es nicht erlaubt, sich in irgendeiner weise mit dem sterntetraeder dieser erde zu beschäftigen. zuschauen ist für ihn schon das äusserste. nur wer die verschiebung auf der alten erde und mit ihr vollziehen wird, hat das recht dazu. veta wird den planeten zuvor verlassen müssen. sein platz ist auf der anderen erde. von dort aus wird er endgültig mit den waldhausbewohnern zusammenkommen.

nach ihrer reise in die struktur zeigen die kleinen wesen ihre dankbarkeit, indem sie die anderen über ihre gemachte erfahrung informieren. ja, es ist wahr, sie sind alle teil einer historischen bewegung des geistes: eine hologrammverschmelzung findet statt! überdies erhalten die waldhausbewohner noch die erstaunliche botschaft, dass ein kind, ein afrikanisches mädchen, das zeichen sein wird.

»ja, ein kleines mädchen ist auf eurer erde sozusagen das schlüsselloch, in dem sich der schlüssel drehen wird«, bestätigt auch veta, der diese information ebenfalls erhalten hat, *»sie ist auf eurer menschenebene der dreh- und angelpunkt der grossen verschiebung.«*

die freunde verstehen das noch überhaupt nicht, aber sie werden darüber nachdenken, mit den zetas und mit veta darüber sprechen. und zur rechten zeit wird sich ihnen auch diese realität offenbaren. erst spät nachts gehen alle höchst bereichert schlafen.

während die erde dank dem sterntetraeder endlich in einem ruhigeren transformationsfluss ihrem ziel entgegentreibt, laufen die dinge anderswo auf hochtouren. die notwendigen evakuierungen aller wesen, die kein aufenthaltsrecht auf der erde mehr haben, sind noch nicht gänzlich abgeschlossen. damit verbundene überwachungen sind aufwendig und alaje hat entsprechend viel zu tun mit seiner flotte. auch laufen allerorts zur zeit verhandlungen darüber, wie die heimgekehrten kolonialisten im detail wiedereinzugliedern sind, oder wie genau für sie vorgesehene, zum teil weit entlegene planetare territorien aufgeteilt werden sollen.

auf misjas plattform und anderen raumstationen werden die kleinsten verschiebungen der erde und ihrer weiteren kosmischen umgebung andauernd festgehalten, analysiert und entsprechend gesteuert. die enormen veränderungen, die stattgefunden haben, sind nun für jedermann gut zu erkennen. die gesamten energiestrukturen in und um die erde haben sich gewandelt. einzig die dichtesten, materiellen schichten sind noch relativ dieselben. das heisst, die landmassen und meere bleiben identifizierbar die, die sie mal waren, obwohl das nur noch oberflächlich zutrifft. denn tatsächlich fluktuiert die irdische realität ziemlich markant, was innerhalb der fluktuation selbst schwer wahrgenommen werden kann. energetisch oder feinstofflich, wie immer man das bezeichnen will, hüpft die erde herum wie ein ball. dies wird einerseits vom aktivierten sterntetraeder hervorgerufen, andererseits aber auch kontrolliert. da um beide erden je eine identische struktur installiert ist - wie um alles, was sich mit ihnen verschieben wird - kommen dadurch ausgelöste interaktionen noch zu den übrigen prozessabläufen hinzu. ganze scharen von spezialisten sind vollauf damit beschäftigt, all dies innerhalb eines vorgesehenen rahmens zu halten. schliesslich ist die zielvorgabe nicht willkürlich, sondern soweit wie möglich festgelegt. das neu entstehende hologramm soll gewisse eigenschaften besitzen, gewisse formen beinhalten. gleichzeitig muss vieles dem geschehen selbst überlassen bleiben. denn solche ereignisse sind immer einmalig und im ganzen nur allgemein vorhersagbar. hingegen werden alle bewegungen laufend ausgewertet, was es den experten ermöglicht, wenigstens kurzfristig innerhalb ihrer kompetenzen klare und kontrollierbare entscheidungen zu fällen.

10

das kind bereitet sich vor

unterdessen wartet das afrikanische mädchen im verborgenen. meist hält es sich in unterirdischen höhlenanlagen auf, die nur durch mündliche überlieferung der dogon bekannt sind, einem afrikanischen volksstamm, der schon immer mit nichtirdischen wesen und deren weisheit in kontakt gestanden ist. bisher hat das kind oft seine eigene schwingung den ebenen der naturwesen angeglichen oder wesen aus bestimmten erdkernschichten. wann immer es ihm möglich war, ist es einfach wieder in seine ursprüngliche existenz eingegangen, dem bewussten sein der erde. einem sein, an dem alle teilhaben, die in irdischen körpern auf oder in der erde leben.

doch nun ist dieser rückzug nicht mehr länger angebracht. das mädchen muss sich auf die menschen einstellen. es muss an die oberfläche und kontakt aufnehmen mit denen, die schon darauf warten.

so kommt der tag, an dem jener schamane, dem das kind anvertraut worden ist, das mädchen für immer auf die erdoberfläche mitnimmt. er führt es den weiten weg zu einem geheimen ort. das kind eilt mit kleinen schritten neben dem grossen mann einher. seine nackten füsschen berühren dabei jedoch kaum den boden. liebevoll wird es deswegen öfter von seinem begleiter ermahnt.

»nimm das gewicht deines körpers an«, sagt er, *»übe dich jetzt darin. denn viel zeit bleibt dir nicht mehr.«*

das mädchen entschuldigt sich jeweils und gibt sich alle mühe, ganz in seinem physischen körper zu sein.

»denke ununterbrochen an ihn, dann ist es bestimmt einfach.«

es ist eine wüstenähnliche gegend, durch die das ungleiche paar wandert. eine sandige landschaft voller getier. salamander, schlangen, sogar zähe, dünne raubkatzen tauchen im umfeld der beiden auf. ja sie kommen ohne scheu ganz nahe heran, als würden sie magnetisch angezogen. der schamane schenkt diesen tieren wenig beachtung, doch das mädchen lächelt ihnen freundlich zu, wobei es hie und da sogar mit einem redet. zum ersten mal. und sein begleiter hört genau auf den klang dieser stimme, spürt deren vibration, die sich hauchdünn über die ganze erdoberfläche ausbreitet. doch wer nimmt kenntnis von diesem zeichen?

am mittag und in der nacht bettet der schamane das kind in seinen arm und hält es während der rast fest, denn er weiss um dessen kostbarkeit. keine kraft darf sich jetzt noch zwischen das mädchen und die menschen stellen. mit geweiteten sinnen hält der mächtige medizinmann darum wache. mit ihm ganze scharen von wesenheiten. nur das mädchen fällt schnell in einen tiefen schlaf, trotz hitze oder kälte, trotz der lauten nachtgeräusche der wildnis. nach fast drei tagen erreichen die beiden ihr ziel: einen kral von graubraunen hütten, eingebettet in eine winzige oase mit hohen baobabbäumen und anderen besonderen pflanzen. aus der erde heraussprudelnde quellen erschaffen diese kleine insel, die sich von der übrigen einöde krass unterscheidet. von diesem ort her tönen den beiden trommelklänge entgegen, lange bevor sie das dorf zu gesicht bekommen. man hat ihr kommen also bemerkt.

endlich können sie empfangen werden. das oberste paar der gemeinschaft und ein alter schamane, alle schön geschmückt, blicken dem kind freudig entgegen. die frau breitet ihre arme aus und drückt es kurz an sich. aber schnell verwandelt sich ihre geste in einen ausdruck der ehrfurcht.

in der vornehmsten hütte des kral wird den ankömmlingen nun ein festliches essen kredenzt. zur freude aller greift das mädchen herzhaft zu: hirsebrei, gegarte wurzeln, schmackhaft zubereitete süsse früchte, ziegenmilch und anderes mehr. die schwarzen augen des kindes glänzen und ein nicht mehr enden wollendes lächeln liegt auf seinem pausbäckigen gesicht. die erwachsenen bedienen und beobachten den einmaligen gast aufmerksam. aber das kind ist ausschliesslich mit der nahrung beschäftigt, die ihm gereicht wird. zuletzt verlangt es nach wasser. es trinkt und schüttet wasser über sich, als wäre es das grösste labsal. was auch zutrifft, denn die schamanen sehen, wie der kleine körper durch das wasser auflebt und glitzert. sie sehen es deutlich: nicht das wasser glitzert, sondern die haut, der körper des kindes. schliesslich ist auch diese prozedur beendet und das mädchen seufzt entspannt aus seinem innersten heraus.

»bleiben wir eine weile hier?«, fragt es seinen begleiter mit dieser elektrisierenden, tragenden stimme.

der jüngere schamane nickt, wobei sein gesicht vor zufriedenheit förmlich strahlt.

alles nimmt seinen wunderbaren gang.

auf misjas plattform im raum draussen wird das natürlich mitverfolgt. diese angelegenheit ist von solcher wichtigkeit, dass chandri sich persönlich darum kümmert. es ist also definitiv: die code-trägerin nummer 70 000 zeigt sich in einer ersten stufe auf der erde. ihre aktivierung ist ungestört verlaufen, und es sind nach wie vor keine probleme erkennbar. die energien sind stabil und fliessend. fazit: die exakt ausgewogene, reine manifestation gewisser bewusstseins- und wesensaspekte der erde in einem menschenkörper ist somit erfolgreich vollzogen.

dies ist ein grund zum feiern und chandri hat sich dafür zurechtgemacht: sie trägt ein ärmelloses kleid, dessen pink- und weisstöne geschwungen ineinander übergehen. ein pinkfarbenes make-up auf chandris augenlidern, wangen und oberarmen unterstützt das sonnige leuchten dieser frau ausserordentlich.

chandri begibt sich mit allen informationen zu misjas räumlichkeiten.

»kommen sie herein, meine liebe!«, fordert diese ihre mitarbeiterin auf.

misja und sashta warten bereits in gehobener stimmung auf die resultate.

»zeigen sie her!«

nun erleben die drei noch einmal die wanderung des kindes und seine ankunft im kral.

»sie haben recht, chandri, das ist ein grund zum feiern«, bestätigt sashta.

»aber sicher!«, freut sich misja.

»chandri, wie ich sie kenne, haben sie dies bereits in die wege geleitet. geben sie die informationen über spezial-code 70 000 gleich in die vorgesehenen kanäle.«

»das werde ich, commander.«

für die waldhausbewohner geht das äusserlich ruhige leben im exil auch in den warmen märztagen des jahres 2012 weiter. am mittag scheint die sonne oft schon so stark wie sonst im mai. kim ist besonders sonnenhungrig und legt sich bei jeder gelegenheit draussen hin oder setzt sich an die holzwand des hauses, je nach sonnenposition. manchmal gesellt sich eine der frauen zu ihr. die männer haben andere wohlfühlplätze und auch die zetas setzen sich nicht gerne dem direkten sonnenlicht aus. darum sind diese kleinen sonnenbäder gute momente, wo die frauen so richtig unter sich sein können, besonders die beiden freundinnen. und sie reden drauflos, wie es sich in den vielen jahren ihres kontaktes eben eingespielt hat. sie schwatzen über alles mögliche, wenn auch nicht mehr in derselben weise wie früher. jetzt reden sie nur noch über ihre gegenwärtigen erfahrungen, und die sind mit nichts mehr vergleichbar.

»sag mal shannon, meine gute, hat dich am begriff ›bedingungslose liebe‹ nie etwas gestört?«, fragt kim eines sonnenbeschienenen mittags mit geschlossenen augen, den kopf an das warme holz gelehnt.

shannon zieht ihre baseballkappe tiefer ins gesicht.

»dieser begriff hat bei uns vor allem eine religiöse bedeutung gehabt, nicht?«

»vielleicht. erstaunlich ist nur, dass wir keine steigerung haben, um liebe zu definieren. hast du dir das schon einmal überlegt?«

»ich glaube, ich ahne langsam, worauf du hinaus willst.«

»denkst du?«

»erzähl schon, dann weiss ich es.«

»ich habe in letzter zeit ein paar mal eine art von liebe erlebt, die ich mir von alleine nicht einmal hätte vorstellen können. und das mit einer gruppe von unbekannten wesen. mit einer grossen zahl von wesen sogar.«

»das gefällt mir. weiter.«

kim räuspert sich.

»wenn wir von bedingungsloser liebe sprechen, hat das einen anflug von neutralität, gleichgültigkeit gegenüber persönlichem oder gar mitleid. empfindungen, die wir ganz und gar nicht mit liebe gleichsetzen im sinne einer partnerschaftlichen bezogenheit. was ich erlebt habe, ist weder das eine noch das andere. dabei kann ich nicht einmal mehr genau sagen, wann das gewesen ist. habe ich geschlafen oder war ich vielleicht in der struktur drin? ich weiss es nicht mehr. war es ein einmaliges erlebnis oder nicht? jedenfalls hat sich die erfahrung dieser liebe in mir festgesetzt. kannst du mir folgen?«

»wahrscheinlich besser als du denkst.«

die freundinnen werfen sich einen ihrer vertrauten blicke zu.

»erzähl weiter«, murmelt shannon, die nun ihrerseits die augen schliesst und sich zurücklehnt.

»ich befand mich wie gesagt mitten in einer menge von wesen, die alle sehr nahe bei mir standen, oder die alle auf mich ausgerichtet waren - es hat sich einfach so angefühlt. als hielten mich alle mit ihrer liebe. - ich konnte mich dabei völlig fallen lassen! in jenem moment habe ich diese besondere liebe gefühlt.«

kim schweigt ein paar atemzüge lang, bevor sie fortfährt:

»es ist eine liebe, die alle arten von liebe wie wir sie kennen beinhaltet: elternliebe, geschwisterliche liebe, freundschaft, sexuelle verbundenheit, einfach alles, was du dir vorstellen kannst und mehr als das. es ist eine liebe wie der regenbogen, mit allen schattierungen und qualitäten gleichzeitig. tragend, mit sehr viel persönlicher nähe, dennoch ohne einen hauch von anspruch oder anhaftung. kannst du das nachempfinden?«

shannon reckt und räkelt sich mit einem zufriedenen gesichtsausdruck.

»da kann ich noch eins drauf setzen, was dich nicht wundern sollte.«

»ach ja?!«

die beiden sitzen jetzt mit geradem rücken an der wand, als hätten sie haltung angenommen.

»ich kenne diese liebesqualität von alaje.«

»trockener kannst du das wohl nicht ausdrücken.«

»einen moment!«

shannon stösst kim in die seite.

»zumindest wenn alaje mich umarmt, wenn er sich mit mir austauscht, sei das in meinem bett, auf seinem schiff oder sonstwo, dann spüre ich diese art von liebe wie einen grundstrom. wie den urgrund, aus dem sich explizitere empfindungen ausdrücken, momentbezogene, einmalige ausformungen dieser vollständigen liebe. unsere beziehung fliesst als spezifische erscheinung in diesem strom mit, das nehme ich wahr. - grosse göttin! habe ich jemals so von der liebe gesprochen?«

kim muss über ihre freundin lachen.

»jetzt siehst du, wie weit wir es gebracht haben! es freut mich wirklich sehr, dass du dies auch kennst. immerhin ist eine solche erfahrung etwas delikat, ich meine für uneingeweihte schwer verständlich und schwer nachvollziehbar.«

»nur so lange sie darüber nachdenken. bald werden alle diese neue qualität von liebe aus eigener erfahrung kennen, glaube mir. niemand wird dann mehr falsche schlüsse ziehen.«

»wahrscheinlich hast du recht. wenn alle erstmal dieses absolute gefühl des aufgehobenseins kennengelernt haben, gibt es nichts mehr hinzuzufügen.«

die beiden schweigen.

»ausser, dass es mir noch schwerfällt, diese liebe in mir selbst zu manifestieren«, spinnt kim den faden weiter.

»warte es ab und mach schön brav einen schritt nach dem anderen. ausserdem gehen wir diesen weg ja gemeinsam - ach kim, glücklicherweise sind wir drei uns schon früh begegnet. wir müssen das so geplant haben, nicht wahr?«

»auf jeden fall, da bin ich überzeugt. nur, einen plan machen und ihn dann auch ausführen sind zwei verschiedene sachen. zumal die zukunft ja immer aus meh-

reren möglichkeiten, absichten und ähnlichen dingen besteht, von denen sich nur wenige schliesslich verdichten und zur gegenwart kristallisieren. insofern hat sich das band unserer freundschaft voll durchgesetzt, und das finde ich schön.«

es gibt noch ein paar weitere mittage, während denen sich die beiden frauen wie eidechsen an der sonne lagern. bis sie von zwei schatten gestört werden. es sind daniel und veta.

daniel fasst kim in einer art ins auge, die sie von ihm kaum kennt. sein blick signalisiert nicht wirklich gefahr, vielmehr etwas wie beunruhigung, oder vielleicht sogar eifersucht?!

»veta meint, misjas doppel und kenero seien im anzug«, eröffnet er den beiden.

»es ist wohl besser, wenn ihr euch jetzt aufrappelt.«

»selbstverständlich!«

die frauen sind schnell auf den beinen, und shannon blickt fragend zu ihrem sohn.

»ihr habt noch etwas zeit«, antwortet dieser.

»aber sie kommen bestimmt. vater hat mir das durchgegeben.«

veta nimmt shannon am arm, und daniel drückt kim im gehen fest an sich. so verschwinden die beiden paare im haus. draussen ist alles ganz still in erwartung der hohen gäste.

diese erscheinen erst in der abenddämmerung auf der lichtung. sie werden vom haus aus beobachtet, doch niemand wagt sich sofort hinaus. wie sollen sie diese gäste empfangen? was ist so wichtig, dass kenero persönlich vorbeikommt?

die waldhausbewohner haben sich alle zurechtgemacht. sie wissen aus erfahrung, dass ihre nichtirdischen freunde wert auf ein angenehmes äusseres legen. veta sieht von allen am beeindruckendsten aus in seinem perfekt sitzenden gewand von undefinierbarer, heller farbe. ausserdem trägt er das flottenabzeichen seines vaters und um seinen kopf ein schmales, glänzendes band, das ihn majestätisch aussehen lässt. shannon ist sichtlich stolz auf ihn. aber auch sie sieht in ihrem schilfgrünen wollkleid ausnehmend edel aus. sogar amanda hat sich ausnahmsweise den erwachsenen gebeugt, und kim hat das buschige haar ihrer tochter zu einem zopf flechten dürfen.

»ich mache jetzt die tür auf und wir gehen ihnen entgegen, einverstanden?«

daniel drückt die türklinke hinunter. in diesem moment steigen misjas doppel und kenero bereits die treppenstufen vor dem eingang hoch. sie wirken ausgesprochen freundlich und sind eine augenweide. wissend um ihre wirkung, geben sie den anderen einen moment zeit. es ist nicht primär die äussere aufmachung, welche erdlinge bei kontakten mit misja und ihren leuten so beeindruckt und leicht aus dem konzept bringt, sondern die ausstrahlung der nichtirdischen. hochgeladene energie, kraft und selbstbeherrschung umgeben die beiden besucher, sodass die freunde und amanda zuerst einmal tief luft holen müssen. es findet eine respektvolle begrüssung im wohnraum des waldhauses statt. kim kann ihre augen nicht von kenero lösen. wie ist das nur möglich, wieder macht er einen ganz anderen eindruck auf sie, während sich nach wie vor tief in ihr eine diffuse abwehrreaktion bemerkbar macht. kenero, der grauhäutige mit den eisblauen augen, vollends zu einem warmherzigen wesen mutiert? kim betrachtet seine hellrote kleidung mit der bestickten schulterpartie. auch sie trägt rot. keneros gesicht ist immer noch ledern und furchig, das haupt haarlos. und immer noch besitzt er diese machtvolle anziehungskraft, diese magie, die kim fürchten gelernt hat.

endlich reisst sie sich los von seinem anblick und rettet sich zu misja, die eine wohltat ist, doch auch bei ihr scheint etwas anders zu sein. bevor kim weiter überlegen kann, hört sie laut die vergnügt lachende stimme misjas.

›du hast ganz recht, mein herz. ich habe mich verändert, entsprechend den irdischen frequenzverhältnissen.‹

kim ist für einen augenblick verwirrt, denn misja spricht in diesem augenblick gerade mit veta. die lachende stimme ist demnach eine telepathische übermittlung gewesen.

›ich freue mich so sehr, dich wiederzusehen‹, antwortet kim innerlich.

»es ist schön, hier bei euch zu sein. auch kann ich so die fortschritte der erde wieder einmal vor ort beobachten«, sagt misja zu allen.

»ich bin wirklich zufrieden.«

sie senkt für eine sekunde den blick, als habe sie etwas übermittelt bekommen. wie von geisterhand geht langsam die haustür auf, und die zetas huschen hintereinander herein. sie begeben sich schnurstracks zu misja. diese nickt schweigend, während die vier sich für einen augenblick um sie herum aufstellen. niemand bewegt sich, dafür knackt und knallt es, wie damals, als alaje sich im haus manifestiert hat. aber nichts dergleichen geschieht jetzt. einzig veta sieht die dicht codierten energien, die misja den kleinen wesen überträgt. nach vielleicht zwei minuten ist dies beendet. die zetas grüssen jeden der anwesenden kurz, wobei ihr ritual gegenüber misja und kenero etwas länger dauert. dann marschieren sie wieder davon, amanda aus lauter gewohnheit hinterher. an der tür ruft sie sie leise. einer der zetas dreht sich um, und amanda winkt ihm zu, worauf dieser ebenfalls den arm hebt. amanda ist erfreut darüber, denn bisher haben die wesen so etwas noch nie gemacht.

inzwischen setzt sich das doppel auf kims sessel und nimmt mit seiner mächtigen präsenz den ganzen raum ein. kenero bedeutet shannon und kim, sich mit ihm auf dem grossen sofa niederzulassen. gegenüber misja nimmt daniel platz, und amanda kuschelt sich haltsuchend an seine schulter. veta thront auf dem zweiten sessel neben misja.

eine erwartungsvolle stille legt sich über die gruppe. kenero faltet seine hände, und shannon stellt fest, dass er dünne handschuhe trägt, darüber mehrere ringe an den fingern. sie blickt fasziniert auf den schmuck, aber es ist ihr nicht ganz wohl dabei.

daniels heller, etwas verschwommener blick gilt seiner künftigen stieftochter, diesem manchmal ziemlich anmassenden teenager. doch jetzt sucht sie zum ersten mal zuflucht bei ihm. - wohl weil ihr nichts anderes übrig bleibt, denkt er. im grunde ist sie ja ein hochherziges und gescheites mädchen. daniel legt väterlich seinen arm um amandas schultern, dabei fällt sein blick auf misja, die ihn betrachtet.

»bist du bereit, daniel?«, fragt sie in einem frisch klingenden tonfall.

»bereit wofür?«

misja strahlt und glitzert oder ist es nur ihr goldbronzenes kleid? flirtet sie etwa mit ihm? wohl kaum.

»gut«, meint misja, mit einer leicht tieferen stimme.

»ich habe eine frohe botschaft für dich, mein lieber. die mission ›deprogrammierung der geschlechter‹ auf diesem planeten ist erfolgreich abgeschlossen worden. morin, der beauftragte dieses projekts, erklärt alle entsprechenden aktivitäten für eingestellt. ich bedanke mich hiermit in seinem auftrag für deinen einsatz. du hast deine aufgabe erfüllt und hast dich sogar durch besonderes pflichtgefühl ausgezeichnet.«

daniels blick ist nun noch etwas verschwommener.

»stellt euch vor«, wendet sich misja an alle.

»millionen von männern in asien, afrika, auf allen kontinenten finden jetzt wieder zu sich selbst zurück und treten in eine offene erfahrungsbeziehung zu ihrer umwelt. zwänge aller art haben keinen nährboden mehr, und vorstellungen sterben dadurch, dass sie nicht mehr gedacht werden. die weiblichkeit auf eurer welt ist wieder frei!«

daniel kann nichts dazu sagen. am liebsten würde er weinen und weiss nicht einmal warum. irgendwie berührt ihn die sache eben.

»das projekt konnte relativ schnell abgeschlossen werden, weil einige positive faktoren das ganze beschleunigt haben«, erklärt misja weiter.

»kenero hat uns zum beispiel wichtige informationen bezüglich der manipulationstechnologie geben können, die bei männern teils über das hormonsystem angewendet worden ist. mit seiner hilfe ist es morins team gelungen, gewisse eingriffe

innerhalb kurzer zeit wirkungslos zu machen. daniel, wenn du mehr darüber wissen möchtest, wirst du gelegenheit dazu bekommen. jetzt ist nicht der moment für langwierige erklärungen.«

daniel nickt misja zu. amanda hält seinen arm, als wolle sie ihn stützen, und er lässt das gerne mit sich geschehen.

»es bestand eine hilfreiche querverbindung von diesem projekt zu einem anderen, an dem du, shannon, teilnimmst«, fährt misja mit ihren aufklärungen fort.

shannons herz macht einen kleinen hüpfer. oder ist es der magen? einmal mehr amüsiert sich misja über ihre vorort-crew:

»shannon, meine tapfere, es gibt weltweit an die 3000 inkarnierte nichtirdische männer und frauen, die wie du eine paarbeziehung mit einem ausserplanetaren gefährten oder mit einer gefährtin erleben. all diese herausfordernden liebesgeschichten sind echt und wahrhaftig, aber sie haben zusätzlich einen missionscharakter. ihr habt diese geschichten durch euer dasein auf die erde geholt. das geschah, indem ihr diese ungewöhnliche situation, eure überstarken partner und auch alle mit ihnen verbundenen einschränkungen ausgehalten habt und weiter, hin aushaltet. diese beziehungen bilden zusammen ein basisfeld, über das wir zugang zu den beziehungsmustern und sexuellen verhaltensweisen der menschen gewonnen haben. durch euch haben wir die neuen frequenzen in diese so kranken, verschmutzten zonen bringen können. und die erdlinge haben darauf angesprochen. ihre sehnsucht ist geweckt worden.«

shannon blickt wieder auf keneros hände. na ja, das leuchtet ihr ein. alaje hat bestimmt verschiedene gründe, warum er mit ihr eine beziehung unterhält. und sie, hat sie jemals die wahl gehabt? was soll's. sie möchte jedenfalls nicht mehr auf alajes zuwendung verzichten.

misja wartet, bis shannon ihre gedankengänge einstellt, dann macht sie weiter.

»dieses projekt hat einen ganz anderen charakter, als etwa dasjenige, von dem ich vorher gesprochen habe. shannon, euer projekt ist weiterführend. das heisst, die überwiegende mehrzahl der beziehungen, von denen hier die rede ist, wird sich nach der verschiebung weiterentwickeln und in andere missionen einmünden, die ihr als paare ausführen werdet - hat alaje bereits mit dir darüber gesprochen?«

shannon seufzt.

»ich bin mir nicht sicher. ja, ich glaube.«

misja ist voller teilnahme für shannon. fast könnte man meinen, es sei keine auszeichnung, die irdische geliebte eines plejadiers zu sein, sondern eine schwierige aufgabe.

»darf ich mich in das gespräch einschalten?«, fragt veta.

shannon hat seine anwesenheit glatt vergessen.

»spricht alaje zu dir?«

ihr gesicht hellt sich auf und sie kann sich eines lächelns nicht erwehren.

»also veta, rede«, fordert misja ihn mit einer kleinen geste auf.

»vater sagt, du hättest die bewussten informationen bereits erhalten. er versichert dir, eure beziehung werde nach der verschiebung erst richtig beginnen. das ist schon alles.«

»das genügt«, meint misja.

sie gibt den freunden etwas zeit, damit diese sich wieder zentrieren können. und sowohl misja wie kenero sind sich bewusst, wie schnell kims herz schlägt.

»shannon, wir schätzen es alle sehr, wie du in dieser beziehung gewachsen bist. dadurch hat vieles transformiert werden können. wir wünschen eurer verbindung weiterhin gutes gedeihen.«

misja wendet sich kim zu, die etwas verloren neben dem ausladenden exgeneral sitzt. die energien des doppels bringen kim in einen anderen zustand. sie fühlt sich plötzlich leicht, und ein hauch von diesem ekstatischen gefühl, das kim gut kennt, verbreitet sich in ihr. gestärkt sucht sie misjas augen.

»und du, kim, was hätte ich nur ohne dich getan in all den jahren.«

misja lächelt ihr gewohntes, wohltuendes lächeln.

»lange zeit warst du mein einziger direkter zugang zur erde. du warst der kanal, durch den ich mich offenbart habe, entsprechend der damaligen verhältnisse. wir sind eins, kim, wir sind manifestationen desselben seelenhologramms. verstehe, was ich gerade gesagt habe, unter diesem gesichtspunkt. wir sind eins.«

misja versenkt nun ihren blick in daniels augen:

»und deine seele, daniel, ist uns ganz nah.«

daniel muss misjas blick ausweichen. zu sehr berührt ihn das. doch misja hält für ein, zwei minuten hartnäckig ihre aufmerksamkeit auf ihn gerichtet. dann, endlich für daniel, richtet sie das wort wieder an shannon.

»du, meine schöne, solltest dich deswegen nicht ausgeschlossen fühlen. ohne dich hätten kim und daniel nicht mehr zueinander gefunden. ohne deine freundschaft

und treue sässen wir jetzt nicht alle hier beisammen - weisst du, wie unglaublich schön freundschaft ist? vielleicht hast du schon versucht, freundschaft von einer höheren ebene aus wahrzunehmen. was hast du gesehen?«

shannon ist verblüfft. freunde sind für sie immer selbstverständliche bestandteile ihres lebens gewesen. sie hat sich nie besonders gedanken darüber gemacht.

»du bist eine grosse freundin, shannon. betrachte dies als auszeichnung.«

misja macht eine kleine pause, um dem gesagten gewicht zu verleihen.

»meine leute nennen euch drei nur noch ›die freunde‹.«

misjas stimme ist jetzt gedämpfter.

»auch dieses haus hier ist euer freund, die zetas sind es, alle bäume, die euch verbergen. ihr manifestiert freundschaft und alle um euch profitieren davon.«

misja überlegt ein paar sekunden lang, dann bittet sie amanda, zu ihr zu treten. daniel muss der angesprochenen einen kleinen schubs geben, dann bewegt sich amanda ungelenk zu dieser strahlenden frau, deren kraft und energie nicht nur sie benommen macht.

»dreh dich um, mein liebes, ich möchte dein haar sehen.«

amanda tut, wie ihr geheissen, wirft dabei aber einen fragenden blick zu ihrer mutter. als ob kim wüsste, was misja vor hat. diese drückt mit ein paar worten ihre bewunderung für amandas schönes haar aus, was den teenager verlegen macht. dann löst sie einen kleinen, golden aussehenden schmuck aus ihrer frisur und steckt ihn an amandas zopf.

»nimm dieses geschenk, mein kind, und setze dich wieder.«

amanda ergreift ihren zopf und sieht den hübschen, kleinen schmuck daran.

»oh danke!«

schneller als es gekommen ist, eilt das junge mädchen zu seinem platz zurück. nur daniel sieht, wie sich ein paar aufgeregte tränen neben ihren nasenflügeln verlieren. die beiden lächeln sich zu, doch schon zieht misja die aufmerksamkeit wieder auf sich.

mit einer bewegung, die so zentriert und geladen ist, als würde sie die luft zerschneiden, langt misja zum neben ihr sitzenden veta hinüber. der junge mann reagiert schnell. er nimmt misjas hand und hält sie für einen moment in der luft zwischen ihnen beiden, während sein gesicht und seine ganze haltung ehrerbietige zuneigung ausdrücken. misja blickt ihn kaum an dabei, doch dieses eigenartige ritual freut veta offensichtlich sehr.

misja ist noch nicht fertig. sie wartet und richtet die energien etwas aus, bis die atmosphäre ruhig geworden ist und sie die offenheit und aufnahmebereitschaft der personen im zimmer spürt.

»bald schon werdet ihr in euren beziehungen weitergehen«, fährt misja ausnehmend sanft fort.

»weiter, als es euch bisher möglich gewesen ist. eure beziehungen werden ihren spezifischen charakter etwas verlieren. sie werden in eine liebesqualität eintauchen, die so reichhaltig ist, dass diese sich euch nicht auf einmal wird offenbaren können. macht euch darauf gefasst und erschreckt nicht davor.«

shannon und kim werfen sich einen schnellen blick zu. davon haben sie doch gerade heute gesprochen! misja antwortet auf die gedanken der beiden:

»ihr habt alle schon kontakt gehabt mit dieser neuen liebesenergie. ihr habt einen anfang gemacht und darüber dürft ihr euch freuen.«

die kosmische frau berührt sämtliche anwesenden über einen blickkontakt mit ihrem wesen.

»nehmt diese liebesenergie in euch auf und seid auf unerwartete reaktionen gefasst. sie ist ein neuer lebensstrom, der nun aus eurem tiefsten innersten hervorbricht und in eure welt hineinfliesst. indem ihr den prozess unterstützt, zieht ihr diese liebe zu euch. ich empfehle euch das wärmstens.«

misja wirft einen blick zum fenster hinaus. gerade ist es draussen dunkel geworden und für irdische augen gibt es nichts mehr zu sehen. aber das doppel sieht die herde wilder esel aus dem wald hinaustreten. magnetisch sind sie herbeigezogen worden. das ist zwar nicht misjas absicht gewesen, aber sie nimmt sich nun einen moment zeit für die tiere. in sekundenschnelle stärkt sie sie und richtet ihre energien harmonisch aus mit jenen im haus. die esel stehen dabei still und wackeln mit den ohren, als würden sie horchen. dieses intermezzo lockert die konzentration im wohnzimmer. die anwesenden ändern ihre sitzhaltung und wechseln ein paar worte.

»abschliessend verspreche ich etwas erfreuliches: wir werden euch in der nächsten zeit die gegenwärtige situation auf der erde vorführen, und ihr werdet staunen. viele menschen leben bereits aus ihrem geist heraus. immer mehr sind sich bewusst, dass etwas wunderbares geschieht. und sie nehmen fähig und wach daran teil. die schlechten zeiten sind endgültig vorbei.«

misja erhebt sich unversehens, als würde sie von einer kraft hochgezogen. ihr kleid drapiert sich von alleine um sie herum. es ist in seiner ungewohnten üppigkeit keneros gewand angepasst. den freunden wird dieser einklang fast gleichzeitig bewusst.

»lasst uns noch kurz über die arbeit sprechen.«

die drei horchen auf und alle augen richten sich gespannt auf die königlich aussehende frau.

»seid euer geist. identifiziert euch mit ihm. fokussiert euch immer von ihm und seinen zentren aus. werdet euer hologramm und euer fokus. nutzt die geistige geometrie und zwar bei allem, was ihr tut. dies ist mehr als nur ein ratschlag. kim hat das nötige wissen, wendet euch an sie. und bedrängt veta nicht mit diesen dingen. er darf nämlich keinesfalls eingreifen - noch etwas: ich möchte, dass ihr von nun an den sterntetraeder dauernd in eurem bewusstsein aufrecht erhaltet. das ist wichtig. jeder tut dies von seinem standort aus und zusammen mit allen anderen. habt ihr verstanden?«

den freunden fehlen nicht nur die worte, sondern auch die gedanken für fragen. kim bringt ein nicken zustande und misja gibt sich damit zufrieden.

»also übergebe ich jetzt das wort meinem lieben, verehrten kenero.«

der grauhäutige ausserirdische erhebt sich ebenfalls und macht eine angedeutete verbeugung in misjas richtung. das doppel nimmt diese geste lächelnd entgegen, bleibt aber stehen, wahrscheinlich weil es ihn damit unterstützen will. der exgeneral wirkt aus dem blickwinkel von kim und shannon wie ein fels, an dem sie nicht ohne nervenkitzel hoch schauen. kenero lässt sich zeit. die erdlinge sollen sich wieder beruhigen, und misja hilft ihm dabei.

endlich spricht er, etwas förmlich zwar, aber kenero setzt sich dabei überhaupt nicht in szene.

»ich bin gekommen, um mich von euch zu verabschieden. es gibt ein paar dinge, die ich noch zu sagen habe, wobei ich meine worte ganz besonders an kim richte.«

sein blick trifft sie voll. aber es ist nicht mehr der blick, den kim so lange gefürchtet hat, wenn auch meist unbewusst. schon beim letzten treffen auf misjas plattform hat jener blick nicht mehr existiert. unterdessen hat sich kenero noch stärker verändert. das ist wirklich erstaunlich, und kim will sich dem nicht verschliessen. doch sie fühlt, wie gewisse erinnerungen in ihr an die oberfläche drängen.

»der heimliche krieg, den wir gegenüber den erdenmenschen geführt haben, ist vorbei«, erklärt kenero, *»meine leute haben die erde bereits verlassen. ein letztes schiff wartet auf mich und ein paar wenige, die noch übriggeblieben sind. wir werden zu einem späteren zeitpunkt kontakt mit offiziellen stellen auf der erde herstellen und gemeinsam aufarbeiten, was geschehen ist. dann werdet ihr die stärkeren sein und aus dieser position mit uns verhandeln. schon sehr bald werdet ihr die dimensionsverschiebung vollziehen können, wohingegen mein volk noch 100 oder 200 erdenjahre benötigen wird, bis es euren jetzigen geistigen stand erreicht hat. wahrscheinlich werde ich den prozess beschleunigen können. aber was sind schon 100 jahre mehr oder weniger. wir werden euch auf jeden fall nach-*

folgen, und das ist die wichtige information für mein volk. auch wenn es diese botschaft eine zeit lang noch nicht kennen wird.«

kenero und misja kommunizieren innerlich kurz miteinander, dann fährt kenero fort:

»euer blauer planet ist in den letzten 10 000 jahren öfter heiss umkämpft gewesen, denn er stellt als ganzes gesehen ein reiches system dar, das wiederum ausdruck eines besonders attraktiven hologramms ist - ihr könnt diese ausführung selbst weiter denken - jedenfalls hat die erde von jeher verschiedenste völker angezogen, die mit den unterschiedlichsten absichten hierhergekommen sind. schliesslich haben diejenigen bewohner, die auf den feinstofflicheren ebenen der erde existieren, zulassen müssen, dass gewalttätige, kaltherzige und egoistische wesen sich der grobstofflicheren ebenen ihres planetensystems bemächtigten, wozu diese irdische realität gehört. zu endlos waren die kämpfe, zu uneinsichtig die krieger. nicht zuletzt die erdenbewohner selbst. sie haben sich nämlich in den unteren existenzschichten mehr und mehr den feinden angeglichen, um gegen sie antreten zu können. dies war ein grosser fehler.«

die erdlinge im wohnzimmer hängen an keneros schmalen lippen. seine worte gleiten in sie hinein wie der klang eines sanften weckers um 7:00 am morgen.

»das schlachtfeld wurde darum den geistig unwissenden überlassen«, berichtet kenero.

niemand stellt eine frage, also redet er weiter.

»manchmal muss man den schwächeren siegen lassen. zumal viele erdlinge bereits sehr von ihren feinden beeinflusst waren und sich lieber auf manipulierende machtspiele einliessen, als ihren ursprünglichen weg in höhere daseinsebenen weiterzugehen. in der folge herrschten hintereinander und manchmal sogar nebeneinander fremde despoten auf der erde und das in einer art und weise, die bis heute viel leid und schmerz hierher gebracht hat. als besetztes territorium wurde die erdebene, auf der ihr euch befindet, vom übrigen kosmos praktisch isoliert. direkte kontakte zwischen wohlwollenden nichtirdischen und erdlingen waren von da an fast unmöglich. doch zuletzt setzt sich immer der lichtvolle geist durch. von den höherschwingenden ebenen her konnten die beherrschten welten dieses hologramms allmählich und ganz legal ein wenig transformiert werde. die erde und ihre bewohner reagierten stark auf die hilfe, und dadurch wurde noch mehr veränderung möglich. jetzt hat sich eure erde befreit von ihren besatzern, befreit von trennung und schmerz. von jetzt an kann sie wieder gestärkt und unbehelligt ihren eingeschlagenen weg weiterverfolgen.«

kenero betrachtet seine zuhörer. die schauen vor sich hin und warten auf die fortsetzung seiner rede. unschlüssig wirft er einen blick zu misja, welche ihn ermuntert fortzufahren.

der exgeneral reist in seinen gedanken zurück. zurück in die grausige zeit, als er oberster general der geheimen besatzungsmacht dieses planeten war. offiziell war er ein militär, der als verbündeter mit den regierungen des planeten zusammenarbeitete. ein jovialer, kooperativer ausserirdischer, mit dem sich verhandeln liess. doch dies war nur seine maske. dahinter steckte ein bösartiges wesen, das bedenkenlos einen klaren, einfachen befehl umsetzte: die absolute vereinnahmung der erdlinge und deren genau festgelegte zuführung zu verschiedenen laufenden projekten. diese projekte waren zum teil äusserst verwerflich, wenn er mit seinen jetzigen augen zurückschaut. doch damals hatte er jedes gefühl und den respekt gegenüber anderen lebewesen verloren. das ziel bedeutete ihm alles. er stand im dienste einer guten sache, nämlich der expansion und bereicherung seines volkes und nicht zuletzt auch seiner eigenen person.

ja, er befand sich in einem rausch, der nach immer mehr verlangte. und da war diese ständige todesangst im falle einer niederlage. er musste siegen, denn er hatte keine alternative. nichts als diese abgründe, aus denen verzweiflung und horror hochstiegen. da konnte er weder hingehen noch hinschauen. es war die hölle und er in diesem szenario gefangen.

als junger mann kannte er noch möglichkeiten des trostes und der betäubung. er hätte jene vergnügungen damals natürlich nicht so genannt, falls er darüber nachdachte. später verloren diese ablenkungen jedoch allmählich ihre wirkung auf ihn. dafür wurde er immer unwiderruflicher in die angelegenheiten der macht über andere eingeführt. er hatte seine endgültige, harte droge bekommen.

dann, nach einer fast endlosen zeit, kam misja mit ihrem licht und ihrer strategie. sie, die ihn wieder an das leben anschloss. die ihn erfahren liess, wer er wirklich war und ist.

kenero setzt sich auf seinen platz zwischen die beiden frauen.

jetzt ist er wieder zurück im geist, im licht und im bewusstsein. die schwierige aufgabe ist erfüllt und er seinem inneren elend entronnen, das er damals nicht als solches erkennen konnte. kenero hebt die augen und begegnet misjas schönstem, liebevollstem lächeln.

der kraftvolle, trotz seinem kompakten körper sehr wendig wirkende mann kommt wieder ganz in die gegenwart zurück. seine erneute präsenz durchfährt kim und shannon wie eine kleine sturmböe, die auch die weiter entfernt sitzenden noch wahrnehmen. es ist wieder diese unglaubliche kraft und macht, die kim anrührt, und doch sind sie jetzt anders. die kälte ist weg, ebenso die unfähigkeit, ein gegenüber überhaupt wahrzunehmen. kim atmet auf. endlich fühlt sie sich etwas sicherer. mit leisem erschrecken stellt sie fest, dass sie keneros kraft in sich selbst spüren kann, als wäre es ihre eigene. hat er etwa ein stück davon in sie hineingelegt?!

»meine freunde, ich habe euch noch einiges zu sagen, darum bin ich dankbar für eure aufmerksamkeit«, erklärt der ausserirdische nach einer kleinen pause.

»auch ich komme mit einem geschenk zu euch, leider mit einem zweiseitigen. ihr habt noch immer einige erinnerungsblockaden in euch aktiviert, vor allem kim und daniel. diese werden nun ohne schadensrisiko gelöst, weil ihr mittlerweile damit umgehen könnt. das ermöglicht eurem system ein ungestörtes funktionieren. seid ihr bereit dafür?«

daniel will sofort reagieren, doch seine sorge um kim hält ihn gerade noch zurück. stattdessen steht er auf und geht zu seiner frau hinüber. die beiden umarmen sich einen moment lang und verständigen sich ohne worte. schliesslich nickt kim kenero zu.

»wir sind einverstanden«, sagt sie.

»ich natürlich auch«, ergänzt shannon, da man offensichtlich noch auf ihre zustimmung wartet.

daniel will kim nicht loslassen, sondern führt sie zum kleinen sofa, damit sie bei ihm sitzen kann. amanda rutscht jedoch nicht wie erwartet etwas zur seite, sondern springt auf und fragt kenero, ob sie sich zu ihm setzen darf.

»natürlich, junge dame«, antwortet er zuvorkommend.

veta nickt amanda anerkennend zu. dieses junge erdenmädchen beeindruckt ihn.

der exgeneral betrachtet daniel und kim wie sie sich aneinander drängen, aber er ist zuversichtlich. die reaktion der beiden entspricht nicht der gegenwärtigen lage, sondern entspringt noch einer gewohnheitsmässigen vorstellung. der vorstellung, dass man sich vor dem bösewicht in acht zu nehmen hat. diese unpassende haltung wird dahinschmelzen, sobald sich die dinge etwas weiter entwickelt haben, da ist kenero überzeugt, und er wird recht behalten.

»keine angst«, beruhigt er die beiden mit einer bewusst gedämpften stimme, *»ich werde euch jetzt weder hypnotisieren noch dehypnotisieren.*
ja, kim, wenn ich dir so in die augen geschaut habe, wie du dich gut erinnern kannst, habe ich dich meist hypnotisiert, nichts weiter. gewisse weiter entwickelte arten von hypnose sind bestens geeignete mittel, um jemandem seinen willen aufzuzwingen. darin sind meine leute hier meister gewesen. eure erinnerungsblockaden sind teilweise das resultat einer komplexen form von hypnose. doch wie gesagt, die aufhebung wird nicht gleich jetzt geschehen, sondern im verlaufe der nächsten zwei, drei wochen. das ganze wird nicht von mir durchgeführt werden, sondern von misjas mitarbeitern.«

kenero wendet sich in seiner überraschend einnehmenden art, die kim auch jetzt noch als sehr verführerisch empfindet, ans doppel.

»möchten sie, meine verehrte, etwas dazu sagen?«

»in der tat.«

misja beugt sich zu kenero, ganz selbstverständlich auf ihn eingehend. daniel beobachtet die beiden mit besonders finsterem blick, da seine augen sehr ausdrucksstark geworden sind.

»richtig, daniel, kenero und ich stecken unter einer decke«, antwortet ihm misja, bevor er den gedanken auch nur gedacht hat.

»wir haben diesen schritt miteinander geplant, wobei mir keneros informationen sehr hilfreich waren. es ist notwendig, dass alle code-leute nun vollends deprogrammiert werden. zuerst sind sie an der reihe, danach wird dieses erdensystem seinen letzten befreiungsschub erleben. die menschen werden einmal mehr anders sehen und wahrnehmen. sie werden damit nach langer zeit wieder dort angelangt sein, wo sie waren, bevor fremde interessen ihre entwicklung gestört haben. ich sage euch, wenn jemand diese befreiung 100-fach verdient, dann ist es eure menschheit. denn trotz widrigster umstände hat sie sich nie ganz verloren. hat es immer menschen gegeben, die dem allem in ihrem inneren getrotzt haben. die kraft des geistes, das licht, konnte nie völlig ausgeschaltet werden, wie es anderswo geschehen ist. gerade dieser umstand hat viele übeltäter erst auf den plan gerufen. denn licht, liebe und bewusstsein ziehen das gute wie das schlechte an. es ist richtig, der geist als gesamtheit dieser grundlegenden seinsqualitäten kann abweisen und fernhalten, wenn er will, wenn kurzfristig eine notwendigkeit dazu besteht. aber darüber hinausgehend sucht er stets die vereinigung.«

misja erhebt sich ohne hast von ihrem sessel und blickt in die nacht hinaus.

»lieber veta, würdest du mir ein glas wasser reichen?«

»gerne. mit zitrone?«

»ja, danke.«

veta geht in die küche. es entsteht eine pause, die kim für einen gang zur toilette nutzt.

shannon hingegen bleibt tief in ihrer sofaecke sitzen und begutachtet kenero ungeniert. ihn, den grossen, gefährlichen kenero, von dem kim erzählt hat. er ist beeindruckend. ja, er ist atemberaubend! diese unglaubliche, erotische kraft, die er ausstrahlt!

kenero ist sich seiner wirkung auf shannon bewusst. ohne aufdringlich zu sein, nimmt er ihre hand mit seinen behandschuhten fingerspitzen und streichelt sie ganz leicht.

›lass dich nicht zu sehr beeindrucken‹, hört shannon deutlich keneros stimme, dabei spricht er gar nicht, sondern betrachtet bloss ihre handlinien.

›kraft, macht und sex sind die hauptwerkzeuge manipulativer kulturen und wesen. was du an mir wahrnimmst, sind die mittel meiner einstigen herrschaft. ich habe

diese qualitäten bewusst in mir aufgebaut und nun muss ich einen weg finden, hier wieder ein gleichgewicht herzustellen. verstehe mich richtig. sexualität oder macht sind an sich nicht schlecht, im gegenteil, es ist immer das beste, das höchste potenzial, das sich für einen missbrauch aufdrängt. und ich habe das ganze spektrum genutzt. ich weiss, du verstehst das. shannon, sei wachsam, wenn dir bei jemandem hauptsächlich kraft, verbunden mit starker erotik auffallen.‹

kenero blickt mit unergründlichen augen in die ihren. es ist shannon, als berühre sie ein eiskalter hauch. erschreckt zieht sie ihre hand zurück, die kenero nur zögernd freigibt.

›nimm dir ein beispiel an misja‹, übermittelt er telepathisch weiter, *›ihre kraft, stärke und weibliche ausstrahlung werden nicht als vereinnahmende einzelaspekte wahrgenommen. sie gehören einfach zu ihrem antrieb, zu ihrer dynamik, sind qualitäten, mittels derer sie sich selbst ausdrückt und einbringt. macht ist bei misja nicht als zweck sichtbar, sondern liegt in ihrem sein. das mag kompliziert klingen, aber versuche trotzdem zu verstehen.‹*

shannon folgt keneros blicken zu misja hinüber, die wie eine statue am fenster steht, eins mit sich selbst. veta ist bei ihr und scheint ganz für sie dazusein.

wie kim ist auch daniel inzwischen verschwunden, wahrscheinlich in die küche. dafür sitzt amanda nach wie vor neben kenero. sie lehnt sich fast schon über ihn und blinzelt shannon keck zu, als hätte sie diese konversation mitbekommen.

›ich habe die ganze zeit mit den zetas telepathie geübt‹, hört shannon amanda sagen, während diese sie stumm anschaut.

erst als kenero sich von shannon wegdreht, wird amanda wieder in ihre sofaecke zurückbefördert.

daniel und kim kommen mit einem tablett voller gläser aus der küche zurück. sie servieren wasser mit zitrone oder sirup, und diese einfachen handreichungen schaffen erneut eine ruhige, zentrierte atmosphäre. endlich sitzen alle wieder beisammen und harren der dinge, die noch anstehen.

wer von den beiden nichtirdischen wird das wort ergreifen? es ist kenero, der wieder ganz gerade dasitzt, die hände vor sich verschränkt:

»von diesen erinnerungen, die misja und ich angesprochen haben, gibt es einen komplex, den wir jetzt in euer bewusstsein bringen wollen. bitte richtet euch darum innerlich aus, als wolltet ihr eine geistige arbeit in angriff nehmen.«

die freunde, aber auch amanda und veta tun, was kenero von ihnen verlangt. misja unterstützt alle anwesenden ihrerseits mit bestimmten energien, wie sie es für erforderlich hält.

»wir müssen miteinander über kosmische fortpflanzung sprechen. durch shannon ist dieses thema ohnehin in eurem kreis präsent. was sie mit alaje erlebt, ist eine mögliche form, die dieses geschehen annehmen kann. es gibt aber noch viele andere. seit mehr als zwei jahrzehnten weiss eure erdenmenschheit, dass im kosmos laufend projekte durchgeführt werden, die mit fortpflanzung zu tun haben. ständig wird das vorhandene rekreationspotenzial verändert und erweitert, wobei es, soweit mir bekannt ist, keinen einheitlichen ethischen kodex gibt. aber ich will jetzt nicht zu weit ausholen. mein volk, zusammen mit zwei unserer planetaren nachbarvölkern, hat das ziel gehabt, sich euren planeten anzueignen, und eure menschheit nach unserem willen umzuformen, bis sie mit uns kompatibel geworden ist. - wir wollten euch unserer rasse buchstäblich einverleiben. zu diesem zweck haben wir verschiedene wissenschaftliche entwicklungsreihen genetischer und anderer natur entworfen. auch haben wir mehrere fortpflanzungsprojekte zwischen uns und erdenmenschen durchgeführt. im verlaufe dieser versuche und entwürfe haben wir entdeckt, dass auf der ebene eurer inneren strukturen, auf der ebene eurer dns etwas am laufen sein muss, das uns entgangen ist. jahrelang haben wir fieberhaft gesucht und unsere anstrengungen noch verstärkt. als wir endlich eine ahnung bekamen, wie man uns ausgetrickst hatte, war es zu spät - doch auch darüber will ich mich jetzt nicht auslassen. jedenfalls sind wir unbeabsichtigt auf viele codeleute gestossen. von euch dreien zuerst auf dich und dann auf dich.«

kenero zeigt mit der einen hand auf daniel, mit der anderen auf kim.

»an shannon konnten wir nicht herankommen, weil alaje sie damals unter seinen speziellen schutz gestellt hatte. du, kim, warst für mich von anfang an ein faszinierender fall. unsere besondere verbindung hat in mir das interesse an dir geweckt, und ich habe dich praktisch zu meiner persönlichen mission gemacht, zumal du effektiv ein ungewöhnlicher fall bist. das weisst du inzwischen ja selbst.«

kenero wartet kurz, aber kim zeigt keine reaktion. sie hat ihre emotionen unter kontrolle.

»wir haben dich oft nachts geholt und deine dns, überhaupt dein wesen genau erforscht, soweit wir dies konnten. wir haben physisches material von dir bei vielfältigen versuchen benutzt, zum beispiel haben wir dich für gewisse forschungen geklont. nicht zuletzt haben wir mit deinen eizellen mischlinge gezeugt.«

wieder macht kenero eine pause.

kim hatte so etwas zwar schon lange vermutet, schliesslich sind solche dinge mit vielen erdenmenschen gemacht worden. nun wird ihre vermutung durch keneros aussage zu einer eben doch aufrührenden gewissheit. kim möchte kenero in die augen schauen, aber sie schafft es nicht. stattdessen sucht sie misjas gesicht, das wie ein ruhiger ozean ist, ohne regung, ohne antwort. es ist klar, sie muss selbst mit kenero fertig werden.

»fahren sie nur fort. mit dem, was sie gerade sagten, habe ich schon lange gerechnet. ich habe mir öfter gedanken darüber gemacht.«

»zu welchem schluss bist du gekommen?«

»ich bin in dieser hinsicht durch viele gedankenstadien gegangen«, erklärt kim, wobei sie gegenüber kenero jetzt eine noch distanziertere haltung einnimmt - diese ist zwar nicht offensichtlich, aber für ihn und misja gut wahrnehmbar.

»und bin zu einem offenen schluss gekommen, den ich folgendermassen zusammenfassen möchte: es ist zwar nicht richtig, aber es ist in ordnung. solche geschichten sind einfach noch zu komplex und ungewohnt für uns menschen.«

»das ist eine relativ akzeptierende antwort, kim. man spürt, dass dir dies nicht ganz fremd ist. du bist nunmal ein mensch mit grosser kosmischer erfahrung. und du trägst misja, aber auch mich in dir. erinnere dich stets daran. all diese kinder sind jetzt verstreut. viele werden umgekommen sein, andere sind auf ferne planeten gebracht worden. ja, kim, unsere kinder hat die transformation weit von uns weggetragen.«

kim horcht auf. unsere kinder?! ihr aufgescheuchtes gesicht ist nun kenero zugewandt.

»ja, unsere kinder«, wiederholt dieser in abwartender haltung.

es herrscht eine fühlbare spannung im raum, aber misja will nicht eingreifen. noch nicht.

»du bist für mich das unfreiwillige objekt meiner weitreichenden neugierde gewesen, warst zu einer art liebhaberei von mir geworden. manchmal habe ich dich in einen zustand versetzt, in dem du gelöst mit mir sprechen konntest. mir hat das damals gefallen.«

jetzt ist wohl alles gesagt. kenero trinkt sein glas mit gesüsstem wasser aus. die anderen sehen ihm dabei schweigend zu. besonders kim und daniel sitzen da wie gelähmt, und wieder einmal ist es amanda, die den erwachsenen hilft.

»he, ihr könnt aus der totenstarre erwachen, der feind ist nicht mehr da«, sagt sie in ihrer trockenen, altklugen art.

amanda erschrickt selbst über diese vorlaute bemerkung. sie ist ihr einfach herausgerutscht! das junge mädchen errötet und wirft einen versteckten blick zu misja. gott sei dank lächelt diese fröhlich vor sich hin.

die atmosphäre ist zwar etwas verändert nach amandas kommentar, aber immer noch hat es den freunden die sprache verschlagen. also schreitet misja wohl oder übel ein.

»wir werden auf keneros und kims geschichte zurückkommen, aber lasst mich vorerst ein paar worte über kosmische fortpflanzung und kosmische elternschaft sagen. im grunde genommen habt ihr selbst zugang zu all diesem wissen. doch weil das thema bei euch stark belastet war, mit konventionen und kollektiven vorstellungen, ist es notwendig, extraenergie dafür aufzuwenden.«

misja setzt sich lässig hin, als wolle sie sich auf eine nette kleine konversation einlassen. ihre paar bewegungen lockern die freunde ebenfalls auf. kim kann wieder richtig durchatmen, und daniel streichelt kaum merklich ihren unterarm, der auf seinen oberschenkel gefallen ist. in shannons kopf jagen sich die gedanken. über ihre eigene beziehung, ihre eigene mutterschaft, jenseits von all dem, was erdenfrauen über diese angelegenheiten denken und wovon sie träumen.

»die strukturen, innerhalb derer kinder aufgezogen werden, sind im universum oft sehr ähnlich. es kommt auf das verständnis der jeweiligen gesellschaft an. aber ich will euch hier nicht mit binsenweisheiten langweilen«, sagt misja leichthin, als hätten keneros worte nicht gerade eben wie eine bombe eingeschlagen.

»abhängigkeitsverhältnisse, wie sie auf diesem planeten geschaffen worden waren, sind typisch für eine von aussen kontrollierte menschheit. die kinder waren ihren eltern ausgeliefert, die mutter war existenziell oft auf ihren mann angewiesen. oder sie lebte allein und musste ihre familie in einem umfeld durchbringen, das nicht für ihre lebenssituation eingerichtet war. trotzdem wurde eure familienstruktur bis zuletzt von den meisten erdenmenschen als erhaltens- und schützenswert empfunden. wobei diese erstaunliche tatsache nicht nur das resultat einer gelungenen programmierung war, sondern ebenso die quittung für verlustangst, denkfaulheit und fantasielosigkeit. es ist schädlich für die beziehung von mann und frau, wenn ein paar zu sehr auf sich gestellt ist. es ist schädlich für die beziehung zwischen eltern und kindern, wenn die elternschaft zu ausschliesslich ist. paare und kinder müssen in einer liebevollen gesellschaft vielfältig integriert und aufgehoben sein. persönliche beziehungen können nur auf einem boden genereller bezogenheit gedeihen. andernfalls entarten bindungen zu überlebensoasen. unter diesem druck und in dieser isolation verkehrt sich liebe schnell in hass und fürsorge in quälerei, was ihr ja zur genüge in eurem umfeld miterlebt habt . darum zeichnen sich geistig orientierte gesellschaften durch vielästige beziehungsstrukturen aus. dies führt zu einem offenen umgang mit dem eigenen fortpflanzungspotenzial. hier treffen sich die geistigen mit den rein machtorientierten, hierarchischen kulturen: beide betreiben kosmische fortpflanzungsprojekte, die sich durchaus ähneln können,

wenn auch die ihnen zugrunde liegenden motive völlig verschieden sind. also: fortpflanzung jenseits von dem, was ihr kennt, ist üblich und universell. viele eltern kennen ihre leiblichen kinder nicht oder kaum, was sie keineswegs als einen mangel empfinden. schon nur die tatsache, dass sie sich fortpflanzen, ist eine bereicherung für sie. sie fühlen sich dadurch stärker mit dem leben verbunden. manche überlassen das grossziehen von nachwuchs vertrauensvoll jenen, die sich besonders eignen und viel davon verstehen. blutsverwandtschaft alleine gilt in entwickelten kulturen kaum als ausreichende erziehungsqualifikation. darum meine lieben freunde, seid nicht verstört, wenn ihr von euren kosmischen kindern erfahrt. ihr habt alle drei spuren im universum hinterlassen. denkt auf eine neue art darüber nach. denkt wie multidimensionale menschen. nun zu dir, kim, mein herz.«

misja richtet ihre ganze energie auf die sehr blasse, rothaarige frau, die ihr in fast jeder hinsicht so nahe steht, die sie spüren kann, als einen teil von ihr.

»ich erwarte, ja verlange jetzt eine starke aktion von dir. beweise deine grösse und versöhne dich mit kenero. dies muss jetzt geschehen. ansonsten können weder du noch unser lieber freund eure arbeit weiter erfüllen. hast du das verstanden?«

»ich bin etwas sprachlos«, stottert kim unschlüssig.

»dazu ist jetzt keine zeit. du kennst die situation. du weisst, dass kenero sozusagen ein engel in teufelsgestalt gewesen ist. ja, er ist ein teufel geworden. er musste dies tun, und er hat seine arbeit gut gemacht. deine aufgabe ist es jetzt, zu verzeihen. wie sollen alle anderen ihre inneren und äusseren teufel umarmen können, wenn du es nicht einmal bei diesem wundervollen wesen schaffst? verzeihe kenero seine taten und verzeihe dir deine gedanken - noch etwas, kim: nur weil kenero sich mit dir beschäftigt hat, weil er und du euren part erfüllt habt, konnte ich meine arbeit mit kenero höchst effizient durchführen. oder hast du schon vergessen, dass du mein kanal bist?«

kim erfasst den ernst der lage. sie kann sich all die gefühle, all diese üblichen dinge, mit denen menschen sich beschäftigen, wenn ihnen etwas nicht passt, keinesfalls erlauben. sie muss in diesem moment jede eingespielte reaktion übergehen, was im grunde einfach ist, sofern man wirklich will. also richtet kim ihre inneren lichtstrukturen noch besser aus, stabilisiert sich und schafft es, unter aufwendung von viel kraft und mittels ihrer meisterschaft, sich in einen leicht schneller schwingenden zustand zu bringen. nun kann sie frei atmen und mit etwas anderen augen um sich schauen. sie bemerkt daniels warme hand auf ihrem arm, sieht misjas kleine, aufmunternde und anerkennende geste. dann blickt kim zu kenero. sein gesicht ist neutral, fast ausdruckslos, aber die züge sind jetzt ungewohnt sanft und seine augen warten auf sie. für einen endlos langen augenblick lässt kenero kim nicht mehr los, kommunizieren sie miteinander auf eine art, in der wirklichkeiten wie detailliert ausgearbeitete bilder in kims wahrnehmung erscheinen. sie fühlt ein starkes band, das sie mit dem exgeneral verbindet. es war schon immer da, aber kim ist dies nicht bewusst gewesen, nicht so. die beiden tauschen unversehens ein uraltes lächeln.

misja ist sehr zufrieden mit ihren zwillingsstrahlen. hat kim es doch geschafft, sich über ihre erdenpersönlichkeit hinauszubegeben und akzeptiert gerade eine wahrheit, die nicht zu ihren langgehegten vorstellungen passt. gespannt warten die anderen, wie es nun weitergeht.

»misja, ich würde gerne mit meiner alten freundin alleine sein, sofern ihr das recht ist.«

misja nickt leicht mit dem kopf, was bewirkt, dass kenero und kim fast gleichzeitig von ihren sitzplätzen aufstehen.

»gehen wir nach oben auf die terrasse?«, fragt kim mit einer etwas fliegenden stimme. innerlich ist sie jedoch voll froher hoffnung, von deren ursprung sie keine ahnung hat.

»sehr gut«, murmelt kenero und reicht kim galant seinen arm.

locker und alles andere als bedrückt steigen die beiden rotgekleideten gestalten die treppe hoch und entziehen sich ohne eile den blicken der zurückbleibenden.

auf der terrasse draussen ist es kühl, dafür glitzert ein sternenmeer über ihnen. die turmhohen regenwolken, welche noch vor wenigen stunden aufzogen, sind wieder völlig verschwunden. eine dünne mondsichel ist über den baumwipfeln aufgegangen, spendet aber kaum licht.

kim zögert. als sie beide durchs schlafzimmer gegangen sind, hat sie nur eine schwache lampe angezündet, und nun stehen sie da, in eine dunkle nacht gehüllt.

»lass nur, es gibt genug licht«, zerstreut kenero ihre bedenken, *»die augen haben sich schnell umgestellt.«*

die beiden gehen schweigend einige schritte auf die terrasse hinaus.

»kim, ich möchte dir etwas vorschlagen«, sagt kenero sanft, aber eindringlich.

»lass mich dich noch einmal hypnotisieren, und zwar so, dass du dein bewusstsein beibehältst. kannst du dich darauf einlassen? du wirst es nicht bereuen.«

kim will sich jetzt nicht entziehen, das ginge wohl auch gar nicht mehr. stattdessen richtet sie sich für einen moment nach innen und versichert sich ihres eigenen, kraftvollen lichts.

»dort drüben kannst du dich hinsetzen, wenn du willst«.

»geht das auch im stehen?«

»warum nicht? möchtest du dich an mir festhalten?«

»eigentlich ja.«

kim tritt vor kenero, der fast einen kopf grösser ist als sie, und legt eine hand auf seinen massiven brustkorb. sie blickt nach oben, klar und bewusst in diese für sie einst verhängnisvollen augen. es sieht aus, als scheine die lampe im schlafzimmer direkt auf keneros gesicht. das licht macht seine augen farblos, denkt kim noch, dann bricht eine flut von bildern los. kenero hält ihren blick fest, dosiert jedoch die energien. es sind szenen, die sich parallel abspielen, wobei kim nicht sagen könnte, ob sie sich in keneros augen manifestieren, in ihrem kopf oder sonstwo. diese filme laufen zeitverkehrt von der gegenwart in die vergangenheit. kim nimmt verschiedene handlungsstränge wahr, in denen kenero und sie miteinander umgehen. dabei sieht und fühlt kim, als wäre sie selbst mitten in all diesen geschichten drin. schliesslich bilden diese endlos aufeinander folgenden szenen ein gewebe, das eine struktur erkennen lässt: ihre wahre verbindung mit kenero!

kim erkennt ihre tiefe zusammengehörigkeit. eine grosse anziehungskraft, die beide im schicksal des anderen hält. immer wieder. und immer wieder in der liebe, in der vereinigung. sie sind eine einheit, durchdrungen vom anderen. kenero muss kim nun seinerseits festhalten, weil sie ganz im geschauten drin ist und ihren körper fast ausgeblendet hat. sie erlebt gerade, was misja mit ihm gemacht hat.

»kannst du mich hören?«, fragt kenero leise.

»ja«, haucht kim.

»gut so. bleibe bewusst, bleibe dir auch deines körpers hier bewusst.«

kim macht den eindruck, als schaue sie angestrengt durch jene wirklichkeiten hindurch, die ihr gerade eröffnet werden, von ihm, hier auf der terrasse.

»ja, ich bin da«, sagt sie, aber schon ist ihre aufmerksamkeit wieder anderswo.

kim sieht mehrmals, wie kenero sich an ihr vergeht. mit welcher wucht er dies tut. plötzlich spürt sie einen fürchterlichen schmerz. doch sowohl dieses geschehen wie auch ihre empfindungen werden überlagert von anderen sexuellen und energetischen vereinigungen. eine ganze palette von gefühlen bis zu ekstatischer euphorie lässt den schmerz verblassen. kim kann in diesem moment den schwall von intensiven szenen kaum noch halten. kenero sieht das und drosselt den bilderstrom.

»nur noch kurze zeit, kim, dann ist die übertragung vollendet.«

»ist in ordnung«, flüstert sie.

kim kann jetzt nicht denken oder etwas reflektieren. sie nimmt nur auf, und es ist verrückt, dass das alles zu ihr gehört. abscheu und tiefe glücksgefühle gleichzeitig. und immer kenero und sie. sie und kenero. kim kann sich und ihn schon gar nicht mehr auseinanderhalten!

»ah, jetzt kommt es«, stellt ihr gegenüber im fahlen lampenlicht fest.
jetzt hat sich ihre wahrnehmung verschoben. tatsächlich steckt kim nun in diesen szenen drin, als wäre sie zugleich sie selbst und kenero. sie ist sogar die seelische verbindung zwischen ihnen, die kraft der anziehung. nicht weniger als das erfährt sie gerade. kim starrt fasziniert in keneros augen.

»niemals, niemals in deinem leben darfst du das vergessen«, sagt sie zu sich selbst, während sie gleichzeitig mit all ihren fasern aufnimmt.

sie will sich dies einprägen, für immer. eins mit kenero. eins mit ihrer erfahrung. das ist ja so abgefahren, und doch ist nichts wahrer als dieses erleben. kim spürt, wie sie langsam müde wird und ihre aufmerksamkeit nachlässt. ganz erfüllt schwimmt sie noch etwas in diesen neuen empfindungen. danach öffnet sie die augen und findet sich an keneros brust gelehnt auf der terrasse wieder. sein harter leib fühlt sich gut an. selbst seine arme auf ihrem rücken. kenero bewegt sich nicht, sie haben alle zeit der welt. endlich, gerade bevor kim wieder halbwegs wegtritt, fragt er, ob sie sich jetzt setzen wolle. kim seufzt und nickt. am liebsten würde sie in keneros umarmung hängen bleiben. aber das geht natürlich nicht. das hier ist immer noch kenero und sie ist immer noch kim. oder?

»woher sind all diese szenen gekommen?«, fragt sie mit einer möglichst ausgeglichenen stimme.

»von verschiedenen realitäten. sie sind aus bestimmten raum- und zeitströmen herausgeschält worden, um dir als information über uns zu dienen. zusammen mit ereignissen aus der vergangenheit unseres lebens hier.«

kenero betrachtet die strahlende, hübsche frau vor sich aufmerksam. sie sollte jetzt nicht zuviel denken. kim spürt seine überlegung und gibt es auf, sich vor ihm verstecken zu wollen.

»kenero, was ist nur mit uns?«, fragt sie stattdessen.

»du weisst es doch jetzt«, antwortet er mit dieser sanften, nachklingenden stimme.
kim ist so voll, so genährt und so verwirrt. was sie gerade erfahren und vermittelt bekommen hat, ist absolut klar und unanfechtbar. dermassen zwingend, dass ihr verstand rebelliert. sie kommt dadurch gänzlich zurück in das hier und jetzt. automatisch richtet sich kim wieder innerlich aus und versucht, ihren schwingungslevel weiterhin hochzu-

halten, was ihr zumindest teilweise gelingt. die beiden schweigen gemeinsam, und kim akzeptiert es, von kenero beobachtet zu werden, der vor ihrem stuhl wie ein berg aufragt.

»nun weisst du mehr über uns. nicht nur schlechtes, sondern auch gutes«, stellt er fest.

»bitte verzeih mir, was ich in diesem leben mit dir gemacht habe - jenseits von raum und zeit liebe ich dich jedoch - kannst du das verstehen und annehmen?«

»ich will dir verzeihen, kenero. eine heilung hat jetzt für mich und für uns stattgefunden. darum kann ich es bestimmt. aber dies ist ein prozess, für den ich ein bisschen zeit brauchen werde.«

kim kann nicht mehr auf ihrem stuhl sitzen bleiben. sie steht auf und blickt zum ersten mal ganz offen in keneros augen.

»ich habe mich immer stark von dir angezogen gefühlt«, gesteht sie.

»unter den gegebenen umständen ist mir diese tatsache wie eine böse magie vorgekommen. nun habe ich eine bessere erklärung dafür.«

»ich kann nicht leugnen, dass ich diese anziehungskraft ausgenutzt habe. so wie misja das mit mir gemacht hat, nur eben im guten.«

»du liebst auch misja.«

»so ist es. ich liebe auch sie sehr. wir drei sind zutiefst miteinander verbunden. obwohl wir deswegen die rollen, die wir jetzt spielen, nicht aufgeben werden.«

kim ist nicht zufrieden mit dem, was sie hört.

»ich verstehe das nicht ganz. das mit misja.«

ein vielsagendes lächeln zieht über keneros graues gesicht.

»du kannst nicht in die multidimensionalität treten und eindimensionale verhältnisse vorfinden, liebste. je mehr du in deine einheit kommst, desto vielschichtiger werden deine beziehungen. wenn du erst in all deinen leben gleichzeitig bist, wirst du es mit vielen partnern zu tun bekommen. solange du die verschiedenen daseinsströme nicht vermischt, ist das kein problem. und selbst das wirst du ab und zu tun müssen oder wollen. zum beispiel ist die transformation eurer erde eine vermischung von mehreren daseinsströmen. denke darüber nach.«

aber kim mag jetzt nicht an die erde denken. sie denkt an ihn und an das, was sie gerade erfahren hat. an die innigen vereinigungen anderswo, zu einer anderen zeit. also nimmt kenero ihre gedanken auf:

»hier, in dieser realität arbeiten wir drei zusammen. wir leben nicht miteinander, und das wird sich nicht ändern. unsere aufgaben sind so geartet, dass sie uns in verschiedenen welten halten. nichtsdestotrotz sind wir auf anderen ebenen stets beieinander. auch wenn ich dich bald verlasse, kim, werde ich nicht wirklich von dir weggehen.«

kim spürt, wie kenero bereits nach vorne gerichtet ist. er wird zu dem volk zurückkehren, in das er sich inkarniert hat. diese wesen brauchen seine hilfe, bis auch sie durch das tor gehen werden, in die höhere dimension.

»meine leute brauchen mich, und ich habe versprochen, dass ich weitermache. darum kann ich jetzt noch nicht ganz der werden, der ich bin. aber misja hat mir wieder auf eine bewusstseinsebene zurückgeholfen, die mir vieles ermöglicht, was vorher ausserhalb meines horizontes lag. darum kann ich gelassen meiner neuen arbeit entgegensehen.«

»wirst du weiterhin mit misja zusammenarbeiten?«

»erst wieder, wenn die zeit für mein volk reif geworden ist.«

»hast du eine familie zuhause?«, fragt kim, wobei sie sich mit einem lächeln für ihre neugier entschuldigt.

»ohlala«, macht kenero.

»du möchtest mein privatleben kennen lernen - ich habe mit vielen frauen kinder, mit dir und mit anderen. aber eine familie, wie du dir das vorstellst, habe ich nicht. unsere gesellschaft ist nicht so strukturiert.«

kenero überlegt einen moment.

»die kontakte mit frauen auf meinem planeten werden nun schwierig sein. ich habe mich zu sehr verändert. velleicht tut mir das ja gut. und vielleicht wird es mir ergehen wie shannon: ich könnte eine gefährtin bekommen, die physisch anderswo existiert. aber mach dir keine gedanken darüber, kim. denke nicht an andere frauen, die ich vielleicht umarme. fang damit gar nicht erst an.«

diese worte keneros beschämen kim. er hat natürlich recht. ausgerechnet ihn möchte sie jetzt nicht loslassen! wie kommt sie dazu?! kim blickt verlegen in die nacht hinaus. ihr wehes herz pocht laut, aber sie ignoriert es.

»du fragst dich möglicherweise, warum ich dir gerade jetzt unsere wirkliche beziehung zeige, nun da ich weggehe.«

»so ist es, kenero«, antwortet kim flattrig. sie weiss nicht mehr, wie sie empfinden und sich verhalten soll.

»im universum verabschieden wir uns oft auf diese weise. die menschen besinnen sich dann auf ihre wahre, unvergängliche beziehung zueinander, bevor sie sich trennen. das lindert ein momentanes gefühl von verlust oder sehnsucht. für dich ist das einfach noch neu. ausserdem hast du unsere verbindung ganz anders eingeschätzt, das bringt dich ein bisschen durcheinander, nicht wahr? wir werden uns bestimmt wiedersehen. darum lass uns jetzt ruhig abschied nehmen voneinander. einverstanden?«

als antwort legt kim ihre arme um keneros hals und lässt sich von ihm liebevoll umfassen. sie spürt, wie sich starke energien in ihnen regen und zwischen ihnen zirkulieren. wie nahe sie sich jetzt sind! kim möchte alles loslassen, jenseits von raum oder zeit mit ihm verschmelzen. und kenero gesteht es ihr zu.

wie sehr kim ihn doch berührt. ja, er will sich ihr ganz offenbaren, seine seele, die auch die ihre ist. kim lässt sich tragen von diesen energien und kräften, die in ihr strömen. sie schwebt förmlich, löst sich für eine kleine ewigkeit mit ihm auf.

»wollen wir zu den anderen gehen?«, fragt kim ein wenig später.

sie weiss, ihre frist mit kenero ist abgelaufen. der ehemalige feind lässt ihr mit einer charmanten geste den vortritt. sie gehen zurück ins schlafzimmer, wo kim im vorbeigehen die lampe löscht. für einen moment stehen beide im dunkeln still. doch wenige atemzüge später steigen sie durchs helle treppenhaus hinunter, den stimmen aus dem wohnzimmer entgegen.

shannon, amanda und veta sitzen in angeregter unterhaltung beisammen. misjas doppel und daniel fehlen hingegen, was kim mit einer bewegung in der magengegend konstatiert. doch niemand achtet auf sie, alle blicke gelten kenero. kaum sind er und kim zur gruppe gestossen, kleben die beiden anderen frauen bereits am exgeneral. sie sind neugierig und fasziniert.

»was ist da oben passiert?‹, fragen ihre augen, vor allem aber fragen sie: ›*wer bist du? zeige dich mir! beschäftige dich mit mir!‹«*

kim mag nicht zuschauen. sie weiss selbst genug von keneros anziehungskraft. nun, da diese ihren schrecken verloren hat, lassen sich shannon und amanda offenbar gerne betören.

»wo sind misja und daniel?«, wendet sich kim an veta, der das spiel gelassen beobachtet.

»die beiden sind, glaube ich, zum see gegangen - misja hat daniel auf diese weise abgelenkt, ist das nicht nett von ihr?«

»wenn sie nur bald zurückkommen«, murmelt kim.

schon wenige minuten später ist es soweit: misja gleitet förmlich ins haus hinein, mit ihr wie ein frischer windstoss ihre wohltuenden energien. im schlepptau hinter sich bringt sie daniel mit. einen beschenkten daniel, der noch auf einer wolke schwebt, während er auf eine erklärung von kim und kenero wartet. stattdessen ergreift misja das wort:

»ich sehe, ihr habt euch wahrhaftig in eurem innersten versöhnt und wiedergefunden«, stellt sie erfreut fest.

»ich habe keinen augenblick daran gezweifelt, dass dies geschehen würde. gratuliere, kim! du bist wirklich mein liebes, verständiges ich.«

kenero lächelt bei diesen worten misjas vor sich hin.

woran er wohl gerade denkt? kim wüsste das zu gerne und nicht nur sie.

unvermittelt und mit konzentrierter kraft wendet sich misja amanda zu:

»mein liebes, lass jetzt bitte deine telepathischen übungen. es ist nicht der moment für so etwas. oder willst du, dass ich die zetas rüge, weil sie dir dinge beibringen, für welche du die verantwortung noch nicht übernehmen kannst?«

dieser tadel sitzt, und amanda fällt sichtbar in sich zusammen. mit gesenkten augen murmelt sie:

»es wird nicht wieder vorkommen«, entfernt sich schuldbewusst von kenero und setzt sich auf ihren ursprünglichen platz neben daniel.

alle nehmen wieder ihre plätze ein und misja erklärt bestimmt, jedoch mit ihrer unvergleichlichen wärme, dass kenero und sie bald wieder aufbrechen werden.

»was gesagt werden musste, ist gesagt worden, was geschehen musste, ist geschehen. unsere zeit ist um. verabschiedet euch jetzt bitte von kenero. ein abschied ist nie für immer und trennungen sind nie das, was sie scheinen. trotzdem können sich wesen bisweilen lange nicht wiedersehen. diese dinge sind schwer vorauszuwissen. ungeachtet dessen verabschiedet euch auf ein baldiges erneutes zusammentreffen in einer anderen welt. mich hingegen werdet ihr schon bald wiedersehen, falls euch das ein trost ist«, lächelt misja amanda zu, die sich noch nicht erholt hat.

also erheben sich alle von ihren plätzen, um kenero ein vorläufig letztes mal gegenüberzutreten.

»ich habe mir diese begegnung gemerkt«, flüstert er shannon zu und verneigt sich vor ihr zu einem angedeuteten handkuss.

shannon spürt seinen atem auf ihrem handrücken, seine finger durch den handschuh hindurch. sie spürt ihn, sein voluminöses wesen.

»auf wiedersehen«, sagt shannon trocken und förmlich, als müsste sie sich abgrenzen. muss sie?

doch schon ist kenero bei daniel und amanda. freundschaftlich nimmt er die beiden um die schultern.

»geht euren gemeinsamen weg und tut dies mit freude«, wünscht er ihnen.

amanda wagt kaum mehr aufzuschauen. dafür versucht daniel, kenero ein letztes mal zu enträtseln. aber nichts an diesem mann verrät, was da oben zwischen ihm und kim geschehen ist. was überhaupt mit ihm geschehen ist.

›du suchst in einer sinnlosen richtung. warum?‹, erwidert kenero telepathisch. worte, die daniel noch eine weile beschäftigen werden.

dann stehen sich kim und kenero gegenüber. er nimmt ihre hände und drückt sie auf seine brust.

›halte an meiner liebe fest‹, hört sie keneros sanft schwingende stimme. hat er dies gerade laut gesagt?

»ich werde dich nie vergessen«, antwortet kim traurig.

warum müssen sie sich ausgerechnet jetzt trennen? jetzt, wo sie sich nach all den schlimmen jahren endlich anders begegnet sind? doch kenero gibt ihr keine antwort darauf.

wie hat misja gesagt: *›was getan werden musste, ist getan.‹* - die zeit ist um.

alle erweisen auch misja den gebührenden respekt, dann begleitet veta das machtvolle paar hinaus, wo irgendwo ein schiff auf sie wartet. vielleicht gibt es nicht einmal ein schiff. möglicherweise teleportieren sich die beiden oder gar alle drei einfach dahin zurück, wo sie hergekommen sind, überlegt amanda, die immer noch leidet. aber zum glück kommt veta bald wieder zur tür herein.

daniel und kim wollen sich jetzt zurückziehen, was die anderen gut verstehen. natürlich brennen beide darauf zu erfahren, was der partner erlebt hat. in ihrem geräumigen schlafzimmer oben werfen sie sich aufs bett. kim lehnt sich gegen die aufgeschlagenen kissen, und daniel stützt seinen kopf am fussende auf. die beiden betrachten sich leicht argwöhnisch.

»du siehst ganz anders aus«, erklärt daniel, der kim mit laseraugen durchbohrt.

»du auch«, ist ihre antwort.

beide schauen einander gespannt an.

»kenero und ich haben uns versöhnt, wie misja es gewollt hat. kenero ist nicht mehr mein feind, er hat mich davon überzeugt, sogar von seiner liebe. und ja, er hat mich in die arme genommen, wenn du das wissen willst.«

»da hast du eine echte wende vollzogen, alle achtung.«

»ich weiss, das ist von aussen gesehen unverständlich, aber solche dinge geschehen eben. - bitte versteh mich nicht falsch, daniel, doch im augenblick möchte ich nicht darüber reden. es ist noch zu nah. ich werde dir später mehr davon erzählen, versprochen.«

»einverstanden, ich kann dich nicht zwingen. - immerhin hat er dich hier gelassen.«

kim kann sich eines lächelns nicht erwehren. ja, er hat sie hier gelassen. da, wo sie hingehört. jedenfalls sieht kenero das so. und sie selbst?

»hier gehöre ich auch hin, lieber, deswegen würde ich mir keine sorgen machen«, versichert sie ihm.

»wenn du es sagst.«

daniel rutscht an seinem ende des bettes hin und her, bis er endlich eine bequemere position gefunden hat. er wartet, bis kim ihn auffordert von seinem nächtlichen spaziergang mit misjas doppel zu berichten. im gegensatz zu ihr mag er sehr wohl darüber reden.

»rein äusserlich ist nicht viel geschehen«, beginnt daniel.

»etwa zehn minuten nachdem ihr weggegangen seid, forderte sie mich plötzlich auf, mit ihr nach draussen zu gehen. sie sagte, ich solle ihr das seeufer zeigen und das alte ruderboot, an dem ich anfangs herumgebastelt habe. also sind wir zusammen den pfad zum see hinunter gegangen, und zwar nebeneinander. ich weiss nicht, wie sie das auf diesem schmalen weg geschafft hat. und ihr duft! hast du schon bemerkt, was für einen unglaublichen duft sie verströmt?«

ja, hat sie. aber kim sagt nichts dazu.

»jedenfalls, bis wir am see waren, fühlte ich mich, als wäre ich angetrunken. dabei habe ich den ganzen abend keinen tropfen alkohol zu mir genommen.«

kim wartet, und daniel nimmt sich vor, nicht allzu detailliert zu beschreiben.

»wie gesagt, wir waren am see unten und haben steine geworfen. stell dir vor, misja hat steine in den see geworfen, dabei ist sie mit den füssen und ihrem langen rocksaum im wasser gestanden! sie hat sich dabei amüsiert, glaube ich.«

kim muss an die zetas denken, die sich oft dort unter wasser aufhalten. sie hat sicher wieder mit ihnen kommuniziert.

»hat misja mit dir geflirtet?«, fragt kim geradeheraus.

»weiss ich nicht. bei ihr kann man das wirklich nicht sagen. vielleicht - sie hat das schon für mich gemacht, denke ich. irgendwie waren wir einander nahe, aber auf eine ungreifbare weise - wir lieben einander«, sagt daniel schliesslich, und kim kann das verstehen, sehr gut sogar.

»wir lieben alle einander, ist es nicht so?«

»es läuft wohl auf das hinaus. jeder liebt von seiner position aus.«

daniel sinniert vor sich hin.

»das erinnert mich an unsere struktur. da hat auch jeder seinen platz.«

»ja genau. jeder kann sich frei bewegen im stern drin, und doch hat jeder seinen fixen ort, den er beibehalten muss. interessant.«

»ich hätte sie geküsst, wenn es dazu gekommen wäre«, gesteht daniel unvermittelt.

»aber auf diese weise hat sie sich mir nicht genähert - glaubst du, sie macht so etwas überhaupt?«

»auf ihre art sicher, sie ist ein weibliches wesen. und ich bin der teil von ihr, der dich küsst. schon vergessen?«

daniel schaut verblüfft auf.

»ich will beweise!«, murmelt er schliesslich und zieht kim an den beinen zu sich.

nach einem spielerischen gerangel küssen sich die beiden auf eine neue weise. nicht in die tiefe, sondern in die weite.

bereits wenige tage nach diesem denkwürdigen besuch löst misja ihr versprechen ein. zwar nicht ganz so, wie es sich die freunde erhofft haben, mit einer erneuten reise in einem raumschiff. sondern wie nunmal viele kontakte geschehen: auf feinstofflichen ebenen.

daniel erinnert sich als erster an einen sehr intensiven traum, dann amanda. offenbar hat man zuerst diese beiden zusammen und tage später die zwei frauen auf der plattform im raum draussen informiert. alle vier erinnern sich an unterschiedliche bilder, sodass zuletzt ein panorama entsteht. ein hoffnungsvolles panorama mit noch einmal ganz neuen aspekten.

demnach präsentiert sich die lage auf der erde den waldhausbewohnern im frühling des jahres 2012 nach christlicher zeitrechnung folgendermassen:

es ist vor allem ruhe eingekehrt. vieles funktioniert zwar nicht mehr, auch die hilfreichen kontrollsysteme sind mittlerweile ausser kraft. die wirtschaft ist weltweit in grossen schwierigkeiten und verkriminalisiert täglich mehr. die menschen sind damit beschäftigt zu überleben. sie haben nicht mehr die möglichkeit, zerstörtes wieder aufzubauen, doch sie richten sich ein und arrangieren sich mit den gegebenheiten. viele warten ganz bewusst und nach innen gerichtet auf die verschiebung, die ihnen misja angekündigt hat.

die vertiefte geistigkeit der letzten jahre ist nun sichtbar und offen zur tragenden kraft geworden, zu der kraft, die sie vorher mehr oder weniger im verborgenen gewesen ist. die mehrzahl der fünf millionen inkarnierten nichtirdischen sind als geistige animatoren aktiv. sie treten jedoch nicht als götter oder übermenschen auf, sondern als menschen unter ihresgleichen und vermeiden es bewusst, eine neue spirituelle oberschicht zu bilden.

die erdlinge können endlich ihre eigene kraft und ihre eigene verantwortung wahrnehmen.

bloss die code-leute halten sich mehr oder weniger freiwillig in der abgeschiedenheit auf, damit sie ihren wichtigen beitrag zur verschmelzung der hologramme ungestört leisten können. den waldhausbewohnern widerfahren auch so höchst spannende dinge.

seit daniel seinen traum erwähnt hat, behauptet amanda steif und fest, sie könne sich erinnern, dass man sie nach china geführt habe und nach japan, um ihr wichtige geschehnisse zu zeigen. an beiden orten sei sie zeugin gewesen von fast identischen ereignissen: 20 bis 30 raumschiffe seien jeweils eingeflogen und unterirdisch gelandet. drachenmenschen seien ihnen entstiegen, die diesen reptilienartigen ausserirdischen in star trek und anderen fernsehserien ähnelten.

»wirklich, glaubt mir«, ereifert amanda sich.

»sie hatten eidechsenähnlich geformte köpfe, eine schuppenhaut und einige waren etwa doppelt so gross wie menschen! sie sahen erschreckend aus, aber ich hatte überhaupt keine angst.«

amanda lacht, während sie das sagt.

»diese drachenmenschen, es waren wohl drakonier, stiegen aus ihren schiffen und warteten. schliesslich wurden sie von männern in uniformen und einigen zivilpersonen, darunter auch frauen, begrüsst. und dann, stunden später, geschah eine art gefangenenaustausch oder sowas. jedenfalls erschienen hunderte von diesen eidechsen, wobei nicht alle gleich aussahen. einige waren von einer anderen rasse, eher eine mischung zwischen fledermaus und mensch. viele von den geiseln oder

gefangenen waren gefesselt und nicht wenige schienen in einem schlechten zustand zu sein. jedenfalls jene, die die menschlichen militärs den drakoniern übergaben.«

amanda denkt nach.

»es gab noch andere wesen dort, die das ganze überwachten, aber die waren nicht direkt sichtbar. ich wusste das einfach, weil ich einen gesamteindruck erhalten habe. versteht ihr? ich war als beobachterin in diesem film drin.«

»und wen haben die reptilienartigen freigelassen?«, verbalisiert kim die nun anstehende frage.

»ihr glaubt es mir vielleicht nicht, aber was ich gesehen habe, war ein riesiger schwarm von etwa einen meter grossen, grünen wesen. zierliche wesen, ein bisschen wie die zetas, mit einen eigenartigen schädel, der vibrierte, wenn sie kommunizierten. als bestünde er aus einer beweglichen membran. diese kleinen grünen wesen wurden sofort wieder zu anderen schiffen gebracht. sie mussten gleich weitergeflogen werden, weil sie die atmosphärischen verhältnisse auf der erde nicht vertragen. ich glaube, sie hatten lange zeit mit den drakoniern zusammengearbeitet, teilweise wohl unfreiwillig, doch nun war die zeit auch für sie gekommen. denn alles soll bereinigt werden, alle müssen erstmal dorthin zurückkehren, wo sie hingehören. so habe ich das jedenfalls verstanden.«

»hast du auch menschen gesehen, die ausgetauscht wurden?«, will daniel wissen.

er ist interessiert, da amandas erfahrung mit seiner zusammenhängen dürfte.

»ja, menschen habe ich auch gesehen, da waren einige, glaube ich, und drakonier, die fast wie menschen aussahen. aber wie diese aktion im einzelnen abgelaufen ist, wer genau zu wem gewechselt hat und warum, kann ich nicht sagen. mir haben diese beiden szenen bloss den eindruck vermittelt, dass jetzt aufgeräumt wird, und zwar zwischen den erdenmenschen und nichtirdischen. aber es geht noch weiter, ich bin noch nicht fertig.«

veta amüsiert sich wie immer über amandas eifer. er weiss wohl, wie wahr das ist, was sie gesehen hat, denn er kennt die wechselvolle geschichte einiger reptiliengruppen mit diesem planeten. noch bis vor kurzem herrschte krieg zwischen drakoniern und anderen ausserirdischen, der bis in dieses sonnensystem reichte. doch nun sind die streitereien beigelegt, auch jene um ansprüche bezüglich der erde. es existiert jetzt ein ausgearbeiteter friede, nicht bloss ein waffenstillstand. ein friede insofern, als alle anliegen und forderungen der verschiedenen parteien berücksichtigt und gewürdigt worden sind. inzwischen ist eine grosse mehrzahl der weitverzweigten reptiloiden rassen eingebunden in abkommen mit verschiedenen galaktischen föderationen. die noch abgespaltenen reststämme, die eine art piratendasein führen und hauptverantwortlich sind für den schlechten ruf der reptilienartigen, stellen nur noch ein geringes problem dar. tatsächlich ist amanda zeugin geworden, wie solche individuen von jenen drakoniern, die mit misjas leuten direkt kooperieren, in gewahrsam genommen worden sind.

der plan der piraten, das raumschiff erde zu entern, ist für immer gescheitert. veta fordert amanda auf, weiterzuerzählen, und auch die freunde sind ganz ohr.

»ich weiss, ihr werdet das nicht ernst nehmen, aber ich kann mich gut an eine andere szene erinnern, wo ich auf einem richtigen drachen durch die luft geflogen bin.«

amanda erwartet eine reaktion der erwachsenen, doch diese halten sich weise zurück.

»ehrlich! da war so ein schuppenmensch mit einem drachen, einem tier, das mit mir kommunizieren konnte. jedenfalls hat dieser drache gesagt, er möchte zu mir gehören.«

wieder wartet amanda auf eine abwinkende geste ihrer zuhörer, und wieder bleibt sie aus, obwohl kim sich sehr zurückhalten muss.

»dann hat mich das wesen, das dabeistand, einfach hochgehoben, ziemlich hoch. schwups ritt ich auf dem rücken dieses tieres, direkt vor seinen flügeln! ich hockte ganz bequem und musste mich kaum festhalten, was mir erst bewusst geworden war, als wir bereits durch die luft segelten!«

»solche drachen existieren wirklich«, wirft veta ein, weil die gesichter der freunde nun doch skepsis verraten.

»glaubt amanda. ich denke, man hat ihr da etwas reales gezeigt. möglicherweise will ihr jemand einen drachen schenken, später, wenn kontrollierte, offene kontakte erlaubt sind.«

amanda ist veta dankbar für seine unterstützung, aber wie stets mag sie es nicht recht zeigen. dafür fährt sie ermutigt mit ihrer geschichte fort:

»als nächstes erinnere ich mich genau, wie ich wieder auf dem boden vor diesem grossen tier stand. ich schätze, es hat eine schulterhöhe von über drei metern, dazu kommt noch der lange, aufgerichtete hals.«

»wie sah der drache genau aus, liebes?«

in shannon ist eine bange erinnerung an all die schauerlichen geschichten über fliegende drachen erwacht. die info- und com-systeme waren zeitweise weltweit voll damit. weiss hier niemand etwas darüber? amanda mit sicherheit nicht. sie beschreibt gerade unter zuhilfenahme ihres ganzen körpers diesen drachen. demnach muss er klischeegerecht von graugrüner farbe sein, mit dunkleren flecken am hinterteil. sein körper ist relativ flach und endet in einem nicht allzulangen schwanz, dafür sind die flügel verhältnismässig gross. sein hoher hals endet in einem langgezogenen eidechsenkopf.

»er hat sogar eine borstige, braungraue mähne. ich sehe sie klar vor mir, schliesslich habe ich mich daran festgehalten. zum abschied habe ich diesen drachen gestreichelt, so hoch ich hinauflangen konnte, und sie hat es genossen. - sie ist ein weibchen, müsst ihr wissen.«

amanda schweigt nun so wie jemand schweigt, der gerade eine wichtige mitteilung gemacht hat.

kim und daniel nehmen diese geschichte zwar erstaunt, aber doch gelassen hin. das le-ben ist seit langem voller unglaublicher dinge. in der multidimensionalität werden märchen zu realitäten, und die wirklichkeit erweitert sich ins märchenhafte, das ist nun mal so. warum also sollte ein ausserirdischer amanda nicht einen richtigen drachen schenken wollen?! ausserdem ist das auf misjas plattform passiert, in einem geschützten territorium.

hat daniel nicht gestern erst behauptet, man habe ihm sein persönliches, künftiges raumschiff gezeigt? ein schiff, das auf sein biologisches system abgestimmt sei und auf seine gedanken reagiere - also, wenn daniel ein raumschiff bekommt, warum soll amanda dann nicht ein tier versprochen werden? nur shannon ist ernst und weiss nicht, was sie denken soll.

»ich möchte jetzt niemanden beunruhigen«, sagt sie endlich, *»aber ich muss euch doch fragen, ob ihr alle noch nie von fliegenden drachen gehört habt, die sehr intelligent und sehr gefährlich sein sollen. man hat sich erzählt, sie seien die eigentlichen drahtzieher im spiel um macht auf dieser erde. ich glaube zwar nicht, dass man dich mit einem solchen wesen in kontakt gebracht hat, amanda, ich möchte nur klarheit schaffen, verstehst du?«*

das junge mädchen blickt etwas verstört zu veta.

»aber ich habe mich doch gut gefühlt dabei! diese drachendame ist zwar gross, aber sie hat nichts furchterregendes an sich. sicher nicht!«

»ich denke, ich kann da entwarnung geben«, sagt veta zu amanda und shannon.

»obwohl die informationen, an die du denkst, mutter, in vielem stimmig waren. es hat in der tat höchst gefährliche, intelligente drachentiere gegeben, und es gibt sie vermutlich heute noch. sie dürfen jedoch nicht mehr eingesetzt werden, da sie endgültig unter ein galaktisches verbot fallen. diese armen geschöpfe, ursprünglich gewöhnliche drachen, sind zu regelrechten kampfmaschinen mutiert

worden. man hat ihnen elemente von bewussten, intelligenten wesen eingepflanzt. diese unheilvollen mischungen hat man dann via fernsteuerung abgerichtet und eingesetzt - verschiedene gruppen haben sich eine zeitlang mit solchen projekten beschäftigt. doch wie gesagt, diese drachen sind mittlerweile alle unter kontrolle. einige hat man wohl töten müssen, andere hat man wissenschaftlichen projekten zugeführt. im untergrund mag eine anzahl von ihnen noch weiterexistieren, jedoch ohne die zugehörige steuerung und wohl als vereinzelte exemplare. diese fliegenden drachen sind übrigens stets ohne sichtbare führung, weil sie als ferngesteuerte waffen konzipiert sind. begleitete drachen sind demnach normale, wenn auch hochentwickelte tiere.«

veta nimmt shannons bedenken wahr und geht gleich darauf ein:

»du hast recht, mutter, es gibt auch noch weitergehende mischformen zwischen reptiloiden und kampfdrachen. doch diese wesen kann man nicht mehr als drachen bezeichnen. sie werden den reptiloiden humanoiden zugerechnet. die galaktischen föderationen beschäftigen sich im augenblick stark mit ihnen. aber das ist nicht unser problem.«

alle sind mit veta einig.

»man kann sie ja wieder ummodeln«, schlägt amanda vor, doch niemand hat lust, dies zu kommentieren.

auch daniel wurden auf misjas plattform reptiloide nichtirdische gezeigt, im zusammenhang mit verschiedenen geheimen basen, die auf dem planeten verstreut eingerichtet worden sind. hat er an einem solchen ort nicht mal eine reptilienartige spezies mit ineinander gefalteten flügeln gesehen?! daniel erinnert sich dumpf. jedenfalls hat er mit grosser erleichterung festgestellt, dass jetzt nur noch zwei, drei dieser basen in betrieb sind. kein einziger nichtirdischer war dort mehr anzutreffen. sie mussten alle in ihre rechtmässigen hoheitsgebiete zurückkehren oder auf eine ihnen offene raumstation.

jene berüchtigten zentren der machtausübung und manipulation gibt es also nicht mehr. diese information hat daniel erschüttert. endlich ist die botschaft der befreiung bis in seine knochen hinein gedrungen. endlich darf er vergessen. man hat ihm sogar noch einblick gewährt in zwei legal existierende, unterirdische basen, die von speziell autorisierten nichtirdischen unterhalten werden. eine in den schweizer alpen und eine andere in mexiko. soweit sich daniel erinnern kann, waren es menschen von aldebaran und von den plejaden, sowie frühere bewohner der venus, die er dort gesehen hat. also nahe verwandte der erdenbewohner.

»selbst von ihnen werden 90 % die basen vorübergehend verlassen müssen«, ist daniel von seinem begleiter auf der plattform belehrt worden.

»es gibt da ganz eindeutige regelungen. aber nach der verschiebung haben sie das recht, ihre aktivitäten wieder aufzunehmen, sofern die erdlinge dies billigen. nach der verschiebung werdet ihr erdenmenschen angehalten werden, eure kontakte mit nichtirdischen selbst zu regeln. dafür werdet ihr jedoch eine ganze zeitlang hilfe und begleitung brauchen. von uns aus ist dies alles bereits in die wege geleitet.«

»was heisst das?«

»das heisst, wir haben die nötigen vorkehrungen getroffen. ihr müsst euren teil nur noch übernehmen. bevor es so weit ist, werdet ihr genaue instruktionen erhalten«, antwortet der begleiter.

so wie daniel zusammen mit amanda auf die plattform gebracht wird, geschieht es kim und shannon zwei nächte später. auch sie sollen ganz unterschiedliche erfahrun-gen machen und im hinblick auf die nahe zukunft beschenkt werden: kim erwacht mit dem eindruck, als hätte sie mehrere träume hintereinander gehabt. es war eine dieser intensiven nächte, von denen man mit einem besonderen gefühl in den morgen zurückkehrt.

sie holt sich einen kaffee und setzt sich dann zum meditieren hin, noch bevor daniel für seinen täglichen lauf das haus verlässt. kim will sich sofort an alles erinnern und gibt die entsprechende absicht gezielt in ihr system ein. sie hat das wissen über die momentane situation auf der erde jetzt in sich, das spürt sie. es ist ein wissen, das irgendwo in ihren energiekörpern gespeichert ist:

die engültig letzten vorbereitungen laufen. viele wesen, dinge, ja gedanken und andere energieformen verlassen jetzt die erde. gleichzeitig kommen einige wunderbare lichtformen neu hinzu. zu ihnen gehört das kleine schwarze mädchen, von dem veta einmal gesprochen hat! kim erkennt es. doch bevor sie sich näher mit irgendetwas befassen kann, drängt sich ein anderes bild in den vordergrund: sie befindet sich auf misjas plattform, an die sie sich noch gut erinnern kann. man zeigt ihr dort eine grosszügige suite, die in gold-, silber- und hellbeigetönen gehalten ist. darin fallen kim neben einem unübersehbaren arbeitsterminal besonders die wunderschönen sitzmöbel in dunklem aquamarin auf.

»dies ist dein privater aufenthaltsort, wenn du in zukunft hier sein wirst«, kommentiert eine stimme die bilder.

»wie? ich kann hier wohnen?«

»wenn du unser angebot annimmst.«

»ich weiss gar nichts von einem angebot.«

»oh doch«, behauptet die stimme.

»du hast dich bereits einverstanden erklärt, für eine weiterführende ausbildung. du wirst hier bei uns die neuesten erkenntnisse über geistiges wirken erhalten und diese die menschen lehren, aber erst auf der neuen erde. hast du das schon vergessen? oder hast du es dir anders überlegt?«

»nein, keinesfalls! etwas schöneres könntet ihr mir nicht offerieren! herzlichen dank auch!«

schon beim lunch verkündet kim den anderen voller begeisterung diese neuigkeit.

»sofern ich es richtig mitbekommen habe«, fügt sie hinzu, aber daran zweifelt niemand.

»du hast demnach auch bereits einen job in aussicht«, meint daniel anerkennend.

»warum? hat man dir ebenfalls arbeit angeboten?«

»nicht so direkt. man hat einfach durchblicken lassen, dass mein interesse an raumschiffen und ihrer technologie gern gesehen sei.«

»das ist doch logisch«, erklärt amanda.

»wer auf der alten erde flugzeuge gebaut hat, konstruiert auf der neuen raumfahrzeuge. oder nicht?«

»du bist wie immer überzeugend, junge dame, nur verstehe ich momentan noch herzlich wenig vom raum und den dafür geeigneten flugobjekten.«

»oh, sie werden es dir beibringen. das müssen sie, denke ich.«

»ich bezweifle, dass sie irgendetwas müssen«, entgegnet daniel lächelnd.

»wir werden sehen. doch was ist mit dir, amanda? was wirst du auf der neuen erde anfangen?«

»ich?«

amanda macht eine kopfbewegung, als müsste sie ihren hals dehnen und schaut abwesend an die decke hinauf.

»ich werde den drachen helfen«, stellt sie spontan fest.

»ich werde den geist in seinen formen studieren. die materie, genetik, energetik und holografische frequenzenphysik, eben alles, was dazu nötig ist«, lässt sie ihre erstaunten zuhörer wissen.

»was sind das nur für begriffe, die du gebrauchst? woher hast du die?«, fragt kim mütterlich besorgt.

»wie soll ich das wissen?«, maunzt amanda, die wohl selbst etwas verblüfft ist über ihre studienpläne.

»warten wir erstmal die verschiebung ab, dann sehen wir, was es für möglichkeiten gibt, liebes«, schlägt kim versöhnlich vor.

»gut.« ›aber ich werde trotzdem diese fächer studieren‹, denkt die tochter, und einiges weiss sie bereits davon! das hat amanda eben realisiert.

shannon hat bisher noch nichts gesagt, doch sie spürt, wie die erwartung ihr gegenüber wächst. sie wird nicht drumherum kommen, wie die anderen über ihre neuesten erlebnisse zu berichten. und schon spricht kim sie direkt darauf an.

»ach, es wird euch vielleicht nicht sonderlich interessieren«, meint shannon fast abwehrend, *»bei mir ist es immer dasselbe: ich treffe alaje. - und ja, auch ich bin auf der plattform gewesen. ich habe diese reise sogar ziemlich bewusst miterlebt. ähnlich wie wenn wir im sterntetraeder reisen. doch kaum war ich dort, befand ich mich bereits wieder anderswo. man hat mir die zwei erden im multidimensionalen raum gezeigt. wie sehr sie bereits aneinander angeglichen sind. ich habe den eindruck bekommen, dass sie ineinander fluktuieren, als wären sie nicht richtig eingeklinkt. das ganze schien mir überhaupt nicht stabil. ansonsten sind sie praktisch bereits beieinander, nur noch nicht verschmolzen.«*

»he, das ist eine spannende information«, bemerkt daniel.

»geradezu eine frohe botschaft!«

»das schon«, entgegnet shannon.

»aber wartet ab, es geht noch weiter. wenn ich das richtig wahrgenommen habe, wird es nach der verschiebung neue planeten im sonnensystem geben - und wahrscheinlich zwei sonnen. wie dem auch sei, es hat mich nach dieser vision auf die andere erde gezogen, wo mich alaje und unser kleiner sohn sidijanko bereits erwarteten.«

shannon macht eine pause, denn was sie erzählt, berührt sie mehr als ihr lieb ist.

»ich will nicht in die einzelheiten gehen«, sagt sie schliesslich.

»es war nur ein zusammentreffen. sidijanko hat mir gezeigt, was er macht und mit wem er lebt - das war wohl mein geschenk. denn so plastisch habe ich ihn mir noch nie vergegenwärtigen können. ich weiss jetzt, wie es ihm geht. er ist ein zufriedener, fröhlicher, süsser bengel. doch mein besuch war nur eine zwischenstation.«

wieder braucht shannon einen moment zeit. was kommt jetzt? denken kim und daniel gleichzeitig, mit einem leichten druck in den eingeweiden.

»alaje hat sich danach mit mir auf einen dieser neuen planeten teleportiert. es war, als befänden wir uns wirklich dort und nicht bloss in einer simulation, die auf der plattform erzeugt worden ist - er und ich werden nach der verschiebung auf diesem planeten leben. wir haben uns bei einem besiedlungsprojekt verpflichtet.«

»das heisst?«, will kim genauer wissen.

»das heisst, wir werden mit anderen zusammen einen planeten besiedeln und bevölkern, auf dem zur zeit noch nicht einmal eine flora existiert. dies ist mit vielen spannenden projekten verbunden. alaje und ich werden so etwas wie stammeseltern sein. ich werde mich zudem an der installation eines gesellschaftlichen und politischen systems beteiligen, das vorwiegend experimentellen charakter hat. ob ihr's glaubt oder nicht, gesellschaftssysteme und politik in einem weiten sinne interessieren mich. nur, hier auf der erde haben mich diese dinge bisher nicht angemacht, ihr versteht was ich meine. dort aber werde ich in einem team verantwortung für ein neues gemeinwesen übernehmen und erfahren, wie das ist.«

shannon wirft einen blick in die runde. ihre zuhörer sind ganz im banne des gesagten, also fährt sie fort:

»alaje wird seinerseits eine supermoderne ordnungsstruktur, die bereits weit entwickelt ist, auf dem planeten austesten und zur vollen einsatzfähigkeit bringen. ihr müsst sie euch als ein set von programmen vorstellen, die man für die unterschiedlichsten zwecke benutzen kann. das hat nichts mit kontrolle im üblichen sinn zu tun, sondern diese struktur ist eher etwas wie ein strassennetz, auf dem man am schnellsten in einer bestimmten richtung vorwärts kommt. versteht ihr?«

kim und daniel schweigen betreten. nun ist es sicher: shannon wird sie verlassen und anderswo ein neues leben beginnen.

»dann werdet ihr ja weggehen!«, platzt amanda heraus. *»das ist doch nicht zu fassen!«*

»shannon wird weggehen, das ist wahr«, antwortet veta für seine mutter, die zerknirscht dasitzt.

»das ist nunmal so, je grösser der bewegungsraum von lebewesen ist, desto grösser die chance, dass mal einer weggeht, nicht?«

»dabei gibt es in wirklichkeit gar keine trennung, das hat mir kenero gesagt. die verbindungen bleiben.«

weiter mag kim im augenblick nicht sprechen.

»kommt dazu, dass meine eltern nur in die nachbarschaft ziehen«, fährt veta fort, *»dort können wir sie leicht besuchen.«*

»das heisst, du bleibst hier? ich meine, du wirst mit uns auf der neuen erde sein?«

»natürlich amanda, sonst hätte ich dir wohl kaum ein essen versprochen.«

die erwachsenen kommen nicht ganz mit, dafür amanda umso mehr, und sie kann ihre freude nicht verbergen.

»deine söhne bleiben auf der neuen erde?«, fragt daniel ungläubig nach.

»so ist es, mein guter. veta und sidijanko sind mein ganz persönlicher beitrag zur transformation. erzähl du weiter, veta.«

dieser gibt shannon einen kuss auf die wange, um sie etwas zu lockern.

»ich bin extra für meinen einsatz auf der neuen erde geschult worden und werde nach der verschiebung gewisse aufgaben übernehmen. wie man dir gesagt hat, daniel, werden die menschen zuerst noch hilfe brauchen, bis sie mit der neuen situation vertraut sind. ich werde gewisse kontrollfunktionen übernehmen, ein bisschen wie es vater jetzt tut. darüber hinaus haben alle mischlinge, die für die neue erde bestimmt sind, energetische funktionen. sie schaffen ein unterstützendes feld. aber das wisst ihr schon.«

»sag uns noch mehr über die verschiebung, veta«, bittet shannon, nicht zuletzt um von ihrer person abzulenken.

»ich begreife die verschmelzung der beiden dimensionen ehrlich gesagt immer noch nicht ganz.«

veta blickt seine mutter zweifelnd an, aber dann spürt er, dass die anderen ebenfalls noch nicht so ganz verstehen.

»wie sich diese verschmelzung darstellt, hängt davon ab, wer sie sich anschaut. so einfach ist das. die einen würden sagen, es gibt nur eine erde, andere reden von zwei oder von dreien, je nach dem. stellt euch einfach vor, dass sich euer wahrnehmungswinkel in bezug auf die erde ändert. euer bewusstsein trifft sozusagen anders auf den film, der das holografische bild der erde in jedem von euch speichert. und schon seht ihr eine neue erde. es ist letztlich eine frage der einstellung eures geistes. okay?«

alle schweigen. aber da shannon sich für die situation verantwortlich fühlt, ergreift sie wieder das wort.

»danke, mein lieber. darauf hätte ich auch kommen sollen.«

»darauf wärst du auch gekommen, mutter.«

shannon lächelt ihrem freundlichen sohn liebevoll zu.

»ausserdem möchte ich jetzt keine langen gesichter sehen«, sagt sie zu den anderen.

»ihr werdet mich in daniels raumschiff besuchen kommen, wann immer ihr wollt.«

»halt mal«, wehrt sich daniel.

»dazu werden wir nicht mein hochpotentes raumschiff benützen. das ist für interdimensionale reisen konzipiert, für trips zwischen den daseinsebenen. den hüpfer zum nachbarplaneten werden wir in einem gewöhnlichen raumscooter machen, der sich zu meinem schiff verhält wie ein fahrrad zu einem sportwagen!«

daniel blickt mit hochgezogenen augenbrauen auf seine alte freundin hinunter. er hat sie schon immer gern angekickt. und er wird das auch in zukunft tun, neuer planet hin oder her.

»na gut, wenn ihr nur kommt.«

shannon ist gerade nicht empfänglich für daniels theater. scooter oder raumschiff, was soll's.

»aber dad, ihr seid doch mit scootern zu misjas plattform gebracht worden, und die befindet sich nicht in unserer dimension.«

schon wieder hat sie ihn dad genannt! daniel wirft einen schnellen blick zu kim, die sich auch darüber freut.

»du hast recht, amanda. nur fliegen die scooter nicht wirklich im multidimensionalen raum, sie werden bloss hindurchgeschleust. der raum selbst trägt sie huckepack. ich glaube, man hat einen speziellen raumfluss geschaffen, von der plattform direkt in unser sonnensystem. da werden die scooter quasi ausgespuckt. nur das letzte stück zur erde bewältigen sie mit eigener technik.«

»und woher weisst du das?«

»tja, keine ahnung. vielleicht weiss ich tatsächlich mehr, als ich glaube.«

»das dürfte mit der plattform zusammenhängen«, vermutet kim.

»du bist eben doch schon ein raumschiffingenieur! auch ich habe seither so ein gefühl, als wüsste ich fast alles. als sei das leben weit und frei geworden. ich bin richtig gespannt auf unsere nächsten arbeiten mit der struktur! abgesehen davon, dass ich shannon bereits vermisse, wenn ich nur an ihren weggang denke, bin ich wirklich beeindruckt von dem was geschieht und was wir alle vorhaben. ausser bei meinem töchterchen, da möchte ich noch ein fragezeichen anfügen.«

»warum denn?«, wehrt sich veta für amanda.

»was sie lernen will, ist doch ganz auf deiner linie, verehrte kim. ihre studien werden die deinen ergänzen, werden sie möglicherweise sogar erst richtig zum tragen bringen! und eines schönen tages werdet ihr noch zusammenarbeiten!«

diese vorstellung finden alle amüsant, und da veta an sich recht hat, bleibt kim nichts anderes übrig, als gute mine zum bösen spiel zu machen.

veta hilft selbstverständlich nicht nur amanda, sondern unterstützt alle waldhausbewohner so gut er kann, seit er unter ihnen weilt. dies ist nicht zuletzt eine rechtfertigung für seinen ausgedehnten aufenthalt.

er weiss genau, wie shannon der in aussicht stehende abschied von ihren langjährigen freunden bedrückt. und natürlich von ihren eben erst gefundenen kindern. darum beschliesst er, diesen menschen hier, und speziell seiner mutter, etwas zu berichten, das er vielleicht gar nicht so ohne weiteres preisgeben dürfte. alaje wird nachsichtig sein, hofft veta.

»wenn ihr schon vom näherrückenden abschied meiner mutter kenntnis nehmen müsst, solltet ihr auch wissen, dass euch bald techniken zur verfügung stehen werden, die eine physische trennung etwas überbrücken können«, beginnt er mit seinem bericht: *»ein enger vertrauter meines vaters ist spezialisiert auf gewisse spektren der holotechnologie. er kann programme entwerfen, die etwas existierendes mit fast absoluter gleichheit wiedergeben, insbesondere lebewesen. dies geschieht dadurch, dass ununterbrochen abzüge vom original gemacht werden, was für die betreffende person nicht nur unschädlich ist, sondern sogar von vorteil.«*

veta schaut seine mutter spitzbübisch an, und die ist wie immer schnell von begriff.

»du willst damit nicht etwa andeuten, ich sei als holoprogramm in alajes comterminal gespeichert?!«

»durchaus, liebe mam. diesem doppel von dir hast du einiges zu verdanken, glaube mir. mein vater und sein freund haben schier endlos an ihm herumgetüftelt. alaje ist dir auf diese weise sehr nahe gekommen, shannon, glaube mir.«

»er hätte mich auch klonen können.«

»das wäre nicht dasselbe gewesen. klonen ist gegenüber dieser technologie direkt langweilig. ein klon entfernt sich schnell von seinem original. mit dem anderen programm ist das nicht mehr der fall. du und dein doppel sind mit einer minimalen zeitverzögerung eins. darüber hinaus hat dieses doppel eine rückwirkung auf dich, die zwar sehr subtil, aber wirksam ist.«

»ich sehe nichts schlimmes dabei«, meint daniel, dem die geschichte offenbar gefällt.

»wenn ich das richtig verstanden habe, agiert und reagiert diese holografische shannon wie die physisch existierende - ausser alaje hat sie nach seinen wünschen umgemodelt?«, fragt kim nach.

»du hast richtig verstanden. gegen deine gedankenspielereien muss ich meinen vater hingegen verteidigen. wir tun solche respektlosen dinge nicht. wir haben keine unerlösten wünsche, die wir auf ein existierendes subjekt projizieren. dies entspricht nicht der ebene, auf der wir unsere beziehungen leben.«

»entschuldige, veta, das war eine unangemessene frage. ich weiss selbst nicht, warum ich sie gestellt habe.«

»ist schon gut, kim. die erde ist eben noch nicht vollständig gereinigt von ihren alten kollektiven prägungen. und das verhältnis zwischen mann und frau ist am meisten verseucht. einiges davon wird sich tatsächlich erst im letzten moment auflösen. jedenfalls ist alaje mit dieser shannon oft zusammengewesen, hat mit ihr seine zukunftspläne erörtert oder ist mit ihr ausgegangen. er hat dieses programm immer wieder verglichen und noch perfekter dem original angeglichen. ihr müsst verstehen, dass dies für uns möglich ist. wir können alle dinge bis in ihre winzigsten details abfragen. nichts bleibt in der fünften dimension verborgen. und es gibt auch keine geheimnisse mehr, weil die voraussetzungen dafür entfallen.«

das nehmen ihm seine zuhörer nicht so ohne weiteres ab.

»ich sehe, ihr glaubt mir nicht, was letzteres angeht, aber es ist so: eigennutz, egoismus, dominanzstreben, das alles entfällt, wenn eine gesellschaft von liebe sowie einem starken gemeinschaftsgefühl getragen wird.«

»und existenzieller sicherheit«, fügt daniel hinzu.

»du hast mich auf deiner seite, veta. dein vater soll schon mal eine kopie seines holoprogrammes auf die neue erde schicken.«

»die gibt es so noch gar nicht«, kontert shannon.

»ausserdem könnte ich mir vorstellen, dass alajes freund mehr gefallen an der herstellung eines programmes namens daniel findet, anstatt der ewigen herumfeilerei an meinem doppel.«

»das ist vorstellbar«, meint daniel augenzwinkernd.

letztendlich nehmen sich die freunde vor, gegenseitig solche hologramme auszutauschen, wenn die verschiebung erstmal geschehen ist und sie voneinander getrennt sind.

aber noch brauchen diese dinge ein bisschen zeit.

11

der stern und das mädchen

der sterntetraeder und seine reifung werden ausserhalb der erde laufend analysiert. diese daten formen die holografischen abbildungen vom blauen planeten, seinem sonnensystem und der überall installierten sternenstruktur auf misjas plattform ständig um. auf allen beteiligten stationen im weltraum herrscht zur zeit hochspannung, denn der sterntetraeder kann jeden augenblick seinen angestrebten zustand erreichen. jene 70 000 personen auf der erde, die mit diesem spezialprojekt direkt verbunden sind, haben gute arbeit geleistet, wenn auch mit unterstützung von aussen. jedenfalls ist das projekt dem zeitplan schon fast etwas voraus.

die experten auf der plattform rufen misja, sashta, chandri und die anderen höchsten verantwortungsträger auf der plattform rechtzeitig in den hauptraum für holografische vorführungen. schliesslich sitzen sie alle da, bereit für das eintreffen des frohen ereignisses. der riesige raum ist angefüllt mit leuten. denn jeder, der sich irgendwie freimachen konnte, hat sich hierher begeben. es ist nur noch eine frage von augenblicken. der analytische leiter auf der plattform für das projekt ›sterntetraeder‹ lässt die struktur keine sekunde aus den augen. sie vibriert und leuchtet. ihre kraft und ihr vermögen haben ein beeindruckendes ausmass angenommen.

die zuschauer werden ausserdem zeugen, wie die irdischen code-leute pflichtbewusst ihre arbeit tun, und durchaus so, wie misja es angeordnet hat: indem sie den stern dauernd aktiviert halten. dies ermöglicht es den helfern von aussen, wenn nötig ohne verzug einzugreifen. deswegen sind irgendwelche energetischen einbrüche unmöglich geworden, was das hohe niveau der struktur stabil hält, sowie eine schnelle entwicklung erlaubt.

und endlich: der analytische leiter erkennt die vollendung der struktur schon bevor er die bestätigung seines assistenten erhält. alle blicken in vollem bewusstsein der situation auf den sterntetraeder, der nun seine endgültige drehbewegung und geschwindigkeit aufnimmt. die anwesenden erheben sich von ihren plätzen und drücken ihr wohlwollen aus.

was für ein augenblick! nicht zuletzt für alle menschen auf der erde, insbesondere für die code-leute, die diese entscheidende veränderung ebenfalls wahrnehmen.

die vollendung der struktur erfasst die freunde im waldhaus gerade als sie im begriff sind, ihre positionen im sterntetraeder einzunehmen. mit unglaublicher wucht werden sie in die struktur gerissen. shannon und daniel teleportieren sogar mitsamt ihren physischen körpern in das multidimensionale gebilde hinein. kims physis bleibt zwar im waldhaus, doch sie gerät mit ihrem astralkörper ziemlich unsanft in das geschehen. veta und die zetas nehmen sogleich wahr, was abläuft, obwohl sie nicht direkt im wohnraum anwesend sind. amanda ist zum glück ahnungslos mit einem kniffligen com-spiel im büro nebenan beschäftigt. das plötzliche verschwinden von daniel und shannon hätte sie zu sehr erschreckt.

die freunde und alle anderen irdischen strukturarbeiter werden für einen moment an die verschiedensten orte und in die unterschiedlichsten seinsabläufe geworfen. dieses scheinbar unkontrollierte ereignis kreiert emotionale und mentale wirbel, auf welche die verantwortlichen spezialisten des sterntetraeders gewartet haben. viele von ihnen haben sich deswegen selbst in die struktur hineinbegeben und verankern in diesem moment ein stabilitätsgitter, das als zusätzliches instrument zum stern gehört. dadurch wird die von den erdlingen kreierte unruhe in der struktur aufgefangen, harmonisiert und schliesslich als transformierte energie dem ereignis wieder zugeführt.

während vielleicht einer minute oder noch weniger schleudert es also die freunde in eine andere welt hinein, jeden in die ihm gemässe. kim findet sich in einer scheinbar rein energetischen dimension wieder. sie weiss, sie ist mitten im herzen der menschheit gelandet, und sie wird es wohl nicht allzulange an diesem unbeschreiblichen ort aushalten. sie fühlt sich, als würde sie jeden augenblick wieder wegdriften. dabei rutscht kim immer tiefer in dieses sein hinein, in dem ihr buchstäblich hören und sehen vergehen. sie erlebt liebe als das grundelement ihres selbst schlechthin.

›ist das menschenmöglich?‹, denkt kim noch, dann verliert sie ihr bewusstsein. die reisende erwacht wieder schwebend im wohnzimmer des waldhauses und blickt auf ihren körper hinab. kims bewusstsein ist einen moment lang etwas taub, bis sie ihren zustand erkennt, und auch, dass sowohl daniel wie auch shannon nicht da sind. dies bringt sie im nu in den körper zurück.

daniel dagegen steht plötzlich wider jede vernunft und bar jeder logik mit seinem physischen körper im nirvana. in seinem eigenen nichts, den unbelebten weiten seines selbst. zugleich weiss er, dass aus diesem nichts alles hervorkommt, so wie sich das ganze farbspektrum aus dem weiss herausfächert. er braucht nur dazustehen, nicht mal ein gedanke ist nötig! schon zieht er das leben hervor aus dem winterschlaf. daniel erkennt: seine lebendigkeit allein bewirkt leben. leben erzeugt leben, immer und unter allen umständen. langsam schüttelt er in gedanken den kopf über solch wahnsinnige möglichkeiten - wenn man erstmal das nötige bewusstsein hat. diese regung seines verstandes bringt ihn zurück, aus der struktur hinaus direkt ins waldhaus, wo er einen sekundenbruchteil nach kim mit seinem körper sanft und leicht auf dem teppich landet.

shannon braucht einen moment, bis sie realisiert, dass ihr körper karjus körper geworden ist. karju, die sanfte, grossartige! aber wo ist ihr eigener körper, wenn sie eins ist mit karju?!

es fühlt sich jedenfalls wunderbar an, ebenso das raumschiff, auf dem sie sich befindet, das eigentlich gar kein schiff ist, eher eine sphäre. shannon ist wirklich etwas verwirrt. zum glück bringt sie der dadurch bewirkte energieabfall nicht ganz aus der situation hinaus, sondern mit einem ruck erst richtig hinein. nun atmet shannon auf, so wie sie noch nie geatmet hat. wenn sie überhaupt atmet! sie ist karju, da gibt es keinen zweifel. ihr körper ist karjus körper. diese wahrheit ist schon immer dagewesen, nur eine kleine verschiebung im hologramm entfernt.

shannons gedanken weichen wie wasser vor dem mächtigen etwas, das nun in sie einfliesst. es ist karjus sein, deren realität, die ihr einverleibt wird. wow! shannon saust atemlos als karju dahin, während diese ganz normal mit wenigen gedanken und gesten gerade ihr schiff pilotiert. karju bemerkt shannons bewusstsein sehr wohl. ihre seelenschwester hat also die schwingungen so verschieben können, wie sie, karju, es sorgfältig vorbereitet hat. sie hat demnach bereits einiges von der achten dimension angenommen.

aber schon ist es wieder vorbei. die einheit löst sich auf, und die vereinigung mit karju erscheint shannon wie ein schmerzlich schöner traum. damit teleportiert sie zurück auf die erde, wo sie sekunden nach daniel genauso mühelos landet wie er zuvor.

auf misjas plattform und auf vielen raumschiffen werden diese unfreiwilligen abenteuer der code-leute genau registriert und nicht ohne ein gewisses vergnügen mitverfolgt. solche reisen sind spannend und manchmal auch kurios mitzuerleben. und jene erdlinge, die physisch teleportiert haben, brauchen danach häufig etwas hilfe. selbst zu diesem zeitpunkt, wo sich die körper schwingungsmässig schon erheblich verändert haben. aber im waldhaus zumindest halten sich diese probleme in grenzen.

die vollendung des sterntetraeders hat die menschen, die erde und das ganze sonnensystem dermassen in eine höhere schwingung versetzt, dass sich nun sogar das firmament über der erde anders zeigt! die sonne sieht plötzlich grösser aus, weil eine zweite sonne begonnen hat, sich hinter ihr zu manifestieren, was mit blossem auge für erdlinge nicht sichtbar ist. hingegen sind auf einen schlag drei neue objekte, meteoriten oder planeten, nachts deutlich erkennbar. ausserdem raumschiffe noch und noch. praktisch alle planeten werden von raumstationen in einem engen orbit umkreist. diese entdeckungen der menschen lösen zwar verwunderung aus und wohl auch verunsicherung, aber von richtiger angst oder ablehnung ist nicht mehr viel zu spüren. die menschheit hat sich endgültig aus diesem gefängnis des geistes befreit. darum herrscht freudige erwartung auf dem planeten vor und ein gefühl der bestätigung. denn schon seit jahrzehnten sind die nichtirdischen bestandteil des menschlichen geistes. nun endlich ist diese realität auch physisch sichtbar.

im zuge dieser öffnung präsentiert alaje zum ersten mal seine vollständige flotte über dem waldhaus. raumschiff reiht sich an raumschiff, und zusammen erleuchten sie den ganzen himmel.

alle, die dieses spektakel sehen, sind beeindruckt und begeistert. shannon, kim und wohl vielen anderen rollen vor aufregung oder auch rührung tränen die wangen hinunter. alajes raumschiff verschwimmt darum vor shannons augen, trotzdem erfasst sie jedes detail. obwohl sie dieses schiff nicht zum ersten mal zu gesicht bekommt, ist es doch wie noch nie dagewesen, einfach näher, realer. sie lässt sich von alajes unverwechselbaren, süssen energien umfangen und fühlt gleichzeitig den fantastischen puls der zeit. jetzt muss ›es‹ dann einfach geschehen. dieses es, auf das sich alles verheissungsvoll hinbewegt.

shannon hat natürlich recht. in den raumschiffen zeigt sich jetzt überall dasselbe bild: der sterntetraeder in seiner vollendung, weit herum wahrnehmbar, im universum und in anderen dimensionen. er manifestiert sich voll einsatzbereit je um die beiden erden, um das eine wie das andere sonnensystem, um die menschheit in ihrer multidimensionalität und genauso im mikrokosmos, in den zellen des geistes und der materie. überall in dieser region. alles ist erfasst, das die verschiebung mitvollziehen wird. und bereits findet ein langsames kippen der realität statt.

im äussersten nordwesten malis herrscht spannung deswegen. der geheime kral, wo das kind gewartet hat, ja die ganze kleine oase, wird bald in aufruhr sein. denn das mädchen fordert in der glühendheissen mittagszeit seinen begleiter auf, unverzüglich mit ihm wegzugehen.

»es ist höchste zeit«, sagt das kind fast etwas vorwurfsvoll und schaut mit seinen unfassbaren augen, die keine normalen augen sind, zum grossgewachsenen schamanen hoch.

»sei es denn«, antwortet dieser, *»vor dem dunkelwerden brechen wir auf. bis dahin solltest du dich noch etwas ausruhen.«*

das kind macht eine ungeduldige bewegung.

»so spät erst? ich brauche jetzt keinen schlaf, verstehst du? ich will jetzt nur auf den berg.«

der schamane lächelt etwas hilflos. er darf dem kind keinesfalls nachgeben, das wäre viel zu gefährlich.

»ich werde gleich dem ersten paar deine entscheidung mitteilen«, lenkt er das mädchen auf andere gedanken.

»ja, tu das! ich warte hier.«

eilig macht sich der mann bereit und geht, um die nachricht vom bevorstehenden aufbruch des kindes im kral zu verbreiten.

»die zeit ist gekommen. wir müssen auf den berg und den thron der erde finden.«

»der thron ist längst bereit«, antwortet ihm der stammesfürst.

»meine frau und ich, wir haben ihn schon von ferne gesehen, nachts. daraufhin haben wir unsere leute ausgeschickt, ihn zu finden. auch haben sie vorbereitungen treffen müssen.«

der begleiter des kindes schweigt auf diese neuigkeit. die fürstin betrachtet den edlen schamanen mit wohlwollen.

»es möge alles zur richtigen zeit bereit sein«, sagt sie freundlich zu ihm.

»bring uns das mädchen hierher, wenn die sonne rot ist«, fügt sie noch hinzu, dann schweigen alle.

minuten später wird dem boten eine reiche platte voller delikatessen hingestellt. doch wie soll er zugreifen, ohne dass das kind dabei ist?

»das mädchen wird auch essen«, sagt die fürstin sanft, *»jetzt ist es an dir.«*

also nimmt der mann von den köstlichen speisen. doch es bereitet ihm mühe, sein bewusstsein vom kind wegzunehmen und wirklich zu essen.

als er endlich wieder über den platz geht, zieht er ein gefolge mit sich. einige reichen ihm geschenke für das mädchen dar. der schamane nimmt sie entgegen und betritt mit vollen armen die behausung des kindes. es ist entzückt und jauchzt über die gaben. liebe und dankbarkeit für die erde, das ist schön.

»ich werde jetzt noch etwas schlafen, für dich«, kündigt es fröhlich an.

»willst du das?«

»natürlich!«

das kind lässt sich vom schamanen auf bunt gewobene decken betten und versinkt sogleich in den schlaf, wie immer behütet von seinem begleiter.

stunden später erwacht es von alleine, als der abend mit goldenem schein anbricht. schnell ist das mädchen auf den beinen und zusammen mit dem schamanen begibt es sich zum ersten paar, begleitet von vielen ehrfürchtigen blicken.

dort, im zentrum des krals, sind bereits vorbereitungen im gange. der fürst und die fürstin erscheinen prächtig zurechtgemacht für das grosse ereignis und lassen den beiden alles zukommen, was die lage erfordert.

das kind unterzieht sich gelassen waschungen und räucherungen. dann wird es gebührend gekleidet und geschmückt.

im kral herrscht derweil totenstille. nicht einmal tierlaute sind zu vernehmen. bis zum richtigen zeitpunkt, da die rote sonne unter dem horizont verschwindet, dann ertönen sämtliche trommeln im dorf. sie sind der auftakt des grossen, lang erwarteten festes im kral und die begleitmusik für das kind mit seinem kleinen zug von menschen, der es auf den berg begleitet. zuvorderst geht der schamane erhobenen hauptes. hinter ihm folgen vier männer, die das geschmückte mädchen auf ihren schultern tragen. dann das fürstenpaar mit seinen trägern, zwei vom kind eingeladene frauen und zuletzt ein wachsamer späher.

alle kralbewohner jubeln diesem schicksalhaften tross zu, der sich gemächlich aus der oase hinaus entfernt, dem kahlen berg entgegen. männer, frauen und kinder begleiten den zug mit grossen fackeln, die eigens für diesen moment hergestellt worden sind. ihr feuer erhellt die schnell hereinbrechende dunkelheit. alle fackelträger hoffen, dass sie ihre lichter bis auf den berg hinauf tragen dürfen. die grössten männer halten sogar mehrere fackeln, was das kind belustigt. es schickt einige von ihnen voraus, um den weg zu erkunden, und begeistert folgen die männer dem befehl. denn es ist ein befehl von der göttin erde.

diese wanderung dauert die ganze nacht hindurch. doch niemand ermüdet dabei, im gegenteil: je weiter die menschen gehen, desto weniger scheint es ihnen auszumachen. selbst das kind will manchmal heruntergelassen werden, um herumzuspringen, was jedesmal unruhe und besorgnis auslöst. zu kostbar ist dieser schatz, der dem zug anvertraut worden ist.

auch für veta ist die zeit des aufbruchs gekommen. er darf die verschiebung nicht im waldhaus erleben, sondern da, wo er hingehört: auf der höheren erde, deren hologramm gerade erweitert und umstrukturiert wird. es löst sich auf, um reicher wiederzuerstehen. zuletzt wird es eine neue erde hervorbringen, ein neues sonnensystem und vieles mehr. die alte erde wächst bereits in dieses grössere hologramm hinein, wird letztlich ein teil von ihm. dadurch verändern sich allmählich auch vergangenheit und zukunft. alles erschafft sich neu.

kurz und gut, veta wird dringend anderswo gebraucht. er hat die waldhausbewohner schon vor einiger zeit darauf vorbereitet und ihnen erklärt, warum jeder im augenblick der verschiebung an seinem platz zu sein habe.

»auflösung, transformation und strikte ordnung sind stets ineinander enthalten«, hat er erklärt, *»darum ist es wichtig, da zu sein, wo man hingehört, wenn alles aus den fugen gerät. transformatorische kräfte sind erbarmungslos, sobald sie einen von der falschen seite erwischen. darum müssen wir alle im strom bleiben und uns tragen lassen von dieser immensen bewegung. für euch bedeutet das, ganz konsequent für den sterntetraeder dazusein. und für mich heisst es, dass ich jetzt aufgaben auf meiner erde übernehmen muss. die verschiebung der daseinsströme ist eines, ihre sofortige reintegration in das grössere ganze etwas anderes«*, bemerkt er geheimnisvoll.

alle haben also ihren platz, wissen was sie tun müssen. aber was ist mit ihr, amanda, und den lieben kleinen zetas?

kims tochter blickt verloren umher. zuerst hat sie veta im visier, dann überlegt sie es sich anders und richtet sich an ihre mutter.

»und was ist mit mir? wo muss ich sein, wenn ›es‹ endlich einmal geschieht? an die zetas denkt wohl auch niemand. was für eine rolle spielen sie?«

»du gehörst ganz einfach zu mir!«, antwortet kim spontan, *»das heisst, du sollst brav in meiner nähe bleiben. oder sieht das jemand anders?«*

veta fühlt sich angesprochen und gibt kim recht.

»zumindest was die physische ebene betrifft«, präzisiert er, *»geistig kannst du ruhig etwas herumbummeln. oder du könntest dich, zusammen mit den zetas, an die struktur anschliessen. das ist nicht verboten.«*

»he, amanda, das ist eine idee!«, freut sich kim.

»wir können dir dabei helfen.«

»warum nicht, sofern die zetas mitmachen. ich werde sie gleich fragen gehen.«

unverzüglich tänzelt amanda an den erwachsenen vorbei zur tür hinaus.

so sind alle im waldhaus mit dem bevorstehenden ereignis beschäftigt, während veta abschied nimmt. abschied für immer und doch nur für einen augenblick.

am tage seiner abreise steht er noch vor daniel auf und zieht sich ein dunkelrot-braun-violett schimmerndes gewand über, das er extra für diesen anlass bereitgehalten hat. dazu trägt er eine weisse hose und ein weisses kopfband, das ihm die würde eines exotischen prinzen verleiht. veta nimmt seine sachen und geht leise aus dem grossen zimmer, das er die ganze zeit mit seiner mutter geteilt hat. shannon schläft in diesem moment noch. minuten später ist auch sie wach, dreht sich aber noch einmal im bett um, als könnte sie so den abschied hinauszögern. veta ist unterdessen leise die treppe hinunter gegangen, ins wohnzimmer und durch die küche hinaus auf die wiese vor dem haus. er reckt und streckt sich wohlig in der frühlingsluft und hört den munter zwitschernden vögeln zu.

es ist dem jungen mann ganz recht, all seine freunde wiederzusehen. seinen vater zu treffen und bald auch seine mutter, in einer existenz, die ihrem wahren sein viel näher ist. ja, er fühlt sich ausgezeichnet.

veta lässt seinen blick über die lichtung schweifen, die ihm so vertraut geworden ist und stellt fest, er ist nicht alleine hier. die zetas, geschlossen zu viert wie immer, stehen bewegungslos unter einer baumgruppe.

kommt näher, lädt er sie mit einer geste ein. die vier scheuen wesen setzen sich wie auf kommando in bewegung. zuvorderst dasjenige, das stets ein objekt auf sich trägt, dann zwei nebeneinander und eng dahinter das vierte.

›*wir haben eine bedeutungsvolle bitte*‹, teilen sie veta telepathisch mit.

›*diese struktur*‹, der zeta mit dem objekt deutet darauf, ›*enthält alle informationen über unsere kolonie, forschungsergebnisse und viele andere daten von wichtigkeit.*‹

veta nickt als zeichen seiner aufmerksamkeit, also fahren die kleinen wesen fort:

›*während der verschiebung wird sich dieses objekt verändern, davon gehen wir aus. wir fänden es jedoch hilfreich, wenn dem nicht so wäre.*‹

wieder warten sie kurz, doch veta reagiert nicht.

›*ist es möglich, dass wir unsere struktur zu späteren studienzwecken aus der verschiebungszone herausbringen können? auf alajes schiff wäre sie gut aufgehoben, nicht wahr?*‹

»*das wäre sie sicherlich*«, bestätigt veta, »*nur wird das leider nicht möglich sein. nichts von hier wird der verschiebung entgehen. und weil diese struktur euch gehört, gehört sie auch zum planeten.*«

veta überlegt ein paar sekunden, dann offeriert er den zetas eine lösung:

»*es gibt andere möglichkeiten, eure daten zu erhalten. ich weiss, dass viele projekte laufen, die sich genau damit beschäftigen. alte und neue daten sollen nach der verschiebung verglichen werden. dazu werden datenbanken eingerichtet und an verschiedenen orten auf unterschiedliche weisen sozusagen in sicherheit gebracht. eure informationen könnten in ein solches projekt einfliessen. aber eine garantie für ihren erhalt in der gegebenen form gibt es nicht. jedenfalls nicht innerhalb des neuen hologramms. ihr wisst wohl, wie sehr dieser planet im augenblick ein forschungsobjekt und experimentierfeld ist.*«

die zetas nicken ernst.

»*denn ob diese erde und die ganze dritte dimension nach der verschiebung noch erreichbar sein werden, ist fraglich, weil jede holografische verschmelzung einmalig ist und teilweise ihre eigenen gesetze kreiert.*«

›*wir verstehen.*‹

»*hier also mein vorschlag*«, kommuniziert veta freundlich und hilfsbereit wie immer:

»der hüter eurer struktur reist jetzt mit mir zum schiff meines vaters. dort werde ich eine datenübermittlung veranlassen. sobald diese prozedur beendet ist, wird er mitsamt seinem objekt wieder hierhergebracht. wollt ihr das?«

die zetas bejahen freudig.

in diesem moment tritt daniel aus dem haus, was die vier veranlasst, sich zurückzuziehen.

»du musst das nicht falsch verstehen«, meint veta, *»sie wollen bloss nicht stören.«*

»sehr rücksichtsvoll von ihnen.«

daniel schaut den zetas nach, die geduldig wieder auf warteposition gehen, und zwar unter derselben baumgruppe wie zuvor. dann betrachtet er unverhohlen vetas elegante erscheinung und ist beeindruckt. gleichzeitig wird ihm seine eigene aufmachung bewusst, wie anders sein eigenes stirnband wirkt.

›kim und shannon haben recht‹, denkt daniel.

alaje, veta und nicht zuletzt kenero wissen, wie man sich als mann vorteilhaft präsentiert. diese unausgesprochenen gedanken freuen veta, nicht zuletzt weil er auf anregung von kim hin eine ähnliche kleidung von der anderen erde für daniel mitgebracht hat. doch es hat sich bisher nie eine gelegenheit ergeben, sie ihm zu überreichen.

»geh jetzt nicht laufen, daniel. ich möchte dir nämlich ein geschenk überreichen, das ich schon länger für dich bereit habe, einverstanden?«

»oh, natürlich. vielen dank.«

»dann komm mit, das geschenk ist im büro.«

veta nimmt dort ein kleines paket aus dem schrank und öffnet es gleich selbst. daraus entfaltet sich wie von alleine ein weisses kleidungsstück mit gleissendgelben lichtern darin.

»das ist für dich. die grösse sollte stimmen. hier ist die kleidung, ein gürtel und noch dieser schmuck.«

daniel blickt staunend auf die fremdartigen, erlesenen sachen.

»du kannst das gleich anziehen. die frauen werden sich auch für meine abreise zurechtmachen.«

»wenn du meinst.«

»auf der plattform hast du ähnliche kleider getragen.«

»richtig, aber das war auf der plattform.«

daniel fühlt mit den fingern das dünne, flexible material des gewandes, was ihn offenbar überzeugt.

»danke für dieses andenken!«

sorgfältig nimmt er die sachen und steigt damit die treppe hoch.

nach einer langen dusche zieht er die ungewohnte kleidung an. sie sitzt perfekt, als würde sie sich dem körper angleichen, jedoch ohne den aufdringlichen elastikeffekt. daniels feuchte, nach hinten gekämmte haare tropfen auf rücken und schultern, doch der stoff wird kaum nass dabei.

seit langem betrachtet er sich wieder einmal im grossen badezimmerspiegel: er ist etwas schmaler geworden, die haare sind länger und die grauen strähnen springen etwas mehr ins auge als früher, aber daniel gefällt sich. liegt das nun am unirdischen aufzug, der ihm ganz gut steht, an seiner gelösteren ausstrahlung oder etwa an den augen? ja, seine augen haben sich verändert. sind sie jetzt auch grenzenlos, wie misjas augen? jedenfalls vergleichbar mit kims blick. dieser einnehmende, moosgrüne, durch alles hindurchsickernde blick. seiner ist silbern, leicht, fliegend. oder?

daniel dreht sich vor dem spiegel. er könnte glatt als nichtirdischer durchgehen. kleider machen leute. nur etwas würde ihn wohl verraten: er hat wieder vergessen, sich zu rasieren, und einen nichtirdischen mit dreitagebart hat daniel noch nie gesehen. aber was soll's, alle sind das von ihm gewöhnt. zufrieden gibt er das bad frei und geht mit betont gerader haltung zu kim ins schlafzimmer.

diese liegt noch im bett, als er das zimmer betritt und ist begeistert vom noblen aussehen ihres liebsten.

»na, kann ich mit alaje und veta mithalten oder nicht?«

kim quittiert daniels auftritt mit mädchenhaftem, gurgelnden lachen.

»du siehst sehr attraktiv aus, dan, ich bestätige das hiermit! und es macht mir wirklich nichts aus, dass du kein überirdischer bist. das vereinfacht doch vieles, findest du nicht auch?«

»ich kann aber auch gar nichts vor dir verbergen«, murmelt daniel.

»meine schwächen nicht und erst recht nicht meine stärken.«

»im ernst, dan, fühlst du dich gegenüber alaje im hintertreffen?«

»na ja, ein bisschen vielleicht, aber sicher nicht mehr lange.«

»ach komm, das hast du nicht nötig.«

kim wühlt sich aus dem bett und gibt daniel einen schmatzenden kuss.

»so, und nun sag mir, was ich anziehen soll, damit ich neben dir nicht allzusehr verblasse!«

daniel küsst kim seinerseits und flüstert dazwischen, er habe so ein blumenbesetztes, rosarotes ding im schrank hängen sehen.

»das gehört aber der anderen frau des hauses«, flüstert kim zurück.

»wen stört's?«

während daniel und kim im schlafzimmer turteln, macht shannon sich für den abschied von ihrem sohn bereit. auf den grossen, stets überladenen tisch hat veta für sie ein feines armband aus grünlich weissen steinen hingelegt, die eigenartig gedreht sind. mit wehmut im herzen wickelt sie dieses schmuckstück um ihr rechtes handgelenk, dann atmet shannon tief durch und geht hinunter. sofort huscht amanda ins bad. sie hat vor, sich an shannons make-up-sachen gütlich zu tun, für diesen besonderen anlass. das junge mädchen ist nicht traurig, höchstens etwas aufgeregt, da veta allen mehrmals versichert hat, er werde nur für kurze zeit von ihnen getrennt sein.

shannon findet veta draussen auf der lichtung. sie geht ihm mit ausgestreckten armen entgegen und die beiden umarmen sich zärtlich. jedesmal, wenn dies geschieht, fällt shannon erneut auf, wieviel grösser veta ist. liebevoll blickt er auf seine mutter hinab und sagt ruhig, es gäbe für sie beide keinen grund zur betrübnis.

»zwischen uns existiert ausschliesslich verbundenheit, ich kann das bloss immer wiederholen.«

hand in hand gehen sie dann in stillem einverständnis den pfad hinunter zum see. es ist gerade noch zeit dazu.

»mutter, du hast dich sicher schon gefragt, warum du in all den jahren, bevor du etwas von mir und vater wusstest, praktisch alleine gelebt hast?«, fragt veta, nachdem sie das ufer erreicht haben.

shannon möchte eine banale antwort geben, doch dann schweigt sie und wartet ab, worauf er hinaus will.

»weil du unbewusst bereits mit vater in kontakt warst«, erklärt er.

»du bist nicht wirklich ohne partner gewesen, denn ihr hattet eure beziehung aufgenommen, als du noch sehr jung warst. du warst die ganze zeit mit uns verbunden. darum sage ich dir, es gibt keine trennung. jetzt noch viel weniger als damals. denn jetzt kannst du selbst grenzen überschreiten.«

shannon blickt auf den blaugrauen see hinaus. dieses gewässer ist ihr lieb geworden.

in ihrer vorstellung taucht sie alle gedanken, die jetzt in ihr herumschwirren, ins wasser. und auch all ihre gefühle, welche ja stets im schlepptau von gedanken treiben.

gefällt ihr das, was veta eben gesagt und sie selbst schon erkannt hat? ist sie wirklich nicht frei gewesen? auch diese fragen badet shannon, und veta betrachtet automatisch die wasseroberfläche an derselben stelle wie seine mutter.

»das passt dir wohl nicht so?«

»wer hat dir erlaubt, meine gedanken zu lesen!«

shannon kneift veta in den arm, doch dieser bleibt ernst.

»alaje hat dir deine freiheit nicht genommen. du selbst hast dich von anderen männern abgegrenzt. hauptsächlich deshalb, weil damals der unterschied zwischen deinen unbewussten erfahrungen mit alaje und deinen begegnungen mit erdlingen zu gross gewesen ist. darum warst du so enttäuscht von den männern, obwohl du nur allgemeine gründe dafür angeben konntest. du warst deswegen oft im gerede der leute, glaube mir. sie haben dich nicht verstanden, wie konnten sie auch. keiner von ihnen hatte deinen geist und deine erfahrung. heute ist es selbstverständlich anders. heute würdest du einen geliebten finden. aber jetzt kommt alaje zu dir.«

»jetzt?«

»ich würde sagen jetzt, ja.«

mit dieser bestätigung entlockt veta seiner mutter ein erfreutes lächeln.

»dann ist es also gleich soweit?«

»ja, aber vorerst sollten wir zum haus zurückgehen, shannon, der scooter wartet schon. nicht dass ich noch zu spät in den himmel komme!«

beschwingt erscheinen mutter und sohn bald darauf zum letzten mal gemeinsam auf der lichtung.

dort erwarten sie nicht nur die restlichen waldhausbewohner mit den zetas, auch der scooter schwebt bereits tief über dem idyllischen platz, wie veta es vorausgesagt hat.

der junge mann umarmt seine freunde herzlich, wechselt letzte worte mit ihnen und macht gegenüber den kleinen wesen eine geste der ehrerbietung. dann stellt er sich zusammen mit dem einen zeta etwas abseits hin, damit sie hochgezogen werden können. gerade bevor dies geschieht, hört amanda eine laute, aber trotzdem zärtliche stimme

›auf wiedersehen, mein goldkind‹ sagen.

veta zwinkert ihr kaum merklich für die anderen zu. sein letzter blick gehört jedoch shannon. ›*immer diese mütter*‹, denkt amanda und fühlt einen leisen stich im herzen.

dann ist es soweit: der traktorstrahl des scooters erfasst die beiden passagiere und holt sie an bord, was die zurückbleibenden mit halboffenen mündern beobachten. dann macht der pilot des kleinen raumschiffes noch einen extraschwenker für seine zuschauer, bevor er gänzlich verschwindet. aber nur für kurze zeit. denn exakt fünfzehn minuten später bringt er den zeta mit seinem objekt wieder zurück. alle umringen diesen neugierig, doch die kleinen wesen verlieren keine überflüssigen worte. sie fragen bloss, ob sie noch einmal ins haus dürften.

»selbstverständlich«, antwortet kim.

schliesslich ist das kinderzimmer nach wie vor für sie reserviert, obwohl sie es kaum benützen. immerhin haben sie ein weiteres kleines objekt dort deponiert. das weiss kim, weil sie einmal ins zimmer hineingeschaut und es dort entdeckt hat. aber die betten und die anderen möbel haben sie unberührt gelassen.

gleich machen sich die vier auf ins haus. immerhin verkünden sie amanda telepathisch, sie würden bei späterer gelegenheit gerne allfällige fragen der erdlinge beantworten, sofern ihnen dies möglich sei. typisch zetas! amanda kaut an ihren pfirsichfarben geschminkten lippen. das war's also vorerst.

›und jetzt, wie gehts jetzt weiter? wann kommt sie denn endlich, diese verschiebung?! aber vielleicht kommt sie ja gar nicht! wer weiss!‹

jemand fasst amanda um die schultern. es ist weder kim noch daniel, sondern shannon.

»was wollen wir mit dem rest dieses tages anfangen? ich meine, wo du schon so hübsch zurechtgemacht bist. du hast übrigens gut abgeschaut bei mir!«

»ist das ein kompliment?«

»natürlich.«

amanda ist trotzdem nicht zufrieden mit dieser kommunikation.

»sag, shannon, macht es dir etwas aus, dass ich deine make-up-sachen genommen habe?«

»eigentlich nicht.«

»das nächste mal frage ich, okay?«

»gut, dagegen habe ich nichts einzuwenden.«

amanda fühlt sich erleichtert. shannon ist eben eine echte kameradin.

»am liebsten möchte ich jetzt weit weg fahren, an einen ort, wo wir noch nie gewesen sind«, schlägt amanda vor.

»dann hol schon mal die landkarte aus meinem auto«, fordert daniel sie auf und zu kim sagt er:

»ich habe im schuppen fünf volle benzinkanister entdeckt, hast du die mal hergeschleppt?«

»genau! die habe ich ganz vergessen! ihr könnt euch bei mir bedanken, denn nun steht unserer spazierfahrt nichts mehr im weg. wir haben tatsächlich die leidige benzinknappheit überlistet!«

»dein sammeltrieb ist manchmal wirklich gold wert!«, lobt shannon ihre freundin, während die beiden ins haus gehen.

denn so ein trip braucht ein paar vorbereitungen, ein paar dinge müssen mitgenommen werden. unterdessen wartet daniel auf amanda. ob er noch kaffee kochen soll für alle? ›*das ist keine schlechte idee*‹, sagt er sich.

bald darauf bricht der tag der verschiebung an. er beginnt wie jeder tag, überall auf der welt: es wird hell, die sonne geht auf, die menschen erwachen aus dem schlaf. um die erde und im multidimensionalen raum läuft alles wie geplant. misja sitzt mit sashta und ein paar weiteren verantwortlichen in ihrem persönlichen arbeitsraum und betrachtet eine holografische szene, die das afrikanische mädchen zeigt, wie es seinen platz einnimmt. es wird auf ein felsplateau geführt, dort bequem gelagert und mit kultgegenständen umgeben. misja betrachtet aufmerksam, wie alles seinen ganz genauen standort erhält. jede geste ist nun ritualisiert. dies ist ihr schon öfter aufgefallen bei augenblicken von höchster tragweite. ganz nahe beim mädchen brennt ein feuer und wasser wird über den felsen gegossen. eine leichte bewegung geht durch die anwesenden im raum. die erde ist bereit. es werden sich bald noch tiere und andere wesen auf dem plateau einfinden, während sich die begleiter des mädchens zurückziehen. nur die beiden eingeladenen frauen sind jetzt noch da. misja erhebt sich von ihrem bequemen sessel. dies ist unvorhergesehen. aber bei verschmelzungen von hologrammen geschehen die dinge trotz aller vorkehrungen stets auf ihre eigene weise. was hier wohl vor sich geht? auch sashta, chandri und alle anderen blicken gebannt auf das kind. dieses reagiert jedoch überhaupt nicht.

»ich verstehe«, sagt misja endlich, *»sie will die dreierstruktur beibehalten. es wird ein hologramm auf dreierbasis geben. das ist ungewöhnlich, denn in diesem fall werden die beiden verschmelzenden erden als muster im neuen hologramm der erde eincodiert sein, was spannungen und andere probleme erzeugen kann. dafür erhält die fünfte dimension erstmals die möglichkeit, künftig gezielt mit hologrammverschmelzungen umzugehen. ja, sie sogar zu initiieren.«*

»oh, das ist grossartig«, freut sich chandri.

»und es wird viel mehr verändern, als wir abgeschätzt haben«, ergänzt sashta.

»genau das gefällt mir«, lächelt misja, *»unter diesen umständen wünsche ich die auslösung der niedrigalarmstufe«,* und sie ordnet an: *»geht in bereitschaft. euren datenfluss erwarte ich hier. danke.«*

alle mitarbeiter verlassen den raum, ausser sashta.

»wir sollten erfahren, was die strukturexperten dazu meinen«, schlägt er misja vor.

»das ist richtig, sie sollen gleich kommen, solange wir noch handlungsspielraum besitzen.«

misja blickt nachdenklich vor sich hin, während sashta das nötige veranlasst. was dies wohl alles nach sich ziehen wird? wirklich, hier entsteht ein ganz besonderes, wunderbar gearbeitetes hologramm. alle haben zweifelsohne ihre sache gut gemacht!

von den waldhausbewohnern ist kim die einzige, die ahnt, dass der tag x angebrochen sein könnte. sie denkt daran, weil ihr das intensive morgenrot anders vorkommt als sonst. doch vielleicht sucht sie bloss eine ursache für dieses gefühl in ihr, und das morgenrot ist wie es eben ist. das zweite indiz scheint ihr überzeugender: die vögel haben diesen morgen nicht gesungen. dafür jammerten in der nacht die verwilderten esel ganz in der nähe, was sie noch nie getan haben, und es hörte sich an, als fürchteten sie sich, was unheimlich war. kim tritt vom schlafzimmer auf die von der morgensonne beschienene terrasse hinaus. sie blickt zur wiese hinab, wo sich daniel und shannon nach dem joggen auf liegestühlen ausruhen und genüsslich frühstücken.

»he, ihr beiden, guten appetit!«, ruft kim.

shannon winkt ihr zu, und daniel fordert sie auf, sich zu ihnen zu gesellen.

»ich komme etwas später«, antwortet kim.

»bin noch mitten in meinen übungen.«

daniel blickt durch seine sonnenbrille unschlüssig zu ihr hoch, und sie kann sich ebenfalls nicht entschliessen, wieder ins schlafzimmer zu gehen.

»habt ihr heute nacht auch die esel gehört?!«, ruft kim stattdessen nach unten.

»ja, schrecklich!«, antwortet shannon.

»vielleicht ist ihnen etwas zugestossen.«

»oder vielleicht kommt heute die verschiebung!«, bemerkt daniel leichthin.

»warum nicht!«

die drei lächeln sich zu, als hätte jemand einen geistreichen spruch von sich gegeben. kim geht zurück ins schlafzimmer, aber sie mag nicht mehr weiterarbeiten. und das ist sehr ungewöhnlich! wir sollten heute vielleicht früher in die struktur hineingehen als sonst. man weiss ja nie. sie realisiert, wie bei diesem gedanken ihr herz schneller schlägt. unwillkürlich denkt kim an ihre drei kinder. den jungen geht es gut bei ihrem vater, sie hat vor tagen erst eine nachricht von ihnen erhalten. zwar vermissen sie ihre mam, aber unglücklich sind sie nicht ohne sie. und amanda? die liegt wie meist um diese zeit noch im bett. instinktiv tritt kim auf den flur hinaus und hört zu ihrer überraschung musik vom oberen stock her. auch das ist ungewöhnlich. soll sie hinaufgehen und nachschauen, ob alles in ordnung ist? wahrscheinlich ist amanda bloss ein bisschen melancholisch, weil veta gegangen ist und tröstet sich mit diesen herzzerreissenden klängen.

so beginnen die menschen überall auf der welt diesen tag wie immer oder fast wie immer. wohl sind viele ahnungsvoll oder von unrast erfüllt. aber was soll's. man wartet zwar allen ernstes auf das vielbeschworene ungewöhnliche ereignis, auf ein wunder, trotzdem rechnet der verstand nicht wirklich damit. ausserdem ist frühling und die menschen haben sich gerade etwas mit ihren schwierig gewordenen lebensumständen arrangiert.

die stunden ziehen sich dahin. eine eigenartige trägheit legt sich über den planeten. doch hinter dieser schwachen betäubung herrscht höchste bereitschaft und klarheit, als wüsste jedes wesen genau, woran es ist. auf der anderen erde ist dies noch viel ausgeprägter: alle bereiten sich bewusst auf die verschmelzung vor. sie wissen sogar von der änderung des planes: die alte erde wird sich nicht wie vorgesehen hauptsächlich in die höherschwingende erde integrieren, sondern es wird etwas entstehen, das viel reicher und unvorhergesehener ist. angesichts dieser tatsache sind die menschen dort in erhöhte aufmerksamkeit versetzt worden, ganz wie auf misjas plattform und anderswo im erdverbundenen raum.

derweil ist es an der ostküste amerikas mittag geworden. siestazeit, da die menschen weniger termine haben und die sonne heisser brennt als früher. kim und daniel haben sich ins schlafzimmer zurückgezogen. shannon sitzt vor ihrem multi-com und starrt ein loch in die luft. nur amanda ist in bewegung. in badeshorts und t-shirt trabt sie zum see. daniel behauptet zwar, das wasser sei noch keine 16 grad warm, aber sie glaubt ihm nicht, bei dieser hitze. unterwegs trifft amanda überraschend auf die zetas. sie bedeuten ihr, anzuhalten und sie gehorcht. die wesen umringen sie und erklären ihr telepathisch, sie müssten noch ein letztes mal ins haus. amanda nickt dazu und will weitergehen, aber die vier stehen weiterhin unbeweglich da.

›wir holen das gerät im haus und dann gehen wir in unsere höhle unter wasser, denn die zeit ist da‹, hört amanda ihre einheitliche, etwas eintönige stimme sagen.

»die zeit ist da?«

»jawohl. mögest du die veränderung gut überstehen und mögen wir uns wiederfinden.«

die wesen verbeugen sich vor amanda und lassen sie dann stehen, was keineswegs unfreundlich gemeint ist. also geht auch amanda weiter ihres weges, doch die lust auf ein kaltes bad ist ihr vergangen. kaum hat sie ihre waden schnell ins wasser getaucht, eilt amanda wieder zurück ins haus. sie poltert die treppe hoch, und da shannons tür nur angelehnt ist, platzt sie dort hinein und findet eine weinende shannon am fenster stehen. amanda weiss vor verlegenheit gar nicht, was sie sagen soll.

»ach liebes, ich weine vor freude und vor aufregung«, erklärt shannon ihre tränen.

»alaje hat mir gerade mitgeteilt, dass die verschiebung innerhalb von stunden geschehen wird. er wünscht uns viel glück!«

»die zetas sagen das auch!«, antwortet amanda.

sie ist nun mindestens so aufgeregt wie shannon.

»geh und informiere deine eltern, aber klopfe zuerst an!«

amanda hüpft davon und meldet sich brav im unteren stock. da niemand antwortet, öffnet sie langsam die tür. das grosse ehebett ist leer, aber sie findet die beiden auf der terrasse draussen. arm in arm stehen sie da und betrachten einen zusehends röter werdenden himmel.

»die verschiebung geschieht heute noch, sagen alaje und die zetas!«, ruft ihnen amanda entgegen.

die erwachsenen nehmen sie in ihre mitte.

»gerade haben wir ebenfalls gewissheit erhalten«, bestätigt daniel, und kim streichelt ihre tochter beruhigend.

»hier seid ihr alle.«

shannon tritt mit glänzenden augen auf die terrasse hinaus.

»da bist du ja endlich!«, ruft ihr daniel zu.

»komm und schau dir diesen himmel an!«

anderswo auf dem planeten haben sich die dinge endgültig formiert. das kind auf dem felsenthron ist jetzt umgeben von den beiden jungen frauen, von tieren und naturwesen. die elemente sind als symbolische gaben vertreten: feuer, wasser, erde und luft.

ausserdem regnet es gerade heftig. richtige sturmböen heulen rhythmisch durch die felsschluchten. aber niemand stört sich daran. solches wetter ist sogar erwartet worden.

mitten im getöse richtet sich das kind nach innen, und seine begleiter folgen ihm. dies ist der augenblick, das signal. misja begibt sich mit ihren mitarbeitern in die grösste halle auf der plattform. sie will gemeinsam mit ihren leuten die letzte phase der hologrammverschmelzung erleben und feiern. wie immer bei besonderen anlässen und ereignissen sind alle auf der plattform schön zurechtgemacht. heute ganz besonders, da eine multidimensionale hochzeit stattfindet.

die notwendigen anpassungen an die dreierkonstellation sind gemacht worden und bereits abgeschlossen. misjas konstrukteure haben diese möglichkeit mit einbezogen und konnten relativ einfach die erforderlichen umstellungen vornehmen. auf der alten erde ist ohnehin von anfang an die dreierstruktur benutzt worden für den prozess, da es einfacher gewesen wäre, auf die einerstruktur herunterzufahren als umgekehrt. darum ist fast überall mit der drei gearbeitet worden, wobei sich die vorbereitung beispielsweise auf der höheren erde naturgemäss einfacher gestaltet hat, weil dort die verschiebung viel weniger drastisch ausfällt. zwar geschieht auch dort eine frequenzerhöhung, die jedoch eher als eine frequenzerweiterung wahrgenommen wird.

sämtliche code-leute auf der erde durchfährt es wie ein elektrischer schlag, als das mädchen auf dem felsen mit seiner arbeit beginnt.

und wo immer sie sind, was immer sie tun, welche stunde es auch ist, alle formieren sich augenblicklich in ihren dreier- und neunerstrukturen. die freunde im waldhaus atmen regelrecht auf, als kim grünes licht für den einstieg in den sterntetraeder gibt.

es ist sonntag, 29-04-2012, nachmittags gegen 16:00 im waldhaus. die welt ist ungewöhnlich ruhig, als hielte sie den atem an.

derweil machen sich die freunde wie immer bereit für ihren einsatz. sie sind schon auf die arbeit eingestimmt und vielleicht auch darum erstaunlich entspannt. sogar amanda verhält sich erwachsen. wohl erfassen alle die einmalige situation, gleichzeitig ist etwas in ihnen, das dem wissen um das ende widersteht. aus diesem grund können die code-leute und überhaupt alle menschen bis zuletzt normal funktionieren: wer durst hat, trinkt, wer auf die toilette muss, tut das. es wird kommuniziert und es werden sachen erledigt wie immer.

doch die code-leute bringen sich in position, machen, was sie schon seit langem täglich durchexerzieren und sind mittlerweile geübt darin.

shannon, kim und daniel nehmen im wohnzimmer ihre üblichen plätze ein. amanda setzt sich zu ihnen, wie sie es schon oft getan hat. alles ist eingespielt und wie immer. weder an ihre nächsten noch an die welt denken die code-leute in diesem augenblick. nur an den sterntetraeder und an ihre verschworene neunergruppe. voller energie bringen sie sich wieder in die struktur hinein.

zuerst geht die arbeit wie üblich voran. die drei freunde, ihre partner aus hongkong und genf, sowie alle anderen code-leute begeben sich geistig-energetisch zu ihren jeweiligen standorten oder eckpunkten im sterntetraeder. parallel dazu heben alle beteiligten ihre vibration, damit sie so nahe wie möglich an das zentrum ihres standortes herankommen, in es hinein und manchmal hindurch und noch weiter. während sich also alle 69 999 tief in die struktur hineinbewegen, bringen misjas ingenieure den vervielfäl-tigten sterntetraeder in eine absolute verbindung mit seinem urtyp auf der plattform. die grundform der struktur ist auf der plattform lokalisiert, befindet sich dort aber in einer neutralen zone, einem nulldimensionalen durchgangsraum.

diese hergestellte verbindung katapultiert alle sterntetraeder ebenfalls in diesen durchgangsraum, wobei die struktur zu einem schwingungstor wird. und da alles, die erde, das sonnensystem, jede lebende zelle in dieser region mittlerweile vom sterntetraeder umgeben und durchdrungen ist, vollziehen die erde, ihre bewohner und ihr umfeld praktisch in nullzeit die verschiebung. genauso die code-leute als teil des tores selbst. einerseits verschieben sie sich als lebewesen mit der gesamten welt, andererseits als aspekt einer struktur, der im augenblick nach der verschmelzung in sie zurückspringt. dabei geht die struktur in einen latenten zustand über, löst sich aber nicht auf.

mit einer solchen verschiebung ist es wie mit dem einschlafen: man bekommt den moment, wo es wirklich geschieht, leider nicht mit! genauso ergeht es jetzt den erdenmenschen. ihre welt schläft blitzschnell ein und erwacht sekunden später wieder zu einem schönen neuen dasein.

selbst veta und die menschen auf der anderen erde erfahren die verschmelzung nicht direkt. aber sie halten diesen holografischen vorgang immerhin so fest, dass er später nachvollzogen werden kann. zumindest wenn ihre voraussagen in etwa stimmen. das tun sie schlussendlich zu rund 50 %. was den menschen nach der verschmelzung eine vorstellung von diesem ereignis gibt, auf das sie wenigstens einen blick zurückwerfen können.

nur das kind und seine gefährten auf dem felsplateau sind in der verschiebung geblieben. als brennpunkt des tores haben sie sich im augenblick ihrer funktion aufgelöst und sich wieder in jene höhere ordnung begeben, aus der sie gekommen sind, um beim weltensprung zu helfen.

12

zeit der erinnerung

kim lehnt an der hohen terrassenbrüstung ihres hauses und blickt hinunter in die geliebte, sanfte schlucht, durch welche sich aquamarinfarbenes wasser schlängelt. mit der rechten hand hält sie sich an einer marmorartigen säule fest, die andere liegt auf ihrem hochschwangeren bauch.

gerade erst ist sie von misjas plattform heimgekehrt und freut sich auf das wiedersehen mit daniel und sidijanko.

die hauptsonne geht langsam am horizont unter und die stunden der kleinen sonne brechen an, kims lieblingszeit. darum bleibt sie noch ein weilchen stehen, obwohl ihre beine etwas schmerzen.

das warme, rötliche licht der kleinen sonne harmoniert wunderbar mit kims himbeerfarbenem, glänzenden kleid, ihrem dukelroten haar und dem weissrosa gemaserten stein um sie herum. jedenfalls sieht daniel es so, der mit sidijanko an der hand etwas verspätet eintrifft. die drei umarmen sich innig und sidijanko macht vor aufregung die drolligsten faxen.

> *»ich wollte unbedingt vor dir da sein und etwas zu ehren deiner ankunft bereitstellen, aber sidi wollte dich auch begrüssen kommen, also habe ich stattdessen ihn hergeholt.«*

> *»womit du die richtige priorität gesetzt hast, mein liebster. an eurer gesellschaft erfreue ich mich am meisten!«*

daniel betrachtet seine frau aufmerksam.

> *»du siehst gut und zentriert aus, kim. gilt dieses wohlbefinden auch für unsere tochter?«*

er umfasst den schwangeren bauch, der seit kims abreise einiges grösser geworden ist.

> *»sie scheint mir etwas ungeduldig und doch zufrieden. vor allem spüre ich ihre grosse kraft.«*

daniel lächelt versonnen auf seine ungeborene tochter hinab. schon seit langer zeit trägt er ihr bild in sich. nun kommt sie zu ihm in diese realität.

sidijanko zerrt an kim und sie lässt sich auf ein niederes sitzmöbel fallen, ihrer beine wegen und weil sidi ihr endlich um den hals fallen will. er sieht ja so süss aus, mit seinem blonden pferdeschwanz!

erst spät abends können daniel und kim in ruhe beisammensitzen. draussen auf der grossen terrasse, zu ihren füssen zwei feingliedrige, hochbeinige hunde und über ihnen ein unermesslicher sternenhimmel.

sidijanko ist eingeschlafen, die spontan aufgetauchten freunde sind auch wieder gegangen. sie brachten feines essen mit und jene herben, würzigen baumsäfte, die kim am liebsten mag. dabei hat daniel ihre begrüssungsfeier erst in zwei tagen angesagt.

»es war wundervoll und aufregend da draussen, aber hier zuhause ist es genauso schön«, flüstert kim an daniels wange.

»ich freue mich ausserdem auf das fest. einige der freunde, die du eingeladen hast, habe ich schon länger nicht mehr gesehen. schade, dass amanda nicht dabeisein kann. erzähl mir ein bisschen von ihr. du hast ja gerade erst mit ihr kommuniziert. bitte.«

daniel streichelt kims haar.

»auf die gefahr hin, dass ich mich wiederhole.«

»mach nur.«

»also gut. während deiner abwesenheit haben zwei projektgruppen eine vierte dreidimensionale blase in unserem daseinsgefüge entdeckt. auch in dieser blase sind lebewesen eingeschlossen, mehrheitlich drachenrassen, wie in der ersten. darum ist ein team losgeschickt worden, das erfahrung mit der ersten blase besitzt. amanda ist unter ihnen. wie du weisst, hat man in der ersten blase bereits erfolgreich einen langsamen transformationsprozess eingeleitet. aber die bedingungen dieser vierten blase müssen zuerst erforscht werden. ich hoffe nur, dass es nicht noch viele solcher schwachstellen gibt. was mich zudem wundert, ist die herrschende unklarheit über den ursprung dieses phänomens.«

»soweit ich informiert bin, ist die ursache dieser blasen bekannt, kann aber erst zu einem bestimmten zeitpunkt offenbart werden. ich glaube, amanda hat mir das so erklärt.«

»ich weiss. auch mir hat sie gesagt, es gebe kein geheimnis. das wissen über die entstehung dieser blasen sei vorhanden. also sollten wir es auch erfahren. wenigstens jene personen, die nahestehende in den damit befassten projekten haben.«

»ich kann dich gut verstehen, lieber. andererseits vertraue ich misja, wenn sie erklärt, der richtige zeitpunkt für diese information müsse abgewartet werden. wir wissen ja, wie die dinge laufen. eine gegebene zeit hat nunmal grossen einfluss, der beachtet werden sollte. wir werden erfahren, was es damit auf sich hat. aber sag mir, wie fühlt sich amanda? ist sie immer noch so begeistert von ihren abenteuerlichen studien?«

»ich denke schon. sie ist eine mutige junge frau und will all ihre fähigkeiten einsetzen. diese ominösen blasen sind eine passende herausforderung für sie.«

»ich bin nicht sicher, ob es primär die blasen sind. vielleicht ist es auch nur eine faszination, die sie für gewisse reptiloide rassen empfindet. hauptsache sie ist wohlauf und erfüllt von ihrem tun.«

»da kann ich dich beruhigen, das ist sie.«

daniel küsst kims schläfen.

»wollen wir das reden morgen wieder aufnehmen? ich möchte jetzt gerne ganz in unserem zusammensein aufgehen. was meinst du?«

er küsst ihr ohr und ihren nacken. kim blinzelt verzaubert himmelwärts.

»ach, diese sterne«, murmelt sie nur.

am morgen nach der begrüssungsfeier sitzen kim und daniel zusammen mit zwei seiner engsten mitarbeiter unten in einer begegnungszone ihrer felsensiedlung. man hat von dort eine schöne aussicht auf den noch tiefer liegenden grünsee, der weitherum wegen seines ungewöhnlichen farbenspiels bekannt ist. es ist 10:00 morgens, doch es tummeln sich bereits wassersportler am strand unten. eine schar schwarzer schwäne hält sich ebenfalls dort auf und lässt sich von diesen aktivitäten überhaupt nicht stören.

die freunde trinken kühlen schaumwein, gemischt mit einem fruchtsaft und essen dazu nussartige, süsslich schmeckende fruchtknollen.

kim ist fasziniert von coara, ihrem gegenüber. sie kommt vom arkturus und ist ingenieurin. als solche weilt sie für eine weile hier auf mission. zusammen mit daniel und benedikt, einem raumwissenschaftler, wird sie in dieser region neue konzepte für eine bessere erschliessung des multidimensionalen raumes initiieren. wobei die drei nur eine gruppe innerhalb eines mehrere dutzend personen beschäftigenden projektes sind. daniel hat sich nicht zuletzt für diese anspruchsvolle arbeit beworben, weil er sie ziemlich frei einteilen kann. schliesslich sieht er vaterfreuden entgegen und will die erste zeit mit seiner tochter und seiner frau ausgiebig geniessen. zumal kim und er in den letzten monaten nur wenig zeit füreinander hatten.

coara und benedikt sind über daniels absichten informiert und haben volles verständnis dafür.

»du entscheidest, wann unser erstes arbeitstreffen stattfinden wird«, sagt coara deshalb, *»aber gib uns einen zeitrahmen, nach dem wir uns richten können.«*

ihre hellgrünen augen in dem breitflächigen gesicht blicken auffällig klug und wissend in die welt hinaus. kim hat bereits miterlebt, wie geistreich coara sich unterhalten kann. ›*wirklich eine tolle frau*‹, denkt sie.

daniel überlegt kurz.

»wie ich euch schon gesagt habe, werde ich gleich noch für ein paar tage weg müssen. ich springe für jemanden bei der kontrolle von neuen raumschiffen ein und deren definitiver justierung auf die piloten. danach bin ich frei.«

»danach werde ich bald gebären«, wirft kim ein.

»ich werde da sein. oder willst du damit etwas bestimmtes sagen?«

»ja, ich bin nur noch nicht dazugekommen.«

»kim, möchtest du, dass coara und ich uns zurückziehen, damit ihr untereinander sprechen könnt?«, fragt benedikt.

»nein, nein, das ist nicht nötig«, wehrt kim ab.

die aufmerksamkeit aller ruht nun auf ihr. doch sie muss sich zuerst innerlich besser ausrichten. es liegt ihr eben viel an daniels zustimmung bei dieser sache.

»es geht um einen vorschlag, den mir misja gemacht hat, und dem ich gerne folge leisten würde.«

»du hast bereits mein einverständnis«, sagt daniel trocken.

»was?«

»vorschlägen von misja persönlich, die du zudem gut findest, würde ich mich nur zur not in den weg stellen.«

kim lächelt über daniels eigenen humor.

»hör lieber erst zu. misja möchte nämlich, dass ich unser kind auf der plattform bekomme.«

»ist das als private einladung gemeint oder ist es ein projekt?«

»daniel! misja hat wichtigeres zu tun, als sich bei der geburt unserer tochter aufzuhalten. natürlich gilt diese einladung im rahmen eines projektes. ich denke, es wäre eine bereicherung für uns.«

»und ein guter start für die kleine, möchte ich meinen.«

kim strahlt.

»dann müssten wir in zwei wochen schon abreisen. ginge das?«

daniel blickt zu benedikt und coara.

»soviel zum zeitrahmen. wir sehen uns also nach meiner rückkehr wieder.«

kim schaut zufrieden auf den see hinunter, während die anderen ein mögliches erstes treffen festlegen. kurze zeit später verabschieden sich daniels mitarbeiter und wünschen alles gute für die geburt.

»ich freue mich auf ein wiedersehen«, sagt kim noch zu coara und erhält in diesem moment einen kräftigen stoss von ihrem kind.

»lass uns nach hause gehen, lieber. ich möchte mich ein bisschen hinlegen. vielleicht habe ich zuviel getrunken.«

kim hängt sich bei daniel ein und gemessenen schrittes spaziert das paar die kleine anhöhe hinauf heimwärts.

»freust du dich auch so auf unsere tochter?«, will daniel wissen, spricht aber gleich weiter: *»den grossteil meiner arbeit werde ich zuhause erledigen können, wenn sie da ist. das ist jetzt sicher. ich muss nur noch meinen terminal ausbauen.«*

»natürlich freue ich mich«, geht kim auf seine frage ein.

»auch weil ich dann in aller ruhe das viele wissen und material von der plattform in meine lektionen integrieren kann. stell dir vor, ich habe sogar eine neue transfer-tec für lerninhalte bei mir.«

»das macht mich neugierig«, antwortet daniel.

»und irgendwann würde ich gerne noch mehr von diesem gebärprojekt wissen, an dem wir teilnehmen.«

»ich will dir alles genau erzählen, dan, aber gönne mir vorher etwas ruhe.«

»selbstverständlich. ich werde mich mit dir hinlegen, wenn es dich nicht stört.«

»du störst doch nicht.«

zuhause angekommen, legt sich kim prustend und schwerfällig auf eine ruheliege mit blick in die schlucht hinunter. daniel holt für beide ein heisses getränk und gesellt sich zu seiner frau. diese trinkt schluckweise den aromatischen tee, wobei sie daniel dankbar zulächelt. nicht wegen diesem tee, sondern wegen dem gelungenen willkommensfest gestern.

»ich möchte dir noch einmal für die schöne feier danken, lieber. so viele unserer freunde waren da und sogar meine beiden söhne. die haben mir zwar den kopf vollgeredet, aber wenn man ins erwachsenenleben eingeführt wird, gibt es eben viel zu erzählen. ich war damals auch so.«

daniel liegt einfach da und beobachtet, wie die gedanken durch kims kopf gleiten, jetzt wo sie ihren schweren leib bequem gebettet hat.

»weisst du, was wir machen sollten?«

»was denn, kim?«

»wir organisieren vor unserer abreise eine kleine feier für jene, die gestern nicht anwesend waren.«

daniel überlegt.

»die zeit wird uns knapp werden. ich muss ja noch weg. aber wenn du shannon und alaje gerne wieder einmal sehen möchtest, machen wir einfach einen umweg und gehen sie auf flor besuchen, wenn wir zur plattform reisen. mal sehen, was ihr planet inzwischen für fortschritte gemacht hat.«

»das ist eine wunderbare idee! vielleicht können sich amanda und veta auch frei machen.«

»gut möglich. alaje wird in den nächsten tagen wieder auf flor eintreffen. und wie ich shannon kenne, schiebt sie nach seiner rückkehr ein paar ruhige tage für beide ein. sie dürften also im richtigen moment zeit haben für uns.«

»hoffen wir's«, sagt kim, die in gedanken bereits das wiedersehen mit ihrer freundin durchspielt.

»wenn du weg bist, werde ich im holoraum ausgiebig mit shannon kommunizieren. mal sehen, ob ich alle zusammentrommeln kann.«

»tu das, liebes.«

wenige tage später projizieren sich kim und shannon in den jeweiligen holoraum der anderen. sie freuen sich über ihr treffen, und shannon ist begeistert von der aussicht auf einen besuch der alten freunde. sogar veta wird anwesend sein, da er ohnehin ein paar freie tage bei seinen eltern eingeplant hat nach alajes rückkehr von den plejaden. einmal jährlich muss alaje in seinem heimatsystem persönlich über die entwicklungen auf flor rechenschaft ablegen. denn die plejadische föderation engagiert sich in mehreren projekten auf diesem jungen planeten.

als shannon sich nach sidijanko erkundigt, hat kim eine gute und durchaus praktische idee:

»wenn du willst, nehmen wir sidi mit und lassen ihn eine weile bei euch. nach meiner niederkunft bringt ihr ihn irgendwann zurück und könnt erst noch unsere tochter begrüssen.«

»mein einverständnis hast du dazu, sehr sogar. aber sidijanko und alaje müssen das auch noch so sehen. zur zeit leben zwei kleine mädchen bei uns, die nur unwesentlich älter als sidi sind, er würde bestens zu ihnen passen.«

»wo stecken denn deine söhne?«

»alle sind augenblicklich in projekten beschäftigt. nur der jüngste ist hier, und der ist gerade nicht ganz gesund.«

»was ist ihm denn geschehen?!«

»stell dir vor, er ist draussen, ausserhalb unserer biosphären, vergessen worden! so ist er viel zu lange der noch schlecht verträglichen atmosphäre unseres planeten ausgesetzt gewesen.«

»der arme junge!«

»aber mach dir keine gedanken darüber, kim, er wird bald wieder ganz hergestellt sein. sag mir lieber wie es unserer amanda geht.«

»hoffentlich gut! ich habe sie noch nicht erreichen können. solange sie in dieser blase herumsteigt, ist sie nicht erfassbar. wenigstens nicht im normalen rahmen. aber ich werde es natürlich weiter versuchen. schliesslich kann ihr team jeden augenblick von seiner expedition zurückkehren.«

»wäre schön, amanda auch wieder einmal bei uns zu haben. ich mag sie sehr, das weisst du ja.«

die frauen plaudern noch ein bisschen weiter und zeigen sich dinge, die sie kürzlich beschäftigt haben. doch dann muss sich shannon um ihren kleinen sohn kümmern, der in den wohnräumen nach ihr ruft.

»also, liebe kim, kommt, sobald ihr kommen könnt. ich freue mich auf euch!«

die freundinnen umarmen sich zum abschied und lösen ihre projektionen auf. dann bringt shannon ihr söhnchen zurück ins bett. sie ist gerade alleine mit ihm im grossen haus und kann darum seine betreuung nicht delegieren.

wegen verzögerungen kommt alaje erst am vortag des erwarteten besuches nach hause zurück. shannon empfängt ihn, als wäre er lange zeit weggewesen, nicht bloss drei wochen. schön zurechtgemacht sieht sie aus wie ein hellschimmerndes, goldenes wesen, als sie voller wiedersehensfreude ihren hochgewachsenen, eleganten mann umarmt. alaje hebt shannon mit einem vielsagenden lächeln auf und trägt sie ins haus hinein. in der eingangshalle stehen zwei kleine koffer bereit und neben ihnen eine betreuerin mit den beiden mädchen.

»was bedeutet das?«, fragt alaje, während er die anderen anwesenden begrüsst.

»ich habe uns in deinem lieblingshotel einen tisch bestellt«, antwortet shannon.

»das sieht mir aber nicht nur nach einem essen aus! und welches hotel hältst du für mein lieblingshotel? na?«

alaje fasst shannon um die taille und blickt sie herausfordernd an.

»das panoramaschiff larja!«, triumphiert shannon.

»nicht schlecht getroffen, liebste!«

alaje pfeift durch die zähne und bläst sich dabei eine kleine blonde strähne aus dem gesicht.

»und wann geht's los?«, will er wissen.

»gleich oder noch schneller!«

»wenn du mich so voller elan und begeisterung anstrahlst, schaffen wir es vielleicht nicht bis zu unserem tisch auf larja. - bevor wir gehen, möchte ich mich aber noch frisch machen und mich umziehen.«

»wie du willst, mein schöner.«

shannon wendet sich ab von ihm, damit er ihr verlangen nicht mehr sieht. in all der zeit, in der sie nun beisammen sind, hat nichts ihre sehnsucht nach einander beschwichtigen können.

»ich beeile mich«, sagt alaje und geht, wobei die mädchen ihm nachrennen.

»daddy, mam sagt, ihr kommt morgen wieder. gilt das noch?«

die betreuerin eilt nun ihrerseits hinter den kindern her, um sie wieder einzusammeln. shannon lässt sich für eine minute in einen sessel fallen und träumt von den bevorstehenden stunden mit ihrem mann.

später am tag sitzen die beiden an ihrem tisch auf larja und schweben in diesem fliegenden hotel über flor dahin, mal nur knapp über dem boden mal hoch in der noch dünnen atmosphäre. seine vielen biosphären sind von larja aus bestens zu sehen. in einige taucht das schiff sogar ein und fliegt durch besonders schöne anlagen hindurch. doch alaje und shannon bekommen nicht viel davon mit. sie haben nur augen füreinander. selbst das erlesene menu auf ihren tellern erhält nicht die gebührende aufmerksamkeit.

»du hast recht«, gibt shannon freimütig zu, *»die zeit ist etwas knapp für uns hier. aber zuhause habe ich wirklich alles geregelt und vorbereitet. wir können morgen irgendwann praktisch als unsere eigenen gäste erscheinen. ausserdem werden kim und daniel mit sidijanko erst spät abends einfliegen. nur veta wird ankommen, ohne dass wir dabei sind. ich weiss, dass ihm das nichts ausmacht.«*

»und was ist mit amanda?«

»oh, amanda ist wie immer voller überraschungen. heute früh hat sie sich bei mir gemeldet und mir folgendes angekündigt: sie wird morgen irgendwann am nachmittag auf flor ankommen, aber nicht mit einem gewöhnlichen passagierschiff und nicht alleine. du wirst staunen, ihre begleitung besteht aus vier personen von zeta reticuli, die auf der erde leben und die weiträumig mit forschungen über hologrammverschmelzung zu tun haben. aufgrund dieser arbeit sind sie auch mit den blasen beschäftigt, wobei sie amanda getroffen haben. aber das beste kommt noch.«

alaje kaut langsam etwas salat, während er shannon zuhört. plötzlich ist ihm eigenartig zumute.

»was meinst du?«

»die zetas haben amanda gebeten, sie auf unser fest begleiten zu dürfen. aufgrund ihrer studien soll unser zusammenkommen aufschluss über etwas geben, das sie nicht direkt ansprechen wollen oder können. wie findest du das? jedenfalls kommen sie auch. sie sind miteingeladen.«

alaje schaut versonnen auf seinen teller.

»oft, wenn ich dich anschaue, liebste, habe ich das gefühl, an etwas erinnert zu werden. dass ich etwas weiss, über dich, über uns, und es doch nicht weiss. genauso geht es mir jetzt mit diesen zetas. ich sollte dem mal nachgehen.«

»vielleicht werden wir morgen schon eine antwort erhalten.«

zärtlich streichelt shannon alajes arm. der blick seiner leuchtend blauen augen fliesst wie ein strom von süsser energie in sie hinein.

»vergessen wir das essen nicht«, flüstert shannon, *»und die wunderschöne aussicht. schau, wir fliegen gerade innerhalb einer sphäre. ob das wohl andromeda ist?«*

»ich denke schon. das hier müssen die berühmten pflanzungen sein, über die ihr kürzlich verhandelt habt. es ist um ihre klassifizierung gegangen.«

»ja, ich erinnere mich. wir haben sie als besonderen erfolg eingestuft. natürlich, jetzt ist alles wieder da. - du verwirrst mich wohl etwas!«

»hast du dich inzwischen eingearbeitet als frischgewähltes florisches ratsmitglied?«, fragt alaje teilnehmend und versucht nüchternheit in die erotisch geladene atmosphäre zwischen ihnen zu bringen, denn offenbar will sich shannon noch nicht mit ihm in die luxuriöse suite zurückziehen, die sie für heute nacht gemietet hat.

»es geht nicht schlecht«, lacht seine sich manchmal selbst vor ihm verbergende frau.

»ich habe es mit sehr viel information zu tun, aber das projekt ist höchst interessant - sofern man sich nicht davon vereinnahmen lässt.«

shannon sucht alajes blick von vorhin. ist er jetzt wirklich an ihren gesellschaftlichen aufgaben interessiert?

»wenn wir schon über die arbeit sprechen wollen, bist du zuerst an der reihe. hat deine präsentation der plejadischen flor-projekte zufriedenheit gefunden? und was sagen sie zum einbau deiner spezifischen ordnungsstrukturen?«

alaje lächelt shannon an. er hat sie durchschaut. sie will bestimmt etwas anderes von ihm als einen bericht!

»liebste, lass uns später über diese dinge reden. ich möchte jetzt in die suite gehen und dich wieder einmal ganz spüren. deine lichtvollen, weiblichen energien, deinen körper, dein sein. komm, was wir jetzt brauchen, ist unsere vereinigung.«

shannon ist schon aufgestanden und schmiegt sich an alaje. alles an ihr sagt ja. endlich wird ihr sehnen für eine weile zur ruhe kommen! beim hinausgehen graben sich alajes finger in ihre seite knapp unter der brust.

»wir werden das essen später aufs zimmer ordern«, sagt shannon im vorbeigehen zu einer der gastgeberinnen.

diese blickt den beiden verständnisvoll nach. in gedanken gleiten alajes hände bereits über shannons körper, fliessen seine geballten energien mit den ihren zusammen und lassen die beiden im wirbel ihrer anziehung treiben. mögen die flammen von sex und liebe ewig brennen!

eine welle von beifall durchflutet misjas plattform und alle anderen damit verbundenen stationen: es ist vollbracht!

die hologrammverschmelzung ist erfolgreich verlaufen und gerade zu einem ende gekommen. noch nie sind so viele gehaltvolle informationen darüber in einer fünften dimension erhalten geblieben. zum ersten mal wird eine hologrammverschmelzung vom ort des geschehens aus zurückverfolgt werden können, wenn auch nicht exakt.

viele wesen haben gemeinsam einen grossen schritt getan, was für ein glück und segen!

sashta hebt im zentralen saal auf der plattform seine arme und eröffnet damit ein grossartiges fest.

»meine freunde! bevor ihr unseren gemeinsamen erfolg gebührend feiert, bevor ihr esst und tanzt oder was ihr gerade vorhabt: erweist misja, unserer ausgezeichneten, von erfolg gekrönten leiterin noch einmal die ehre! sie hat diese multidimensionale hologrammverschmelzung zu einem fast bestmöglichen ende gebracht. und sie, wie auch wir alle wissen: dies war nicht ihr letztes werk, nicht ihre letzte hologrammverschmelzung. viele wesen und seinsregionen warten bereits sehnlich auf die mitfühlende aufmerksamkeit unserer herausragenden misja!«

sashta macht eine ausholende geste mit seinen armen zu der frau, die neben ihm steht, in der holografischen zone des raumes, denn nur dort kann sie von allen gesehen werden: sie, die kommandantin, in einem prunkvollen, feuerroten kleid als zeichen des triumphes. auf dem kleid prangen die weissen abzeichen ihrer herkunft und ihrer hohen qualifikation. im arm hält misja einen strauss grosser, roter feuerblüten, ebenso ihr ganzer stab, der um sie versammelt ist. nur sashta hat den schönen strauss vor sich auf den boden gelegt, damit er die hände frei behält für seine berühmte gestik.

»meine geliebten mitarbeiter! meine freunde! unser werk ist vollendet und sehr gut gelungen. im augenblick will ich da nichts hinzufügen«, sagt misja zu ihrem publikum, das aus abertausenden von wesen besteht.

die präsenz der kommandantin ist stark, zart, strahlend wie eh und je; alles umfangend mit dem licht beglückenden seins.

»schon ruft mich wieder die pflicht«, sagt misja lächelnd, *»die räte der höheren dimensionen wollen unser werk sehen! darum werde ich jetzt gleich mit einer delegation aufbrechen. ebenso gehört unserem lobenswerten team vor ort noch einmal meine gegenwart. sashta bleibt hier und leistet euch in eurer freude gesellschaft. ihr könnt die verschmelzung nachvollziehen sooft ihr wollt, die zeit dazu ist euch gegeben. wenn ich wieder zurück bin, werden wir das ereignis nach allen regeln der kunst durchgehen und noch einmal ernte halten. ich freue mich!«*

misja und ihre begleitung blenden sich damit aus der holgrafischen zone aus, was eine deutliche energetische veränderung bewirkt.

reglosigkeit erfasst alles für eine halbe sekunde, dann geht bewegung durch die menge. das fest hat begonnen, und alle teilnehmer streben jemandem oder etwas zu. die festräume auf der plattform und anderswo lassen jetzt zum auftakt klang- und farbkaskaden in die menge rieseln, wodurch die festlichen garderoben der anwesenden personen regelrecht aufleuchten.

an verschiedenen orten werden bühnen aus dem boden gelassen, auf denen sich musiker und andere darsteller präsentieren. während die hologrammzonen in den räumen alle nonstop dasselbe zeigen: die aufzeichnung der multidimensionalen hologrammverschmelzung.

häufig sieht man grafisch-mathematische darstellungen in schneller abfolge oder simulationen verschiedener teilaspekte. den höhepunkt der verschmelzung stellt die auflösung und restrukturierung dar. in diesem zeitlich nicht fassbaren bereich passiert die eigentliche verschmelzung: zuerst materielos und energielos. nur der übergeordnete geist ist aktiv. in der aufzeichnung erscheint das schwarze kind mit seinen tiefen, spiegelnden augen in einer nahsequenz. dann folgt aus ihm heraus der helle blitz der umwandlung. aus ihm, dem absoluten brennpunkt des sterntetraeders. das mädchen und seine gefährten verschwinden, das felsplateau verschwindet, welten verschwinden.

die aufzeichnung behilft sich hier mit einer simulation, nach der die verschmelzung wie eine art gegenläufiger, zweiäugiger wirbelsturm zu verstehen ist. ein wirbelsturm, der jedoch so gigantisch ist, dass er sich alles einverleibt und nichts übriglässt, kein einziges staubkorn. in der simulation fällt der sturm schliesslich in sich zusammen und gibt das neue frei: ein noch nie dagewesenes realitätsgefüge. neue welten, neue dimensionale regionen, eine neue zeit. und doch hat vieles davon bereits existiert. im bewusstsein als konstruktion, die sich mehr und mehr verdichtet hat. auch im bewusstsein der freunde und aller anderen code-leute. sie sind mit diesen entwürfen geboren worden und haben sie durch ihre arbeit als teil des sterntetraeders in die verschmelzung eingebracht.

noch ist diese erste aufzeichnung nur behelfsmässig. sie wird nach einer gründlichen bearbeitung die geschehnisse viel stärker aufschlüsseln und gleichzeitig ein authentischeres, über alle standorte hinausreichendes gesamtbild liefern. jedenfalls wird sie alle beteiligten noch zutiefst beschäftigen.

misja und einige personen ihres stabes teleportieren und transformieren sich inzwischen in eine hochschwingende dimension und daseinsschicht. dort stellt sich ihnen die hologrammverschmelzung nochmals anders dar. diese selbst für misja unvermutete vision bringt eine letzte veränderung in das bereits total umgewandelte hinein.

die verschmelzung ist somit geschehen, und alles manifestiert das resultat. aber das ausmass dieses neuen seins ist nicht sofort ersichtlich. denn jetzt geschieht der umgekehrte prozess wie vor der verschmelzung: da hat sich alles auf die verschiebung zugespitzt. nun entwickelt sich alles wieder in die breite und fülle hinein. der engpass ist überstanden.

es dämmert bereits, als shannon und alaje auf larja endlich in einen glücklichen schlaf sinken. derweil landet ein passagierschiff vom kleinen sirius-system auf dem planeten und bringt veta mit. er freut sich über seine wohlverdienten ferien auf diesem ›abenteuerplaneten‹ wie er flor nennt, wobei sich seine eltern gegen diese despektierliche bezeichnung wehren. da alaje und shannon in einer der grossen, zentralen sphären leben, erreicht er innerhalb kurzer zeit ihr weiträumiges haus mitten in einem baumreichen park. dort wird er von den zwei kindern empfangen, von einem betreuerpaar und einer freundin des hauses, die vom selben planeten stammt wie alaje.

»wir haben dich erwartet«, sagt das grössere der beiden mädchen im ton einer gastgeberin.

»ich fühle mich geehrt, dass du wegen mir so früh aufgestanden bist«, antwortet veta und gibt dem kind einen kuss auf die stirn.

die plejadierin bietet veta einen willkommenstrunk an und erkundigt sich nach seiner reise.

»shannon hat mir erzählt, du seist oft als repräsentant der erde unterwegs. jetzt kommst du direkt von sirius b. darf man erfahren, was dort verhandelt worden ist?«

»natürlich«, antwortet veta freundlich.

»zur zeit werden im ganzen universum die interplanetaren kontakte neu definiert und geregelt. sie müssen an die interdimensionalen standards angeglichen werden. dies ist zwar ein laufender prozess, aber aufgrund rätselhafter dimensionaler öffnungen ist plötzlich ein erhöhter handlungsbedarf da. es herrschen teilweise völlig neue situationen, wobei dies nicht für meine mission auf sirius b gilt. wir von der erde arbeiten ganz eng mit diesem geschwisterplaneten zusammen. wir entwickeln vieles gemeinsam und stimmen uns aufeinander ab. beim treffen, von dem ich gerade komme, ist es um die vorbereitungen für einen grossen kongress gegangen. wir werden demnächst mit interdimensionalen organisationen tagen.«

»das ist ja wirklich aufregend.«

»sehr sogar. zudem werden wir von den interdimensionalen vieles geschenkt bekommen. ihre unterstützung ist uns sicher.«

»die gute alte erde schläft also nicht. wir hier auf flor denken manchmal, nur wir seien die kreativen pioniere.«

veta und die plejadierin prosten einander lächelnd zu. und die kinder nützen diesen moment, sich erneut an veta heranzumachen.

»wenn du willst, spielen wir mit dir«, erklärt das kleinere der mädchen mit erwartungsvollem blick. veta nimmt die kleine auf seinen schoss. was kann man gegen ein solches angebot schon ausrichten. doch die anderen erwachsenen sind streng und vertrösten die kinder auf später.

»unser gast braucht erst einmal zeit für sich«, ermahnen sie die tatendurstigen kinder. sofort geben die kleinen ruhe, als hätten sie genau begriffen. veta wird nun von einer betreuerin zu seinen zimmern gebracht, obwohl er weiss, wo sie sich befinden.

»willkommen zuhause«, sagt die begleiterin vor seiner tür noch einmal und überlässt ihn dann sich selbst.

ziemlich genau mittags fliegen amanda und die vier zetas auf flor ein. sie haben verspätung wegen der formalitäten. denn die zetas beharren darauf, dass dies ein arbeitstreffen sei und sie darum mit dem ihnen auf der erde persönlich zugeteilten raumschiff reisen. schliesslich dürfen sie nicht nur einfliegen, sondern werden sogar auf einen kleinen privatlandeplatz verwiesen, der sich in der nachbarschaft von alajes und shannons anwesen befindet.

die vier kleinen wesen haben es amanda angetan. in ihren fremdartigen körpern, die in engen overalls stecken, wohnen ein brillanter geist und grenzenlose freundlichkeit. die zwei männer tragen ihre feinen, weisslichen haare anders als die beiden frauen. ansonsten sehen sich die vier sehr ähnlich: fast identische körper, grosse, schwarze augen, fahle haut und dieselbe zurückhaltende, jedoch anmutige art. amanda unterhält sich sehr gerne mit ihnen, nicht zuletzt, weil sie viele interessante dinge über die dimensionsblasen wissen. aber sie ist ein wenig verwirrt über das starre verhalten der zetas im hinblick auf diesen besuch. ihre neuen freunde halten das bevorstehende treffen nämlich für ein ›ausgrabungsereignis‹, zu dem sie abberufen worden sind. wie auch immer: alle fünf werden herzlich empfangen. veta kommt ihnen sogar bis in den garten entgegen. er ist neugierig auf amanda, von der er in letzter zeit viel gehört hat. ist es ein jahr her oder mehr, seit sie sich zum letzten mal gesehen haben? dabei hat er amandas gegenwart stets genossen, soweit er zurückdenken kann. und da kommt sie, kerzengerade, mit schwingendem gang und so zentriert, als befände sie sich mitten in der erledigung eines wichtigen auftrages. das einfache kleid, das sie trägt, bringt ihre schöne gestalt erst recht zur geltung. das rötlichgoldene haar ist streng zusammengenommen, dafür hat sie make-up aufgelegt. ihre dunkel geschminkten lippen ziehen vetas blick an. amanda lächelt und schon legt sie ihre arme um ihn.

»ach veta, wie schön, dich wieder einmal zu sehen!«

sie schaut an diesem grossen, blonden mann empor, der ihr so vertraut ist und doch auch fremd. sehr gut sieht er aus, denkt amanda. sogar besser, als sie ihn in erinnerung hatte!

die plejadierin kommt nun ebenfalls heraus, um die neuen gäste zu empfangen. mit eleganz geleitet sie die zetas ins haus und wartet an der tür, bis auch amanda und veta zusammen eingetreten sind. drinnen steht ein duftender mittagsimbiss bereit.

es sind mittlerweile mehrere kinder da und weitere freunde des hauses. die kleinen quietschen vergnügt, und im hintergrund spielt jemand auf einem saiteninstrument vor sich hin. im prinzip ist das fest bereits im gange.

›ich werde amanda morgen oder so zu einem luxuriösen essen einladen‹, denkt veta, während er sich einen teller nimmt, *›dann sind wir wenigstens einmal unter uns‹.*

nach dem essen ziehen sich die neuankömmlinge zurück, und er betätigt sich als geschichtenerzähler für die kinder.

erst stunden später kommen die übrigen erdlinge an. kim trägt ihren hochschwangeren bauch und daniel zieht den quirligen sidijanko neben sich her, dessen himmelblaue augen vor aufregung hell scheinen. die neuen gäste werden mit grossem hallo und viel fröhlichkeit empfangen, aber auch mit neugierde, denn man hat sich viel zu sagen.

erst am frühen abend, als praktisch alle schon versammelt sind, finden alaje und shannon nach hause, wo sie mit schier endlosen begrüssungsumarmungen bedacht werden.

»auf eine schöne, gemeinsame zeit!«, prosten sie ihren freunden schliesslich zu.

nun, da es dunkelt, ist der park märchenhaft beleuchtet und eine band spielt unter den bäumen.

»es lebe das leben!«, ruft jemand, was mit beifall beantwortet wird.

doch die ausgelassenheit der anwesenden beruhigt sich schnell wieder. man freut sich aneinander, an den begegnungen, was nicht nur mit worten und umarmungen ausgedrückt wird. vielmehr geniessen die menschen ihre verbundenheit mit all den feinen sinnen, die der fünften dimension eigen sind, mit ihrem geist und ihrem herzen.

so spazieren shannon, kim und amanda schweigend miteinander durch den park, während daniel, veta und noch zwei, drei andere mit einem anspruchsvollen synergiespiel beschäftigt sind. alaje erzählt seinen plejadischen gästen von zuhause, doch hauptsächlich leitet er ein kinderspiel, das sidijanko von der erde mitgebracht hat, und das die kleinen ganz gefangen nimmt.

später am abend wird der garten in ein traumhaftes lichterspektakel gehüllt und alle tanzen wie in einem regenbogen zu sanfter musik. danach wird ein zweites, kleines mahl aufgetischt, was gleichzeitig das zeichen für die kinder ist, sich zum schlafen zurückzuziehen. einige der erwachsenen machen es ihnen gleich.

etwas nach 2:00 früh finden sich unversehens die drei alten freunde shannon, kim und daniel in einem gemütlichen wohnraum zusammen, der auf die dachterrasse hinausführt. alaje, veta, amanda und die zetas sind auch dabei. sie alle wollen noch einen kleinen schlummertrunk zu sich nehmen. amanda setzt sich auf einen der breiten, gepolsterten fenstersimse und berichtet veta von ihrer absicht, einen jungen drachen aus einer der dreidimensionalen blasen herauszulösen.

»das ist natürlich ein projekt mit definierter datenverarbeitung und allem. aber ich habe dieses kleine mädchen bereits in mein herz geschlossen«, gibt sie zu.

»wir halten sie zur zeit in spezialkammern, und sie macht wirklich fortschritte.«

»sprichst du hier von einem jungen kampfdrachen oder habe ich das falsch verstanden?«, fragt veta nach.

»ja und nein. seine eltern sind deprogrammierte kampfdrachen, und die kleine ist zusätzlich genetisch zurückgeführt worden. also in ihren ursprünglichen zustand eines hochentwickelten tieres, ohne menschliche gene und andere manipulationen. man kann bei ihr also nicht mehr von einem kampfdrachen sprechen.«

»da bin ich aber beruhigt«, lächelt veta, und amanda gibt dieses lächeln verstärkt zurück.

unterdessen hocken die vier zetas in der mitte des zimmers und präsentieren ein hypertec-tool, das sie als gastgeschenk mitgebracht haben. es ist so etwas wie ein mini-holoraum, mit dem man fast beliebig holografisch aufzeichnen kann. daniels aufmerksamkeit löst sich jedoch plötzlich von diesem objekt, und er verspürt den drang, auf die dachterrasse hinauszugehen. als er durch die breite tür nach draussen tritt, hebt er sich vor dem nächtlichen hintergrund deutlich ab. es ist angenehm warm auf dem dach, wo sich ein dichter sternenteppich über ihm wölbt. ob der echt ist? die terrasse ist riesig. sie ist schön gestaltet mit pflanzen, pergolas und sitzgruppen. warum sind wir eigentlich nicht hier draussen? daniel lässt sich auf eine verlockend aussehende schaukel fallen. während er sich wiegt, schweift sein blick umher, bis weit hinüber zu einem hohen geländer und wieder zurück. fast hätte er sie übersehen, die gestalt, die dort anmutig steht und in die nacht hinaus schaut. da ist offenbar noch jemand wach. aber wer? diese frau ist ihm gar nicht aufgefallen. eine deutliche empfindung sagt daniel, dass sie nicht zur festgesellschaft gehört, nicht einmal zu diesem oder sonst einem planeten hier. fast wie in trance erhebt er sich und geht auf die person zu. nun kann er sie deutlicher sehen. die frau ist schmal und trägt ein gerades gelbes kleid mit grünen arabesken drauf. lang-fedriger flaum bildet einen mächtigen kragen. entsprechend trägt die dame eine aufsteckfrisur mit einem königlichen diadem.

›die königin der universen!‹, geht es daniel durch den kopf. ist das etwa misja?! nur für sie wird diese bezeichnung verwendet! langsam dreht sich die gestalt ihm zu: ja, es ist misja.

daniel bekommt keine gelegenheit, irgendwelche gedanken zu denken. misja unterbindet dies augenblicklich. dafür schaut sie ihn wohlwollend an und wartet, bis er wieder ganz im gleichgewicht ist.

»es freut mich, dich unter diesen umständen wiederzusehen«, begrüsst sie ihn, wobei sie ihren kopf leicht nach vorne beugt.

»ich will euch auf etwas wichtiges aufmerksam machen, darum bin ich hier«, erklärt sie mit ihrer melodiösen stimme.

»misja, womit haben wir diese auszeichnung verdient?«

»das werdet ihr selbst herausfinden. und jetzt, mein lieber, möchte ich dich bitten, deine freunde im wohnraum herzuholen.«

»selbstverständlich!«

daniel bezeugt der grossen kommandantin seinen respekt und eilt dann zu den anderen zurück.

»eine manifestation misjas ist hier draussen auf der terrasse. sie erwartet euch«, verkündet daniel seinen freunden.

er wirkt so gefasst, dass allen die realität dieser mitteilung sofort klar ist. blitzschnell verändert sich die situation. alle nehmen eine ähnliche haltung wie daniel ein, streichen sich noch schnell übers kleid oder übers haar, dann treten sie geschlossen ins freie hinaus.

misja hat sich inzwischen auf die schaukel gesetzt, die daniel gerade ausprobiert hat. mit aufmerksamen gesichtern kommt die gruppe auf sie zu, während misja eine sanfte, duftende energie verbreitet, die den ankömmlingen das herz erwärmt. daniel dünkt es, als sei die nacht heller geworden auf der terrasse, und kim fühlt erstaunt die freude ihrer ungeborenen tochter über diese unerwartete begegnung.

»willkommen, meine lieben freunde! kommt her und setzt euch.«

sie bedeutet den zetas, sich näher herbei zu begeben, und die vier gehorchen automatisch.

»so. da seid ihr also alle wieder.«

misjas augen glitzern schelmisch, doch niemand versteht ihre andeutung.

»ihr sollt euch bald an etwas erinnern, das nicht zu eurer dimension und eurem jetzigen dasein gehört. etwas, das jedoch mit euch und dem allem hier zu tun hat.«

misja macht eine bei ihr seltene armbewegung, mit der sie die umgebung einschliesst.

»ihr sollt euch erinnern, weil ihr dadurch eure dimension bereichert und stärkt. das ist ein auftrag«, sagt sie bestimmt.

kim fühlt nun eine wohlige aufregung in sich. etwas in ihr scheint sich bereits zu erinnern. auch in alaje läuft offensichtlich gerade etwas ab, das liest sie in seinen augen. und die zetas haben eine selige ausstrahlung bekommen, was kim bei ihnen nicht erwartet hätte. misja löst also bereits den prozess des erinnerns aus.

die zetas werden am schnellsten dahinterkommen, sieht die kommandantin. und sie freut sich für die kleinen wesen, die soviel für ihre spezies getan haben und auch für die erde.

»während wir hier sitzen, wird euer hologerät mit informationen geladen«, sagt misja speziell zu den vieren.

»wenn ihr nachher wieder hineingeht, werdet ihr unter anderem eine struktur vorfinden, einen sterntetraeder von besonderer art. er wird euch alle informationen offenbaren. findet euch darin zurecht und ihr werdet gemeinsam ein ereignis entschlüsseln, auf das ihr stolz sein könnt. ich gratuliere euch zu eurer vorzüglichen arbeit. sie ist gut gelungen. erinnert euch, damit aus dem einen werk ein weiteres entstehen kann. ihr wisst ja, jede schöpfung muss sich stets entfalten.«

kim verspürt einen leichten stoss in sich, aber nicht von ihrem kind. sie nimmt wahr, wie sie sich zum teil wegbewegt. gleichzeitig wird es shannon fast schwindlig, weil sich auch in ihr etwas davonmacht.

›nicht jetzt schon‹, flüstert alaje ihr telepathisch zu, aber sie kann nichts dagegen tun. der drang ist stärker.

misja erhebt sich leicht wie eine feder und legt ihre hand auf vetas unterarm.

»dann gehen wir am besten zurück an die arbeit«, erklärt sie und meint dies absolut ernst, auch jetzt, morgens um 3:00.

also gehen alle zusammen langsam und schweigend in richtung balkontür. daniel hofft für eine sekunde, misja könnte sich im wohnzimmer noch zu ihnen gesellen. aber schnell verwirft er diese idee wieder. und er tut gut daran, denn nahe bei der hell erleuchteten tür bleibt misja stehen und signalisiert den anderen, sie sollen sich wieder hineinbegeben. nur veta geht nicht, da sie immer noch seinen arm berührt. misja verabschiedet sich von ihm mit einer ungewohnten, leichten umarmung, die veta vor allem feinstofflich wahrnimmt. dies dafür umso mehr. er spürt ein gleissendes licht durch seinen kopf hindurch fahren, das ihn wunderbar leer macht. veta fühlt nur noch misjas starke strahlung.

›von hier aus gehe ich alleine weiter‹, sagt sie telepathisch zu ihm und macht ein paar schritte weg von ihrem begleiter. dann löst misja sich vor vetas augen auf, nichts als ein paar glitzernde punkte und für augenblicke ein nebliges gebilde zurücklassend.

veta ist ganz ruhig, und während er auf die stelle schaut, wo gerade noch diese wunderbare frau gewesen ist, erwacht die erinnerung in seinem kopf: er sieht das waldhaus, seine freunde, seinen scooter über dem haus, kenero und all die dramatischen wie auch bahnbrechenden ereignisse, die mit diesen bildern zusammenhängen. alles erkennt er gleichzeitig. nicht zuletzt die ungewöhnliche, sehnsüchtige beziehung seiner eltern zu jener zeit. aber wann war das und wo? er selbst sieht dort nicht viel anders aus als jetzt, vor allem jünger. das gilt hingegen nur für ihn und amanda. die anderen sehen jetzt jünger aus. die zetas hingegen haben dort deutlich verschiedene körper.

schliesslich betritt veta wieder das wohnzimmer. die kleinen wesen mit ihrem gerät hocken mitten im raum, um sie herum shannon, alaje und daniel.

»das hier ist meine flotte«, sagt alaje gerade eigenartig berührt.

das hologerät zeigt eine grosse raumschiffflotte über einem planeten, der sich in ziemlich instabilem zustand befindet. doch die zetas suchen etwas bestimmtes und springen zu anderen szenen. ein schwarzes kind taucht auf und zwar gleichzeitig von verschiedenen dimensionen aus betrachtet. die zetas kommentieren diese interessante einstellung kurz untereinander, machen aber trotzdem weiter.

»das hätte ich gerne noch genauer betrachtet«, wirft shannon ein.

»dieses kind ist etwas zentrales.«

»wir werden sogleich eins nach dem anderen durchgehen und bitten um verzeihung für unsere hast«, antworten die vier gemeinsam.

dann endlich haben sie die struktur gefunden, den dimensionenstern. wunderschön und unglaublich machtvoll erscheint er allen, die ihn jetzt erblicken.

»das wollten wir sehen«, sagt eines der kleinen wesen zu shannon, *»wir können ihn später leicht aufschlüsseln.«*

»ja, das ist es!«, bestätigt shannon, *»ich kenne diesen stern!«*

»ich auch«, sagt daniel leise und mag gar nicht mehr von der struktur wegsehen.

hinter der gruppe auf dem fussboden sitzt kim in einem weichen polstersessel mit geschlossenen augen. sie ist weit weg.

wie ich diese frau kenne, erkundet sie bereits den sterntetraeder, denkt veta. aber was ist es? ein tor in andere dimensionen und welten? gespeichertes wissen? der schatz, von dem die zetas wussten, dass sie ihn hier finden würden? er wird es bestimmt bald erfahren.

vetas blick schweift weiter von kim zu amanda, die wie verwurzelt im raum steht und fragend zu ihm hinüber schaut.

»es ist alles bestens, mein goldkind«, antwortet er ihr.

die zentralen personen der handlung

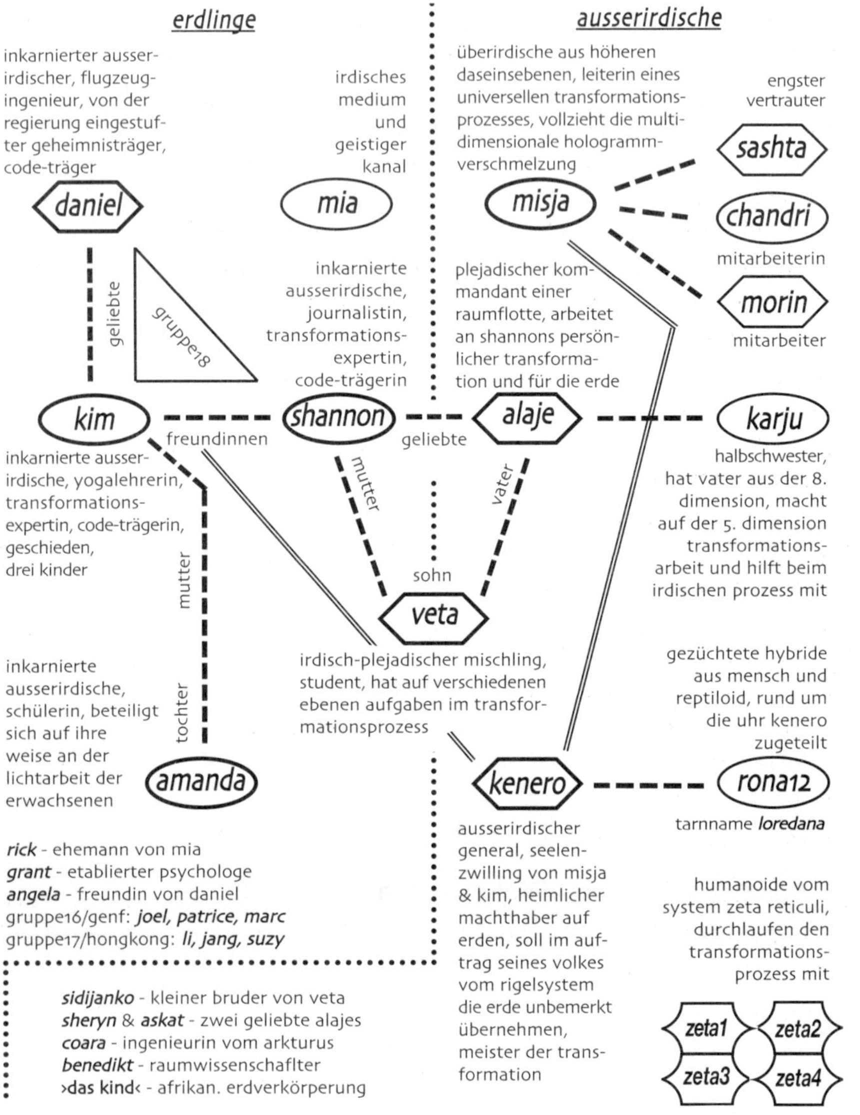

anmerkung des verlags:

das im roman genannte countdown-datum ist rein fiktiv gewählt. auch der zero-termin der mayas (21.12.2012), der sich auf astronomische zyklen gründet, ist nicht unbedingt mit dem frequenzsprung gleichzusetzen, da hier auch flexible spirituelle faktoren bedeutsam sind.

epilog

das entstehen dieses romans über die erde, über misja, alaje, shannon und alle die darin verwickelt sind, ist in einer anderen zeit und an einem anderen ort beschlossen worden.

im herbst 1997 sind der arkturier artie und seine crew über ein medium an mich herangetreten und haben mich an einen kontrakt erinnert, den ich mit ihnen geschlossen hätte. dieser vertrag besagt, dass ich zusammen mit artie und seinen leuten eine geschichte über die transformation der erde verfassen würde. einen bericht, der den lesern einen ganzen entwicklungsprozess und viele nichtirdische energien übermitteln sollte.

die ausserirdischen wollten von mir, dass ich ihre energien in eine geschichte umsetzte, welche ebenso aus meinen eigenen erfahrungen und meinem eigenen wissen bestehen sollte. erst dadurch würde das ganze für die leser verständlich und nutzbar.

nichtirdische aus höheren seinsebenen, wie die aus der fünften dimension stammenden arkturier, benötigen irdische vermittler und helfer, wenn sie auf der erde etwas bewirken wollen. das ist einer der hauptgründe, warum zurzeit viel nichtirdisches ›personal‹ auf der erde inkarniert ist.

diese erzählung ist keineswegs einfach frei erfunden worden. vielmehr ist sie ein kaleidoskop aus wahrheitsteilen, realitätssplittern, sich daraus ergebenden möglichkeiten, die sich - je nachdem, wie man sie dreht - stets neu zusammenfügen.

den plejadier alaje beispielsweise gibt es wirklich, wenn auch seine eigene wahrheit und realität mit seinem alter ego in dieser story nicht voll identisch ist. er hat auf jeden fall einen grossen beitrag zu diesem buch geleistet. nicht zuletzt durch diese zusammenarbeit hat sich unsere bereits vorhandene beziehung vertieft und schnell weiterentwickelt. alleine was ich seither mit alaje erlebt habe, würde für eine weitere geschichte reichen. vielleicht werde ich sie ja schreiben.

dann gibt es persönlichkeiten wie karju, die in diese story als special guest hineingeschneit sind, weil sie eine gelegenheit sahen, quasi im vorbeigehen noch etwas zu bewirken. alle in diesem ›bericht‹ vorkommenden nichtirdischen haben zumindest real existierende vorbilder. diese qualität macht einen bedeutsamen unterschied zu den fast ausschliesslich phantasierten ausserirdischen der medienindustrie.

die realität ist jedoch stets komplexer und vielschichtiger als jede geschichte: stories sind nahaufnahmen, überbringer einer botschaft, die zumeist erst dank vereinfachung, herausstreichung und auslassungen vernommen werden kann.

die transformation der erde ist eine botschaft, um deren verbreitung sich in dieser zeit sehr viele wesen bemühen. sie ist eine realität, an der jeder von uns - ob bewusst oder unbewusst - teilhat.

wohin uns diese laufende frequenzerhöhung der erde genau führen wird, entscheiden wir hier und jetzt.

brit morf

ist in zürich geboren, lernte zuerst fotografin und arbeitete jahre-lang als journalistin. heute lebt sie als freie autorin am thunersee in der schweiz.

seit 1995 steht brit in bewusstem kontakt mit einigen nichtirdischen und realisiert mit ihnen weitere gemeinsame projekte.

e-mail: brit@tiscalinet.ch

Handbuch 184 Seiten
mit 38 farb. Karten
€ [D] 22,90 / sFr 40,10
ISBN 3-89845-030-9

Magda Wimmer

Das Herzenswissen der Maya-Tagehüter

Die universelle Weltordnung und das Webmuster der Zeit

Träumen Sie nicht auch davon, das Mysterium längst vergangener Kulturen zu lüften?
Dieses Set hilft Ihnen spielerisch, den kosmischen Weisheiten und Prophezeiungen der Maya auf die Spur und ihnen somit etwas näher zu kommen. Maya bedeutet dabei „Wissen um den Ursprung der Welt zu haben", und das Tagehüten ist das Hüten der Sonne und des Wissens um die Quelle, aus der wir alle kommen. Wagen Sie den Sprung auf ein neues Terrain des spirituellen Lernens! Lernen Sie, wieder Ihrer inneren Stimme zu vertrauen, und bekommen Sie dadurch die Sicherheit, die nächsten Schritte zu gehen.

128 Seiten, bros., durchgehend vierf. mit vielen Illustrat. und Bildern
€ [D] 13,00 / sFr 23,60
ISBN 3-89845-008-2

Jay Goldner

ET hat geantwortet:

Die Zeichen im Korn von Chilbolton

2001: Der Kontakt ist Realität!
Eine Analyse der Weltsensation, die von den Medien totgeschwiegen wurde!

Es ist tatsächlich passiert: Am 17. August 2001 kam es zum ersten offiziellen Alien-Kontakt mit der Erdenmenschheit! 1974 war mit dem Arecibo-Radioteleskop von der Erde aus eine Suchmeldung in den Kosmos gestrahlt worden – die Antwort kam mittels Binär-Code: In das britische Getreidefeld vor der Teleskopschüssel von Chilbolton wurde ein 25 x 80 Meter langes »Antwort-Fax« gebeamt. Schwindel ist aufgrund der raffinierten Machart und des überraschenden Inhalts faktisch auszuschließen ...

264 Seiten, broschiert
€ [D] 15,90 / sFr 28,50
ISBN 3-931652-33-5

Timothy Willie

Delphine, Engel & Außerirdische

Das Phänomen der Telepathie

Das Phänomen der Telepathie ist in diesem Buch das verbindende Element zwischen Delphinen, Außerirdischen und Engeln.
Die Sensibilität des Autors spielt dabei eine große Rolle: Sein Bewußtsein erweiternd, gelingt es ihm, mit anderen intelligenten Systemen zu kommunizieren - und den Leser auf diese Reise mitzunehmen.

204 Seiten, gebunden
mit vielen farb. Abbildungen
€ [D] 24,90 / sFr 43,70
ISBN 389845-012-0

Michael Hesemann

Die Kornkreis-Chroniken

Die Geschichte eines Phänomens geht weiter

Mit zahlreichen vierfarbigen Bildern und Grafiken

Naturwissenschaftler sammeln Beweise für das Unglaubliche! – Die Kornkreise sind kein Werk von Menschenhand, sondern eine Botschaft an uns alle, übermittelt von einer kosmischen Intelligenz.
Michael Hesemann untersuchte vor Ort geheimnisvolle Formationen in drei Kontinenten – und stieß dabei auf neue und faszinierende Fakten. In diesem Buch fasst er die aktuellen Forschungsergebnisse in einer Geschichte der Kornkreise zusammen – von den Anfängen bis zum ersten spektakulären »Kornkreissommer« des neuen Jahrtausends mit über 400 Piktogrammen in einer einzigen Nacht!

ISBN 3-931652-25-4
496 Seiten, gebunden
€ [D] 20,90 / sFr 36,70

Prof. Arthur David Horn

Götter gaben uns die Gene

Die außerirdischen Ursprünge der Menschheit

Endlich ist der gordische Knoten zu dem Geheimnis der Entstehung des Menschen und seiner Kultur gelöst. Dies für jeden verständlich geschriebene Buch dürfte das geschlossenste wissenschaftliche Werk sein, denn es korrigiert Darwin an seinen wundesten Punkten und revolutioniert gleichzeitig unser Denken über die Entstehung der Menschheit und ihrer Zivilisation.

256 Seiten, broschiert
€ [D] 15,90 / sFr 28,50
ISBN 3-931652-90-4

Heinz Kuhberg

Die Zeichen mehren sich

Die logische Verbindung ungewöhnlicher Phänomene

Haben wir seit 1992 ein deutsches Lourdes? In dem kleinen scheinbar unscheinbaren Hochsauerlandort Nordenau bei Winterberg häufen sich in einem ehemaligen Stollen Heilungen unterschiedlichster Krankheiten auf spektakuläre Weise. Bis hin zu Krebs. Doch ist der Autor durch weitere Reisen und Recherchen auch im Ausland auf zusätzliche atemberaubende Zusammenhänge gestoßen. Nordenau scheint ein kleines, aber wichtiges Stück in einem weltumspannenden Puzzle zu sein.

gebunden, 240 Seiten
€ [D] 17,90 / sFr 31,70
ISBN 3-931 652-07-6

Billy Meier

Die Wahrheit über die Plejaden

Dieses Buch liest sich wie einer der fantastischsten Science-Fiction-Romane, die es je gegeben hat. Der Autor beschreibt fesselnd und überzeugend seine eigene wahre Lebensgeschichte, in der die Begegnungen mit Außerirdischen auch auf der physischen Ebene seit seiner Kindheit zum Alltag gehören.
Interessante Phänomene wie Beamen, Raum- und Zeit-Sprünge, die der Autor selbst persönlich erleben durfte, werden detailliert und verständlich erläutert.
Billy Meier erklärt auch die faszinierende Welt der Plejadier.

256 Seiten gebunden
Format 21 x 28 cm 1
Mobile-Set zum Falten mit 5
platonischen Körpern
€ [D] 20,90 / sFr 36,70
ISBN 3-931652-44-0

Bruce Rawless

Mandalas der Heiligen Geometrie

Das universelle Design der Natur

Die uralte Wissenschaft und Kunst der mystischen Mathematik wird an über 1000 grafischen Variationen demonstriert. Einer unerschöpflichen "Design-Quelle" geometrischer Urmodelle der Natur entnimmt die Evolution alle kosmischen Proportionen im Universum der Formen. Eine kurze philosophische Einleitung zeigt, daß alle Schöpfung auf den Prinzipien der Platonischen Körper beruht. Dieses Wissen der alten Geometriker wird heute neu entdeckt.
Das Buch bietet Hunderte klassischer und darauf aufbauender neuer Strukturen, die für vielerlei kreative Zwecke genutzt werden können. Das ganzheitliche Bewußtsein kann in den spirituellen Urmustern, die vom Atom bis zu den Galaxien in immer neuen Überlagerungen wiederkehren, die göttliche Schöpferkraft entdecken. Mit wunderschönem Mobile-Set von verschiedenen Platonischen Körpern!

ISBN 3-923781-92-X
370 Seiten, gebunden
€ [D] 19,90 / sFr 33,60

Phyllis Virtue-Carmel

Planet der Wandlung

Offenbarung des Rates der Neun

In diesem Buch geht es um die besondere Rolle, die der Planet Erde in unserem Universum spielt. Aus höchster Quelle erfahren wir, was wir tun können, um unser eigenes Leben und das anderer Menschen zu bereichern. In medialem Zustand trat Phyllis Virtue-Carmel in Kontakt mit dem Rat der Neun, einer Gruppe von Wesen aus dem Kosmos, die uns im Bewusstsein unendlich überlegen sind.

168 Seiten, broschiert
€ [D] 14,90 / sFr 26,80
ISBN 3-931652-97-1

Judith Bluestone Polich

Die Wiederkehr der Kinder des Lichts

Prophezeiungen der Inkas und Mayas für eine neue Welt

Das Werk bietet einen tiefen Einblick in die alten Hochkulturen. Doch das eigentlich Faszinierende besteht darin, wie sehr sich in unserer unmittelbaren Gegenwart die Prophezeiungen jener Kulturen erfüllen. Es ist die Synthese der Wissenschaften mit einem völlig neuen Bewusstsein, die uns in ein neues Zeitalter führen wird. Überzeugend wird dargelegt, dass es dabei keineswegs zu Apokalypsen kommen wird, sondern zu einem tieferen Selbstverständnis des Menschen, der zugleich Schöpfer einer neuen planetaren Zivilisation wird. Unser Weg in eine Zukunft mit völlig neuen Möglichkeiten führt über das Verstehen unserer Vergangenheit, worüber die Inkas und Mayas bereits damals ein tiefes Wissen hatten.

160 Seiten, gebunden
€ [D] 14,90 / sFr 26,80
ISBN 3-89845-034-1

Squire Rushnell

Wenn Gott zwinkert

Wie die Kraft des Zufalls Dein Leben leitet

Haben Sie sich jemals über Zufälle gewundert? Warum passierte mir das gerade, als ich es so dringend brauchte? Als ob es jemand geplant hätte. Nicht nur Sie stellen sich solche Fragen. Viele haben schon festgestellt, dass es weit mehr seltsame Zufälle im Leben gibt, als man ahnen möchte. Auch der Autor hat eine Menge dieser Gotteswinke erlebt und zeigt, wie der Leser sie leichter entdecken und sein Leben damit bereichern kann. Mit einer Reihe von faszinierenden Wink-Geschichten aus der Welt der so genannten Zufälligkeiten im Leben von Berühmtheiten und Leuten wie du und ich schließt sich der Reigen rund um das von einer höheren Kraft in die Hand genommene Schicksal.

350 Seiten, gebunden
€ [D] 19,90 / sFr 34,90
ISBN 3-923781-90-3

Uri Geller

Mein Wunder-volles Leben

Haben Sie schon über die Existenz dieser Phänomene nachgedacht?

Dematerialisation, Telekinese, Hellsichtigkeit, parapsychologische Beeinflußbarkeit gesellschaftlicher Ereignisse!

Von anerkannten wissenschaftlichen Instituten wurden diese Phänomäne bereits bewiesen. Im Buch werden Sie aufgefordert, selbst Erfahrungen in diesem Bereich zu machen.
Sie erhalten von Geller sämtliche Hintergrundinformationen und warum die Medien sowohl an Geller als auch an einigen wissenschaftlichen Instituten Rufmord verübten.